II

일러두기

● 이 책은 《십자가로 세우는 나라》(2014)의 개정판입니다.

● 이 책에서는 개역개정판 성경을 인용하였습니다.

박영선의
누가복음 II

2024년 9월 10일 초판 1쇄 인쇄
2024년 9월 24일 초판 1쇄 발행

지은이 박영선
펴낸이 최태준
펴낸곳 무근검
주소 서울특별시 송파구 올림픽로 4길 17 A동 301호
홈페이지 lampbooks.com **전화** 02-420-3155 **팩스** 02-419-8997
등록 2014. 2. 21. 제2014-000020호
ISBN 979-11-94142-10-2 (03230)

무근검은 '하나님의 영광은 무겁고 오래된 칼과 같다'라는 뜻입니다.

박영선의
누가복음

박영선 지음

II

서문

복음서는 참으로 경이로운 책입니다. 예수의 신비하고 불가사의한 영광과 고난에 관하여 기록하고 있기 때문입니다. 예수는 기독교 신앙의 주인입니다. 그것은 곧 예수가 우주와 역사의 주인이라는 뜻입니다. 기독교는 창조와 섭리 그리고 종말의 주인을 말하고 있기 때문입니다.

그 주인이 누구시며 무엇을 어떻게 하려 하시며 거기서 우리는 누구이며 무엇을 해야 하는지가 예수 안에서 구체적으로, 우리가 이해할 수 있는 체험의 현장으로 처음 공개됩니다.

예수는 우리가 종교적, 존재적 모범으로 따라야 할 표준이기보다 하나님이 목적한 인간의 아름다움과 깊이와 그 위대함의 전시입니다. 내가 누구인가는 아버지에 대한 예수의 신뢰와 아들에 대한 아버지의 사랑으로, 내가 무엇인가는 아버지에 대한 예수의 기쁨과 아들에 대한 아버지의 영광으로 설명됩니다.

예수의 말씀은 우리를 지은 아버지의 애정과 성의요, 그의 삶은 우리를 사랑하시는 아버지의 맡기심과 붙드심입니다. 그렇게 하여 하나

님은 자신의 뜻을 이루시되 우리의 영광으로만 자신의 영광을 증거하
시며 우리의 헌신과 순종을 우리 자신의 복이라 하시고 기뻐하십니다.

우리의 삶이란 어떤 개념이나 명분으로 축소되거나 대체되지 않으
며 하나님이 누구신가를 우리의 것으로 절절히 알게 하시는 하나님의
축복입니다. 육체는 결코 장애나 한계가 아니라 악기와 화폭 같은 것
으로 인간이 갖는 고유한 특혜인 셈입니다. 그것으로 느끼고 감각하고
겪고 생각하며 선택하고 누리며 실패하고 깨닫기 때문입니다.

그 모든 실체, 시간과 장소로 구체화된 정황에서 각 개인이 가지는 자
유와 책임은 진정 우리 자신이며 그런 실존의 자리에서라야 하나님의
진정성을 담을 수 있습니다. 자, 그러니 예수의 생애를 따라가 봅시다.

박 영선

차
례

35

아버지께로 돌아가니라

11 또 이르시되 어떤 사람에게 두 아들이 있는데 12 그 둘째가 아버지에게 말하되 아버지여 재산 중에서 내게 돌아올 분깃을 내게 주소서 하는지라 아버지가 그 살림을 각각 나눠 주었더니 13 그 후 며칠이 안 되어 둘째 아들이 재물을 다 모아 가지고 먼 나라에 가 거기서 허랑방탕하여 그 재산을 낭비하더니 14 다 없앤 후 그 나라에 크게 흉년이 들어 그가 비로소 궁핍한지라 15 가서 그 나라 백성 중 한 사람에게 붙여 사니 그가 그를 들로 보내어 돼지를 치게 하였는데 16 그가 돼지 먹는 쥐엄 열매로 배를 채우고자 하되 주는 자가 없는지라 17 이에 스스로 돌이켜 이르되 내 아버지에게는 양식이 풍족한 품꾼이 얼마나 많은가 나는 여기서 주려 죽는구나 18 내가 일어나 아버지께 가서 이르기를 아버지 내가 하늘과 아버지께 죄를 지었사오니 19 지금부터는 아버지의 아들이라 일컬음을 감당하지 못하겠나이다 나를 품꾼의 하나로 보소서 하리

라 하고 20 이에 일어나서 아버지께로 돌아가니라 아직도 거리가 먼데 아버지가 그를 보고 측은히 여겨 달려가 목을 안고 입을 맞추니 21 아들이 이르되 아버지 내가 하늘과 아버지께 죄를 지었사오니 지금부터는 아버지의 아들이라 일컬음을 감당하지 못하겠나이다 하나 22 아버지는 종들에게 이르되 제일 좋은 옷을 내어다가 입히고 손에 가락지를 끼우고 발에 신을 신기라 23 그리고 살진 송아지를 끌어다가 잡으라 우리가 먹고 즐기자 24 이 내 아들은 죽었다가 다시 살아났으며 내가 잃었다가 다시 얻었노라 하니 그들이 즐거워하더라 25 맏아들은 밭에 있다가 돌아와 집에 가까이 왔을 때에 풍악과 춤추는 소리를 듣고 26 한 종을 불러 이 무슨 일인가 물은대 27 대답하되 당신의 동생이 돌아왔으매 당신의 아버지가 건강한 그를 다시 맞아들이게 됨으로 인하여 살진 송아지를 잡았나이다 하니 28 그가 노하여 들어가고자 하지 아니하거늘 아버지가 나와서 권한대 29 아버지께 대답하여 이르되 내가 여러 해 아버지를 섬겨 명을 어김이 없거늘 내게는 염소 새끼라도 주어 나와 내 벗으로 즐기게 하신 일이 없더니 30 아버지의 살림을 창녀들과 함께 삼켜 버린 이 아들이 돌아오매 이를 위하여 살진 송아지를 잡으셨나이다 31 아버지가 이르되 얘 너는 항상 나와 함께 있으니 내 것이 다 네 것이로되 32 이 네 동생은 죽었다가 살아났으며 내가 잃었다가 얻었기로 우리가 즐거워하고 기뻐하는 것이 마땅하다 하니라 (눅 15:11-32)

자유를 원한 둘째 아들

본문 말씀은 유명한 탕자의 비유입니다. 이 탕자의 비유는 누가복음 15장에서 그 앞에 있었던 두 가지 비유와 같은 주제로 제시되고 있습니다.

양 한 마리를 찾아 나서는 목자, 잃은 드라크마 하나를 찾고 기뻐하는 주인, 이 연속된 주제에 이어 탕자 비유의 주제는 아들을 잃었다가 찾은 아버지의 기쁨입니다. 탕자가 못난 짓을 했다가 뉘우치고 돌아가서 영접을 받았다는 것이 핵심이 아니라, 아버지가 아들의 못난 고집을 받아 주고 기다려 주었다는 것이 핵심이며, 그렇게 놓아주고 받아들이는 사이에 있는 일들이 어떤 의미를 가지느냐 하는 것입니다. 이것을 분명히 하기 위해서 앞의 두 가지 비유로 못을 박아 놓은 것입니다. 주인에 관한 것이다, 아버지에 관한 것이다, 왜 아버지가 잃어버렸느냐? 아버지의 실수 아니냐? 그게 아니고 제 발로 나갔다, 이렇게 된 것입니다.

그래서 13절을 다시 살펴보면, '그 후 며칠이 안 되어 둘째 아들이 재물을 다 모아 가지고 먼 나라에 가 거기서 허랑방탕하여 그 재산을 낭비'합니다. 아버지는 아들이 집을 떠나고 자기 품을 떠나겠다는 것을 허락했습니다. 그 결과로 아들은 가지고 간 모든 재산을 낭비하고 굶어 죽게 됐다고 합니다.

우리는 누가복음 14장에서 이런 것을 배웠습니다. 예수를 믿는데도 왜 인생이 고통스러운가? 하나님은 왜 우리의 고통을 해결해 주시지 않는가? 이런 이해를 성경적으로 확인했습니다. 하나님은 그의 자녀들일지라도 고통을 면하게 하는 것을 궁극적인 목적으로 삼고 계시지 않음을 확인했습니다. 고통의 역할이 있기 때문이라고 했습니다. 사람은 고통을 당해야 책임을 인식합니다. 누구 잘못이냐, 무엇이 잘못됐느냐, 어떻게 해야 되느냐, 그때 나는 이 책임을 어떻게 질 것인가로 선택을 해야 하고, 그 선택의 근거로 자유가 주어져야 한다는 것을 확인했습니다. 자유롭지 않은 자는 선택할 수도 책임질 수도 없습니다.

우리에게 고통이 있다는 것은, 하나님이 우리에게 자유를 주고 계심을 확인하게 해 줍니다. 아들은 이 자유를 원했고 아버지는 자유의 기회를 줍니다. 탕자는 이 자유를 방탕으로 이해했습니다. 방탕이란 도덕적 문제만 지적하는 것이 아니라 성경에서는 낭비한다는 뜻이라고 여러 번 설명했습니다. 실제로 우리 인생을 보면 우리는 다 이 둘째 아들처럼 탕자입니다. 왜냐하면 소비밖에 할 수가 없기 때문입니다. 우리는 생산할 능력을 갖고 있지 않습니다. 이것이 탕자 비유에서 가장 중요한 내용입니다.

이 작은아들은 자기 몫의 재산을 가지고 나가서 그 재산을 다 쓰자 더 이상 소비할 재료나 내용을 생산할 수 없는 현실에 직면하게 됩니다. 굶주림의 상태, 그것이 자신의 한계였습니다. 거기서 아버지의 넉넉함을 기억하고 돌아옵니다. 그것을 회개라고 합니다. 죄를 지었다고 하며 돌아옵니다. 좀 이상하지 않습니까? 그것이 왜 회개일까요?

우리는 어떻게 신앙생활을 합니까? 이 작은아들이 회개한 즈음에서 우리는 아버지께 이런 식으로 돌아옵니다. '아버지가 주신 재산이 너무 적어서 부족했습니다. 한 번만 더 주시면 다시는 아버지를 찾아

올 일이 없을 것입니다.' 이것이 우리 기도의 핵심입니다. 이번 건만 해결해 주시면 다시는 와서 기도할 일이 없을 것입니다. 이것이 우리의 기도입니다. '목숨만 살려 주시면 쓸모 있게 되어 다시는 징징거리지 않고, 하나님을 도와드릴지언정 빌러 오지 않겠습니다.' 이것이 우리 신앙에서 본질적으로 오해된 것입니다. 그것을 지적하고 있습니다. 아버지가 아들을 내보낸 가장 큰 이유는 자유란 스스로 만들어 낼 수 있는 것이 아님을 배우게 하기 위해서입니다. 자유를 스스로 만들어 낼 수 있다는 것은 선택에 대해서 책임질 능력이 있어야 한다는 것인데, 우리에게는 그런 능력이 없습니다. 다만 선택이 전부이고 그에 대해 책임을 지지 않는다면 그것은 진정한 자유일 수 없습니다.

우리가 인생 속에서 당하는 모든 고통은 사실 도망가고 도망가고 도망가도 해결할 수 없어서 마지막에 직면하는 것입니다. 나에게는 모든 고통을 면할 아무런 능력이 없다는 것을 발견하게 됩니다. 내가 옳은 의욕을 가지고 옳은 뜻을 세우고 옳은 꿈을 가진다 할지라도 그 선택에 나는 아무런 책임을 질 수 없습니다. 능력과 실력을 갖고 있지 못합니다. 그것이 이 비유의 핵심입니다.

앞의 두 비유와 연결해 보면 분명해집니다. 잃어버린 양을 찾은 사건, 잃어버린 한 드라크마를 찾은 사건에서도 목자와 여인은 잃은 것을 찾고 기뻐합니다. 잃었다가 찾았다고 기뻐하되 무엇으로 결론짓는지 살펴보면, 7절에서는 "내가 너희에게 이르노니 이와 같이 죄인 한 사람이 회개하면 하늘에서는 회개할 것 없는 의인 아흔아홉으로 말미암아 기뻐하는 것보다 더하리라"라고 하고 10절에도 '내가 너희에게 이르노니 이와 같이 죄인 한 사람이 회개하면 하나님의 사자들 앞에 기쁨'이 된다고 합니다.

그렇다면 애초에 잃어버리지 않으면 될 것 아닙니까. 안 내보내면 될 것 아닙니까. 다리를 부러뜨려서라도 기둥에 묶어 놓으면 될 것 아닙니까. 그러나 그렇게 안 하시고 내보내십니다. 왜 그렇습니까? 본인이 승복해야 하기 때문입니다. 아버지께 순종하여 사는 것은 종속되는 것이거나 굴복하여 있는 상태가 아님을 가르쳐야 하기 때문입니다.

피조물인 인간이 자기의 소원과 자기의 보상에 만족하는 자가 되지 않게 하려는 것이 하나님의 뜻입니다. 우리가 소비하고 비교하고 자랑하는 것으로는 우리에게 답이 되지 않음을 가르치는 것이 인생입니다. 우리는 세상적인 조건들을 가졌을 때에도 여전히 고통스럽다는 것을 인생에서 배웁니다.

우리가 "저 사람은 부자니까 이 고통을 모를 거야"라고 이야기하지만 어느 부자도 자기가 부자라고 생각하지 않습니다. 부자가 안 돼 봐서 모르시죠? 아무리 많이 배웠어도 "저 사람은 더 이상 지적인 갈증이 없을 거야"라고 생각하는 데 대하여 그렇다고 대답하는 지식인은 없습니다. 지식인은 자기의 결함을 지적으로 알고, 부자는 자기의 가난함을 재물로 인하여 확인합니다. 그것이 답이 되지 않는다는 것을 압니다.

그래서 우리가 부와 지식이 답이라고 생각하는 동안은 계속 탕자의 인생을 살 수밖에 없습니다. 답이 아버지에게 있지 않고 세상에 있다고 믿는 것인데, 답이 없으면 복수라도 하겠다는 것입니다. 우리가 인생 속에서 성경의 가르침에 가장 상반되는 길을 가면서도 승복하지 않는 부분입니다.

회개가 요구되는 경계선

로마서 11장입니다.

> 너희가 전에는 하나님께 순종하지 아니하더니 이스라엘이 순종하지 아니함으로 이제 긍휼을 입었는지라 이와 같이 이 사람들이 순종하지 아니하니 이는 너희에게 베푸시는 긍휼로 이제 그들도 긍휼을 얻게 하려 하심이라 하나님이 모든 사람을 순종하지 아니하는 가운데 가두어 두심은 모든 사람에게 긍휼을 베풀려 하심이로다 (롬 11:30-32)

모든 사람을 순종하지 않는 가운데 가두어 두셨다는 것은 나가게 두었다는 것입니다. 내 재산을 주십시오, 해서 나가는 불순종 아래에 두셨습니다. 기회를 주셨습니다. 살아 봐라, 네 손으로 네 필요를 채워 봐라, 그리고 네가 세상의 것으로 만족할 수 있는 존재인지 아닌지 확인해 봐라, 이렇게 불순종 가운데 우리를 가두었습니다. 허락하셨습니다. 그리하여 우리에게 무엇을 확인시킵니까? 하나님에게만 우리의 필요가 있다는 사실을 확인시킵니다. 그것은 다만 평화나 정의 같은 그런 고급한 해답이나 단순한 답이 아니라 우리가 하나님이 주시는 것 외로는 만족할 수 없는 존재라는 사실이며 이를 배우게 하십니다. 우리는 세상 것으로 채워질 수 없는 존재임을 배웁니다. 하나님이 이것을 요구하십니다.

하나님은 우리에게 아버지이시고자 합니다. 우리에게 너희는 내 사랑하는 자식이라고 요구하시고, 아버지와 자식의 관계로 묶는 것을 사랑으로 또 믿음으로 요구하셔서 우리에게 진정한 자유를 시험하게 하며 확인하게 하며 기쁨으로 승복하게 합니다. 거기가 회개가 요구되는 경계선입니다. 내가 나를 채울 수 있다고 믿는 자리에서부터 하나님의 사랑을 입은 피조물이라는 것이 무엇을 의미하는지를 알게 되어서 주권을 하나님에게 돌려드리는 순종의 자리로 오는 것입니다. 그것은 도덕성의 문제보다 더 큽니다. 정의나 행복이나 평화나 진리 같은 것으로 대체할 수 없는 것들입니다.

시편 88편에 가면 성경에 이런 찬송이 등장합니다. 이 시는 찬송시로서 성경에 들어 있기에는 곤란한 내용입니다. 이 말을 자세히 음미하고 보십시오.

여호와 내 구원의 하나님이여 내가 주야로 주 앞에서 부르짖었사오니 나의 기도가 주 앞에 이르게 하시며 나의 부르짖음에 주의 귀를 기울여 주소서 무릇 나의 영혼에는 재난이 가득하며 나의 생명은 스올에 가까웠사오니 나는 무덤에 내려가는 자 같이 인정되고 힘없는 용사와 같으며 죽은 자 중에 던져진 바 되었으며 죽임을 당하여 무덤에 누운 자 같으니이다 주께서 그들을 다시 기억하지 아니하시니 그들은 주의 손에서 끊어진 자니이다 주께서 나를 깊은 웅덩이와 어둡고 음침한 곳에 두셨사오며 주의 노가 나를 심히 누르시고 주의 모든 파도가 나를 괴롭게 하셨나이다 (셀라) 주께서 내가 아는 자를 내게서 멀리 떠나게 하시고 나를 그들에게 가증한 것이 되게 하셨사오니 나는 갇혀서 나갈 수 없게 되었나이다 곤란으로 말미암아 내 눈이 쇠하였나이다 여호와여 내가 매일 주를 부르며 주를 향하여 나의

두 손을 들었나이다 (시 88 : 1-9)

무슨 뜻입니까? 곤고합니다. 더 이상 견딜 수 없습니다. 이럴 수가 없습니다. 절망의 바닥에 있고 매일 하루를 사는 것이 비참합니다. 견딜 수 없습니다. 10절 이하에 이 말이 공격적으로 변합니다.

주께서 죽은 자에게 기이한 일을 보이시겠나이까 유령들이 일어나 주를 찬송하리이까 (셀라) 주의 인자하심을 무덤에서, 주의 성실하심을 멸망 중에서 선포할 수 있으리이까 흑암 중에서 주의 기적과 잊음의 땅에서 주의 공의를 알 수 있으리이까 (시 88 : 10-12)

이것이 무슨 말입니까? 하나님, 나 이제 곧 죽을 거예요, 늦기 전에 회개하세요, 내가 죽으면 끝이에요, 죽은 다음에 은혜를 베푼들, 기적을 베푼들 무슨 소용이 있겠어요, 보세요, 저 이제 한 발 내놨어요, 알아들으시겠죠? 모두 다 해 본 것 아닙니까?

여호와여 오직 내가 주께 부르짖었사오니 아침에 나의 기도가 주의 앞에 이르리이다 여호와여 어찌하여 나의 영혼을 버리시며 어찌하여 주의 얼굴을 내게서 숨기시나이까 내가 어릴 적부터 고난을 당하여 죽게 되었사오며 주께서 두렵게 하실 때에 당황하였나이다 주의 진노가 내게 넘치고 주의 두려움이 나를 끊었나이다 이런 일이 물 같이 종일 나를 에우며 함께 나를 둘러쌌나이다 (시 88 : 13-17)

물같이 에워싸다, 홍수 겪어 보셨지요? 물은 빈틈없이 들어옵니다. 물 기둥으로 들어오는 것이 아니라 온통 다 덮으며 들어옵니다. "주는 내게서 사랑하는 자와 친구를 멀리 떠나게 하시며 내가 아는 자를 흑암에 두셨나이다"(시 88:18). '이렇게 어렵고 사면초가(四面楚歌)인데 하나님이 하신 일이 뭐가 있습니까?' 이런 내용이 시편에 당당히 들어가 있습니다. 외우기도 좋게 88편입니다. 왜 이스라엘 백성의 시편 속에 이런 내용을 두었을까요? 모두가 겪기 때문일 것입니다. 그리고 이것이 끝이 아니었기 때문에 넣었을 겁니다. 끝으로 가기 전에 이걸 통과해야 한다는 것을 다 알았던 것입니다. 우리가 '소진'되어야 했던 것입니다. 탕자가 그래야 했듯이, 자기 한계를 보아야 했던 것입니다. 자유를 원하지만 자유를 행사할 실력과 근거가 자신에게 없다는 사실, 자유 없이 힘에 종속되는 것은 원하지 않지만 자유를 행사할 능력이 없는 자신을 확인하고 그 자유를 하나님 안에서만 누릴 수 있다는 것을 확인합니다. 그것을 회개라고 합니다.

영광의 약속으로 이끄는 고난

인생을 살다 말년이 되면 대체로 허무주의자가 됩니다. 내가 성취한 어떤 것도 한 인생과 인격을 보상하지 못하기 때문입니다. 문제는 기독교 신자들에게도 이 과정이 있다는 사실입니다. 우리에게는 진정한 답이 있습니다. 진지하게 고민하고 절망해야 합니다. 자신에 대해서 절망해야 합니다. '한 번만 더 도와주시면, 더 도와주시면…'이라고 하면서 하나님을 찾아가지 말고, 항복하여 우리의 인생과 운명과 인격을 하나님에게 맡겨야 합니다. 그로부터만 우리는 거룩함과 영광과 명예를 얻습니다.

그러나 기독교 신자들은 이 명예를 기억하지 못하고 다만 고통을 피하기 위하여 쩔쩔맵니다. 온갖 방법으로 다 타협하면서 기독교 신앙에 순종하는 것을 맘 깊이 이해하지 못합니다. 그렇게 사는 하나님의 백성이라면 그 고난을 극복하고 꿰뚫고 뛰어넘는, 세상이 주지 못하는 내용이 있다는 것을 증명하지 못합니다. 시편 23편은 다윗의 시입니다. 우리가 잘 아는 시인데 이 시는 다윗이 자신의 생애 속에서 시편 88편의 내용을 경험하고 나서 한 답입니다.

여호와는 나의 목자시니 내게 부족함이 없으리로다 그가 나를 푸른 풀밭에 누이시며 쉴 만한 물 가로 인도하시는도다 내 영혼을 소생시키시고 자기 이름을 위하여 의의 길로 인도하시는도다 내가 사망의 음침한 골짜기로 다닐지라도 해를 두려워하지 않을 것은 주께서 나와 함께 하심이라 주의 지팡이와 막대기가 나를 안위하시나이다 주께서 내 원수의 목전에서 내게 상을 차려 주시고 기름을 내 머리에 부으셨으니 내 잔이 넘치나이다 내 평생에 선하심과 인자하심이 반드시 나를 따르리니 내가 여호와의 집에 영원히 살리로다 (시 23:1-6)

23편의 의미는 88편이 지닌 내용을 지나지 않고는 모릅니다. 다윗의 생애가 얼마나 고단했는지, 처절했는지를 모르면, 이 고백이 어디서 만들어졌는지 모릅니다. 그는 자식의 반란을 경험하며 자식이 다른 자식들을 다 죽이는 비참한 경험을 합니다. 다윗은 국가를 위하여 큰 영웅이 되었지만 미움을 사서 적국에까지 피난을 가야 했고, 살아남기 위하여 미친 체했던 처절한 자리까지 갑니다. 그가 피난 갔던 곳에서 대적을 치기 위하여 동원되었을 때 다른 종족이 쳐들어와 가솔들을 다 잡아가자, 그는 돌아와 더 이상 울 힘이 없을 때까지 울어 본 적도 있고, 심지어는 부하들이 자기를 죽이려고까지 했습니다.

사망의 음침한 골짜기로 다닐지라도 해를 두려워하지 않을 것은 그런 모든 길을 통하여 그에게 형성된 것이 하나님이 누구시냐는 문제에 대한 이해며, 깊이며, 확인이었기 때문입니다. 이런 이유로 그것은 어떤 고난과 비극보다 크며 고난과 비극을 해결하는 것과 바꿀 수 없는, 모든 것을 근본적으로 해결하는 답이라는 것을 깨닫습니다.

그래서 여호와는 나의 목자시니 내가 부족함이 없으리로다, 라고 고백하며, 내 평생에 선하심과 인자하심이 나를 따를 것이라, 나는 하나님의 돌보심과 보호하심을 벗어난 적이 없는 하나님의 자녀라고 찬송하며 감격하는 것입니다. 고린도전서 16장에 가 봅시다. 사도 바울은 고린도전서의 결론으로 교인들의 신앙상의 잘못, 시샘, 고난, 타협, 모든 것에 대하여 세세한 설명을 붙이고 결말에 이렇게 덧붙입니다.

깨어 믿음에 굳게 서서 남자답게 강건하라 너희 모든 일을 사랑으로 행하라 (고전 16:13-14)

여기서 '남자답게'는 성차별적 단어가 아닙니다. 하나님의 자녀가 갖는 명예를 말하는 것입니다. 사소한 것으로 고난을 해결하려 하지 마십시오. 하나님이 우리를 고난 속으로 인도하여 우리의 영광을 확인시키고 있다는 것을 기억하고, 믿음 위에 굳게 서서 담대하십시오. 인생을 담대하게 받아 내십시오. 하나님이 우리에게 무엇을 이루고 계시고, 우리의 인생을 통하여 무엇을 증명하려 하시는지를 발견하십시오. 명예로운 인생을 사는 모두가 되기 바랍니다.

기도

하나님 아버지, 은혜를 감사합니다. 우리가 하나님의 귀한 영광의 약속으로 인도되고 있다는 사실을 확인합니다. 우리 인생의 고난이 영원한 영광의 중한 것을 이루는 줄 믿습니다. 하나님의 자녀로 부름받아 고난의 인생을 살며 인간의 한계를 보며 하나님의 넉넉하심과 부요함을 우리 것으로 가지게 된 감사가 있게 하셨습니다. 마땅히 순종하게 하옵소서. 기쁨으로 고난에 찬 인생을 꿰뚫어 걸어가는 신앙의 담대함을 보이게 하시옵소서. 예수님 이름으로 기도합니다. 아멘.

36

낭비하지 마라

---

19 한 부자가 있어 자색 옷과 고운 베옷을 입고 날마다 호화롭게 즐기더라 20 그런데 나사로라 이름하는 한 거지가 헌데 투성이로 그의 대문 앞에 버려진 채 21 그 부자의 상에서 떨어지는 것으로 배불리려 하매 심지어 개들이 와서 그 헌데를 핥더라 22 이에 그 거지가 죽어 천사들에게 받들려 아브라함의 품에 들어가고 부자도 죽어 장사되매 23 그가 음부에서 고통중에 눈을 들어 멀리 아브라함과 그의 품에 있는 나사로를 보고 24 불러 이르되 아버지 아브라함이여 나를 긍휼히 여기사 나사로를 보내어 그 손가락 끝에 물을 찍어 내 혀를 서늘하게 하소서 내가 이 불꽃 가운데서 괴로워하나이다 25 아브라함이 이르되 얘 너는 살았을 때에 좋은 것을 받았고 나사로는 고난을 받았으니 이것을 기억하라 이제 그는 여기서 위로를 받고 너는 괴로움을 받느니라 26 그뿐 아니라 너희와 우리 사이에 큰 구렁텅이가 놓여 있어 여기서 너희에게 건너가

고자 하되 갈 수 없고 거기서 우리에게 건너올 수도 없게 하였느니라 27 이르되 그러면 아버지여 구하노니 나사로를 내 아버지의 집에 보내소서 28 내 형제 다섯이 있으니 그들에게 증언하게 하여 그들로 이 고통받는 곳에 오지 않게 하소서 29 아브라함이 이르되 그들에게 모세와 선지자들이 있으니 그들에게 들을지니라 30 이르되 그렇지 아니하니이다 아버지 아브라함이여 만일 죽은 자에게서 그들에게 가는 자가 있으면 회개하리이다 31 이르되 모세와 선지자들에게 듣지 아니하면 비록 죽은 자 가운데서 살아나는 자가 있을지라도 권함을 받지 아니하리라 하였다 하시니라 (눅 16:19-31)

세 비유의 공통된 죄목인 낭비

본문 말씀은 부자와 거지 나사로 이야기입니다. 잘살던 부자와 어렵게 살던 거지가 죽고 나자 인생이 역전되어 거지는 천국에, 부자는 지옥에 갔다는 비유입니다.

이 비유의 어려움은 거지가 왜 천국에 갔는지 부자가 왜 지옥에 갔는지 분명하지 않다는 데 있습니다. 우리가 쉽게 이해하려고 하면 하여튼 부자가 돼서는 안 되겠구나, 하는 이상한 결론에 도달하지만, 그건 옳지 않습니다. 부자가 다 죄인은 아닙니다. 또한 가난한 것이 의로운 것의 대표적 표현일 수도 없습니다. 그런 문제는 분명히 아닙니다.

이 비유가 등장하는 앞의 문맥을 보면 탕자의 비유와 불의한 청지기 비유가 있고, 그다음에 부자와 나사로의 이야기가 있습니다. 이 비유에 나오는 부자가 지옥에 갔다는 것은 충격적인 내용입니다. 그런데 앞의 두 비유가 부자와 비슷한 위치에 있는 사람들에 관한 것입니다. 탕자가 자기 몫의 재산을 달라고 하여 나가서 허랑방탕하게 산 이야기였고, 불의한 청지기가 주인의 재산을 갖고 자기 맘대로 허비하는 이야기였습니다. 부자 이야기까지 셋 다 재물을 갖고 있다가 잘못된 내용이며 그 주인공의 처지를 배경으로 삼고 있습니다.

바로 앞에 16장 서두에 나온 불의한 청지기를 보면 1절에, "또한 제자들에게 이르시되 어떤 부자에게 청지기가 있는데 그가 주인의 소유를 낭비한다는 말이 그 주인에게 들린지라" 이렇게 되어 있습니다. 그는 그 재산이 자기 것은 아니지만 주인의 재산을 관리하고 있어서 부자와 같습니다. 그런데 그 소유를 낭비합니다. 앞에 있던 탕자 비유는 이렇게 이어집니다. 15장 13절을 보면 '그 후 며칠이 안 되어 둘째 아들이 재물을 다 모아 가지고 먼 나라에 가 거기서 허랑방탕하여 그 재산을 낭비'한다고 합니다.

아마 본문 말씀의 부자도 무엇을 낭비한 사람일 것입니다. 부족해서 문제가 된 것이 아니라 가진 것을 낭비했다는 차원에서 이 비유에 등장했을 것입니다. 그런데 뭘 잘못했는지, 무엇을 낭비했는지의 문제입니다. 16장에서 불의한 청지기는 그가 주인의 재산을 낭비하니까 주인이 당연히 해고했습니다. 해고 통보를 받은 청지기는 자기가 옷 벗고 나가기 직전까지 대책을 강구했습니다. 8절에 이렇게 나옵니다.

주인이 이 옳지 않은 청지기가 일을 지혜 있게 하였으므로 칭찬하였으니 이 세대의 아들들이 자기 시대에 있어서는 빛의 아들들보다 더

지혜로움이니라 내가 너희에게 말하노니 불의의 재물로 친구를 사귀
라 그리하면 그 재물이 없어질 때에 그들이 너희를 영주할 처소로 영
접하리라 (눅 16:8-9)

그러니까 불의한 청지기 비유의 핵심은 옳고 그른 것을 따지려는 것
이 아닙니다. 옳고 그른 문제를 모르는 자일지라도 인간이라면 알고
있는 것이 있다, 그건 바로 오늘은 영원하지 않고 내일이 온다는 사실
이다, 입니다. 이 청지기가 불의할지라도 내일이 온다는 것만은 알고
있기 때문에, 내일을 준비해야 한다는 것도 알고 있었다, 이 세상만이
전부인 줄로 알고 있는 세상 사람들도 이건 다 안다, 그런데 왜 빛의
아들들은 하나님 나라가 온다는 데 대해서 생각이 없느냐? 그런 비유
입니다.

이 점이 모든 신자들에게 어려운 부분이고 해결이 잘 안 되는 부분
입니다. 몰라서가 아니라 아는데도 무엇에 걸려 있는지, 어디에서 이
문제가 해결이 안 되는지 하나하나 차근차근 풀어 나가 봅시다.

에베소서 5장에 가면 "술 취하지 말라 이는 방탕한 것이니 오직 성
령으로 충만함을 받으라"(18절)라는 말씀이 이렇게 나옵니다.이것을
단순히 윤리적으로 혹은 종교적으로 받아들여서 이분법적으로 이해
하지 않기를 바랍니다. 방탕한 것과 거룩한 것으로 나뉘는 것이 아니
라 둘이 공통된 진실을 갖고 있다는 이야기입니다.

술 취하는 것과 성령 충만이 서로 대조되는 가운데 공통된 진실을
갖고 있습니다. 술 취하는 것이 방탕한 것으로 표현되어 도덕적으로
잘못됐다는 뜻으로 오해되는데 여기서는 낭비하고 있다는 뜻입니다.

술 취함은 무엇을 낭비하고 있는 것입니다. 그러나 성령 충만은 낭비하지 않고, 생각하고 노력하여 무엇을 쌓고 풍성하게 하는 것입니다. 탕자의 비유, 불의한 청지기의 비유, 본문 말씀인 부자 이야기에서도 공통된 죄목은 낭비입니다.

술을 먹는 게 왜 잘못일까요? 술에 깊이 취해 있으면 시간이 없어집니다. 시간이 없어진다는 것은 사실상 그냥 시간이 없어진다는 것이 아니라 의식하고 책임질 시간이 없어진다는 의미입니다. 필름이 끊깁니다. 정신을 차려 보니까 다음 날 12시니, 이것이 방탕하며, 낭비한다는 의미입니다. 에베소서 5장 18절을 보면 "술 취하지 말라 이는 방탕한 것이니 오직 성령으로 충만함을 받으라"라는 결론이 주어집니다.

> 너희가 전에는 어둠이더니 이제는 주 안에서 빛이라 빛의 자녀들처럼 행하라 빛의 열매는 모든 착함과 의로움과 진실함에 있느니라 주를 기쁘시게 할 것이 무엇인가 시험하여 보라 너희는 열매 없는 어둠의 일에 참여하지 말고 도리어 책망하라 그들이 은밀히 행하는 것들은 말하기도 부끄러운 것들이라 그러나 책망을 받는 모든 것은 빛으로 말미암아 드러나나니 드러나는 것마다 빛이니라 그러므로 이르시기를 잠자는 자여 깨어서 죽은 자들 가운데서 일어나라 그리스도께서 너에게 비추이시리라 하셨느니라 (엡 5:8-14)

빛과 어둠을 대조하고 있습니다. 어둠이란 혼돈을 말합니다. 혼돈이란 볼 수가 없기에 분별이 없고 올바른 선택을 할 수가 없는 상태입니다. 갈팡질팡할 뿐입니다. 빛에서는 볼 수 있고 분별할 수 있고 올바른 선택을 할 수 있습니다. 예수를 믿고 하나님의 자녀가 되면 이 빛 가운데 있는 것입니다. 우리는 무엇이 옳은지를 압니다. 그래서 너희는 빛의 자녀다, 어둠 가운데 있는 자녀들같이 살지 마라, 즉 '잠자는 자여 깨어나라'라고 하는 것입니다. 잠잘 때는 생각하고 결정하고 책임질 수 없는 때입니다. 대조되고 있습니다. 그래서 15절 이하에 이렇게 이어집니다.

'그런즉 너희가 어떻게 행할지를 자세히 주의하여 지혜 없는 자 같이 하지 말고 오직 지혜 있는 자 같이 하여 세월을 아끼라 때가 악하니라 그러므로 어리석은 자가 되지 말고 오직 주의 뜻이 무엇인가 이해하라 술 취하지 말라'(15-18절). 이것은 다 생각하고 지혜로워야 하는 것들로서 불의한 청지기에서 등장하는 바와 같이 옳고 그른 것 이상으로 신자들의 중요한 권리요, 책임으로 주어지고 있습니다.

그가 비록 이 세대 아들들을 대표하는, 의를 행하지 않는 부정한 자라도 내일을 준비해야 된다는 것은 압니다. 오늘이 영원하지 않다는 것을 압니다. 그러나 이 문제에 대하여 주 안에서 구원을 얻은 하나님의 자녀들보다 인생과 역사와 운명에 관련된 목적과 내용을 더 잘 알 수 있는 사람은 없습니다.

그러므로 우리는 지금 술 취하여 잊어서는 안 되는, 성령 충만으로 요구받고 있는, 생각하고 분별하여 지혜로워야 하는 오늘의 책임을 촉구받고 있는 것입니다. 그 오늘은 어떤 날들입니까? 로마서 5장에 의하면 오늘이란 이런 날입니다.

그러므로 우리가 믿음으로 의롭다 하심을 받았으니 우리 주 예수 그리스도로 말미암아 하나님과 화평을 누리자 또한 그로 말미암아 우리가 믿음으로 서 있는 이 은혜에 들어감을 얻었으며 하나님의 영광을 바라고 즐거워하느니라 (롬 5:1-2)

이것이 빛의 자녀들에게 주어진 역사와 우주와 각 개인의 운명에 관한 내용입니다. "다만 이뿐 아니라 우리가 환난 중에도 즐거워하나니 이는 환난은 인내를, 인내는 연단을, 연단은 소망을 이루는 줄 앎이로다"(롬 5:3-4)라고 합니다.

우리는 예수 그리스도 안에서 하나님과 화목한, 구원받은 하나님의 자녀, 영생 복락을 약속받은 하나님의 백성으로 이미 서 있습니다. 그리고 하나님의 영광을 약속받고 있습니다. 약속받고 있는 영광의 자리와 구원을 얻은 하나님의 자녀로서의 특권 사이에 인생이 있습니다. 인생 속에 언제나 오늘이 있습니다.

우리의 인내와 연단의 실상

그 오늘을 하나님이 환난으로 이끄십니다. 왜 그럴까요? 우리는 이 낭비의 문제에서 하나님이 우리에게 왜 고통을 주시는지, 그리고 고통을 면하는 것이 기독교 신앙의 올바른 보상일 것이라고 기대하는데 성경이 그런 약속을 하지 않는다는 것을 확인했습니다. 또한 하나님이 신자들의 고통을 면제해 주는 것을 신앙의 보상으로 삼고 있지 않다는 것은 우리로 하여금 하나님이 신자들에게 주신 구원과 약속하신 운명이 도대체 무슨 내용을 가지는지를 다시 생각해 볼 수밖에 없게 한다고 했습니다.

그것은 하나님이 우리에게 책임을 요구한다는 사실이었습니다. 책임을 요구받는다는 것은 고통스러울지 모르지만 명예로운 일입니다. 하나님은 우리를 물건으로 취급하지 않으시고 기계적 작동의 산물로 여기지 않으십니다. 그런데 책임을 지려면 자유가 주어져야 한다는 사실을 확인했습니다. 자유로워야 선택할 수 있고 결정할 수 있습니다. 그 고통을 책임 있게 감수하겠다는 자유로운 권리야말로 우리가 의미 있는 영원한 것을 스스로 만들어 낼 수 없다는 자각 속에서 오직 하나님만이 이 자유의 근거가 되심을 확인하게 합니다.

이런 모든 것이 고난, 환난이라는 현실 속에서 우리에게 직접 피가 되고 살이 되는 것입니다. 환난이 우리를 인내로 이끈다는 것은 무슨 뜻일까요? 우리는 예수 믿고 당하는 어려움 속에서 당연히 쉬운 답을 요청합니다. '하나님 원하오니 제게서 고난을 제거해 주옵소서. 무엇을 하면 이 고난에서 저를 구해 주시겠습니까? 매일 성경을 열 장씩 보겠습니다. 매일 한 명씩 전도하겠습니다. 매일 정직하게 살겠습니다.' 이런 식의 기도를 다 해 보셨을 것입니다.

아니면, '먼저 주시면 나중에 갚겠습니다'라고 해 봤겠지요. 무한의 개인 대출 말입니다. '이 일만 이루어 주시면 남은 생애를 주님 뜻에 맡기겠습니다.' 그러나 하나님이 허락하지 않으셨을 것입니다. 그러면 우리는 생각할 수밖에 없습니다. '내 기대와 다른 신앙을 계속할 것인가, 다른 방법으로 이 고통을 면하기 위하여 기독교 신앙을 놓을 것인가?' 이것이 인내입니다. 생각하는 시간, 답이 없지만 붙들려 있는 시간, 이것이 인내입니다.

인내란 실력이 있어서 하는 것이 아니라 답이 없어서 하는 것입니다. 우리가 이 인내에 붙잡혀 있는 가장 큰 이유는 고난을 제대로 이해하지 못하고 있지만, 우리의 소원대로 하나님이 움직여 주지 않지만, 기독교 신앙을 놓을 수가 없어서입니다. 아니, 우리는 몇 번이고 놓았지만 하나님이 안 놓아 주셔서 할 수 없이 붙잡혀 있는 것, 이것이 인내입니다.

우리가 적극적으로 실력 있게 인내하는 것이 아니라 주일날 안 좋은 얼굴로 나오는 그 실력만큼, 안 올 수도 없고, 와 봤자 답이 없지만 도망가면 훨씬 더 불편하니까 와서 한 시간 졸고 가자, 이게 우리의 인내입니다. 그것이 우리를 연단합니다. 성경이 이야기하는 약속의 진정한 내용을 물을 수밖에 없고, 나는 소원하지만 하나님이 답을 주지 않아서 속상한 문제들에 대해 정말 꼭 받아야만 하는 답인가를 물어볼 수밖에 없습니다. 그것이 연단입니다. 살면서 계속 확인하게 되는 것들, 매일의 고난 속에서 무엇은 놓아도 좋고 무엇은 놓을 수 없는가에 대한 생각을 강요받습니다. 어떤 고난입니까? 내 소원과 하나님의 약속의 다름, 내 박자와 하나님의 순서의 다름, 내 급한 것과 하나님의 급한 것의 다름 때문에 우리는 많이 속상하고 갈등하고 놀라고 분노하고 절망합니다. 바로 여기에 붙들려 인내하고 연단을 받는 것입니다.

오늘이라는 시간을 낭비한 부자

우리가 생각하고 있는 누가복음 16장에 이런 중요한 이야기가 나옵니다. 9절에 보면 '내가 너희에게 말하노니 불의의 재물로 친구를 사귀라'라고 합니다. 재물과 친구는 무엇이 다릅니까? 재물은 소유하는 것입니다. 친구는 소원할 수 없으니 조종할 수도 없습니다. 그것이 다릅니다. 친구란 능력이나 가진 것, 힘에 의해서 성립되는 것이 아니라 신뢰와 헌신으로 성립됩니다. 신뢰나 헌신이라는 말은 이해관계나 도덕성까지도 넘어서는 더 고급한 가치를 말합니다. 친구가 천사 같고 슈퍼맨 같고 내가 원하는 것을 다 들어줍니까? 그렇지 않습니다. 친구는 희한한 존재입니다. 서로가 가진 많은 결함에도 불구하고 관계를 맺는 것이 친구 사이입니다.

우리는 인생의 고단함이, 행복을 위해 필요한 조건들 중에 무엇이 부족하기 때문이라고 생각하기도 합니다. 만일 그 조건이 채워진다면 어떻겠습니까? 능력이나 건강을 생각해 보십시오. 내 인생의 고난은 내 능력이 부족해서고, 병약해서라고 생각하지만 건강하고 능력 있고 성공했다고 해서 인간이 행복한 것은 아니라는 것도 불변의 진리입니다.

본문 말씀에 나온 부자의 문제는 그가 가진 재물로 진정한 친구를 사귀는 것 같은 가치 있는 일에 쓰지 않고 그에게 준 오늘이라는 시간을, 오히려 기회를 말아먹는 일에 썼다는 점에 있습니다. 탕자의 비유에서 형이 아버지에게 자기 동생에 대하여 분노할 때 쓴 표현입니다. '창기와 함께 아버지의 재산을 말아먹은 저 자식을 왜 반기십니까?'

이것입니다. 뭘 말아먹었죠? 시간을 낭비했던 것입니다.

　건강하다든지 능력이 있다든지 하는 것 때문에 오늘이라는 시간을, 내일을 준비하는 것과 상관없이, 조건과 수단을 다만 시간을 죽이는 일에 쓰고 있다면 탕자나 불의한 청지기만 못한 자며 본문 말씀에 나온 부자인 것입니다.

　하나님은 이렇게 매일 힘을 다하여 우리에게 찾아오시고 도전하십니다. 어떤 것을 주거나 뺏는 것으로 우리를 곤경에 처하게 하여 생각하게 하십니다. '이게 다야? 그게 없어서 내가 당하는 이 인생은 대체 뭐야!' 능력이 있어야 친구를 사귈 수 있다면 너라는 존재의 가치는 뭐냐고 묻는 것입니다. 네가 밤낮 밥을 사고 용돈을 주는 것으로 친구를 사귄다면 너 자신은 뭐냐고 묻는 질문 앞에 있는 것입니다. 돈으로 때우고 자랑으로 때우는 것 외에 인간이 행복할 수 없다면 넌 뭐냐, 넌 짐승이냐, 돌이냐, 구정물이냐, 라고 묻는 것입니다. 매일 묻습니다. 우리는 답을 회피합니다. 무엇으로든지 이 답에서 도망하려고 합니다. 제가 생각하지 않더라도 잘되도록 하나님이 조건을 충분히 주십시오, 라고 불평하고 있는 것입니다.

　우리는 부자입니다. 시간을 말아먹고 사는 부자입니다. 하나님이 나사로를 천국으로 부른 것은 그가 고난을 받았기 때문에 그것이 자격이 되었다는 이야기가 아닙니다. 고난이 우리를 천국으로 인도한다는 것입니다. 생각할 수밖에 없게 해서 환난으로, 인내로, 연단으로, 그래서 연단이 소망을 이룬다는 것입니다.

　갈라디아서 5장에 가면 성경이 우리의 신앙에 대하여, 운명에 대하여, 오늘 우리가 가진 기회를 두고 이렇게 요구합니다. "그리스도 예수의 사람들은 육체와 함께 그 정욕과 탐심을 십자가에 못 박았느니라"(24절). 정욕과 탐심이 무엇입니까? 오늘 하루를 말아먹는 것입니다. "만일 우리가 성령으로 살면 또한 성령으로 행할지니 헛된 영광을 구하여 서로 노엽게 하거나 서로 투기하지 말지니라"(갈 5:25-26).

우리의 자랑이 어디 있으며 우리의 인생에 가장 값진 것이 어떻게 만들어지는지 확인하십시오. 억울한 인생이란 예수 안에서는 없습니다. 우리가 세상적인 조건으로 요구하는 것들 중 진정한 답을 만들어 내는 것은 없습니다. 예수 안에서 하나님이 주시는 성령의 인도하심이 우리를 참된 행복과 명예와 승리의 영광으로 이끄실 것입니다.

기도

하나님 아버지, 은혜를 감사합니다. 하나님의 자녀로 산다는 것은 두려운 일입니다. 하나님이 놓아두시지 않기 때문입니다. 매일 물으시고 흔드시고 깨우시는 하나님의 찾아오심에 정직하고 책임 있게 답하게 하시옵소서. 그리하여 우리의 인생이 낭비되지 않으며 생각 없이 지나가지 않으며 귀한 것을 만들어 내는 연단의 길이요, 정금같이 만들어지는 하나님의 신비하신 축복의 기회인 것을 기억하고 충성하게 하시옵소서. 예수님 이름으로 기도합니다. 아멘.

37

믿음을 더하소서

———

1 예수께서 제자들에게 이르시되 실족하게 하는 것이 없을 수는 없으나 그렇게 하게 하는 자에게는 화로다 2 그가 이 작은 자 중의 하나를 실족하게 할진대 차라리 연자맷돌이 그 목에 매여 바다에 던져지는 것이 나으리라 3 너희는 스스로 조심하라 만일 네 형제가 죄를 범하거든 경고하고 회개하거든 용서하라 4 만일 하루에 일곱 번이라도 네게 죄를 짓고 일곱 번 네게 돌아와 내가 회개하노라 하거든 너는 용서하라 하시더라 5 사도들이 주께 여짜오되 우리에게 믿음을 더하소서 하니 6 주께서 이르시되 너희에게 겨자씨 한 알만한 믿음이 있었더라면 이 뽕나무더러 뿌리가 뽑혀 바다에 심기어라 하였을 것이요 그것이 너희에게 순종하였으리라 (눅 17:1-6)

실천의 차원에서 믿음의 특성

본문 말씀은 실족하게 하는 문제에 대하여 예수님이 경고하시는 것으로 시작합니다. 그리고 용서하라는 말씀을 덧붙이시고 믿음에 관한 이야기로 이어집니다. 처음 등장하는 것은 실족하게 하는 문제입니다. 1절을 봅시다.

> 예수께서 제자들에게 이르시되 실족하게 하는 것이 없을 수는 없으나 그렇게 하게 하는 자에게는 화로다 그가 이 작은 자 중의 하나를 실족하게 할진대 차라리 연자맷돌이 그 목에 매여 바다에 던져지는 것이 나으리라 (눅 17:1-2)

굉장히 강하고 엄중한 경고입니다. 실족하게 하지 마라, 시험 들게 하지 마라, 아마 그런 뜻일 것입니다. 그런데 '이 작은 자 중의 하나'입니다. 이 작은 자 중의 하나는 문맥상 그 앞에 나왔던 주인공들 중 하나일 것입니다. 말하자면 잃어버린 어린 양 한 마리, 잃어버린 드라크마 하나, 탕자, 불의한 청지기, 거지 나사로, 이들이 작은 자들일 것입니다. 그중에 하나라도 실족하게 하면 안 된다는 말씀이므로 하나님의 일하심과 목적에 대하여 우리가 어쨌든 성급하게 굴면 안 된다, 하는 가르침이라고 볼 수 있습니다. 그리고 하나님의 뜻을 이루시는 방법이 우리의 방법과 이해와 다를 수 있다는 것을 기억해야 합니다.

우리는 누구를 정죄하거나 누가 희망이 없다고 쉽게 말할 수 없다는 것을 이 말씀은 보여 주고 있습니다. 그리고 용서하라고 합니다.

용서를 하루에 일곱 번이라도 해 주랍니다. 하루에 일곱 번 용서하라지만 실은 다시 가서 동일한 죄를 짓고 다시 와서 용서를 구하고를 일곱 번 반복하기도 힘든 것입니다. 그래도 그것을 다 하라고 함으로써 용서는 용서를 구해야 하는 가해자 쪽의 책임이 아니라 용서해야 하는 피해자 쪽의 문제라고 가르치십니다.

그러자 제자들이 5절에서 '사도들이 주께 여짜오되 우리에게 믿음을 더하소서'라고 하게 되는 것입니다. 당황스러웠을 것입니다. 모든 종교가 엄격한 기준을 갖고 있습니다. 아무렇게나 무분별하고 방탕하게 살면서 어느 종교의 절정에 오를 수 있다고 이야기할 수는 없습니다. 기독교 신앙으로 이야기하면 무책임하고 변덕스럽게 자기 마음대로 살면서 구원을 얻을 수 있다고 이야기할 수 없습니다.

그런데 지금 이 경고에 의하면 마치 그것이 가능한 것처럼 보이지 않습니까? 그래서 사도들의 '믿음을 더하소서'라는 말은 '그러면 주님 어떡하라는 말입니까? 이해가 되지 않습니다. 이렇게 혼란스럽게 만드는 것이 주께서 가르치시고 또 십자가를 지시는 목적입니까?'라는 식입니다.

그러자 6절에 있는 대로 "주께서 이르시되 너희에게 겨자씨 한 알 만한 믿음이 있었더라면 이 뽕나무더러 뿌리가 뽑혀 바다에 심기어라 하였을 것이요 그것이 너희에게 순종하였으리라" 하고 답하십니다. 그래서 제자들은 이해가 되지 않는 것을 감당해야 하는 큰 믿음을 요구받게 된 셈입니다. 예수님이 이 문제는 믿음의 크기에 관한 문제와는 다르다, 라고 가르치시는 것이 분명해졌습니다. 믿음이 무엇인지, 본질적 차원에서 무엇이고, 실천적 차원에서 그 특성이 무엇인지와 같은 문제를 본문 말씀이 우리에게 묻고 있습니다. 에베소서 5장을 봅시다.

> 아내들이여 자기 남편에게 복종하기를 주께 하듯 하라 이는 남편이 아내의 머리 됨이 그리스도께서 교회의 머리 됨과 같음이니 그가 바로 몸의 구주시니라 그러므로 교회가 그리스도에게 하듯 아내들도 범사에 자기 남편에게 복종할지니라 남편들아 아내 사랑하기를 그리스도께서 교회를 사랑하시고 그 교회를 위하여 자신을 주심 같이 하라 이는 곧 물로 씻어 말씀으로 깨끗하게 하사 거룩하게 하시고 자기 앞에 영광스러운 교회로 세우사 티나 주름 잡힌 것이나 이런 것들이 없이 거룩하고 흠이 없게 하려 하심이라 (엡 5:22-27)

부부에 관하여 성경은, 남편과 아내의 책임이 사랑과 복종이라고 가르치고 있습니다. 이 사랑과 복종의 요구는 만만치 않습니다. 사랑하고 있다면 사랑과 복종이 요구될 필요가 없습니다. 사랑은 그 모든 것을 이미 품고 있는 더 높은 결과이기 때문입니다. 그것은 만족이며 기쁨이고, 다른 것을 더 필요로 하지 않는 충분한 것이기 때문입니다.

그러나 말씀에서 보듯이, 사랑을 명하고 있고 복종을 명하고 있습니다. 고린도전서 13장을 보면 우리가 사랑을 넘쳐 나는 기쁨의 표현일 거라고 생각하는 데 반해서, 사랑에 대한 성경의 가르침은 대단히 고통스러운 것임을 알 수 있습니다. 말미에 나온 사랑에 대한 설명을 보면, 사랑은 모든 것을 참고, 모든 것을 믿고, 모든 것을 바라고, 모든 것을 견딘다고 했습니다.

　참고, 믿고, 바라고, 견딘다는 것은 사랑이 현실적인 보상의 차원에서 행사되지 않는다는 뜻입니다. 사랑은 미래를 내다보고 기대하고 지금 해야 하는 것으로서, 만족과 기쁨에서 나오는 것이 아니라 거의 책임에서 나와야 한다고 가르치는 것입니다. 사랑 그 자체가 기쁨과 만족의 표현인데, 만족하지 않는 상태에서 기쁘지 않은 상태에서 어떻게 사랑하라는 말입니까, 라고 질문해야 옳습니다.

　거기에 대한 대답으로 남편이 아내를 그리스도께서 교회를 위하여 자신을 주심같이 하는 사랑이나, 아내가 남편을 교회가 주께 하듯 하는 복종은 하나님의 명령이기 때문에 따라야 합니다. 즉, 성경이 말하는 사랑은 기쁨과 만족이라는 보상 위에 서 있지 않고 하나님이 그리하라고 명하셨다는 믿음 위에 서는 것입니다.

　남편과 아내에게 명하는 이 명령은 전부, 부부는 하나님이 짝지어 주셨고 예수 그리스도와 교회를 묶은 것같이 하나님이 교회를 충만하게 하시며 온전하게 하시며 거룩하게 하시는 뜻으로 묶은 하나님의 지혜와 능력이기 때문에 아내의 조건과 상관없이, 남편의 조건과 상관없이 사랑하고 복종해야 한다고 명하는 것입니다. 그래서 여기서의 믿음은, 현실적 보상을 받아 내는 데 동원되는 것이 아니라 미래에 주어질 하나님의 약속이 아직 이루어지지 않는 과정 속에서 지켜 내야 할 신자 된 책임을 말하고 있는 것입니다.

우리의 본성적 한계와 개선책

부부로 산다는 것은 만만치 않음을 살면서 다 느낄 것입니다. 제가 남자 밖에 되어 본 적이 없어서 남자 쪽에서 이야기하게 되는 것을 이해하고 들어 주십시오. 남자 입장에 서 보면 착하고 순진한 여자가 제일 무섭습니다. 착하고 순진하면 훨씬 기대하게 되기 때문입니다. 고분고분할 것이라고 말입니다. 그러나 전혀 그렇지 않습니다. 왈가닥이 훨씬 쉽습니다. 싸우면 어쨌든 결판이 나기 때문입니다. 그런데 착하고 순진한 여자는 웁니다. 그러면 대책이 없습니다.

여자에게는 물론 여자만의 고통이 있습니다. 남자는 대부분 겉모습과 달리 무능합니다. 이 사람을 믿고 내 인생을 맡겨야 한다는 것이 그렇게 불안할 수 없습니다. 친정아버지는 이러지 않았는데 어쩌다 이런 남자를 만났지, 하고 속으로 생각합니다. 거기에서 순종과 복종과 사랑이 나와야 한다는 것은 우리에게 무한히 어려운 이야기입니다.

여기에 믿음이 없다면 어쩌겠습니까. 이것이 본문 말씀이 하는 이야기입니다. 겨자씨 한 알의 믿음, 그것은 심는 믿음인 것입니다. 오늘은 보상받는 날이 아니고 심는 날입니다. 로마서 5장에 가면 이 문제를 더욱 포괄적으로 다루고 있습니다.

그러므로 우리가 믿음으로 의롭다 하심을 받았으니 우리 주 예수 그리스도로 말미암아 하나님과 화평을 누리자 또한 그로 말미암아 우리가 믿음으로 서 있는 이 은혜에 들어감을 얻었으며 하나님의 영광을 바라고 즐거워하느니라 다만 이뿐 아니라 우리가 환난 중에도 즐

거워하나니 이는 환난은 인내를, 인내는 연단을, 연단은 소망을 이루
는 줄 앎이로다 (롬 5:1-4)

이 환난과 인내와 연단이 예수 그리스도로 말미암아 하나님과 화목
된 자로서 그 화목이 하나님의 영광으로 귀결될 약속 속에 있는 신자
들에게 주어지는 것이라고 합니다. 예수 안에서 하나님의 자녀가 되
는 구원과 축복, 그리고 그 축복의 결국인 하나님의 영광 사이에 인내
와 연단이 있는 것입니다.

왜 환난이 필요합니까? 환난이 있어야 인내가 생긴답니다. 인내란
무엇입니까? 답이 없는 길을 가는 것입니다. 답이 없는 길을 간다는
것은 자신의 무력함과 한계와 현실의 무게를 감당할 능력이 없는 자
로서, 오직 도망갈 하나의 길이 있는데 그것은 죽어 버리는 것입니다.
그런데 죽을 수는 없어서 살아남아 있는 것을 인내라고 합니다. 그러
니까 인내의 기간 동안 막막한 것은 하루를 더 참는 게 무슨 유익이
있는지 모르겠기 때문입니다.

그래 봤자 고통을 하루 더 연장하는 것에 불과해 보이는 나날을 사
는 것, 그것이 인내입니다. 그 인내가 뭘 만들어 냅니까? 인내가 있어
야 연단으로 간다고 합니다. 연단이란 우리의 막막함 속에서 의미와
답을 발견하는 것을 말합니다.

우리는 고통을 면하는 것이 가장 일차적인 소원인 본능에 속한 사
람들입니다. 고통을 면하여 빨리 해답을 찾고 평안과 형통과 자랑으
로 나아가는 것이 우리의 소원입니다. 그런데 하나님은 그렇게 안 하
시겠다는 것입니다. 우리가 바라는 형통, 우리가 원하는 자랑으로 가

지 않고 하나님이 이루고 싶은 것을 이루기 위하여 우리를 고난으로 몰아붙이십니다. 하나님이 원하시는 것은 우리가 만들어 내는 것 속에 없다는 것입니다. 우리가 할 수 있는 것이 아닌 것입니다. 신적 차원의 내용으로서 로마서 5장 2절에 약속된 것같이 '하나님의 영광'이라고 표현된 것입니다. 그것을 위하여 우리를 한계 상황으로 몰고 간다고 합니다.

그 속에서 우리는 무엇을 배웁니까? 아까 이야기했던 에베소서 5장에 나온, 부부에게 주어진 책임이 무엇을 만드는가, 하는 것에서 확인할 수 있습니다. 남편이 아내를 사랑하고 아내가 남편에게 복종하는 것에 대해 우리의 일반적인 이해 속에서는 존경스러워야 복종할 수 있는 것이고 사랑스러워야 사랑할 수 있는 것입니다. 그러나 부부가 다만 존경스럽고 다만 사랑스러우면 동화책 말미에 나온 것같이 그냥 행복하게 살다 죽겠지요. 그런데 그러면 아무것도 만들어지지 않습니다.

형통한 날에는 인간이 깊은 생각을 하고 깊은 내용을 만들어 내는 것을 본 적이 없습니다. 인간이 소원하는 것은 다만 고통을 면하는 것이고, 자랑하는 것이기 때문입니다. 그런데 하나님이 말씀하신 대로 부부 사이에서 서로가 서로에 대해 가지는 부족함, 그 많은 갈등 속에 하나님의 말씀을 따라 믿음으로 사랑하고 존경하는 것을 해 보려고 하면, 자신이 가진 어떤 본성적인 한계를 깨트리지 않고는 불가능한 일이라는 것을 처음부터 느끼게 됩니다.

그 싸움은 상대방과의 싸움이 아니라 자신과의 싸움이며 믿음에 관한 싸움이 됩니다. 하나님이 우리에게 요구하신 것을 할 것인가 말

것인가 하는 문제에 대해 우리는 상대방이 사랑스러워야 된다, 상대방이 존경스러워야 된다, 라고 하며 책임을 넘겼지만 그것을 다시 스스로에게로 가져오게 하는 하나님의 준엄한 인도하심을 알게 됩니다.

분노하고 시비 걸고 화내서는 도무지 넘길 수 없는 문제입니다. 네가 화내는 것은 정당하지만, 그럼에도 불구하고 사랑을 지켜야 한다, 복종해야 한다, 라는 현실적 인도하심 속에 있는 것, 그것이 인내입니다. 이에 대해 대체 이것이 말이 되는가, 라는 생각이 당연히 들어야 합니다. 그리고 거기서 발견합니다. 연단이 되는 것입니다. 내가 문제라는 것입니다. 나는 그저 모든 사람을 내 수하에 놓고 나 좋게 요구하는 것 외에는 할 줄 아는 것이 없음을 발견하게 됩니다. 내가 실력이 있어야 합니다. 내가 멋있어져야 하고 내가 깊어져야 하고 내가 정말 하나님의 사람이 되어야 합니다. 믿음의 씨를 심는 자가 되어야 합니다. 그 길로 갈 때 하나님이 나를 인도하고 계시다는 사실을 깨닫게 됩니다. 그래서 이것이 소망으로 갑니다. 하나님의 인도하심에 대한 신뢰와 기대와 항복을 가지게 되는 것입니다. 고린도전서 15장에 가면 이 문제에 대한 사도 바울의 현실적인 가르침이 있습니다.

형제들아 내가 그리스도 예수 우리 주 안에서 가진 바 너희에 대한 나의 자랑을 두고 단언하노니 나는 날마다 죽노라 내가 사람의 방법으로 에베소에서 맹수와 더불어 싸웠다면 내게 무슨 유익이 있으리요 죽은 자가 다시 살아나지 못한다면 내일 죽을 터이니 먹고 마시자 하리라 (고전 15:31-32)

사도 바울 시대에 초대 교회는 로마 제국 아래에 있었고 로마 제국에서는 노예들을 사자의 밥이 되게 하기도 하고 검투사들로 하여금 사자와 싸우게 하는 놀이를 하기도 했습니다. 검투사들은 자기가 살기 위하여 맹수와 싸울 수밖에 없었습니다. 그런데 맹수라고 표현된 말은, 단지 경기장에서 만나는 짐승보다 더 큰 의미로 당시 에베소 지방에서 겪었던 전도 여행 중에 받은 핍박들을 빗대어 하는 말입니다.

대적들로 인하여 목숨이 위험한 지경에까지 처하게 되었고 겨우 도망쳐서 목숨을 부지합니다. 그러면서 "내가 사람의 방법으로 에베소에서 맹수와 더불어 싸웠다면 내게 무슨 유익이 있으리요 죽은 자가 다시 살아나지 못한다면 내일 죽을 터이니 먹고 마시자 하리라"(32절)라고 소개하고 있습니다.

하루를 소중히 여기고 작은 일에 충성하라

고린도전서 15장은 '부활 장'입니다. 부활 소망이 없다면 기독교 신앙은 아무 쓸모가 없다는 것을 이야기합니다. 우리가 살고 있는 현실이 전부가 아니다, 이 세상이 전부가 아니다, 이것은 과정이다, 우리는 영원한 나라로 부름을 받은 자이며 우리의 운명은 예수 그리스도 안에 있는 하나님이 허락하실 세상에 속해 있다, 그렇게 가르치고 있습니다.

그래서 이 세상을 사는 동안은 세상이 악한 것으로 우리를 유혹하고 위협해도 우리는 영원한 나라에 사는 시민들의 신앙적인 덕목과, 내용으로 현실을 이겨 내야 한다는 것을 가르치는 대목입니다. 그런데 현실이 어려우니까 우리는 맹수와 더불어 싸우는 것같이 오늘 하루의 고통을 면하는 데로 향하더라는 말입니다. 내세를 위하여 오늘을 살아 인내와 연단으로 가는 믿음을 한 알의 씨앗으로 심는 것을 거부하고, 이판사판의 전쟁을 하나님 앞에 요구하게 되더라는 것입니다. 운을 시험해 보는 것입니다. 성질을 부려 '하나님이 과연 나를 사랑하시면 오늘 답을 내십시오. 아니면 관둡시다' 이렇게 덤벼들더라는 것입니다.

평범한 사람들이 맹수와 싸우는 것에는 대책이 없습니다. 내세에 대한 아무런 의미도 찾지 못하는 자는 고난을 당하면서 죽어지낼 이유가 없습니다. 그러니 한 방을 노립니다. 어차피 이렇게 빚지고 낙이 없이 살 바에야 다 쏟아붓고 한 건 해서 떵떵거리고 살든가 아니면 망해서 굶어 죽자고 하는 것입니다. 시간을 끌어 봤자 아무런 의미가 없다는 것입니다.

그러나 우리는 다릅니다. 우리는 하나님이 우리에게 믿음의 씨를 심어 이 땅에서 하나님의 백성으로서 사는 것을 악조건 속에서도 드러내라고 하시기 때문에 이 고난을 연장할 수 있는 것입니다. 이것은 우리에게 믿음의 행위입니다. 그러나 그렇게 할 수 없으면, 그런 이해가 없으면, 우리는 하나님 앞에 우리의 운을 시험할 수밖에 없습니다.

'여기에 모든 것을 겁니다. 하나님이 이 일을 해결해 주시면 평생을 하나님 앞에 바칠 것이고 안 해 주시면 여기서 끝장을 냅시다.' 이게 바로 제자들이 '믿음을 더하소서'라고 한 기도였습니다. '하나님, 믿음을 더 주셔서 나로 하여금 용서하는 문제, 실족하는 문제를 완전히 덮어 버릴 믿음을 주시든지 아니면 그냥 여기서 실족이고 용서고

할 것 없이 끝내시든지 하세요.' 이것이 '믿음을 더하소서'라는 말에 담긴 뜻입니다.

이것은 남의 이야기가 아닙니다. 우리는 신자로서 사는 일이 무엇인지, 믿음으로 사는 것이 무엇인지를 생각할 때, '믿음을 더하소서'라는 기도로 현실을 덮으려고 합니다. 그러나 그것은 책임을 다하는 것이 아닙니다. 오히려 갈등과 긴장과 오해와 죽어 나가는 것 같은 삶을 감수하면서 사는 것이 신앙인이 살아야 할 현실이라고 주께서 친히 가르치십니다.

우리는 운을 걸고 하나님에게 당장 천국을 열어 달라고 하든지 아니면 지금 하나님과 인연을 끊고 말든지에 전부를 겁니다. 그래서 고린도전서 15장 33절 내용이 이렇게 이어집니다. "속지 말라 악한 동무들은 선한 행실을 더럽히나니 깨어 의를 행하고 죄를 짓지 말라 하나님을 알지 못하는 자가 있기로 내가 너희를 부끄럽게 하기 위하여 말하노라"(고전 15:33-34). 여기 '하나님을 알지 못하는 자'는 불신자를 말하는 것이 아닙니다. 신앙인이면서도 하나님이 누구신지, 어떻게 일하시는지, 무엇을 목적하시는지 모르는 자입니다. 그래서 내가 이 말을 한다, 너희를 부끄럽게 하려 한다, 라는 것입니다.

이 말씀은 끝에 "우리 주 예수 그리스도로 말미암아 우리에게 승리를 주시는 하나님께 감사하노니 그러므로 내 사랑하는 형제들아 견실하며 흔들리지 말고 항상 주의 일에 더욱 힘쓰는 자들이 되라 이는 너희 수고가 주 안에서 헛되지 않은 줄 앎이라"(고전 15:57-58)라는 말씀이 나오는 이유입니다. 우리의 수고가 헛되지 않다는 것은, 우리는 수고하고 살 수밖에 없다는 이야기입니다. 그리고 그 수고로운 하루

하루를 살아가는 것이 우리의 책임이자 명예라는 것을 알게 될 것입니다. 누가복음 16장 마지막 말씀은 부자가 나사로를 보내서 '내 형제들은 여기 오지 말게 해 주십시오' 하는 것이었습니다. 그러자 아브라함이 '그들에게 모세와 선지자가 있으니 그들에게 들을지니라'라고 하였고, 부자는 '아닙니다. 죽은 자가 살아서 간다면 믿을 것입니다'라고 항변합니다. 그러나 아브라함의 대답은 분명했습니다. '모세와 선지자에게 듣지 아니하면 죽은 자가 살아서 갈지라도 듣지 않을 것이다.'

죽은 자가 살아서 간다는 것은 무엇입니까? 큰 증거입니다. 너무나 분명하고 외면할 수 없는 분량의 증거입니다. 증거를 들고 사는 것이 아니라 그 증거가 증언하는 인생을 살아 내야 합니다. 증거가 얼마나 큰지의 문제가 아니라 그것을 하루라는 인생 속에 직접 담아내는 싸움이라는 것입니다.

모세와 선지자로 대표되는 구약 성경을 요약한 것은 '하나님을 사랑하고 네 이웃을 사랑하라'입니다. 앞에서 부부에게 요구됐던 것과 동일하지 않습니까? 남편에게 복종하고 아내를 사랑하라, 믿음의 행위입니다. 각자의 현실은 대단히 어려울 것입니다. 그 어려움 속에서 이 싸움을 해야 합니다. 하나님을 사랑하고 이웃을 사랑하는 것을 실천해야 합니다. 맘에 들지 않는 남편에게 복종해야 하는 그 일과 동일하게 믿음을 심어야 합니다. 그래서 한 알의 겨자씨인 것입니다. 크기의 문제가 아니라 심고 거두는 싸움입니다. 이것이 하나님이 우리를 인도하시는 방법이요, 하나님이 우리 안에 목적하고 계시는 것을 만드는 방법입니다.

책임 있는 신앙인이 되십시오. 하루를 소중히 여기고 작은 일에 충성해야 합니다. 신앙인임을 다른 것으로 증명하는 것은 주께서 용납하지 않으십니다. 신앙인이 된 증명으로 하루를 외면해도 되는 그런 일은 없다고 가르칩니다. 우리가 아무리 훌륭하고 아무리 큰일을 했을지라도 매일이 반복되듯이 일상에서 범사에 충성하고 복종하는 믿음을 행사하지 않는다면 그것은 신앙이 아닙니다. 이 싸움에 우리 자신을 붙들어 매 하나님이 우리의 인생 속에서 무엇을 만드시는지 확인하는 놀라운 신자의 인생을 누리길 바랍니다.

기도

하나님 아버지, 은혜를 감사합니다. 하나님의 자녀로 사는 것은 참으로 명예롭고 위대한 일입니다. 그것은 하나님의 의를 따르는 것이요 선하심을 배우는 것이요 하나님의 복 주심 속을 걷는 참으로 귀한 길입니다. 세상은 이 일에 대하여 우리에게 적대적일 것입니다. 우리는 그들에게 보복하지 않고 우리의 인생과 현실을 통하여 우리가 누구인가를 증명해야 하는 인내와 순종의 길을 가야 함을 배웁니다. 우리의 믿음에 힘을 더하시고 그 생명을 지키게 하사 심고 뿌리고 가꾸고 견디는 하나님의 자녀로서 복된 신앙을 지켜 내는 위대한 인생을 살게 하여 주시옵소서. 예수님 이름으로 기도합니다. 아멘.

38

하여야 할 일을 한 것뿐이라

———

7 너희 중 누구에게 밭을 갈거나 양을 치거나 하는 종이 있어 밭에서 돌아오면 그더러 곧 와 앉아서 먹으라 말할 자가 있느냐 8 도리어 그더러 내 먹을 것을 준비하고 띠를 띠고 내가 먹고 마시는 동안에 수종들고 너는 그 후에 먹고 마시라 하지 않겠느냐 9 명한 대로 하였다고 종에게 감사하겠느냐 10 이와 같이 너희도 명령 받은 것을 다 행한 후에 이르기를 우리는 무익한 종이라 우리가 하여야 할 일을 한 것뿐이라 할지니라 (눅 17:7-10)

기독교에서 종과 친구 사이

본문 말씀은 종이 열심히 일하고 잘했다고 해서 주인이 꼭 상을 줘야하는가, 하는 뜻밖의 냉정한 말씀입니다. 밭에서 일을 하고 돌아와도 주인이 자기 식사할 동안에 그를 옆에서 수종 들도록 부리지, 주인이 종을 대접하겠냐는 말씀입니다. 기독교 신앙의 전체 분위기와 좀 어울리지 않는, 그리고 십자가에 죽으러 오신 예수님이 가르치신 말씀치고는 너무 냉정한 말씀으로 보입니다.

여기에 등장하는 종에 대한 핵심은 이것입니다. 종이란 자기를 위하여 존재하지 않고 주인을 위하여 존재하는 위치에 선다는 것입니다. 그래서 이 문제는 마태복음 20장에 가면 예수님이 당신의 사역 자체를 종의 사역으로서 이해하는 데 그 연속성이 있습니다.

예수께서 제자들을 불러다가 이르시되 이방인의 집권자들이 그들을 임의로 주관하고 그 고관들이 그들에게 권세를 부리는 줄을 너희가 알거니와 너희 중에는 그렇지 않아야 하나니 너희 중에 누구든지 크고자 하는 자는 너희를 섬기는 자가 되고 너희 중에 누구든지 으뜸이 되고자 하는 자는 너희의 종이 되어야 하리라 인자가 온 것은 섬김을 받으려 함이 아니라 도리어 섬기려 하고 자기 목숨을 많은 사람의 대속물로 주려 함이니라 (마 20 : 25-28)

예수님은 당신의 성육신과 메시아 사역을 소개하고 있습니다. 그는 하나님의 보내심에 순종해야 했고 우리를 섬기러 오셨기 때문에 마치 우리의 종인 것처럼 생애를 사셨다고 성경이 증언합니다. 그런데 종의 문제에서 하나 짚고 넘어가야 하는 점이 있습니다. 세상에서 종이라고 하면 힘에서 진 사람을 먼저 떠올리게 됩니다. 그의 임무가 자신이 아니라 주인을 위하여 있다는 것보다 먼저, 세상적 이해에서 종은 힘에서 진 자이기 때문에 힘을 가진 자의 수하에서 강요받는 삶을 산다는 것으로 이해됩니다.

마태복음 20장에서도 예수님이 신자들의 삶에 관한 이해 또는 기독교 신앙의 본질적 이해를 종으로 설명합니다. 신자의 삶은 힘의 논리에 의하여 군림하거나 강요하는 자리에 서는 것이 아니라고 가르치기 위하여 우리에게도 섬기라고 하고 당신께서도 종으로 왔고 섬기러 왔다고 이야기합니다.

힘에서 지라는 뜻은 아닐 것입니다. 그러니까 '종'을 인용하여 여기서 하고 싶은 설명은, 종은 자기를 위하여 살지 않는다고 하면서 힘에 의한 이해로는 기독교를 이해할 수 없다는 것입니다. 종이라는 말을 성경이 어떻게 가르치려는가를 알기 위해서 요한복음 15장에 가 봅시다. 종을 이해하기 위하여 그 반대 개념을 설명하고 있기 때문에 분명히 이해할 수 있는 구절이 될 것입니다.

사람이 친구를 위하여 자기 목숨을 버리면 이보다 더 큰 사랑이 없나니 너희는 내가 명하는 대로 행하면 곧 나의 친구라 이제부터는 너희를 종이라 하지 아니하리니 종은 주인이 하는 것을 알지 못함이라 너희를 친구라 하였노니 내가 내 아버지께 들은 것을 다 너희에게 알게 하였음이라 (요 15:13-15)

종의 반대 개념을 친구라고 소개합니다. 그렇게 함으로써 예수님이 신자들을 친구로 부르고 초대하고 있는 것을 봅니다. 주께서 당신이 종으로 오셨다고 이야기합니다. 그러나 종의 개념은 자기를 위하여 살지 않는다는 성격을 이해시키는 데에 쓰이고, 힘의 논리에서 종이라는 개념을 배제하기 위해서 친구라는 개념을 종의 개념과 대조하고 있습니다. 무엇이 대조됩니까? 앞에서 설명한 대로 세상에서 종은 힘의 논리에서 진 사람들입니다. 힘을 가진 자의 강요와 압제 속에 있는 존재입니다. 그런데 기독교에서 우리에게 종 됨을 요구하는 것에는 자기를 위하여 살지 않는다는 공통점이 있습니다. 즉 자원하여 섬기는 자라는 것을 설명하기 위하여 친구라는 말을 더하고 있는 것입니다.

친구란 힘의 논리로 관계를 맺을 수 없습니다. 이해관계나 능력으로 관계가 성립되는 것이 아니라 자발적이고 자유로운 선택으로 성립되는 것인데, 그 자유로운 선택, 강요받지 않은 선택이 이해관계나 기계적이거나 효율적인 것으로 설명되지 않는 애매한 것으로 성립됩니다. 애매하다고 해서 무분별하고 혼란스럽다는 이야기가 아니라 친구란 세상에서 말하는 어떤 조건으로도 설명할 수 없는 깊고 신비한 관계라는 것입니다.

늘 왜 저 친구랑 나랑 평생 친구를 했을까, 이런 생각을 하면서 친구가 됩니다. 맘에 들지 않는데도 친구가 되는 경우가 많기 때문입니다. 고등학교 때 짝꿍을 하는 바람에 친구가 된 것입니다. 미운 정뿐만 아니라 못 넘어갈 일들도 받아들이게 됩니다. 옛날에는 책상을 둘이 같이 썼는데 어느 날 싸우고는 가운데 금을 긋고 금을 넘어오면 티

격태격하던 그런 갈등과 싸움을 지나서 이제는 기이하게 다 감당할 수 있는 상태가 되어 '놔둬. 쟤 성격 지랄 같은 거 너도 알잖아' 하며 속을 주고받는 사이가 됩니다.

친구란 적극적으로 말하면, 만나면 좋은 사이, 친구가 웃으면 내 마음에 시름이 걷히고 친구가 걱정하면 내 마음도 가슴 깊이 저려 오는, 그래서 인생에 늘 신선한 자극을 주고받는 사이입니다. 친구가 아무 것도 안 해 주고 밤낮 나만 밥 사 주고 이야기 듣고 오는데 힘을 얻는 존재, 살 가치가 있다는 생각이 들게 하는 것이 친구입니다. 그래서 친구란 신뢰와 헌신으로만 성립됩니다. 앞에서 이야기한 것같이 세상 적인 가치 기준과 전혀 다른 것으로, 인격의 따뜻함과 그리움과 만족 으로 묶여 있는 것입니다.

친구를 위하여 목숨을 버린다는 것은 무슨 뜻입니까? 이해관계나 보상을 넘어서서 목숨을 줄 수 있다는 것은 참으로 신비한 것입니다. 이것이 기독교가 말하는 종입니다. 힘에 의하여 강요받는 것이 아니 라 기꺼이 목숨까지도 줄 수 있는 섬김의 자리에 가는 것, 그것이 종 을 주제로 하여 예수님이 가르치고 싶어 하는 것입니다.

종이 일 잘했다고 주인이 종을 섬기겠느냐, 라고 하는 말은 어떻게 보면 냉혹한 표현인 것 같지만 종이란 주인을 위하여 있듯이 기독교 신앙이란 섬기기 위하여 있는데, 그 섬김은 힘에서 졌기 때문에 강요 받는 것이 아니라 기쁜 마음으로 자원하여 가지게 되는 것입니다. 고 난은 강제력에 의해 뒤집어쓰고 있는 것이 아니라 하나님의 하나님 되시는 성품으로 우리를 부르신 것이라고 합니다.

섬기는 삶

로마서 15장에 가면 이렇게 소개되고 있습니다.

> 믿음이 강한 우리는 마땅히 믿음이 약한 자의 약점을 담당하고 자기를 기쁘게 하지 아니할 것이라 우리 각 사람이 이웃을 기쁘게 하되 선을 이루고 덕을 세우도록 할지니라 그리스도께서도 자기를 기쁘게 하지 아니하셨나니 기록된 바 주를 비방하는 자들의 비방이 내게 미쳤나이다 함과 같으니라 (롬 15:1-3)

'주를 비방하는 자들의 비방이 내게 미쳤나이다.' 예수께서 우리 죄인들을 위하여 오시는데 죄인들이라 함은 하나님에 대하여 관심도 없고 열심도 없고 순종하지도 않으며 하나님의 뜻과 어긋난 길을 가면서도 전혀 자기의 잘못을 알지 못하며 어려울 때마다 그 책임을 하나님에게 돌리는 자들입니다. 바로 그런 자들을 위하여 주께서 오십니다.

그래서 그런 하나님에 대한 불만을 우리가 예수께 다 퍼부어, 섬기러 오신 성자 하나님을 십자가에 못 박은 것까지 기꺼이 감수하는 것으로 그리스도께서도 자기를 기쁘게 하지 아니하셨다, 라는 말씀을 우리에게 증언하십니다. 이렇게 친구를 위하여 목숨을 버리는 것이 기독교 신앙의 고급한 본질입니다.

빌립보서 2장에 가면 섬김과 희생이라는 기독교 신앙의 가장 중요한 덕목이 어떤 가치인가를 설명합니다.

너희 안에 이 마음을 품으라 곧 그리스도 예수의 마음이니 그는 근본 하나님의 본체시나 하나님과 동등됨을 취할 것으로 여기지 아니하시고 오히려 자기를 비워 종의 형체를 가지사 사람들과 같이 되셨고 사람의 모양으로 나타나사 자기를 낮추시고 죽기까지 복종하셨으니 곧 십자가에 죽으심이라 이러므로 하나님이 그를 지극히 높여 모든 이름 위에 뛰어난 이름을 주사 하늘에 있는 자들과 땅에 있는 자들과 땅 아래에 있는 자들로 모든 무릎을 예수의 이름에 꿇게 하시고 모든 입으로 예수 그리스도를 주라 시인하여 하나님 아버지께 영광을 돌리게 하셨느니라 (빌 2:5-11)

예수의 마음은 뭘까요? 여기 6절 이하에 소개되고 있는 예수의 마음은, 하나님의 본체시나 하나님과 동등됨을 취할 것으로 여기지 아니하시는 하나님의 마음입니다. 하나님의 본체시나 하나님과 동등됨을 취할 것으로 여기지 아니하신다는 것은 성자 하나님이 하나님의 영광에 어울리는 자신의 자리에서 그 영광을 증명하기보다는 낮추고 섬겨 종이 됨으로써 하나님의 영광을 드러내는 것을 더 우선하셨다는 뜻입니다.

종의 비유에서 보듯이 종은 자기를 위하여 사는 자가 아니라는 것으로 긍정적, 적극적 차원에서 기독교 신앙을 설명하는 데 종을 도입하고 있지만, 우리가 살고 있는 세상 속에서 종이라는 신분은 자기를 위하여 살지 않는다는 고급한 명예가 아니라 힘에서 진 자의 고난이며 억울함이며 분노일 것입니다.

그러나 성경은 예수님이 우리의 죄를 구원하기 위하여, 우리를 섬기고 떠받들기 위하여 우리의 종으로 오셨다고 소개합니다. 자기를 위하여 살지 않는 것을 친구라는 개념 속에서 적극적이고 긍정적인 가치로 설명함으로써 하나님이 누구신지, 기독교 신앙이 무엇인지에 대한 새로운 이해를 열고 있는 것입니다.

예수 그리스도께서는 하나님의 영광을 우리에게 드러내시고 증명하시기 위하여 군림하고 힘을 행사하여 우리를 굴복시키지 않습니다. 우리를 위하여 당신이 우리 형상으로 우리 자리에 나타나시고 우리 아래에 서심으로 우리의 종이 되시고, 우리를 섬기고 자기를 희생하시는 것으로 하나님의 영광을 드러내셨습니다.

이러한 사실을 역사 속에서 한 인간과 인생으로 증명하셔서 기독교 신앙의 가장 중요한 본질, 기독교 신앙을 존재하게 하는, 우리를 창조하고 당신의 사랑을 부으시는 우리를 향한 하나님의 뜻을 밝히 증거하셨습니다. 이렇게 예수께서 하나님의 영광을 종으로 섬기는 것으로 드러냄으로써 그렇게 증거하시고 실제 살아 내심으로 9절에 있는 '이러므로'가 성립합니다. "이러므로 하나님이 그를 지극히 높여 모든 이름 위에 뛰어난 이름을 주사 하늘에 있는 자들과 땅에 있는 자들과 땅 아래에 있는 자들로 모든 무릎을 예수의 이름에 꿇게 하시고 모든 입으로 예수 그리스도를 주라 시인하여 하나님 아버지께 영광을 돌리게 하셨느니라"(빌 2:9-11). 이 구절 앞의 6-8절에서, 자기를 비워 종의 형체를 가져 사람들과 같이 되시고 사람의 모양으로 나타나 죽기까지 복종하셨다고 말합니다.

그렇게 십자가에 죽으심으로 보상을 받아 영광의 자리에 가신 것이 아닙니다. 이는 논리적 전개와 논리적 연속에 의한 결과를 설명하는 것입니다. 그렇게 한 것의 절정, 낮춤과 비움과 섬김이 하나님이 최우선하는 영광이며 기독교 신앙에서 요구하는, 그의 모든 백성에게 하나님이 만들고 이루시려는 하나님의 영광입니다. 기독교적인 것들, 사랑해야 한다, 용서해야 한다, 기도해야 한다는 것들이 하나의 조건으로만 존재한다면, 그것은 이 시대 속에서 잠깐 치러져야 하는 과정에 불과할 뿐입니다. 우리는 억울한 것, 오해받는 것, 세상 속에서 당하는 수고들을 다시 오실 예수님과 함께 허락될 영원한 나라라는 보상을 위한 세상에서의 부정적이고 소극적인 고비, 시험, 과정, 정도로 보는데 성경은 그렇게 보고 있지 않습니다. 물론 더 이상 슬픔과 고통이 없는 나라가 올 것이지만 거기에서 허락될 영광은 지금 여기서도 요구되고 실천해야 할 것의 연속선에 있는 것입니다. 그것들이 겸손이며 온유이며 희생이며 섬김입니다. 여기에 기독교 신앙의 어려움이 있습니다.

우리는 이 이야기를 누가복음 14장에서부터 출발했습니다. 거기서 기독교 신앙의 현실은 왜 고통스러운가로부터 출발했습니다. 기독교 신앙에서 고통은 왜 등장합니까? 하나님이 고통을 면제해 주는 것을 목적으로 삼고 있지 않기 때문이라는 것을 확인했습니다. 모든 신앙인들이 현실에서 배우는 것은 하나님이 기도에 응답하지 않는다는 사실입니다. 지금 당하는 고난을 기도나 선행이나 신앙적 희생으로 면제해 주지 않는다는 사실입니다. 왜 그럽니까? 하나님이 우리에게 만들려고 하는 것이 있기 때문입니다. 종 됨으로 나타난 사실, 곧 우리는 자기를 위하여 살지 않는 자여야 합니다. 억울함과 고난을 감수해야 합니다. 하나님이 고통을 면하는 권능을 우리에게 나눠 주지 않습니다.

기도한다고 높은 자리에 가고 남을 부리는 자가 되도록 허락받지 않습니다. 앞에서 인용했던 마태복음 20장에 세상의 관리들은 힘으로 사람들을 제어하고 굴복시키지만 너희는 그렇지 않다, 너희는 섬기는 자로 부름을 받고 있다, 이렇게 되어 있습니다.

우리는 힘을 갖고 있지 않고, 누구를 힘으로 굴복시키는 일로 부름 받고 있지 않고, 우리에게 허락된 자유로 기꺼이 섬기는 자리에 서 있기에 세상이 보면 우리가 힘없는 자로 보일 것입니다. 그러나 우리는 자유인으로 기꺼이 하나님을 섬기며, 섬기는 자로 우리 인생을 살아야 할 것입니다. 이것이 본문 말씀의 내용입니다.

신앙의 능력과 기독교의 답

기독교 신앙은 어렵습니다. 우리는 전능하신 하나님이 세상적인 능력과는 다른 능력을 갖고 계시다는 것을 늘 놓칩니다. 하나님의 능력은 거룩한 능력입니다. 그 거룩함은 도덕성만을 의미하지 않습니다. 도덕이란 결국 흠이 없는 정도에 불과합니다. 친구를 사귀는 문제를 한 번 생각해 봅시다. 도덕적으로 무흠한 사람을 친구로 삼으려는 사람은 아무도 없습니다. 누가 훌륭하다고 이야기하면 오히려 그 사람을 피해 다닙니다. 백설 같고 크리스탈 같으면 무섭습니다. 금고 속에 넣고 잠가 버리지, 사귈 수가 없습니다. 그것보다 더 가야 합니다. 교감이 되고 융통성이 있고 유머 감각이 있으며 웃을 줄 알아야 합니다.

　그것이 친구가 될 수 있는 가장 기본적인 조건들입니다. 생각해 보십시오. 하나님에 대해 얼마나 신성 모독적인 발언들이 많습니까? 믿지 않는 자들 사이에서는 기독교인들을 꼬집기 위하여, 모든 일에 다 '신이 있다면' 하면서 야유합니다. 저렇게 많은 사람들이 하나님이 있다고 우기는 데 하나님이 있다면 세상이 왜 이 꼴이냐고 시정잡배들이 하는 식으로 신성 모독적인 발언을 하기도 합니다. 언젠가 어떤 연극을 보는데 주인공이 다급한 일이 생기니까 하나님을 부르는데 '형님, 이래도 되는 겁니까?' 했습니다. 그가 '형님'이라고 한 것은 우리가 하나님을 아버지라고 부르는 것에 대한 신랄한 비틂이었는데, 우리에게는 하나님이 아버지인데 자기는 형님이라고 하니까 우리보다 자기 항렬이 하나 더 높다는 것입니다.

　하나님이 누구신지를 바로 알아야 합니다. 그 넓이와 깊이로 아들을 보내셔서 당신을 증명하셨습니다. 예수의 죽음은 놀랍습니다. 그는 세상에 우리를 섬기러 와서 아무런 보상도 없이 십자가에 죽습니다. 십자가에 죽는 것을 자원할 수는 없습니다. 타인의 강제력에 의해서 죽는 인생을 수용하는 것입니다. 우리는 여기가 싫습니다. 한 번 두 번 희생할 수도, 섬길 수도, 용서할 수도 있지만 그렇게 해서 결국 십자가에 죽으라는 것은 도저히 할 수가 없습니다. 여기에 우리 신앙에서 가장 중요한 문턱이 있습니다. 그것을 넘어서야 합니다.

　기독교 신앙은 대단히 명예로운 것입니다. 세상은 만들 수가 없습니다. 세상이 말하는 대의나 신념이나 도덕이나 고급한 이상 같은 것들이 도저히 따라올 수 없는 것입니다. 그건 지상에서 펄쩍펄쩍 뛰는 것이고 이건 대기권을 벗어나는 놀라운 것입니다. 이런 자리로 부르고 있습니다. 마태복음 11장을 보면 예수님이 친히 우리를 이렇게 초대하십니다. 이 초대에 응하십시오.

> 수고하고 무거운 짐 진 자들아 다 내게로 오라 내가 너희를 쉬게 하리라 나는 마음이 온유하고 겸손하니 나의 멍에를 메고 내게 배우라 그리하면 너희 마음이 쉼을 얻으리니 이는 내 멍에는 쉽고 내 짐은 가벼움이라 하시니라 (마 11:28-30)

수고하고 무거운 짐 진 자들은 다 누구일까요? 억울한 자들인 것 같습니다. 힘에서 져서 억울한 자들일 것입니다. 그들을 부르십니다. 멍에를 같이 지자고 부르십니다. 멍에는, 농사를 지을 때 한 쌍의 소를 묶는 장치입니다. 소 둘을 하나로 묶어 제어하는 것입니다. 농사지을 때 힘을 쓸 수 있게 하기 위해서입니다.

예수와 우리를 붙들어 매서 예수님이 걷는 길에 우리를 초대하고 있습니다. 그는 근본 하나님의 본체시나 하나님과 동등 됨을 취할 것으로 여기지 아니하시고 자기를 비워 종의 형체를 가져 사람이 되셨고 사람의 모양으로 나타나셨으매 죽기까지 복종하셨으니 곧 십자가에 죽으심으로 우리를 부르는 것입니다. '나는 마음이 온유하고 겸손하다'라고 하십니다. 이 길은 힘의 논리에서 져서 가는 길이 아니라 친구를 위하여 기꺼이 내놓는 헌신과 같은 명예로운 길이라고 하십니다. 그렇게 살지 않는 한 기독교 신앙은 아무 데서도 답을 찾을 수 없습니다. 사도 바울은 이런 자신의 신앙을 동일한 맥락에서 이렇게 선언합니다. "내게 능력 주시는 자 안에서 내가 모든 것을 할 수 있느니라"(빌 4:13).

긍정적으로 표현했지만 굉장히 부정적인 내용입니다. 내게 능력 주시는 자 안에서, 예수의 명령 안에서, 예수의 부르심 안에서라면 무슨 고난이라도 감수할 수 있다는 것입니다. 그는 감옥에 있었고 그를 위로하러 온 빌립보 교인들에게 준 답입니다. "내가 궁핍하므로 말하는 것이 아니니라 어떠한 형편에든지 나는 자족하기를 배웠노니 나는 비천에 처할 줄도 알고 풍부에 처할 줄도 알아 모든 일 곧 배부름과 배고픔과 풍부와 궁핍에도 처할 줄 아는 일체의 비결을 배웠노라"(빌 4:11-12).

그는 섬기는 자로 있습니다. 힘의 논리에 좌우되지 않습니다. 그의 보상은 희생을 치러 얻는 보상이 아니라 희생과 겸손 자체가 보상인 것입니다. 그게 구원인 것입니다. 이 길을 가는 자의 명예를 친구라는 말 속에서 이해하고 있습니다. 우리의 삶과 인생이 무엇으로 부름받은 것인지 알아야 합니다. 현실의 고난이 우리로 하여금 억지로 종의 자리에 있게 할 것입니다. 그러나 우리는 그 자리를, 힘에서 진 자로서 억울한 종의 신분이나 낮아진 자리가 아니라 주께서 기꺼이 낮은 자리로 오신 것같이 자기를 비우고 종이 되는 기독교인만이 가질 수 있는 '내게 능력 주시는 자 안에서'로 이해하여, 내가 모든 것을 할 수 있다는 실천으로 나아가는 복된 신자의 인생을 살 것입니다.

기도

하나님 아버지, 은혜를 감사합니다. 하나님의 자녀가 된다는 것은 참으로 복되고 영광스럽고 명예롭고 위대한 길로 부름을 받는 것입니다. 우리에게 믿음을 더하소서. 예수 그리스도 안에 있는 하나님의 영광을 알게 하옵소서. 친구를 위하여 죽을 수 있는 명예와 복으로 불러 주셨으니 그 길을 살게 하여 주옵소서. 우리 인생에 온유와 겸손과 감사와 웃음과 따뜻한 마음이 넘쳐 나는 것을 우리가 누리며 살아 우리를 보는 세상이 우리 안에서 예수를 발견하게 하시옵소서. 예수님 이름으로 기도합니다. 아멘.

39

예수님이 보상이시다

———

11 예수께서 예루살렘으로 가실 때에 사마리아와 갈릴리 사이로 지나가시다가 12 한 마을에 들어가시니 나병환자 열 명이 예수를 만나 멀리 서서 13 소리를 높여 이르되 예수 선생님이여 우리를 불쌍히 여기소서 하거늘 14 보시고 이르시되 가서 제사장들에게 너희 몸을 보이라 하셨더니 그들이 가다가 깨끗함을 받은지라 15 그 중의 한 사람이 자기가 나은 것을 보고 큰 소리로 하나님께 영광을 돌리며 돌아와 16 예수의 발 아래에 엎드리어 감사하니 그는 사마리아 사람이라 17 예수께서 대답하여 이르시되 열 사람이 다 깨끗함을 받지 아니하였느냐 그 아홉은 어디 있느냐 18 이 이방인 외에는 하나님께 영광을 돌리러 돌아온 자가 없느냐 하시고 19 그에게 이르시되 일어나 가라 네 믿음이 너를 구원하였느니라 하시더라 (눅 17:11-19)

연결의 다리인 예수 그리스도

열 명의 나병 환자가 예수께 고쳐 줄 것을 요구하고 낫게 된 사건입니다. 그중 한 사람만 대제사장에게 몸을 보이러 가다가 중간에 나은 것을 알고 주께 감사하고, 19절에 있듯이 예수께서 "그에게 이르시되 일어나 가라 네 믿음이 너를 구원하였느니라" 하고 이 사건을 마무리합니다. 열 명의 나병 환자가 다 고침을 받았지만 구원은 하나님에게 감사한 한 사람에게만 허락되었다는 이야기입니다. 예수님은 공생애 중에 찾아온 모든 사람을 고쳐 주셨습니다. 그러나 고침을 받는 것과 구원을 받는 것은 조금 다른 문제라고 본문 말씀은 이야기합니다.

이 나병 환자의 행동을 보면, 15절에 있듯이 자기가 나은 것을 보고 큰 소리로 하나님에게 영광을 돌리며 돌아와 예수의 발 아래에 엎드리어 감사합니다. 하나님이 하신 일인 줄 아는데 예수 앞에 나와 감사함으로써 예수가 하나님의 일을 하러 오신 분이며 하나님이 당신의 은혜와 긍휼과 능력을 예수를 통하여 역사하고 계시다는 것을 고백하는 장면이기에, 이 사건은 중요합니다. 모두가 불쌍히 여김을 받고 나음을 입었지만 구원은 한 사람에게만 주어지게 됩니다. 이것은 구원의 조건을 따지려는 것이 아니라 구별하기 위함입니다.

이 나병 환자가 예수를 보고 하나님의 능력과 은혜와 긍휼과 구원을 베풀러 오신 분, 하나님의 뜻을 이루시는 분으로 확인하는 장면이 본문 말씀에서 가장 중요합니다. 일단 이 부분에 대한 다른 설명을 보고 본문 말씀을 다시 봅시다. 요한복음 1장 14절입니다. "말씀이 육신이 되어 우리 가운데 거하시매 우리가 그의 영광을 보니 아버지의 독생자의 영광이요 은혜와 진리가 충만하더라."

예수가 갖는 중요성은 무엇입니까? 하나님은 하나님이 누구신지를 여러 가지로 나타내실 수 있습니다. 하나님의 하나님 되심, 그의 거룩하심, 그의 신실하심, 우리를 향한 당신의 뜻, 모든 창조물에게 가지고 계시는 하나님의 궁극적인 목적과 방법 같은 것들을 예수로 나타내시는 것을 하나님은 가장 기뻐하셨습니다. 여기에 예수라는 분의 가치가 있습니다.

우리가 궁극적으로는 하나님을 믿는데 '기독교'라고 말하는 것은 예수 그리스도를 대표적인 상징으로 하여 기독교를 이해한다는 뜻입니다. 그것은 하나님이 당신을 설명하는 데 있어서 당신 스스로 영광과 능력으로 나타내시기보다 성육신한 예수를 이 땅에 보내심으로 당신을 나타내시는 것을 원하셨다는 뜻입니다. 하나님이 당신을 증거하시고 영광을 받으시는 일에 가장 좋고 우선하는 방식으로 예수를 통해 나타내시기를 기뻐하신 것입니다.

말씀으로 천지를 창조하신 것같이 뜻하시고 명하시면 안 될 것이 없는 전능한 하나님이 우리를 구원하기 위하여 육신을 입은 메시아를 보냈습니다. 그것은 하나님이 다만 명령하고 복종하고 힘으로 누르는 분이 아니라 우리의 처지에 찾아오시는 분이시며 우리를 이해하시고 우리를 납득시키기 위하여 허리를 굽히신 분이심을 보여 줍니다. 낮은 자리까지 찾아오시는 그의 자비와 긍휼을 보이는 것입니다.

'그의 영광을 보니 아버지의 독생자의 영광이요'에서 아버지의 독생자의 영광이라는 것은 아버지의 영광을 드러낼 수 있는 유일한 분으로서 은혜와 진리가 충만한 것을 이야기합니다. 은혜는 우리가 다 아는 대로 값없이 주는 것, 긍휼과 자비의 무한한 베풂입니다. 진리는 개념이고 법칙이고 사실이지만, 기독교 신앙을 이해하고 보면 진리란 하나님이 정하시는 것입니다. 하나님이 창조주시기 때문에 그가 정하는 것이 진리입니다. 우리는 그것을 법칙으로 이해하고 윤리로 이해하기도 하지만 그것은 하나님이 일하시는 방법, 하나님의 질서, 하나님의 뜻과 긴밀하게 연결되어 있는 것입니다. 그래서 진리라는 말은 하나님의 신실하심, 그분의 뜻과 속성의 성실하심을 의미합니다.

예수 앞에 나와 고침을 받은 이 나병 환자가 감사함으로 결국 구원이라는 결과를 허락받듯이 하나님의 영광에 대한 우리의 경험은 구체적으로 예수 안에서만 가능합니다. 하나님이 나의 형편에 찾아오시고 내 간절함에 귀를 기울이셔서 부르짖음에 응답하시고 불쌍히 여겨 고쳐 주시며 감사를 받을 만큼의 큰 것들로 은혜를 베푸셔서 궁극적으로 하나님이 누구신가를 알게 하십니다.

우리를 찾아오신 하나님은 신뢰의 사귐으로 우리를 부르고 있습니다. 앞에서 이야기한 것처럼 표현하면, 친구를 사귀듯이 찾아오셨습니다. 물론 하나님이 우리와 대등한 의미에서의 친구는 아닙니다. 하나님이 우리에게 요구하시는 방식이 그렇기 때문에 친구라고 표현하는 것입니다. 이것이 본문 말씀의 핵심입니다. 에베소서 1장에 가면 바로 이런 이유 때문에 성경은 기독교 신앙, 혹은 구원을 이런 식으로 설명합니다.

찬송하리로다 하나님 곧 우리 주 예수 그리스도의 아버지께서 그리스도 안에서 하늘에 속한 모든 신령한 복을 우리에게 주시되 곧 창세 전에 그리스도 안에서 우리를 택하사 우리로 사랑 안에서 그 앞에 거룩하고 흠이 없게 하시려고 그 기쁘신 뜻대로 우리를 예정하사 예수 그리스도로 말미암아 자기의 아들들이 되게 하셨으니 이는 그가 사랑하시는 자 안에서 우리에게 거저 주시는 바 그의 은혜의 영광을 찬송하게 하려는 것이라 우리는 그리스도 안에서 그의 은혜의 풍성함을 따라 그의 피로 말미암아 속량 곧 죄 사함을 받았느니라 이는 그가 모든 지혜와 총명을 우리에게 넘치게 하사 그 뜻의 비밀을 우리에게 알리신 것이요 그의 기뻐하심을 따라 그리스도 안에서 때가 찬 경륜을 위하여 예정하신 것이니 하늘에 있는 것이나 땅에 있는 것이 다 그리스도 안에서 통일되게 하려 하심이라 (엡 1:3-10)

에베소서에서 바울이 설명하는 구원입니다. 기독교 신앙의 핵심이 되는 내용입니다. 우선 이 말씀은 둘로 나눌 수 있습니다. 하늘에 속한 신령한 복을 주실 것이라는 내용과 사랑 안에서 거룩하고 흠 없게 하실 것이라는 내용입니다. 이것은 우리에게 주신 것들, 우리에게 허락하신 것들이 어떤 조건과 뜻 속에서 시작되고 있는지의 구별입니다. 우리에게 주신 신령한 복은 하늘에 속한 것이고, 우리를 거룩하고 흠이 없게 하는 것은 사랑 안에서의 요구입니다. 그리고 우리를 아들로 삼는 것은 당신의 기쁘신 뜻입니다.

우리에게 허락한 은혜의 영광은 거저 주시는 것이며 우리의 구원은 그의 피로 말미암은 것입니다. 우리에게 주는 것들은 '이것을 주니 다른 무엇으로 갚으라'는 의미가 아닙니다. 하나님이 당신의 힘과 높이로 우리에게 은혜의 부스러기를 흘리듯 나눠 주는 것이 아니라, 하나님의 진심과 모든 것을 동원한 성의, 그리고 희생까지도 감수하며 주신 것이라고 이야기합니다.

그래 놓고 다시 3절부터 10절까지 '하늘에 속한 신령한 복을 주셨다'라는 근거와 인과(因果) 사이를 무엇으로 제한하는지 살펴봅시다. '그리스도 안에서'라는 표현으로 제한합니다. 반복적으로 나옵니다. 다시 한번 봅시다.

"찬송하리로다 하나님 곧 우리 주 예수 그리스도의 아버지께서 '그리스도 안에서' 하늘에 속한 모든 신령한 복을 우리에게 주시되 곧 창세 전에 '그리스도 안에서' 우리를 택하사 우리로 사랑 안에서 그 앞에 거룩하고 흠이 없게 하시려고 그 기쁘신 뜻대로 우리를 예정하사 예수 그리스도로 말미암아 자기의 아들들이 되게 하셨으니 이는 그가 '사랑하시는 자 안에서' 우리에게 거저 주시는 바, 그의 은혜의 영광을 찬송하게 하려는 것이라 우리는 '그리스도 안에서' 그의 은혜의 풍성함을 따라 그의 피로 말미암아 속량 곧 죄 사함을 받았느니라." 예수 그리스도가 이 둘을 잇는 유일한 길이며 문이며 다리입니다.

모든 것이 그리스도 안에서만 허락되며 그것은 마지막 10절에 "하늘에 있는 것이나 땅에 있는 것이 다 그리스도 안에서 통일되게 하려 하심이라"라고 이야기합니다. 나병 환자가 나음을 입고서 하나님이 하신 일인 줄 알고 하나님에게 영광을 돌리고 예수께 나와 감사합니다. 그는 하나님의 영광이 예수로 인하여 펼쳐지고 실천되고 있는 것에 감사합니다. 예수는 군림하는 하나님이 아니라 섬기는 하나님으로서의 증거입니다. 우리를 힘으로 압제하는 권력으로서의 거룩하심이 아니라 우리를 편들고 우리를 복되게 하기 위하여 허리를 굽히신 하나님의 희생과 자비와 긍휼과 낮추심의 구체적 증거인 것입니다.

따라서 나병 환자의 고침에서 보듯 하나님이 예수를 보내어, 신자, 즉 하나님의 자녀로 부르신다는 것이 본질상 어떤 것인가에 대한 특별한 이해를 낳습니다. 특별한 이해란, 공포가 없고 두려움이 없는, 연인과 친구 사이에서만 있을 수 있는 신뢰와 기쁨과 감사에 대한 이해입니다. 그래서 '예수 그리스도 안에서'로 계속 제한함으로써 하나님의 거룩하심으로 부름을 받고 있습니다. 예수로 그 일을 이루어 하나님이 어떤 분이시고 그의 자녀가 하나님과 어떻게 묶여 있는지를 보이십니다.

세상을 이기는 믿음

우리는 예수를 믿어야만 구원을 얻는다고 생각합니다. 이해의 측면에서 보면 영역적 차원에서 배타성을 갖는 식으로 이해합니다. 예수를 믿어야만 구원을 얻고 예수를 믿지 않으면 구원을 얻지 못한다고 하며 세상에는 여러 길과 문이 있음에도 예수라는 길로 가야만 구원을 얻는다, 다른 길로 들어가면 벌을 받는다는 식의 배타성으로 이해합니다. 그러나 성경이 말하는 배타성은 무엇입니까? 하나님이 예수를 통해서 구원을 주신다는 것, 하나님이 우리에게 찾아와 사랑과 믿음으로 우리를 끌어안으시려는 방법이 아닌 것으로는 구원하지 않겠다는 의미의 배타성입니다. 이런 의미의 배타성이 우선합니다.

그래서 예수를 믿었으니 이제는 주를 위하여 살고 주 외에 다른 것으로는 만족하지 않겠다는 고백이, 예수를 믿는 것이 세상 무엇보다도 기쁘고 감사해서 표현하는 것이라면 정당하지만, 그것이 두려움 때문이거나 배타적 자랑이나 선택의 자랑이 된다면 곤란합니다.

예수를 믿은 것은 다행이지만, 그래서 내가 세상 것을 주를 위해 희생한다고 하는 감상으로만 신앙을 유지한다면 본질을 놓치고 있는 것입니다. 요한일서 5장으로 갑시다. "무릇 하나님께로부터 난 자마다 세상을 이기느니라 세상을 이기는 승리는 이것이니 우리의 믿음이니라 예수께서 하나님의 아들이심을 믿는 자가 아니면 세상을 이기는 자가 누구냐"(요일 5:4-5).

'예수께서 하나님의 아들이심을 믿는 자가 아니면 세상을 이기는 자가 누구냐?' 이 한 구절로 은혜받기란 쉽지 않습니다. 이 구절을 이해하기까지의 배경과 과정이 있어야 합니다. 우리가 세상을 어떻게 이깁니까? 세상의 것은 다만 법칙, 효율, 자랑에 불과합니다. 그러나 우리가 세상을 이기는 것이 믿음이며 예수가 하나님의 아들이라는 사실로 세상을 이긴다는 것은, 하나님이 우리에게 누구시며 하나님의 부름이 무엇이며, 우리가 예수를 믿는다는 뜻이 무엇인지에 대한 깊은 이해를 표현하고 있습니다.

우리는 사랑하는 사람을 이렇게 부르곤 합니다. '당신은 나의 운명입니다.' 친구를 뭐라고 부릅니까? '너는 나의 기쁨이야.' 자녀를 뭐라고 부릅니까? '너는 나의 자랑이야.' 이것은 유효성의 문제가 아니고 기계적인 관계에 관한 것도 물론 아닙니다. 법칙과 개념의 문제가 아닙니다. 이 문제를 고린도전서 1장에 가면 이렇게 설명하고 있습니다.

형제들아 너희를 부르심을 보라 육체를 따라 지혜로운 자가 많지 아니하며 능한 자가 많지 아니하며 문벌 좋은 자가 많지 아니하도다 그러나 하나님께서 세상의 미련한 것들을 택하사 지혜 있는 자들을 부끄럽게 하려 하시고 세상의 약한 것들을 택하사 강한 것들을 부끄럽게 하려 하시며 하나님께서 세상의 천한 것들과 멸시 받는 것들과 없는 것들을 택하사 있는 것들을 폐하려 하시나니 이는 아무 육체도 하나님 앞에서 자랑하지 못하게 하려 하심이라 (고전 1:26-29)

하나님이 우리를 써먹으려고 구원하시지 않는다는 것은 우리 모두 알고 있습니다. 우리를 능력이나 이해관계로 부르지 않는다는 것이 분명하기 때문입니다. 못난 사람이나 부족한 사람도 공평하게 구원을 받습니다. 아니, 더 많이 받는다고 말할 수 있습니다. 그러니까 이것은 우리가 만들어 낸 결과가 아니라는 이야기입니다.

너희는 하나님으로부터 나서 그리스도 예수 안에 있고 예수는 하나님으로부터 나와서 우리에게 지혜와 의로움과 거룩함과 구원함이 되셨으니 기록된 바 자랑하는 자는 주 안에서 자랑하라 함과 같게 하려 함이라 (고전 1:30-31)

예수는 우리에게 지혜이고 의로움이고 거룩함이고 구원입니다. '예수가 구원'이라는 표현은 무슨 뜻입니까? 본문 말씀에도 나왔듯이 구원이란, 예수 앞에 나아와 고침을 받는 것 정도가 아니라, 예수가 누구인가를 아는 것입니다. 그렇게 아는 것은 단지 지식에 관한 것이 아니라 하나님이 누구신가에 관한 증거를 포함하는 것입니다. 하나님은 우리를 인격적 관계에서 대등한 대상으로 여기고 계십니다.

영광의 자리로 부르심

앞에서, 기독교에서 요구하는 섬김과 희생은 힘에 굴복하여 마지못해서 하는 것이 아니라 예수님이 본을 보였듯이 하는 것으로 기독교 신앙에서 가장 중요한 내용이라고 배웠습니다. 희생이나 섬김이나 겸손 같은 것이 왜 그토록 중요합니까? 예를 들어, 연인이나 친구 사이에서는 그 덕목이 제일 중요합니다. 친구 사이에 잘나거나, 못나거나 하는 것은 의미가 없습니다. 다른 일에는 필요하겠지만 친구 관계에서 그런 것은 관계를 유지하는 조건이 아닙니다. 바로 그것을 요구하고 있습니다. 예수를 믿어서 어떻게 된다는 것이 아니라, 내가 믿게 된 예수가 우리의 구세주며 하나님이신 것이 핵심입니다. 하나님이 예수로 육신을 입고 이 땅에서 우리와 방불한 인생을 살고 우리를 편들기 위하여 죽으신 분으로 찾아오셔서 '내가 너에게 한 것같이 너도 나에게 해 주기를 바란다' 하신 것을 아는 것이 믿음입니다. 그런 관계로 부름을 받는 것이 예수를 믿는다는 뜻이며 구원을 얻었다는 뜻입니다.

우리는 예수가 하나님의 아들이라고 선언된 요한일서 5장이 가지는 무한한 내용을 이해하면, 세상에서 우리에게 제시되는 시험들과 유혹들을 물리칠 수 있습니다. 세상의 것들은 진리와 사랑으로 묶이지 않습니다. 거기에 우리가 부름을 받고 있는 것입니다. 그러니까 기독교 신앙은 예수를 믿어야만 한다는 배타성을 가집니다. 예수가 아니고는 이런 내용이 허락되는 곳이 없습니다. 사회 정의, 신념, 대의, 도덕, 윤리, 무엇을 갖다 대도 대상이 없습니다. 인격적 대상이 없는 것에는 사랑이나 신뢰라는 말을 쓸 수가 없습니다.

기독교 신앙의 놀라움은 하나님이 우리를 거룩하심으로 초대하신다는 사실입니다. 구약 성경에서 하나님이 이스라엘 백성에게, 내가 거룩하니 너희도 거룩하라고 율법을 주시면서 명하시는데, 그것은 우리를 율법으로 묶는 것이 아니라 하나님의 거룩하심에 초대하시는 것이며 영광의 자리로 부르시는 것입니다. 그런데 예수를 믿어야만 이 영광의 자리에 갈 수 있습니다. 예수를 모르면, 예수를 믿는다는 것이 무엇인지 모르면, 이 영광을 놓칩니다. 이 명예를 놓칩니다. 본문 말씀대로 말하자면 병 나은 게 전부입니다. 그러나 병 나은 게 전부여서는 안 됩니다.

'예수님을 만나서 엎드려 빌어 병이 낫고 나가서 열심히 살다가 행복하게 죽었대요.' 이렇게 끝나는 것이 아니라 예수를 알게 되어 그 이후로는 세상 속에서 살되 하나님과 동행함으로 그의 삶이 거룩한 삶이 되었다더라, 자비와 용서와 인내와 오래 참음으로 빛이 되고 소금이 되었다더라, 이런 내용으로 기독교인이 설명되어야 하는 것입니다. 골로새서 2장에 가면 이런 식의 요구가 반복해서 나옵니다.

그러므로 너희가 그리스도 예수를 주로 받았으니 그 안에서 행하되 그 안에 뿌리를 박으며 세움을 받아 교훈을 받은 대로 믿음에 굳게 서서 감사함을 넘치게 하라 (골 2:6-7)

여기 믿음과 감사가 나옵니다. 예수를 알게 된 것의 의미를 알기 때문입니다. 당신은 나의 구원이십니다, 당신은 나의 기쁨이십니다, 당신은 나의 운명이십니다, 이 말이 갖는 감사를 기억하십시오. 지금은 잊었지만 예수를 처음 믿을 때 그랬습니다. 그런데 자꾸 거기에 뭐가 낍니다. 유리창이 점점 더러워지는 것처럼 밀입니다.

예수를 믿어서 세상의 보상을 받는 것이 아니라 예수님이 보상입니다. 예수님 자체가 우리에게 보상입니다. 그를 믿고 사는 것은 우리에게 감사한 일이며 놀라운 일이며 이 세상 무엇과도 바꿀 수 없는 자랑입니다. 친구나 사랑하는 가족을 다른 것 때문에 희생할 수 없는 것, 바꿀 수 없는 것, 그 연장선의 절정에 바로 이 내용이 있습니다.

모두가 예수를 믿는 실질, 신앙 고백이 갖는 진정한 주인공, 그 핵심을 이해해 믿음과 사랑의 길을 가는 거룩한 기독교 신앙의 명예를 누리는 복된 삶을 살아가기 바랍니다.

기도

하나님 아버지, 예수 그리스도의 생애를 배우고 말씀을 들으면서 하나님이 우리를 어떻게 찾아오셨고 어떻게 대접하셨고 우리가 어떤 축복과 영광 속에 있는가를 확인합니다. 우리는 너무나 부족해서 속고 속이며 살고, 빼앗고 빼앗기며 살고, 분노하고 복수하는 세상 속에서 살며 그것이 전부인 줄 알았는데, 이제 믿고 비로소 하나님의 사랑과 부르심의 영광을 알게 되었습니다. 하나님의 거룩하심과 신실하심과 선하심과 영광을 배웠습니다. 이제 이 세상의 위협과 시험과 유혹에 지지 않으렵니다. 명예로운 신자의 인생을 살겠습니다. 예수를 알게 하셨으니, 그 안에 나를 묶어 놓고 방치하지 않게 하시옵소서. 예수님 이름으로 기도합니다. 아멘.

40

세상에서 믿음을 보겠느냐

1 예수께서 그들에게 항상 기도하고 낙심하지 말아야 할 것을 비유로 말씀하여 2 이르시되 어떤 도시에 하나님을 두려워하지 않고 사람을 무시하는 한 재판장이 있는데 3 그 도시에 한 과부가 있어 자주 그에게 가서 내 원수에 대한 나의 원한을 풀어 주소서 하되 4 그가 얼마 동안 듣지 아니하다가 후에 속으로 생각하되 내가 하나님을 두려워하지 않고 사람을 무시하나 5 이 과부가 나를 번거롭게 하니 내가 그 원한을 풀어 주리라 그렇지 않으면 늘 와서 나를 괴롭게 하리라 하였느니라 6 주께서 또 이르시되 불의한 재판장이 말한 것을 들으라 7 하물며 하나님께서 그 밤낮 부르짖는 택하신 자들의 원한을 풀어 주지 아니하시겠느냐 그들에게 오래 참으시겠느냐 8 내가 너희에게 이르노니 속히 그 원한을 풀어 주시리라 그러나 인자가 올 때에 세상에서 믿음을 보겠느냐 하시니라 (눅 18:1-8)

이미 실현된 종말

본문 말씀은 과부와 불의한 재판관이 나오는 비유입니다. 이 비유의 교훈은 분명합니다. 마지막 심판 때까지 이 세상을 살아가는 하나님의 백성은 인내해야 한다, 믿음을 지켜야 한다, 결국 모든 것을 보상받는 날이 온다, 하는 것입니다.

이 비유는 그 앞의 17장 20절부터 끝 절까지 있는 마지막에 관한 질문에 대답하는 결론으로서 종합적인 교훈으로 등장하고 있습니다. 누가복음 17장 20절에 등장하는 '바리새인들이 하나님의 나라가 어느 때에 임하나이까 묻거늘'로 시작하는 이 마지막에 관한 예수님의 답변은 아마도 그 앞에 나온, 고침을 받은 열 명의 나병 환자 중에서 돌아와 감사한 사마리아인 한 명에게 준 말씀인 '그에게 이르시되 일어나 가라 네 믿음이 너를 구원하였느니라'(19절)와 연속선에 있을 것입니다. 이스라엘의 역사 속에서 하나님의 종들은 불치의 병을 고치고 또 여러 가지 기적을 이루는 하나님의 종 된 표시를 권능으로써 행사하곤 했습니다.

그들이 전하려는 하나님의 경고와 교훈을 증거하기 위하여 이런 기적들을 행했습니다. 그런데 이것이 구원과 연결됐습니다. 그러니까 바리새인들은 예수가 메시아라는 것을 인정하지는 않지만 하나님의 종일 수는 있다는 여지를 갖고 있었던 것 같습니다. 그들은 당신이 이런 기적들을 행하고 하나님의 뜻을 펼치러 왔다면 도대체 그 실현은 언제 이루어지는 것입니까? 구원의 실현, 종말의 실현, 하나님의 백성을 구원하고 그 대적들을 벌주는 심판은 언제 일어나는 것입니까? 라는 질문을 합니다.

그러자 예수님은 '하나님의 나라는 볼 수 있게 임하는 것이 아니요 또 여기 있다 저기 있다고도 못하리니 하나님의 나라는 너희 안에 있느니라'(20-21절)라고 이야기합니 다. 여기 있다 저기 있다가 아니라는 재미있고 멋진 표현입니다.

이어서 "또 제자들에게 이르시되 때가 이르리니 너희가 인자의 날 하루를 보고자 하되 보지 못하리라 사람이 너희에게 말하되 보라 저기 있다 보라 여기 있다 하리라 그러나 너희는 가지도 말고 따르지도 말라 번개가 하늘 아래 이쪽에서 번쩍이어 하늘 아래 저쪽까지 비침 같이 인자도 자기 날에 그러하리라"(22-24절)라고 이야기합니다.

종말과 심판에 관한 예수님의 교훈은 우리의 기대와 다릅니다. 바리새인들은 하나님 나라의 임함, 구원 약속의 성취를 정치적인 것으로 생각했습니다. 즉 하나님이 친히 오시든, 천군 천사나 하늘 군대를 보내시든 해서 그의 백성을 구원하고 그 대적들을 처단하는, 마지막 사회적인 행동을 하실 것이라고 기대했습니다. 그러나 예수님은 하나님의 나라가 이미 임했다고 하십니다. "하나님의 나라는 너희 중에 있음이라. 너희 안에 있음이라." 하나님의 나라가 이미 임했다는 사실은 복음서에 등장했고, 예수님을 통하여 여러 번 직접적으로 선언된 내용입니다. 누가복음 4장을 봅시다.

예수께서 그 자라나신 곳 나사렛에 이르사 안식일에 늘 하시던 대로 회당에 들어가사 성경을 읽으려고 서시매 선지자 이사야의 글을 드리거늘 책을 펴서 이렇게 기록된 데를 찾으시니 곧 주의 성령이 내게 임하셨으니 이는 가난한 자에게 복음을 전하게 하시려고 내게 기름을 부으시고 나를 보내사 포로 된 자에게 자유를, 눈 먼 자에게 다시 보게 함을 전파하며 눌린 자를 자유롭게 하고 주의 은혜의 해를 전파하게 하려 하심이라 하였더라 책을 덮어 그 맡은 자에게 주시고 앉으시니 회당에 있는 자들이 다 주목하여 보더라 이에 예수께서 그들에게 말씀하시되 이 글이 오늘 너희 귀에 응하였느니라 하시니 (눅 4:16-21)

이미 하나님의 나라가 임하였습니다. 종말이 임하였습니다. 즉 실현된 종말이란, 이 세상이 끝나고야 허락될 것 같은 하나님의 나라가 이 세상이 끝나기 전에 예수 그리스도로 말미암아 이 땅에 이미 임했고 시작됐고 허락됐다는 뜻입니다.

우리가 기대하는 종말은 당시 바리새인이나 유대인들이 구하는 것처럼 정치적, 사회적으로 종말이 실현되는 날이고, 예수님은 그 내용이 실현됐다고 말씀하십니다. 세상에서는 세상의 권세, 세상의 승리로 보상을 받고 질서가 유지되고 자랑하고 누리지만, 하나님의 나라에서는 가난한 자, 병든 자, 눌린 자, 병약한 자들이 세상의 자랑, 승리, 만족과 비교할 수 없는 영원한 내용과 가치를 누릴 수 있습니다. 예수를 믿으므로 전능하신 하나님, 거룩하신 하나님의 통치를, 그와 화목하므로 그가 허락하시는 의와 생명과 긍휼과 자비와 의로움을 누리고 있는 것입니다. 하나님 나라는 이미 시작되었습니다.

세상에서 믿음을 보겠느냐

바리새인들은 종말에 대해 하나님이 심판자나 해방자를 보내어 정치적으로 보상하고, 보복하는 일들이 일어나는 것이라고 생각했습니다. 거기에 대하여 예수님이 누가복음 17장에서 그렇지 않다고 이야기합니다. 종말은 이렇게 임한답니다.

선생님이 들어와서 반 학생들에게 꽃샘의 의미는 무엇인가, 라는 주제를 주고 그것에 대해 토론하고 글을 써라, 내가 두 시간 후에 오겠다, 하는 것과 같습니다. 물론 그 전에 거기에 대한 많은 가르침이 있었겠지요. 그리고 선생님이 교실 문을 나가자 열심히 답을 준비하고 토론하는 자들이 대접을 받는 것이 아니라, 선생님도 없는데 무엇 때문에 성실히 연필을 굴리겠느냐, 놀자, 하고 뛰어다니는 이들이 반에서 주도권을 잡게 되었습니다. 선생님은 나가서 잊어버리고 안 오실 거다, 우리는 그동안 놀다가 선생님이 오시면 그때 해도 된다, 이렇게 다수가 반 분위기를 흐리면서 뛰어다니며 난장판을 만들고 소수만이 토론을 하고 답안을 작성합니다.

그런데 주도권을 잡은 이들이 모범생들을 놀립니다. 연필만 길면 최고냐, 하면서 방해합니다. 그렇게 뛰어다니고 방해하는 자들에게 눌린 모범생들은 '선생님은 곧 오실 거다. 오시면 이놈들에게는 벌을 주고 우리에게는 상을 줄 것이다'라고 생각하며 버티고 있는 것입니다. 선생님이 오십니다. 선생님은 뭐라고 할까요? 예수님의 답은 이렇습니다. '시험 끝! 답안지 제출.' 답안지를 못 쓴 사람들은 다 쓸어 담아 내버릴 것입니다.

새삼스럽게 정치적 숙청, 혁명, 보복을 할 필요가 없습니다. 그의 나라 백성이 열매가 익을 때까지 기간으로 설정해 놓은 지금 이 현 세계 속에 하나님이 예수로 말미암아 그의 통치를 허락하셔서 지금 여기서 기르고 계십니다. 마침내 그때가 되어 오시면 여기에 오셨다, 라는 말이 갖는 의미, 곧 우리가 기대하는 식으로 공수 부대같이 낙하산을 타고 어느 곳에 내려서 거점을 확보하고 적들을 소탕해 세상을 정치적, 사회적으로 바로잡아 하나님의 나라를 완성하는 싸움을 하는 것이 아니라 그때는 그냥 끝일 뿐입니다. 심판은 이미 시작된 것일 수 있습니다. 하나님의 사람으로 살아가느냐, 아니냐의 두 길이 중첩되어 진행되고 있는 기간일 뿐입니다.

번개가 번쩍이면 하늘이 그 번개를 감출 수 없듯이 인자가 오는 것도 그렇다, 내가 오면 끝이다, 인자의 날 하루를 보고자 하되 보지 못하리라, 와서 시간 끌 일 없다, 준비된 자는 약속된 나라로, 준비되지 않는 자는 지옥으로 영원히 구별되는 운명이 기다리고 있다, 새삼스럽게 보상하고 벌주고 하는 식의 시간을 가질 필요가 없는 종말이 우리를 기다리고 있다고 말씀하십니다.

그리고 예를 듭니다. 노아의 때를 생각해 보라고 합니다. 노아가 방주를 지으면서 '홍수가 임한다. 너희들은 하나님의 뜻을 따라 살아라. 돌아오라'라고 한 내내 사람들은 자기네들 마음대로 살았다는 것입니다. 때가 되자 홍수가 나서 준비되지 않은 자들은 물에 빠져 죽었고, 준비된 노아는 방주 안에서 생명을 구했습니다. 소돔의 때를 보라고 합니다. 하나님이 이 도시를 내가 심판해야겠다, 했을 때 롯은 소돔 안에 살면서도 그 마음과 영혼이 상하여 늘 기도하며 경건을 지키고 있었기 때문에 심판의 날에 구출되고 소돔은 진멸로 끝이 납니다. 거기에는 우리가 기대하는 식의 정치적, 군사적 과정과 행사가 없습니다. 그냥 끝입니다. 하나님이 세상과 대적해서 힘겨룸하고 보복하여 자존심을 회복할 필요가 없습니다. 지금은 심판이 진행되는 기간입니다. 고린도전서 15장을 봅시다.

> 형제들아 내가 그리스도 예수 우리 주 안에서 가진 바 너희에 대한 나의 자랑을 두고 단언하노니 나는 날마다 죽노라 내가 사람의 방법으로 에베소에서 맹수와 더불어 싸웠다면 내게 무슨 유익이 있으리요 죽은 자가 다시 살아나지 못한다면 내일 죽을 터이니 먹고 마시자 하리라 속지 말라 악한 동무들은 선한 행실을 더럽히나니 깨어 의를 행하고 죄를 짓지 말라 하나님을 알지 못하는 자가 있기로 내가 너희를 부끄럽게 하기 위하여 말하노라 (고전 15:31-34)

고린도전서 15장은 '부활 장'입니다. 부활이 없다면, 미래가 없다면, 내세가 없다면, 이 세상에서 내가 지킬 것이 무엇인가? 오늘 이외에 무엇이 있겠는가? 그러나 미래가 있다면 오늘은 달라진다는 것입니다. 미래를 어떻게 이해하느냐에 따라서 우리의 삶과 인생을 전혀 다르게 규정하고 전혀 다르게 결정할 것입니다. 다만 이생이 전부라면 우리가 뭐 때문에 선이나 의나 거룩이나 가치를 따지겠습니까. 먹고 마시자고 할 것 아닙니까. 그 이야기입니다.

'내가 그리스도 예수 우리 주 안에서 가진 바 너희에 대한 나의 자랑을 두고 단언하노니 나는 날마다 죽노라 내가 사람의 방법으로 에베소에서 맹수와 더불어 싸웠다면 내게 무슨 유익이 있으리요 죽은 자가 다시 살아나지 못한다면 내일 죽을 터이니 먹고 마시자 하리라' (고전 15:31-32). '나는 날마다 죽노라 내가 사람의 방법으로 에베소에서 맹수와 더불어 싸웠다면 내게 무슨 유익이 있으리요.' 이런 말이 갖는 의미는 이것입니다. 우리에게 이생이 전부라면 우리는 오늘 하루에 모든 걸 걸 수밖에 없습니다. 수단, 방법을 가리지 않고 오늘 하루 잘 사는 게 끝입니다. 내일은 어차피 아무것도 아닌 날일 테니 말입니다. 죽어 없어지는 것이 끝인 인생이라면 우리가 무엇을 아끼며 무엇을 남기겠습니까.

예수께서 공생애를 시작하시고 굶주리실 때에 사탄이 광야에 나타나 예수를 시험합니다. 세 번째 시험입니다. '내게 절하면 천하만국을 네게 주리라.' 이생이 전부라면 우리는 사탄과 타협하지 못할 것이 없습니다. 그를 대적할 이유가 없습니다. 사도 바울이 하는 말입니다. '그래서 나는 매일 죽는다.' '죽여라. 오늘이 전부가 아니다. 네가 날 죽여도 난 내일이 있다. 거기는 부활의 나라다. 거기는 예수 안에서 영원한 나라다. 너와 나는 같이 살 수 없다. 죽여라.' 악을 쓸 필요가 없는 것입니다.

그래서 우리는 모든 것을 동원하여 오늘에 올인하지 않습니다. 말하자면 복권을 사지 않는 것입니다. '내가 사람의 방법으로 에베소에서 맹수와 더불어 싸웠다면 내게 무슨 유익이 있으리요.' 내가 어떻게 수단과 방법을 가리지 않고 도덕과 진리와 생명이 없는 자같이, 하나님을 모르는 자같이, 모든 비열함과 악함과 더러움으로 싸울 수 있겠느냐, 나는 내일이 있는 자이고 하나님의 통치와 약속 속에 있는 자다, '죽은 자가 다시 살아나지 못한다면 내일 죽을 터이니 먹고 마시자 하리라 속지 말라 악한 동무들은 선한 행실을 더럽히나니 깨어 의를 행하고 죄를 짓지 말라'(33-34절) 이렇게 나오는 것입니다.

도덕성만을 가치로 하여 신앙생활을 권면하는 것이 아닙니다. 우리를 부르신 하나님이 누구신가에 대해 설명합니다. 그는 거룩하신 하나님입니다. 그래서 본문 말씀으로 돌아오면, 과부의 비유가 나옵니다. 과부가 자기의 억울함을 재판관에게 호소하자 재판관은 들어주지 않는데, 나중에는 결국 귀찮아서 들어줍니다.

재판관은 귀찮아서 들어준 정도지만 하나님은 기쁘신 뜻으로 우리를 불렀기 때문에 재판관과는 다르게 우리의 소원과 당신이 허락한 약속을 신실함으로 기꺼이 속히 이루어 줄 것이라고 마무리가 됩니다. '내가 너희에게 이르노니 속히 그 원한을 풀어 주시리라 그러나 인자가 올 때에 세상에서 믿음을 보겠느냐'(8절). 결국 우리의 싸움은 이 땅에서 우리가 한 것이 옳다는 것을 확인하지 못하면 지켜 낼 수 없는 것들에 대한 싸움입니다. 세상의 위협과 시험보다 하나님의 백성으로 사는 것이 더 크다는 것을 알고 있지 못하다면 우리는 세상을 이길 수 없습니다. 그것이 믿음입니다.

믿음이 크면 세상의 위협과 고난을 이긴다는 말은 맞지만 세상의 위협과 고난을 면제받거나 그것을 감각적으로 완화할 수 있다는 것은 결코 아닙니다. 우리는 약속이 성취되는 날까지 세상에서는 보상을 받지 못하는 상태에 있습니다.

세상을 이기는 복음의 능력

그럼 어떻게 이길 수 있습니까? 우리는 예수를 믿고 예수 안에서 하나님의 통치를 이미 누리고 있습니다. 그 나라는 주께서 '인자가 올 때에 세상에서 믿음을 보겠느냐' 하신 것처럼, 믿음의 나라입니다. 세상은 가치 없는 문제로 보상이 주어지는 나라이며 '내게 절하면 세상을 네게 주겠다' 하는 그런 나라입니다. 행복하지도 거룩하지도 선하지도 않은 그런 약속을 다만 권력을 가진 자가 제안하는 것과 달리, 하나님 나라는 거룩하고 은혜롭고 선하고 긍휼과 자비와 은혜가 가득하신 하나님이 우리를 당신의 사랑으로 부르며 믿음으로 부르는 나라입니다. 그런 통치 안에 있다는 것을 확인하지 못하면 우리는 현실을 이길 수가 없습니다.

비열하고 더러운 방법으로 오늘 내 자존심을 채우고 살 것인가? 아니면, 하나님의 통치에 부름을 받은 자로서 예수 안에 있는 하나님의 부르심의 진정한 의미를 깨우쳐 하나님을 사랑하고 믿고 그 일을 위해서라면 이 불의한 세상의 더러움과 타협하지 않는 삶을 살 것인가? 이 싸움이 우리의 현실인 것입니다.

이렇게 살면 하나님이 보상하신다는 것이 아니라 그렇게 사는 것이 하나님 나라에 속한 것이라는 의미입니다. 그때가 되면 이렇게 살지 않는 자들은 다 쫓겨 나가고, 이렇게 산 자들은 하나님이 예수 안에서 허락하신 일의 진정한 성취의 자리에 가서 살게 될 것입니다. 그 통치와 그 백성 된 자들이 누리게 될 것은 지금과 비교할 수 없는 나라로 부름을 받는 것이지만, 내용에 있어서는 이미 시작한 것입니다.

사도행전 4장에 가면 이런 말씀이 나옵니다. 초대 교회에서 베드로와 요한이 앉은뱅이를 고치고 그 일로 온 성이 소란해지고 그들은 유명해집니다. 이 일이 예수로 말미암아 일어났다는 내용의 복음을 전하자 세도가와 정치가들이 그들을 가두고 위협하여 예수를 전하지 못하게 합니다. 23절 이하입니다.

사도들이 놓이매 그 동료에게 가서 제사장들과 장로들의 말을 다 알리니 그들이 듣고 한마음으로 하나님께 소리를 높여 이르되 대주재여 천지와 바다와 그 가운데 만물을 지은 이시요 또 주의 종 우리 조상 다윗의 입을 통하여 성령으로 말씀하시기를 어찌하여 열방이 분노하며 족속들이 허사를 경영하였는고 세상의 군왕들이 나서며 관리들이 함께 모여 주와 그의 그리스도를 대적하도다 하신 이로소이다 과연 헤롯과 본디오 빌라도는 이방인과 이스라엘 백성과 합세하여 하나님께서 기름 부으신 거룩한 종 예수를 거슬러 하나님의 권능과 뜻대로 이루려고 예정하신 그것을 행하려고 이 성에 모였나이다 주여 이제도 그들의 위협함을 굽어보시옵고 또 종들로 하여금 담대히 하나님의 말씀을 전하게 하여 주시오며 손을 내밀어 병을 낫게 하시옵고 표적과 기사가 거룩한 종 예수의 이름으로 이루어지게 하옵소서 하더라 (행 4:23-30)

세상은 끝까지 예수에게 그렇게 했듯이 그를 믿는 자들에게도 박해와 핍박으로 적대적 행위를 할 것입니다. 그러나 우리는 그 속에서 하나님의 백성으로 부름을 받았습니다.

하나님의 백성으로 꿋꿋이 살게 힘 주시옵소서! 그들을 멸망시켜 주시옵소서! 그들을 처단하고 우리가 이기게 해 주시옵소서가 아니라, 세상은 끝까지 예수를 대적하는 권력으로 유지될 것이지만, 그 속에서 우리는 하나님의 백성으로 부름을 받았으니 신자 된 본분과 인생을 믿음으로 살게 힘 주시옵소서! 주께서 다시 오시는 그날까지 우리의 진심과 우리가 가진 복음의 능력이 세상을 이기게 해 주시옵소서, 라고 하는 것입니다.

예수를 믿는 우리의 힘과 자랑은 하나님 나라가 믿음으로 묶여 있다는 것에서 비롯됨을 놓치지 않아야 합니다. 믿음이 정치적으로 보상을 받는 것은 예수님이 다시 오실 때입니다. 그러나 그때 누릴 것을 지금도 누리고 있음을 알지 못한다면 예수 믿는 것이 불편할 뿐입니다. 고통스러울 뿐이고 억울할 뿐입니다. 거기에 붙잡혀 있습니까? 이렇게 기도하십시오. '믿음을 주옵소서. 하나님과 우리가 믿음으로 묶여 있다는 것이 얼마나 큰지를 깨닫게 하소서! 세상의 비겁함을 매일 겪으면서 확인하게 해 주시옵소서.'

세상은 자기가 가진 것 외에 다른 가치를 인정하지 않으며 신의가 없고, 의가 없고, 정의가 없고, 가치가 없는 곳입니다. 그러나 하나님 나라는 그렇지 않습니다. 예수 안에서 가진 하나님의 백성 된 자랑은 그 십자가로 증언된 것처럼 희생과 섬김과 긍휼과 은혜와 축복입니다. 이 믿음을 지키게 하여 주시옵소서, 세상에 지지 않겠다는 고백을 유지하게 하옵소서, 이렇게 기도하고 신자 된 인생을 폼 나게 살아가기를 축원합니다.

기도

하나님 아버지, 우리가 가진 것은 세상이 가진 것과 비교할 수 없이 큽니다. 그것은 하나님이 창조주시고 세상이 그 피조물인 것으로 비교하는 것과 같습니다. 하나님이 우리를 예수 안에서 사랑으로 믿음으로 부르셨으니 감격할 뿐입니다. 신자 된 영광과 명예를 기억하고 신자답게 이 세상을 꿋꿋이 걸어가게 하옵소서. 겁내지 말고 부끄러워하지 말고 타협하지 말고 비겁해지지 말고 담대히 신자의 생활을 감내하게 하옵소서. 주께서 지켜보는 줄 알게 하옵소서. 예수님 이름으로 기도합니다. 아멘.

41

나는 죄인이로소이다

9 또 자기를 의롭다고 믿고 다른 사람을 멸시하는 자들에게 이 비유로 말씀하시되 10 두 사람이 기도하러 성전에 올라가니 하나는 바리새인이요 하나는 11 세리라 바리새인은 서서 따로 기도하여 이르되 하나님이여 나는 다른 사람들 곧 토색, 불의, 간음을 하는 자들과 같지 아니하고 이 세리와도 같지 아니함을 감사하나이다 12 나는 이레에 두 번씩 금식하고 또 소득의 십일조를 드리나이다 하고 13 세리는 멀리 서서 감히 눈을 들어 하늘을 쳐다보지도 못하고 다만 가슴을 치며 이르되 하나님이여 불쌍히 여기소서 나는 죄인이로소이다 하였느니라 14 내가 너희에게 이르노니 이에 저 바리새인이 아니고 이 사람이 의롭다 하심을 받고 그의 집으로 내려갔느니라 무릇 자기를 높이는 자는 낮아지고 자기를 낮추는 자는 높아지리라 하시니라 (눅 18:9-14)

바리새인 기도의 문제점

본문 말씀은 바리새인과 세리에 관한 내용입니다. 바리새인과 세리가 성전에 올라가 기도하는데 보통 우리가 이해하는 식으로 말하면 바리새인은 한껏 잘난 척을 했고 세리는 한껏 용서를 구하여 세리의 기도가 응답을 받았다는 것입니다. 그런데 이 비유는 이해하기가 만만치 않습니다. 하나님은 죄지은 자를 원하시는가? 예수님은 우리가 죄를 지어야 구원해 주시는가? 이렇게 연장될 수 있습니다.

바리새인의 기도는 그것 자체로 가치가 있습니다. 일주일에 두 번 금식하고 십일조를 내는 것은 당시 유대인들이 가졌던 신앙 실천에 있어서 대표적이고 전체 율법을 지키는 하나의 표입니다. 대단한 실천을 하고 있는 훌륭한 종교인이라고 할 수 있습니다.

여기서 비교하는 것은 바리새인이 가진 종교성과 그 신앙 실천에 무슨 문제가 있는가 하는 것과 세리에게서 드러나는 부분은 무엇인가, 하나님이 세리의 기도에 응답하시고, 예수님이 이 비유로 우리에게 권면하시는 신앙의 본질적 내용은 무엇인가, 하는 것을 생각해 봐야 합니다.

우리가 바리새인이 한 기도를 흉내 내어 "나는 저 세리와 같지 않음을 감사합니다"라고 하는 것은 "우리가 바리새인이 아닌 것에 감사합니다"라는 것이 될 수 있습니다. 이는 교만하지 않고 잘난 척하지 않는 것이 전부인 것과는 전혀 다른 문제입니다. 이 문제를 이해하기 위하여 고린도전서 1장 26절 이하의 말씀을 찾아보아야 합니다.

형제들아 너희를 부르심을 보라 육체를 따라 지혜로운 자가 많지 아니하며 능한 자가 많지 아니하며 문벌 좋은 자가 많지 아니하도다 그러나 하나님께서 세상의 미련한 것들을 택하사 지혜 있는 자들을 부끄럽게 하려 하시고 세상의 약한 것들을 택하사 강한 것들을 부끄럽게 하려 하시며 하나님께서 세상의 천한 것들과 멸시 받는 것들과 없는 것들을 택하사 있는 것들을 폐하려 하시나니 이는 아무 육체도 하나님 앞에서 자랑하지 못하게 하려 하심이라 (고전 1:26-29)

아무 육체도 하나님 앞에서 자랑하지 못하게 하려고 하나님이 못난 자들을 부르신다, 라는 것이 바리새인과 세리의 기도의 비유로서 예수님이 우리에게 설명하시려는 아주 중요한 내용입니다. 인간이 자랑할 수 있는 최선의 것이, 가장 못난 자에게 허락하시는 하나님의 은혜만 못하다는 것입니다. 잘한 것에 대한 보상으로 주는 것이 아니라 못난 자에게 주는 하나님의 은혜가 우리가 할 수 있는 최선보다 크다는 것을 확인시키기 위하여 이 비유가 등장한 것입니다.

고린도교회는 재주가 많은 교회였습니다. 지식과 은사가 특별히 많았던 교회여서 고린도교회 신자들은 자기네들이 우수해서 예수 믿는 도리를 이해했고 하나님도 자기네들이 우수하기 때문에 구원을 베푸셨다고 믿었던, 부작용이 많았던 교회였습니다. 바울은 이 문제를 고린도교회의 가장 큰 문제로 삼고 고린도전서 1장에 나왔듯 이 말씀을 전개하는 것입니다. 하나님이 우리에게 주시려는 구원, 은혜, 하나님의 뜻은 인간이 만들어 내는 이상, 능력, 도덕, 신념, 소원보다 큰 것이다, 인간이 만들어 낸 최선의 것보다 신이 가진 최소한의 것이 더 크다, 라는 이야기를 펼쳐 보이고 있습니다.

27절을 보면 '그러나 하나님께서 세상의 미련한 것들을 택하사 지혜 있는 자들을 부끄럽게 하려 하시고 세상의 약한 것들을 택하사 강한 것들을 부끄럽게 하려 하시며 하나님께서 세상의 천한 것들과 멸시 받는 것들과 없는 것들을 택하사 있는 것들을 폐하려 하'(27-28절)신다고 합니다. 기독교 신앙 안에서 구원 얻은 자에게 허락된 신적 은혜는 세상의 능력, 노력, 소원으로 대신할 수 없이 큰 것들이다, 라는 것입니다. 기독교 신앙에서 가장 많이 드러나는 덕목을 생각해 보십시오. 원수를 사랑하라, 오른편 뺨을 맞으면 왼편 뺨도 대라, 억지로 5리를 가자면 10리를 가라, 이런 것입니다. 용서와 온유와 겸손과 자비와 양선과 오래 참음 같은 것입니다. 세상이 만들어 내는 것들과는 비교가 안 되는 것입니다.

지금 바리새인의 기도에서 문제가 되는 것은 그가 잘못한 것이 없고 잘했음에도 불구하고, 일주일에 두 번 금식하고 십일조를 바치는 것으로 대표된 그의 신앙생활이 부작용을 낳고 있다는 것입니다. '나는 이 사람들과 다릅니다'라고 하는 부작용입니다. 본문 말씀으로 돌아가면 누가복음 18장 11절에 "바리새인은 서서 따로 기도하여 이르되 하나님이여 나는 다른 사람들 곧 토색, 불의, 간음을 하는 자들과 같지 아니하고 이 세리와도 같지 아니함을 감사하나이다"라는 바리새인의 기도가 나오는데, 이것이 그의 옳음, 그의 훌륭함에 대한 부작용입니다. 너무 잘나서 구별되어 모든 사람을 멸시하고 정죄함으로 가는 것이 옳습니까? 모든 사람과 불화하고 남을 정죄하는 것은 기독교 신앙이 반대하는 것입니다.

사도 바울은 자신의 골육 같은 이스라엘 민족이 구원을 받게 하기 위해서라면 자신은 저주를 받아도 좋다고 합니다. 금송아지를 만들어 경배한 이스라엘 백성에게 하나님이 진노하여 그들을 진멸하고 모세로 하여금 새로운 이스라엘 백성을 만들겠다고 하자, 모세는 이 사람들을 죽이려면 내 이름도 생명책에서 지워 주십시오, 라고 했습니다. 이처럼 하나님이 우리에게 허락한 용서와 겸손과 사랑은 관계에 관한 것입니다.

바리새인의 기도는 독특하게도 '하나님이여 나는 다른 사람들 곧 토색, 불의, 간음을 하는 자들과 같지 아니하고 이 세리와도 같지 아니함을 감사하나이다'입니다. 이 감사는 진정한 감사가 아닙니다. 감사는 감사의 대상에게서 받은 것이 있을 때 나오는 것입니다. 바리새인은 하나님으로부터 무엇을 받아서 감사하는 것이 아니라 하나님의 이름을 빙자하여 자신의 잘난 것을 떠드는 것에 불과합니다. 그가 왜 이걸 하나님에게 감사라는 이름으로 나열하고 있는지 그 속을 들여다보고 싶습니다. '그게 정말 감사냐, 그게 기도냐' 묻고 싶습니다.

우리가 기독교 신앙에서 제일 처음 받는 시험과 오해는 우리가 기독교 신앙을 지킴으로써 가지는 종교심이 세상의 도덕과 윤리보다 높다는 점 때문에 세상이 항복할 것이라고 기대하는 데 있습니다. 세상이 항복할 것이라는 기대는 결국 우리 인생에 보상이 있을 거라고 생각하는 것에서 비롯됩니다.

세상의 도덕과 윤리, 세상의 법들은 최소한의 자기변명일 수 있고 자기 증명일 수 있고 자기 자랑일 수 있지만 기독교에서 말하는 도덕과 법을 상회하는 기독교 신앙의 핵심인 사랑과 믿음이란 상대방을 위하여 희생하는 것입니다. 보상을 받는 것이 아니라 억울해지는 것입니다. 괄시를 받는 것입니다. 기꺼이 섬기고 종이 되는 것입니다. 그것은 우리가 만들어 내지 못합니다. 분명히 알아야 하는 부분입니다.

진정한 가치

인간은 자기가 신이라고 착각합니다. 모두를 자기 신하로 부려야만 직성이 풀립니다. 예수 안에서 하나님을 믿게 되어야 비로소 하나님의 백성으로 무릎을 꿇게 되고 하나님의 뜻에 기꺼이 순종하는 자가 됩니다. 하나님이 모든 영혼을 위하여 그 아들을 보내신 방법으로 자신의 인생을 살기로 결정하는 것이 기독교 신앙입니다. 여기에는 자랑이 없습니다. 여기에야 말로 진정한 감사가 있습니다.

세리의 기도가 받아들여진 것은 무엇 때문일까요? 바리새인은 자기가 만든 것을 펼쳐 놓고 확인했다면, 세리는 자기가 내놓을 것이 없으므로 하나님 앞에 달라고 했기 때문입니다. '하나님의 것을 주십시오. 은혜와 용서를 베푸소서.' 바리새인에게는 이 마음이 없었습니다. 은혜와 용서를 받은 자의 책임이 없었습니다. 은혜는 은혜를 낳습니다. 이것이 은혜의 책임입니다. 바리새인에게는 용서와 끌어안음이 없었습니다. 반면 세리는 감히 얼굴을 들 자격도 없는데 누구를 정죄하며 누구를 흉보겠습니까.

기독교 신앙은 깨달음에서 오지 않습니다. 노력한다고 오지도 않습니다. 당해 봐야 알게 됩니다. 자기가 누구인가를 확인해야 합니다.

우리는 초월이라는 이름으로, 하나님의 전능하심과 하나님의 유일한 권세를 근거로 하여 하나님을 끌어들여 안전을 보장받고 싶어 합니다. 그것이 여러 가지 세부적인 기도 제목으로 나옵니다. 건강을 주십시오, 애들이 공부를 잘하게 해 주십시오, 라고 나옵니다. 그런 기도도 물론 할 수 있지만 그 기도의 뿌리를 더듬어 확인해 보십시오. 결국 우리는 이 세상의 것을 확보하고 싶어 하나님의 도움을 필요로 하는 것입니다. 우리가 안전을 확보하려는 것은 그것이 세상 것이기 때문입니다. 하나님을 불러 세상의 힘을 확보하게 해 달라고 기도하는 것입니다. 그런데 하나님이 이 기도를 잘 안 들어주시는 것을 오히려 감사하게 생각해야 합니다.

제 경우를 보면, 가장 강해질 때가 아플 때입니다. 너무 아파서 올해를 못 넘기겠다, 그러면 그 해는 설교도 좋고 담대합니다. 겁날 게 없습니다. 실제로 그렇습니다. 잃을 것이 없다는 것을 깨달아야, 무엇을 끝까지 붙잡을 것이고 무엇을 놓을 것인지가 분명해집니다. 가능성이 있으면 치사해집니다. 〈타이타닉〉이라는 영화는 실화입니다. 배가 가라앉는데 구명정이 모자랐습니다. 구명정에 타면 살아날 가능성이 있으니 여자와 아이들을 먼저 태우는데 여자 옷을 입고 타는 사람이 있었습니다. 이름은 밝히지 않겠습니다. 현악기 연주자들은 살 가망이 없자 갑판에 앉아 끝까지 찬송 하나를 연주합니다. 침몰하여 죽게 되자 이제 더 이상 치사한 것을 가지고 발버둥 칠 필요가 없게 된 것입니다. 진정 필요한 것이 무엇인가를 알게 됩니다.

자녀가 누구한테 말 못할 만큼 어렵게 되면 입이 무거워집니다. 입찬소리를 더 이상 못하게 됩니다. '왜 애를 그렇게 키워? 왜 기도 안

해?' 이런 말을 못하게 되어야 비로소 속상한 친구들이 와서 속이야기를 합니다. 왜냐하면 내 자녀가 그 자녀들보다 더 비참하기 때문입니다. 나보다 덜 비참한 사람들이 와서 속이야기를 합니다. 이래야 비로소 친구를 얻고 서로 도우며 살아야 한다는 것을 배웁니다.

비참함의 최고, 최악의 상태에 간 분이 예수님입니다. 무한한 신이 육체를 입고 오셔서, 시간과 공간의 제약 속에서 오해와 수치와 고통 속에 살다 죽습니다. 이것이 성경이 하고 싶은 이야기입니다. 골로새서 3장을 봅시다.

그러므로 너희는 하나님이 택하사 거룩하고 사랑 받는 자처럼 긍휼과 자비와 겸손과 온유와 오래 참음을 옷 입고 누가 누구에게 불만이 있거든 서로 용납하여 피차 용서하되 주께서 너희를 용서하신 것 같이 너희도 그리하고 이 모든 것 위에 사랑을 더하라 이는 온전하게 매는 띠니라 그리스도의 평강이 너희 마음을 주장하게 하라 너희는 평강을 위하여 한 몸으로 부르심을 받았나니 너희는 또한 감사하는 자가 되라 그리스도의 말씀이 너희 속에 풍성히 거하여 모든 지혜로 피차 가르치며 권면하고 시와 찬송과 신령한 노래를 부르며 감사하는 마음으로 하나님을 찬양하고 또 무엇을 하든지 말에나 일에나 다 주 예수의 이름으로 하고 그를 힘입어 하나님 아버지께 감사하라 (골 3 : 12-17)

여기서 감사는 세상적 차원의 보상을 받아서 나오는 감사가 아니라 신의 성품으로 부름받은 자가 가지는 감사입니다. 자기를 증명하기 위하여 누구를 해쳐야 하지 않습니다. 무엇을 가지기 위하여 누구의 것을 빼앗아야 하지 않습니다. 자기의 훌륭함을 증명받기 위하여 누구를 밟아야 하지 않습니다. 하나님이 부요하심과 거룩하심으로 하나님을 아버지라 부르게 하신 그의 자녀에게 허락하신, 그의 넉넉한 성품에 대한 것입니다. 그것은 참으로 복되고 명예로운 것입니다. 여기 있는 대로 용서, 긍휼히 여김, 자비로움, 겸손, 온유, 명예로움입니다. 이것이 진정한 가치입니다.

그렇게 살면 세상에서 살아남지 못한다, 우리는 그런 위협 앞에 매일 시험을 받습니다. 불성실하게 살아도 좋다는 것이 아닙니다.

여기 이 비유에 나온 세리에 대해 현실은 자기 맘대로 착취하며 치사하게 살고, 와서 용서만 구하면 된다고 이야기하면 안 됩니다. 물론 그렇게 살면 안 됩니다. 세리는 그 속에서 자기가 죄인이라는 사실을 알고 인간에게 꼭 필요한 것을 하나님 앞에 구하게 되었습니다. 그것은 용서였습니다. 우리에게 필요한 것입니다. 차라리 죄를 짓고 용서를 구하십시오. 죄를 계속 짓기 위하여 용서를 구하라는 것이 아니라 인간에게 필요한 것이 용서임을 배우는 것이, 잘나서 남을 정죄하는 것보다 백번 낫다는 것이 기독교 신앙입니다.

기독교 신앙의 본질

우리는 다윗을 기억하고 있습니다. 다윗은 신약을 여는 첫 절에 나오는 사람입니다. '아브라함과 다윗의 자손 예수 그리스도의 계보'라고 나옵니다. 아브라함과 다윗은 구약의 두 위인입니다. 다윗은 생애에 두 가지 사건으로 아주 유명합니다. 하나는 블레셋의 장군 골리앗을 물리쳐 이스라엘을 구한 영웅적 사건과 또 하나는 밧세바와 죄를 지어 하나님 앞에 눈물로 침상을 띄우도록 기도하고 회개한 사건입니다. 다윗의 생애를 하나로 대표하여 완결하는 내용을 보통 시편 23편으로 이야기합니다. "여호와는 나의 목자시니 내게 부족함이 없으리로다 그가 나를 푸른 풀밭에 누이시며 쉴 만한 물 가로 인도하시는도다"(1-2절). 이 완결 편에는 골리앗 앞에 선 용맹스러운, 의욕이 충천한 다윗의 이미지가 없습니다. 자비와 사랑으로 인도함을 받은 자의 감사가 충만할 뿐입니다.

다윗이 골리앗을 물리칠 때의 장면을 사무엘상 17장에서 보면, 온 이스라엘 백성이 골리앗 앞에 떨고 모든 군사가 몸을 숨기는 때에 다윗이 일어섭니다. 참 잘났습니다. 그러나 그 잘난 다윗의 용맹 가운데 나머지 사람들은 다 바보가 됩니다. 이렇게 이야기하면 좀 심한 것 같지만 사실이 그렇습니다.

그런데 밧세바 사건을 범한 후, 시편 51편에 고백한 다윗의 회개 시 속에는 바보들이 안 나옵니다. 그가 바보이기 때문입니다. '나의 하나님, 나를 구원해 주십시오. 이 죄인을 용서해 주십시오. 나는 원래 죄 중에 잉태된 자입니다. 나라는 존재의 모든 단위가, 모든 요소가, 모든 조직이 죄로 만들어졌습니다. 나는 죄 덩어리입니다. 그러니 불쌍히 여기소서. 하나님의 자비하심을 따라 구원하소서. 나를 구원하시면 내가 죄인들에게 가서 주의 구원을 설파하겠습니다' 이렇게 된 것입니다. 결국 그는 죄인들의 친구가 됩니다.

기독교 신앙이 우리에게 어떻게 작용하고 있는지를 보기 바랍니다. 기독교 신앙의 본질은 용서입니다. 돌아갈 수 있는 품입니다. 모든 이야기를 하고 격려를 받을 수 있는 따뜻함입니다. 에베소서 1장을 보면 이런 식으로 소개됩니다.

> 찬송하리로다 하나님 곧 우리 주 예수 그리스도의 아버지께서 그리스도 안에서 하늘에 속한 모든 신령한 복을 우리에게 주시되 곧 창세 전에 그리스도 안에서 우리를 택하사 우리로 사랑 안에서 그 앞에 거룩하고 흠이 없게 하시려고 그 기쁘신 뜻대로 우리를 예정하사 예수 그리스도로 말미암아 자기의 아들들이 되게 하셨으니 이는 그가 사랑하시는 자 안에서 우리에게 거저 주시는 바 그의 은혜의 영광을 찬송하게 하려는 것이라 (엡 1:3-6)

기독교 신앙의 본질이 무엇인지, 가장 중요한 핵심이 무엇인지, 구원이 무엇인지, 에베소서는 이렇게 설명합니다. 하나님이 당신의 기쁘신 뜻을 근거로 하여 하늘에 속한 모든 신령한 복을 우리에게 주시는 것이며 우리를 자녀로서 축복하는 것이며 그의 영광의 찬송이 되게 하려는 것입니다. 하나님의 자녀가 되는 것, 그의 영광의 찬송이 되는 것, 하늘에 속한 모든 거룩한 것으로 복을 받는 것입니다. 그것을 전부 예수로 이루십니다. 3절부터 다시 봅시다.

> 찬송하리로다 하나님 곧 우리 주 예수 그리스도의 아버지께서 그리스도 안에서 하늘에 속한 모든 신령한 복을 우리에게 주시되 곧 창세 전에 그리스도 안에서 우리를 택하사 우리로 사랑 안에서 그 앞

에 거룩하고 흠이 없게 하시려고 그 기쁘신 뜻대로 우리를 예정하사 예수 그리스도로 말미암아 자기의 아들들이 되게 하셨으니 이는 그가 사랑하시는 자 안에서 우리에게 거저 주시는 바 그의 은혜의 영광을 찬송하게 하려는 것이라 (엡 1:3-6)

예수 안에서라는 제한은 무제한이라는 것입니다. 우리를 구원하기 위한 하나님의 조건은 예수입니다. 우리를 구원하기 위하여 우리에게 능력을 요구하지 않습니다. 우리의 진심을 조건으로 삼지 않고 당신의 진심을 조건으로 삼아 우리가 아직 죄인 되었을 때 성육신하신 예수로 찾아오셨습니다. 이것이 기독교 신앙입니다. 그리하여 하나님이 우리를 자녀로 부르십니다.

우리가 예수를 믿는다는 말에서 이 위대함과 놀라운 조건을 확인하지 못한다면 기독교 신앙은 감사한 것이 될 수 없습니다. 이 확인 외에 우리가 인생 속에서 누리고 이해하고 책임지는 일에 기쁨과 믿음을 가질 다른 방법은 없습니다.

짧은 인생입니다. 하나님을 동원하여 삶에서 안심할 조건들에 써먹지 말고, 하나님의 자녀로 부름받은 자의 복을 누리는 데에 쓰십시오. 나머지는 하나님에게 맡기십시오. 노력해도 안 되는데요, 라고 할 수 있습니다. 우리로서는 그 이유를 모릅니다. 병도 그렇게 걸립니다. 왜 그 병에 걸렸는지 모르고 나을 때도 왜 나았는지 모릅니다. 안 나을 때도 왜 안 낫는지 모릅니다. 제가 아프다는 것은 온 교인이 아는 이야기이고 제 방에는 세상에 하나뿐인 약이 수백 가지 있습니다. 갖다 주신 분에게는 영약(靈藥)이었는데 저는 먹으면 배탈만 납니다. 건강해지지 못해서 죄송합니다. 그런데 저의 건강을 위해서 기도하는 이유가 무엇입니까? 결국 목사로서 신령해지기를 바라는 것 아닙니까.

하나님의 사람으로 사는 일에 현실적 고통이 방해할 수 없다는 것을 알게 됐습니다. 게을러도 좋고 아무래도 좋다는 것이 아닙니다. 열심히 살아야 합니다. 힘을 다하여 성실하게 인생을 살며 책임을 져야 합니다. 세상이 흔들고 위협하고 시험하여 하나님을 믿는 기쁨과 능력에서 벗어나라고 하는 것은 사양하겠습니다, 차라리 아프고 바보가 되기로 하겠습니다, 이것이 본문 말씀입니다. 세리가 되라는 이야기가 아니라 세리가 구했던 그 용서를 구하십시오. 그리고 나누십시오. 넉넉한 하나님의 부르심이 우리 인생을 감사로 채울 것입니다.

기도

하나님 아버지, 은혜를 감사합니다. 하나님을 믿고 사는 신자 된 인생의 복을 예수 안에서 확인합니다. 그것은 사랑이며 용서며 이해며 기다려 주는 것이며 따뜻한 마음을 가지는 것입니다. 그것은 하나님이 우리에게 허락한 마음이며 하나님의 마음입니다. 그 마음으로, 그 신앙으로 우리 인생을 살아 세상 앞에서 빛이 되게 하여 주시옵소서. 예수님 이름으로 기도합니다. 아멘.

42

내가 무엇을 하여야 하리이까

18 어떤 관리가 물어 이르되 선한 선생님이여 내가 무엇을 하여야 영생을 얻으리이까 19 예수께서 이르시되 네가 어찌하여 나를 선하다 일컫느냐 하나님 한 분 외에는 선한 이가 없느니라 20 네가 계명을 아나니 간음하지 말라, 살인하지 말라, 도둑질하지 말라, 거짓 증언 하지 말라, 네 부모를 공경하라 하였느니라 21 여짜오되 이것은 내가 어려서부터 다 지키었나이다 22 예수께서 이 말을 들으시고 이르시되 네게 아직도 한 가지 부족한 것이 있으니 네게 있는 것을 다 팔아 가난한 자들에게 나눠 주라 그리하면 하늘에서 네게 보화가 있으리라 그리고 와서 나를 따르라 하시니 23 그 사람이 큰 부자이므로 이 말씀을 듣고 심히 근심하더라 24 예수께서 그를 보시고 이르시되 재물이 있는 자는 하나님의 나라에 들어가기가 얼마나 어려운지 25 낙타가 바늘귀로 들어가는 것이 부자가 하나님의 나라에 들어가는 것보다 쉬우니라 하시니 26 듣는

자들이 이르되 그런즉 누가 구원을 얻을 수 있나이까 **27** 이르시되 무릇 사람이 할 수 없는 것을 하나님은 하실 수 있느니라 (눅 18:18-27)

부자 관리가 혹평을 받은 까닭

본문 말씀은 어느 부자 관리의 이야기입니다. 그가 예수께 나아와 어떻게 하여야, 무엇을 하여야 영생을 얻을 수 있습니까, 라고 심각한 질문을 하자 예수님이 반문하시고, 부자 관리의 답으로 인하여 드러난 부족함을 지적해 주십니다. 여기서 그 유명한, 낙타가 바늘귀로 들어가는 것이 부자가 하나님 나라에 들어가는 것보다 쉽다는 무시무시한 말씀이 등장하게 됩니다. 이 관리는 어떻게 해야 영생을 얻습니까, 하는 깊고 고상한 질문을 가지고 주 앞에 나왔습니다. 시작에서 보듯이 주님은 이 사람에 대해서 굉장히 냉담하십니다. '선한 선생님이여'라는 호칭에도 '네가 어찌 나를 선하다고 하느냐'라고 벌써 꿰뚫어 보십니다. 그리고 냉담하게 말씀하십니다. "네가 계명을 아는데 이런 것들을 지키면 될 것 아니냐." "넌 다 알면서 뭘 물어보러 왔느냐" 하시는 것 같습니다. 그러자 "내가 어려서부터 지켰습니다" 하고 대답합니다. 그러자 예수님이 "그럼 네 소유를 다 팔아서 가난한 자에게 주고 나를 따르라" 하신 것입니다.

간단하지 않은 문제입니다. 부자는 결국 그 명령을 따를 수 없어서 심히 근심하고 돌아갔다고 되어 있습니다. 그 일에 대하여 예수님이 혹평을 넘어선 정죄의 말씀을 마지막에 선포하십니다. 부자가 하나님 나라에 들어가는 것은 낙타가 바늘귀로 들어가는 것보다 더 어렵다, 불가능하다, 하십니다.

무엇이 문제였을까요? 이 문제를 자기를 의롭다고 믿고 남들을 멸시한 바리새인의 문제와 비교해 봅시다. 성전에 올라가 기도한 두 사람, 바리새인과 세리의 기도에서도 바리새인은 잘못이 없어 보입니다. 그는 신앙심이 깊고 또 실천하는 사람이었습니다. 일주일에 두 번 금식하고 십일조를 바칩니다. 그러나 예수님이 지적했던 것은 바리새인이 자기의 정당함과 자랑들을 하나님만이 주실 수 있는 것, 곧 은혜에 속한 것으로 알았어야 한다는 것입니다. 하나님만이 주실 수 있다는 것은 우리 인간이 만들어 내지 못하는 것을 말합니다. 우리가 기대하고 만들 수 있는 최선의 덕목과 가치를 넘어선, 하나님만이 주시는 거룩함에 속한 것입니다. 그것을 하나님에게 받은 자는 당연히 이웃과 나누게 되어 있다는 것이 그 비유의 핵심이었습니다.

은혜를 입은 자는 그 은혜를 자신의 무기로 삼을 수 없습니다. 기꺼이 다른 사람들과 나누게 됩니다. 그 은혜는 무한하여 독점할 필요가 없기 때문입니다. 본문 말씀도 그 내용입니다. 부자는 계명을 다 지키지만 그 계명은 자신의 부와 의로움에서 나왔지 하나님의 통치 아래에서 받은 은혜로부터 나오지 않았습니다. 예수님이 네 재산을 다 팔아라, 하시자 부자는 덜컥 걸려 버렸습니다. 재산을 팔아서 가난한 자에게 줘라, 하는 이 말은 더 깊이 살펴보겠지만 만만치 않은 요구입니다. 실천만 어려운 것이 아니라 그 내용도 어렵습니다.

부자가 재물을 팔 수 없었던 것은 그가 자기 의로 가득 찬 사람이었기 때문입니다. 그가 감히 예수께 나온 것도 그 때문입니다. 그는 이미 예수에 대한 소문을 익히 들었을 터입니다. 그는 자기 스스로를, 하나님의 임재, 기적, 찾아오심, 복음을 선포하시는 주께 나와 영생을 물어볼 수 있는 자격을 가진 자로 생각했던 것입니다. 그 모든 것의 근거가 자신의 의입니다. 재물에 있어서 부요할 뿐만 아니라 의롭게 살았던 것을 근거로 하여 예수님 앞에 나와 질문을 하고, 그런 내용을 대화의 주제로 삼은 것입니다. 그러나 그는 혹독하게 외면을 당합니다. 무엇 때문입니까? 그는 그의 모든 가치와 판단과 목적과 근거가 하나님에게 있지 않고 자신에게 있는 자이기 때문입니다. 그가 교만했다거나, 무지했다거나 하는 문제로 끌고 가려는 것이 아닙니다. 로마서 4장을 봅시다.

아브라함이나 그 후손에게 세상의 상속자가 되리라고 하신 언약은 율법으로 말미암은 것이 아니요 오직 믿음의 의로 말미암은 것이니라 만일 율법에 속한 자들이 상속자이면 믿음은 헛것이 되고 약속은 파기되었느니라 율법은 진노를 이루게 하나니 율법이 없는 곳에는 범법도 없느니라 그러므로 상속자가 되는 그것이 은혜에 속하기 위하여 믿음으로 되나니 이는 그 약속을 그 모든 후손에게 굳게 하려 하심이라 율법에 속한 자에게뿐만 아니라 아브라함의 믿음에 속한 자에게도 그러하니 아브라함은 우리 모든 사람의 조상이라 기록된 바 내가 너를 많은 민족의 조상으로 세웠다 하심과 같으니 그가 믿은 바 하나님은 죽은 자를 살리시며 없는 것을 있는 것으로 부르시는 이시니라 (롬 4:13-17)

아브라함은 모든 믿는 자의 조상입니다. 그가 조상인 것은 하나님이 아브라함을 불러 당신의 약속의 백성으로 삼으실 때 그의 백성을 모두 이 믿음으로 부르며 하나님의 약속으로 부르겠다고 공언하셨기 때문입니다. 아브라함의 믿음은 하나님을 믿고 그 아들 예수를 믿는 우리 모든 신자에게 믿음의 전형이며 본질적인 상징입니다.

여기서 중요한 것은 아브라함이 믿은 하나님입니다. 아브라함의 믿음이 아니라 그의 믿음의 대상입니다. 죽은 자를 살리시며 없는 것을 있는 것으로 부르시는 이로서, 그가 믿는 대상입니다. 부활 생명의 주인이시며 무에서 유를 창조하시는 하나님을 그가 믿은 것입니다.

소유를 다 처분하고 나를 따르라는 요구의 뜻

이 부자 관리에게 네 재물을 팔아라, 하는 이야기는 네가 가진 의, 네가 가진 자랑, 네가 추구하는 영생을 감히 생각할 수 있는 근거가 무엇인지 묻는 것입니다. 네가 가진 힘이냐, 네가 가진 옳음이냐? 로마서 식으로 이야기하면 그것들은 우리가 가진 무기들이 아니라 무에서 유를 창조하는 하나님에 근거를 두고 있어야 한다, 그러니 네 것을 다 털고 갈 수 있냐? 이렇게 묻는 것입니다. 결국 네 재산이 너로 하여금 계명을 지키게 했고 영생을 논하게 한 것이다, 라는 것입니다. 그 재산을 팔아 나누어 주고 나와 다시 계명을 논하고 다시 영생을 논하자, 그것입니다. 그런데 부자는 그렇게 못하겠나는 것입니다. 그래서 무엇이 드러났습니까? 그가 믿는 신은 재물이며 자기의 능력이라는 사실이 드러났습니다. 그렇게는 낙타가 바늘귀로 들어가는 것보다 영생을 얻을 가능성이 희박합니다. 그래도 하나님은 하실 수 있습니다. 사람으로는 할 수 없으되 하나님은 할 수 있느니라, 그게 이 사건의 결론입니다. 재물을 팔아 나누어 주고, 무에서 유를 창조하는 하나님을 믿는다는 것은 무슨 뜻일까요? 고린도후서 8장을 보면 이런 말씀이 나옵니다.

> 우리 주 예수 그리스도의 은혜를 너희가 알거니와 부요하신 이로서 너희를 위하여 가난하게 되심은 그의 가난함으로 말미암아 너희를 부요하게 하려 하심이라 (고후 8:9)

예수 그리스도는 부요하신 분인데 우리를 부요하게 하기 위하여 스스로 가난해지셨다고 합니다. 그의 가난해지심은 재물적 관점에서 평가할 수 있는 것이 아닙니다. 본문 말씀에 부자 관리가 등장하여 예수님이 그에게 '네 재산을 팔아라' 했지만 그건 다만 재물의 문제가 아닙니다. 부자는 가난에 대하여 책임을 져야 한다, 단지 이런 이야기가 아니라 더 깊은 의미를 지닙니다.

예수 그리스도께서는 성자 하나님으로서 부족한 것이 없는 분입니다. 부족한 것이 없다는 것은 소극적인 표현이고, 완전하시고 충만하신 분입니다. 무한하신 분입니다. 그러나 우리를 부요하게 하기 위하여 당신이 가난하게 되십니다. 그의 가난하게 되심은 인간으로 우리를 찾아오시는 것을 말합니다.

예수님이 이 관리에게 묻기를 네가 이런 계명을 지켰냐고 묻습니다. 살인하지 말라, 거짓 증언하지 말라, 네 부모를 공경하라는 계명을 네가 다 지켰다면 지금 가난한 자 곁에 가 있느냐고 묻는 것입니다.

'네 것을 팔아서 필요한 자 곁에 가 있느냐? 예수 그리스도께서 그리하신 것처럼 너도 하겠느냐?' 하나님이 세계를 창조하시고 우리를 구원하신 것은 하나님에게 무엇이 부족해서가 아닙니다. 당신의 자족하심과 온전하심을 당신을 위하여 쓰지 않고, 다른 존재를 위하여 당신을 비우시는 하나님입니다.

그것이 '네 재산을 팔아라'라는 요구의 근거입니다. 하나님은 우리를 구원하기 위하여 당신의 허리를 굽히신 분이며 친히 거적문을 열고 들어오신 분입니다. 이것이 '네 재산을 팔아라'라는 말의 의미입니다. 그런 자리에 이르러서야 비로소 우리는 영생이라는 말을 할 자격이 생깁니다. 아니, 그 길에 들어설 수 있습니다. 재산을 팔아 가난한 자에게 준다면 그것은 그가 만들 수 없는 것을 만들어 내는 것으로 증거되는 것입니다. 자신의 것을 주어 남을 채우시는 하나님, 우리를 지으신 하나님, 우리를 찾아오신 하나님의 통치 아래 내가 기꺼이 죽음으로 누구 하나를 살려 내는 일을 실천하는 것입니다. 영생에 들어간 자가 드러내는 진정한 신앙의 실천 행위입니다.

여기서 재물은 너무나 많은 것을 의미합니다. 우리가 가치 있고 유용하다고 생각하는 모든 것입니다. 똑똑한 것, 능력 있는 것, 운 좋은 것, 이 모든 것이 거기에 속합니다. 그것을 자기만을 위하여 쓰지 말라는 것입니다. 그것이 나와 너를 구별하는, 나의 의로움과 나의 운을 증명하는 것이 되게 하지 말고, 내가 받은 모든 것을 그것이 필요한 이를 향하여 사용함으로써 하나님을 증언하라는 것입니다. 그것이 신자의 삶이어야 한다고 합니다. 그게 신앙의 실천이며 기독교 신앙의 핵심이라고 합니다. 그러나 우리는 그렇게 살기가 싫습니다. 그래서 이 관리

뒤에 줄줄이 서서 좇아가는 것 아닙니까. 로마서 4장을 다시 봅시다.

> 그에게 의로 여겨졌다 기록된 것은 아브라함만 위한 것이 아니요 의로 여기심을 받을 우리도 위함이니 곧 예수 우리 주를 죽은 자 가운데서 살리신 이를 믿는 자니라 예수는 우리가 범죄한 것 때문에 내줌이 되고 또한 우리를 의롭다 하시기 위하여 살아나셨느니라 (롬 4:23-25)

그리스도인은 예수를 죽은 자 가운데서 살리신 하나님을 믿는 자들입니다. 그러나 이 부자 관리는 그리스도를 그렇게 믿지 못한 것입니다. 그래서 예수님이 참으로 냉정하게 "네 재산을 다 팔아서 가난한 자에게 주고 나를 좇으라"라고 말하니 그가 낙담하고 돌아갔습니다. 이 명령은, 네가 정말 하나님이 무에서 유를 창조하고 죽은 자를 다시 살리시는 하나님인 줄 안다면, 다른 무기는 필요 없으니 다 내려놓으라는 요구에 제대로 답할 수 없었음을 보여 준 것입니다.

내게 능력 주시는 이를 앎

예수를 믿는다는 말은, 예수께서 나를 살리기 위하여 죽으셨음을 믿는 것입니다. 세상에 신이 죽는 종교는 없습니다. 기독교는 신이 죽어 죄를 지은 죄인을 살려 내는 종교입니다. 기독교 신자라면 누구를 살리기 위하여 자기가 죽는 일, 본문 말씀대로 하면 자기 재산을 팔아 나누어 주는 일은 기본입니다.

신앙생활에서 가장 조심해야 하는 것은 내가 무엇을 가져야 일이 된다는 생각, 누구를 책망하여 고쳐 내야 내 임무를 다하는 것이라는 생각입니다. 이 두 가지를 버려야 합니다. 나의 것을 그에게 주십시오. 그의 게으름과 무지와 고집과 변덕을 껴안으십시오. 그렇게 할 수 있습니까? 우리는 못합니다. 그러니 기도해야 하고 울어야 합니다. 예수를 믿는다는 게 뭔지 처음으로 돌아가 확인해야 합니다. 내가 어떻게 구원받았는가? 예수께서 나를 위하여 오시고 죽으셨다는 것이 무엇인가를 다시 확인해 봐야 합니다. '네가 계명을 지켰느냐' 물을 때 관리가 뭐라고 대답합니까? '어려서부터 다 지켰습니다.' 언제부터 예수를 믿었습니까? 어려서부터입니다. 예수가 나를 위하여 죽었다는 말이 무슨 말인지 압니까? 우리는 전도도, 신앙의 충고도 하지만 자신이 죽지는 못합니다. 스스로 죽지 않습니다. 빌립보서 4장에 나온 사도 바울의 고백은 놀랍습니다.

내가 주 안에서 크게 기뻐함은 너희가 나를 생각하던 것이 이제 다시 싹이 남이니 너희가 또한 이를 위하여 생각은 하였으나 기회가 없었느니라 내가 궁핍하므로 말하는 것이 아니니라 어떠한 형편에든지 나는 자족하기를 배웠노니 나는 비천에 처할 줄도 알고 풍부에 처할 줄도 알아 모든 일 곧 배부름과 배고픔과 풍부와 궁핍에도 처할 줄 아는 일체의 비결을 배웠노라 내게 능력 주시는 자 안에서 내가 모든 것을 할 수 있느니라 (빌 4:10-13)

내게 능력 주시는 자는 예수님입니다. 그 안에서 모든 것을 할 수 있습니다. 그 모든 것은 배고플 때 양식을 얻는 것이거나 고난을 겪을 때 형통한 길로 해결받는 것을 의미하지 않습니다. 지금 이 글은 바울이 로마 감옥에서 빌립보교회에 보낸 편지입니다.

'내가 감옥에 갇혀 있고 고생하는 것 때문에 걱정하지 마라. 너희의 격려와 너희가 믿음을 지키고 있는 일에 대하여 나는 감사할 뿐이다. 너희가 나를 기억하고 위로해 줘서 고맙다. 궁핍한 것을 도와줘서 고맙다는 말이 아니다. 나는 내게 능력 주시는 자 안에서 모든 것을 할 수 있다. 즉, 풍부에도 처할 줄 알고 궁핍에도 처할 줄 안다. 그것은 나의 힘이 아니다. 조건은 나에게 영향을 주지 못한다. 나의 힘은 예수 안에만 있다. 예수 안에서 나는 못 당할 일이 없다. 못 겪을 것이 없다. 무슨 꼴이라도 당할 수 있다. 예수는 하나님의 능력이시기 때문이다. 당신을 비워 우리를 세우시는 하나님의 능력이기에 절망과 패배와 비극과 고통 속에서도 무엇이든지 만들어질 수 있다는 것을 나는 안다. 내가 무엇이 겁나겠느냐. 하나님이 이 일을 위하여 그 아들을 보내신 것처럼 나를 감옥에 보냈다. 내 재산을 모두 빼앗아 갔다. 명성도 자유도 건강도 모든 것을 빼앗아 갔다. 그러나 나는 아직도 증언자로 충분하다. 왜냐면 내가 섬기는 하나님은 죽은 자를 살리시며 없는 데서 있는 것을 만들어 내시는 분이기 때문이다.'

우리의 인생에 어떤 곤고함이 있으며, 우리는 하나님 앞에서 뭘 달라고 합니까? 하나님이 아버지신데 무엇을 달라고 하는 겁니까? 우리가 달라고 하는 것들이 하나님을 알아 가는 과정에서 필요할지는 몰라도 궁극적인 것은 아니라는 것을 깨달아야 합니다. 그렇지 않으면 우리 인생은 고통을 면하는 것과 자존심을 채우는 싸움 외에 아무것도 아닌 것입니다.

선한 선생님이시여, 영생을 얻으려면 내가 무엇을 하여야 하리이까? 하는 물음에 네가 내게 와서 무슨 말을 나누자는 것이냐, 내가 하나님으로서 너희를 위하여 육신을 입고 이 자리에 왔다는 사실을 모르느냐, 너 같은 자를 위하여 찾아온 구세주 앞에서 네가 가진 것을 나한테 가져와 인정받고 검증받는 정도로 나를 대한다는 말이냐, 그렇게는 영생에 들어갈 자가 없느니라, 그렇게 말씀하시는 것입니다.

지금 신자 된 우리의 인생에서 가장 필요한 것은 이미 주어져 있습니다. 우리가 그 힘을 모르고 있습니다. 그 힘 안에 거하십시오. '내게 능력 주시는 자 안에서 내가 모든 것을 할 수 있느니라.' 불쌍한 부자 관리가 되지 말고 헤매지 말고 방황하지 말고 분노하지 말고 하나님이 누구신가를 아는 믿음이 가지는 능력 속에서 우리의 존재와 인생이 승리로 빛나게 하십시오.

기도

하나님 아버지, 은혜를 감사합니다. 우리는 하나님을 아버지라 부르며 하나님이 우리를 위하여 그 아들을 보내셨다는 사실을 인정하여 예수를 믿노라 고백하는 하나님의 백성입니다. 무엇을 더 구하리이까. 무슨 걱정이 있으며 무엇을 두려워하겠습니까. 우리의 믿음 없음을 도와주시옵소서. 세상의 시험과 위협 앞에 하나님의 자녀로 서는 영광을 얻은 줄 아는 인생길을 걷게 하시옵소서. 예수님 이름으로 기도합니다. 아멘.

43

그 말씀이 감취었으므로

———

31 예수께서 열두 제자를 데리시고 이르시되 보라 우리가 예루살렘으로 올라가노니 선지자들을 통하여 기록된 모든 것이 인자에게 응하리라 32 인자가 이방인들에게 넘겨져 희롱을 당하고 능욕을 당하고 침 뱉음을 당하겠으며 33 그들은 채찍질하고 그를 죽일 것이나 그는 삼 일 만에 살아나리라 하시되 34 제자들이 이것을 하나도 깨닫지 못하였으니 그 말씀이 감취었으므로 그들이 그 이르신 바를 알지 못하였더라

(눅 18:31-34)

예수를 그리스도라 고백한 이후부터 시작하는 신앙

예수님이 예루살렘에 가까이 오셔서 제자들에게 '인자가 이방인들에게 넘겨져 희롱을 당하고 능욕을 당하고 침 뱉음을 당하겠으며 그들은 채찍질하고 그를 죽일 것이나 그는 삼 일 만에 살아나리라'(눅 18:32-33)라고 말씀하십니다. 그러나 제자들은 예수님의 이 말씀을 깨닫지 못합니다.

누가복음에서 가장 중요한 부분은 9장부터 시작하는, 예루살렘으로 가는 이 길이 나오는 부분일 것입니다. 누가복음 9장을 보면 예루살렘으로 올라가는 것이 어떤 의미인지 기록되어 있습니다.

예수께서 따로 기도하실 때에 제자들이 주와 함께 있더니 물어 이르시되 무리가 나를 누구라고 하느냐 대답하여 이르되 세례 요한이라 하고 더러는 엘리야라, 더러는 옛 선지자 중의 한 사람이 살아났다 하나이다 예수께서 이르시되 너희는 나를 누구라 하느냐 베드로가 대답하여 이르되 하나님의 그리스도시니이다 하니 경고하사 이 말을 아무에게도 이르지 말라 명하시고 이르시되 인자가 많은 고난을 받고 장로들과 대제사장들과 서기관들에게 버린 바 되어 죽임을 당하고 제삼일에 살아나야 하리라 하시고 (눅 9:18-22)

여기서 예수님은 당신의 수난을 처음 이야기하고, 51절에 나온 대로 '승천하실 기약이 차가매 예루살렘을 향하여 올라가기로 굳게 결심하'십니다. 그리고 18장에서 본 내용이 예루살렘으로 올라가는 길에서 일어납니다. 그 길은 다만 어떤 여정이 아니라 죽음을 향하여 가는 길입니다.

누가복음 9장 20절을 보면 베드로의 유명한 고백이 나옵니다. '예수께서 이르시되 너희는 나를 누구라 하느냐 베드로가 대답하여 이르되 하나님의 그리스도시니이다'라고 합니다. 하나님의 그리스도라는 것은 하나님이 약속하신 그 메시아, 구원자라는 말입니다. 그러자 주께서 나는 죽어야 한다고 답하셨습니다. 물론 아무도 그 말을 알아듣지 못했습니다.

우리가 예수를 믿는다는 것은 참으로 놀랍고 신비로워서 실제로 믿으면서도 자기가 믿는 게 무엇인지 모르는 교인들이 허다합니다. 본문 말씀을 따라가다 보면 내가 믿는 게 정말 기독교에 대한 제대로 된 이해였나 하는 돌아봄이 필요할 것입니다.

베드로가 예수를 하나님의 그리스도라고 고백하기까지에는 그 앞의 4장부터 출발하여 9장 앞부분까지 이르는, 예수님의 많은 이적과 더불어 그가 주님과 동행하여 본 증거들이 있습니다. 이분은 틀림없이 하나님의 종이다, 하나님이 보낸 그 약속된 메시아다, 라고 항복하기에 충분한 증거와 예수님의 행적이 있습니다. 베드로의 고백이 마태복음에는 '주는 그리스도시요 살아 계신 하나님의 아들이시니이다'라고 나오는데, 이 고백은 우리 모든 신자가 가지는 고백이며 예수에 대해 충분히 이해하고 있는 내용일 것입니다.

누가복음은 24장까지 계속되는데 베드로의 이 고백은 9장에 나옵니다. 예수님이 예루살렘으로 죽으러 올라가는 과정에서 그리스도가 누구신가에 대한 설명이 계속 더해지고, 마침내 예수님이 죽고 부활하시고야 제자들은 자기네가 고백하고 스승으로 섬겼던 이가 누구인지를 충분히 알게 됩니다. 즉, 사도행전에 가서야 비로소 알게 되는 것입니다. 예수를 그리스도라 고백한 것으로 기독교 신앙은 끝이어야 맞지 않겠습니까. 예수님이 메시아이고 구원자이고 하나님의 아들이라면 그다음에 더 이상 무슨 문제가 남겠습니까. 그가 자기 백성을 구원하기 위하여 육신을 입고 여기에 오셨고, 죽은 자를 살리시며, 풍랑이는 바다를 잠잠케 하시고, 모든 병을 고치시며, 귀신을 쫓아내셨는데 그 이상 무슨 가르침이 더 필요하겠습니까. 이는 사실 모든 신자들이 생각하는 것입니다.

예수는 우리를 구원하기 위하여 오신 하나님의 아들로서 능력과 사랑의 구체적 임재입니다. 우리는 우리에게 하나님의 메시아가 보상해 주지 못할 일이 생긴다면 그것은 내 신앙이 모자라거나 내가 흔들리고 있거나 세상과 예수님 사이에서 내가 오락가락하기 때문이라고 생각합니다. 예수 그리스도의 메시아 되심이라는 사실 속에는 어떤 갈등도 긴장도 더 깊은 이해를 필요로 하는 것도 없을 것이라고 느낍니다. 그러나 누가복음이, 모든 복음서가 이야기하는 것은 바로 예수에게 문제가 있다는 것입니다. 예수님은 구세주이신데 죽으러 오셨기 때문입니다.

누가복음으로 이야기하자면 총 24장의 내용 중에 9장에서 이미 예수가 누구인가를 제자들이 알고 고백할 만큼 예수님이 메시아라는 사실에 대해 모두의 항복을 받아 냈는데, 예수님이 누구신가가 확증된 그다음부터 비로소 할 이야기가 있다는 것입니다. 우리가 이 메시아를 주는 그리스도시요 살아 계신 하나님의 아들이시라고 고백하는 것으로 끝나는 게 아니라, 그분이 메시아인 줄 아는 것을 통해 그의 행적이 가지는 의미를 제대로 이해해야 하는 것입니다. 믿느냐 안 믿느냐가 전부가 아니라 믿고 난 다음부터 알아야 할 것들이 있습니다.

메시아가 왜 죽어야 하는가! 세상을 구원하러 오신 하나님 앞에 범죄한 자녀들을 구원하기 위하여 오신 분이 다만 속죄의 문제가 아니라 더 큰 의미로서 왜 죽음의 길을 택해야 했는가? 즉 이것은 구원론만의 문제가 아님을 성경은 가르치고 있습니다.

재고해야 할 기독교 신앙

누가복음 24장에 가 봅시다. 예수님이 돌아가시자 모든 제자들이 뿔뿔이 흩어졌습니다. 엠마오로 가는 두 제자 이야기가 13절 이하에 나옵니다.

그 날에 그들 중 둘이 예루살렘에서 이십오 리 되는 엠마오라 하는 마을로 가면서 이 모든 된 일을 서로 이야기하더라 그들이 서로 이야기하며 문의할 때에 예수께서 가까이 이르러 그들과 동행하시나 그들의 눈이 가리어져서 그인 줄 알아보지 못하거늘 예수께서 이르시되 너희가 길 가면서 서로 주고받고 하는 이야기가 무엇이냐 하시니 두 사람이 슬픈 빛을 띠고 머물러 서더라 그 한 사람인 글로바라 하는 자가 대답하여 이르되 당신이 예루살렘에 체류하면서도 요즘 거기서 된 일을 혼자만 알지 못하느냐 이르시되 무슨 일이냐 이르되 나사렛 예수의 일이니 그는 하나님과 모든 백성 앞에서 말과 일에 능하신 선지자이거늘 우리 대제사장들과 관리들이 사형 판결에 넘겨 주어 십자가에 못 박았느니라 우리는 이 사람이 이스라엘을 속량할 자라고 바랐노라 이뿐 아니라 이 일이 일어난 지가 사흘째요 또한 우리 중에 어떤 여자들이 우리로 놀라게 하였으니 이는 그들이 새벽에 무덤에 갔다가 그의 시체는 보지 못하고 와서 그가 살아나셨다 하는 천사들의 나타남을 보았다 함이라 또 우리와 함께 한 자 중에 두어 사람이 무덤에 가 과연 여자들이 말한 바와 같음을 보았으나 예수는 보지 못하였느니라 하거늘 이르시되 미련하고 선지자들이 말한 모든 것을 마음에 더디 믿는 자들이여 그리스도가 이런 고난을 받고 자기의 영광에 들어가야 할 것이 아니냐 하시고 이에 모세와 모든 선지자의 글로 시작하여 모든 성경에 쓴 바 자기에 관한 것을 자세히 설명하시니라 (눅 24 : 13-27)

제자들은 그가 메시아인 줄 알았는데 아니더라는 말입니다. 예수님의 답은 무엇입니까? 그는 진정 메시아였다고 합니다. '선지자들이 말한 모든 것을 마음에 더디 믿는 자들이여 그리스도가 이런 고난을 받고 자기의 영광에 들어가야 할 것이 아니냐 하시고.' 그리스도께서 영광에 들어가신 것이 다만 우리를 구원하시는 것에 국한되지 않는다는 사실을 나타내는 말씀입니다.

우리를 죄와 사망에서 구원하기 위하여 예수께서 대신 죽으셨습니다. 이는 우리가 잘 아는 교리이고, 믿음의 핵심을 잘 정리한 것입니다. 그런데 이렇게 물어볼 수도 있습니다. '하나님이 당신이 만드신 피조물을 구원하실 때 성자 하나님의 죽음으로써 구원할 필요가 있는가?' 여기서 답은 구원하는 방법이 이것밖에 없다는 것이 아니라, 하나님이 이 방법을 원하셨다는 것입니다.

기독교 신앙을 이루시는 하나님의 사랑과 은혜와 그의 백성을 향한 깊으신 뜻은 다만 지옥 갈 사람을 천국으로 불러오는 정도가 아니라, 하나님이 원하시는 당신의 백성을 구원하시기 위하여 성자 하나님으로 하여금 고난을 통하여 영광에 들어가게 하는 방식으로 우리를 부르신다는 것입니다.

예수님이 우리를 구원하기 위하여 앞서 가신 길은 성경에서 언제나 우리에게 요구하는 길입니다. '아무든지 나를 따라오려거든 자기를 부인하고 날마다 제 십자가를 지고 나를 따를 것이니라.' 누가복음 9장을 보면 앞에서 이야기한, 예수가 누구신가에 대한 신앙 고백을 주님이 받아 내시고, 당신의 죽음과 고난을 이야기하시고, 곧이어 '아무든지 나를 따라오려거든'이라고 말씀하신 것을 발견할 수 있습니다.

우리는 우리의 신앙을 바로 생각해야 합니다. 예수님은 우리를 구원하기 위하여 십자가에 죽으실 수밖에 없었다, 그렇게 구원을 얻었으니 우리는 복 받고 부활하신 예수 그리스도의 은혜와 능력으로 형통한 길을 살아갈 거라는 생각은 성경의 약속과 전혀 다릅니다. 예수님이 고난을 통하여 영광의 자리에 이르신 그 방식대로 우리 믿음의 완성도 고난을 통하여 영광에 이르게 하신다는 것이 성경의 가르침입니다.

만일 그런 일이 필요 없다면 예수님은 구원을 그런 식으로 이루시지 않았을 것입니다. 다만 하늘로부터 큰 음성이 나서 선포하기를 '다 회개하라. 하나님 앞에 나와 무릎을 꿇어라' 하고 천군 천사가 위엄 있게 나타나 힘주어 협박했으면 다 끝날 사건이었습니다. 이렇게 길고 복잡하게 성자 하나님이 육신을 입고 이 땅에 와 현실을 사시고 외면을 받으시고 침 뱉음과 모욕을 당하시고 고난 속에 죽으신다는 것은 얼른 생각해 봐도 신이 당신의 일을 이루시는 방법으로는 이해할 수 없는 것입니다. 성경은 그것이 우리를 위하여 허락한 하나님의 구원의 깊이, 그의 백성을 향한 하나님의 대접이라고 말씀합니다. 그래서 우리는 고린도후서 4장 말씀을 보고 기독교 신앙을 심각하게 재고해야 합니다.

우리가 이 보배를 질그릇에 가졌으니 이는 심히 큰 능력은 하나님께 있고 우리에게 있지 아니함을 알게 하려 함이라 우리가 사방으로 욱여쌈을 당하여도 싸이지 아니하며 답답한 일을 당하여도 낙심하지 아니하며 박해를 받아도 버린 바 되지 아니하며 거꾸러뜨림을 당하여도 망하지 아니하고 우리가 항상 예수의 죽음을 몸에 짊어짐은 예수의 생명이 또한 우리 몸에 나타나게 하려 함이라 우리 살아 있는 자가 항상 예수를 위하여 죽음에 넘겨짐은 예수의 생명이 또한 우리 죽을 육체에 나타나게 하려 함이라 그런즉 사망은 우리 안에서 역사하고 생명은 너희 안에서 역사하느니라 (고후 4:7-12)

예수께서는 이 땅에 죽으러 오셨습니다. 애초에는 첫 번째 계획을 갖고 오셨고 그것이 제대로 이루어지면 죽을 필요가 없었는데, 첫 번째 계획이 실패로 돌아가서 할 수 없이 마지막 수단으로 죽어 버리신 것이 아닙니다. 예수가 처음부터 죽으러 오셨던 것처럼 하나님을 믿는 우리 모든 백성의 현실과 인생은 고단한 길을 걷도록 부름받고 있습니다. 예수를 위하여 우리가 죽음에 넘겨지는 인생을 살도록 되어 있습니다. '예수를 위하여'라는 것이 우리가 무슨 도움을 드린다는 뜻은 아닙니다. 예수께서 그리하신 것처럼 고달픈 인생을 사는 것이 신자의 정상적인 현실입니다.

우리는 우리가 가는 길이 하나님 앞에 옳은 길이라는 것을 이렇게 저렇게 확인받을 수 있습니다. 기도에 응답을 받기도 하고 성경에 약속된 실제적인 내용으로 확인하여 우리가 가는 길이 영생의 길이며 하나님이 인정하는 길이며 참다운 길이라는 것을 알 수 있습니다. 그러나 고난과 이 세상에서 소수자로 사는 일만은 면제되지 않습니다.

예수를 믿으면 아무런 생각이 없어지고 고통이 없고 속상할 일이 없을 것이라고 기대한다면, 하나님이 그 아들을 보내어 고난으로 영광을 받게 하셨다는 사실에 대하여 전혀 모르는 것입니다. 주께서 나를 위하여 십자가에 죽으신 것은 나를 구원하기 위하여 죽으신 것입니다. 구원에는 우리를 향한 하나님의 깊고 심오한 뜻이 있습니다. 아무 걱정 없이 사는 정도의 존재가 아니라 신성의 깊은 영광으로 부름 받은 자에게 요구하시는 하나님의 깊은 뜻이 있습니다. 예수에게 그리하셨던 것처럼 우리에게도 고난을 통하여 영광으로 나아가게 하십니다.

고난으로 순종을 배우라

이 문제는 신자와 신자 아닌 자 사이에서 분명하게 나뉩니다. 사도행전 4장을 보면 초대 교회에서 예수를 믿는 자와 그렇지 않는 자가 분명하게 대비되는 한 사건이 등장합니다. 사도행전 4장은 그 앞에 있는 3장에서 이어지는 내용인데 초대 교회 사도들이 성령 충만을 입어 힘차게 예수를 증거하던 때에 일어난 일을 소개하고 있습니다. 그것은 바로 성전에 기도하러 올라가던 베드로와 요한이 미문 앞에 있는 앉은뱅이를 일으킨 사건입니다. 그 일로 인하여 성에 소동이 일어나고 종교 지도자들이 그들을 붙잡아 갑니다. 그들에게 예수의 일을 증언하지 못하도록 위협하자 그들은 거부합니다. 신자는 이 일에 입을 다물 수 없다고 합니다.

> 이튿날 관리들과 장로들과 서기관들이 예루살렘에 모였는데 대제사장 안나스와 가야바와 요한과 알렉산더와 및 대제사장의 문중이 다 참여하여 사도들을 가운데 세우고 묻되 너희가 무슨 권세와 누구의 이름으로 이 일을 행하였느냐 이에 베드로가 성령이 충만하여 이르되 백성의 관리들과 장로들아 만일 병자에게 행한 착한 일에 대하여 이 사람이 어떻게 구원을 받았느냐고 오늘 우리에게 질문한다면 너희와 모든 이스라엘 백성들은 알라 너희가 십자가에 못 박고 하나님이 죽은 자 가운데서 살리신 나사렛 예수 그리스도의 이름으로 이 사람이 건강하게 되어 너희 앞에 섰느니라 이 예수는 너희 건축자들의 버린 돌로서 집 모퉁이의 머릿돌이 되었느니라 (행 4:5-11)

건축자들이 버린 돌, 쓸모없다고 버린 돌이 집 모퉁이의 머릿돌이 됐는데, 교회입니다. 성경이 이야기하는 그가 머릿돌이 되고 모퉁잇돌이 되어 교회가 성립됩니다. 모든 신자는 예수 그리스도를 근거로 하고 내용으로 하고 이유로 해서 성립되는 존재인 것입니다. 세상은 그를 버렸습니다. 그리스도에 대해 세상이 내리는 평가와 성경이 말하는 평가는 결코 타협될 수 없습니다.

우리가 가는 길은 세상이라는 환경적인 공통점을 가질 뿐 그 근거와 내용과 목적은 전혀 반대인 길입니다. 신자는 이 길을 걷는다는 것을 기억해야 합니다. 히브리서 5장에 나오는 가르침을 봅시다.

> 그는 육체에 계실 때에 자기를 죽음에서 능히 구원하실 이에게 심한 통곡과 눈물로 간구와 소원을 올렸고 그의 경건하심으로 말미암아 들으심을 얻었느니라 그가 아들이시면서도 받으신 고난으로 순종함을 배워서 온전하게 되셨은즉 자기에게 순종하는 모든 자에게 영원한 구원의 근원이 되시고 (히 5:7-9)

그가 아들이시면서도 받으신 고난으로 순종함을 배워서 온전하게 됩니다. 고난을 순종하여 온전하게 되셨습니다. 고난을 순종하고 싶은 사람은 없습니다. 그런데 고난을 순종하도록 요구하는 분이 따로 있다는 것입니다. 고난이 순종을 요구하는 것이 아니라 그 고난을 요구하는 분 앞에 순종하여 고난까지도 감수하게 된다는 것입니다. 그리해서만 그분이 구원할 모든 백성으로 하여금 예수 그리스도로 말미암아 구원을 얻도록 할 것입니다. 모든 백성이 당신의 온전하심에 참여하도록 길을 열어 놓았습니다.

당연히 신자는 예수님이 그리하신 것처럼 현실의 길을 걸어야 합니다. "그는 육체에 계실 때 자기를 죽음에서 능히 구원하실 이에게 심한 통곡과 눈물로 간구와 소원을 올렸고, 그의 경건하심으로 말미암아 들으심을 얻었느니라"(히 5:7)에 해당하는 길을 걸어야 합니다.

순종이 어떻게 형통에서 성립되겠습니까. 내 마음에 들고 내가 소원하는 것 속에 무슨 순종이 있습니까. 거기에 자랑과 기쁨과 감사는 있을지라도 순종이 들어갈 자리는 없습니다. 고난으로 순종을 배운다는 말이 무슨 뜻인지 알아야 합니다. 이것이 예수 그리스도의 구원의 신비입니다. 그가 걸으신 길이며 우리 모두를 위하여 열어 놓으신 길입니다.

예수를 믿으면서 이 길을 외면하겠습니까? 하나님이 정해 놓으신 구원, 하나님이 목적하시는 것을 외면하고 기독교를 논하기 시작하면 그것은 욕심 외에 아무것도 아닙니다. 세상 사람들이 단순하고 솔직하게 자연법을 따라 살며 자랑하고 싶은 것과 조금도 다르지 않습니다. 예수를 믿는다는 것은 전혀 다른 길을 가는 것입니다. 살살 말해서 그나마 몇이라도 도망가지 않게 해야 하는데, 성질을 부리면 누가 남아나겠습니까. 그래도 저에게는 배짱이 있습니다. 예수를 믿는다는 것에는 세상과 절대 비교할 수 없는 능력, 우리가 외면할 수 없는 큰 힘이 있기 때문입니다. 바로 영혼의 만족입니다.

인간 존재의 핵심인 영혼은 생명과 진리에 대하여 예수 안에서만 답을 찾을 수 있음을 알고 있습니다. 그래서 우리 모두는 이 자리에 나와 있습니다.

예배 후에 늘 뿔따구가 난 채로 돌아갑니다. 원하는 답을 못 받기 때문입니다. 그래도 주일날 끌려 나옵니다. 다른 데는 길이 없기 때문입니다. 희생을 치르라는 것이 아닙니다. 다만 그것이 예수 안에서 하나님이 주신 구원의 진정한 본질이라는 것입니다.

고린도후서 4장으로 돌아가 봅시다. 우리가 죽음에 넘겨지고 사망이 역사하는 이 일들이 무엇을 만들어 내는가? 누가복음 끝인, 예수님이 부활하신 이후에 제자들을 만난 24장쯤에 가면 이 문제를 좀 더 구체적으로 말할 기회가 있을 것입니다.

> 그러므로 우리가 낙심하지 아니하노니 우리의 겉사람은 낡아지나 우리의 속사람은 날로 새로워지도다 우리가 잠시 받는 환난의 경한 것이 지극히 크고 영원한 영광의 중한 것을 우리에게 이루게 함이니 우리가 주목하는 것은 보이는 것이 아니요 보이지 않는 것이니 보이는 것은 잠깐이요 보이지 않는 것은 영원함이라 (고후 4:16-18)

우리는 예수님의 죽음까지 따라가 보고 그의 부활이 이뤄 낸 것이 무엇인지도 따라가 볼 것입니다. 그러나 부름은 이미 받았습니다. 제자들이 그랬던 것같이 주는 그리스도시요 살아 계신 하나님의 아들이심을 우리는 알고 있습니다. 그 고백으로 끝이 아니라 이제 시작임을 기억합시다.

메시아이심이 확증된 상태에서 메시아는 무얼 하러 오셨는가를 봅시다. 당시 유대인들이 기대했던 것과 달랐던 예수와 마찬가지로 오늘 우리가 사는 시대에 우리가 기대하는 예수, 우리가 기대하는 신앙과 기독교는 어떻게 다른가를 따라가 봅시다. 그 환난과 고난의 길에 따라 들어가 봅시다. 세상을 따라 들어가려면 예수를 놓아야 하고 예수를 붙잡으면 당연히 고난의 길로 들어갈 수밖에 없습니다. 세상과 타협하며 살 수 없습니다. 신앙을 지키는 한 고난과 환난이라는 것은 매일 반복되어 일어납니다.

그러면 영원한 영광의 중한 것을 이룬답니다. 부활 생명이신 예수 그리스도께서 받으신 영광, 그의 죽음에 따라 들어간 자들만이 참여할 수 있는 하나님의 백성 된 자리로 시선을 향하십시오. 그런 각오를 하고 신앙 고백이 갖는 의미를 따라 열린 문으로 들어가서 고난을 통과하십시오.

삶은 다만 매일의 고통을 해결하고 억울함을 호소하여 해결을 받는 싸움이 아닙니다. 예수를 죽인 세상 속에서 그를 따르는 자들이 걸어야 할 길을 부지런히 걸으십시오. 예수의 죽음에 동참하는 길로 향해야 합니다. 예수께서 고난을 통하여 영광의 자리에 들어간 것을 진리로 체득하는 것이 우리의 길임을 기억하고 믿음의 발걸음을 내딛기 바랍니다.

기도

하나님 아버지, 은혜를 감사합니다. 예수를 믿는 것은 만만치 않은 일입니다. 세상을 등져야 하는 일입니다. 예수의 고난에 참여하여 부끄러움과 고난을 받아야 하는 길입니다. 그러나 그 길이 영광으로 가는 길이요, 우리 안에 지극히 중하고 영광된 것을 만드는 길이랍니다. 예수를 알게 하셨으니 그를 따라갈 믿음과 결단도 주시옵소서. 예수 안에 있는 신실하심과 변함없는 은혜와 축복이 무엇인지 알아내고 받아 내는 우리의 신앙 고백과 믿음이 되게 하여 주시옵소서. 예수님 이름으로 기도합니다. 아멘.

44

놀라운 부르심

1 예수께서 여리고로 들어가 지나가시더라 2 삭개오라 이름하는 자가 있으니 세리장이요 또한 부자라 3 그가 예수께서 어떠한 사람인가 하여 보고자 하되 키가 작고 사람이 많아 할 수 없어 4 앞으로 달려가서 보기 위하여 돌무화과나무에 올라가니 이는 예수께서 그리로 지나가시게 됨이러라 5 예수께서 그 곳에 이르사 쳐다 보시고 이르시되 삭개오야 속히 내려오라 내가 오늘 네 집에 유하여야 하겠다 하시니 6 급히 내려와 즐거워하며 영접하거늘 7 뭇 사람이 보고 수군거려 이르되 저가 죄인의 집에 유하러 들어갔도다 하더라 8 삭개오가 서서 주께 여짜오되 주여 보시옵소서 내 소유의 절반을 가난한 자들에게 주겠사오며 만일 누구의 것을 속여 빼앗은 일이 있으면 네 갑절이나 갚겠나이다 9 예수께서 이르시되 오늘 구원이 이 집에 이르렀으니 이 사람도 아브라함의 자손임이로다 10 인자가 온 것은 잃어버린 자를 찾아 구원하려 함이니라 (눅 19:1-10)

세상 나라와 하나님 나라

본문 말씀은 유명한 삭개오 이야기입니다. 그는 세리장입니다. 예수님 당시의 이스라엘은 로마의 속국이었고, 세리는 로마를 위하여 세금을 걷는 자였기 때문에 이스라엘 백성들에게 미움의 대상이었습니다. 그는 이스라엘 사회에서 외면당하는 지탄의 대상이었는데, 그가 예수님을 만나 보고 싶어 하는 것을 예수님이 아시고 그 집에 찾아가 그를 구원하셨다는 내용입니다.

누가복음 18장 35절 이하에는 예수님이 여리고에 가까이 갔을 때 한 맹인을 고쳐 준 사건이 나옵니다. 다른 복음서를 보면 그의 이름이 바디매오라고 합니다. 바디매오의 눈을 고쳐 준 사건에서는 예수님이 계속 다윗의 자손으로 불립니다. 38절 보면 '맹인이 외쳐 이르되 다윗의 자손 예수여 나를 불쌍히 여기소서' 또 39절 하반절에도 '다윗의 자손이여 나를 불쌍히 여기소서'라고 합니다. 예수께서 그 맹인을 고쳐 주자 "곧 보게 되어 하나님께 영광을 돌리며 예수를 따르니 백성이 다 이를 보고 하나님을 찬양하니라"(43절)라고 합니다.

그러나 세리의 집에 들어가는 것은 19장 7절 "뭇 사람이 보고 수군거려 이르되 저가 죄인의 집에 유하러 들어갔도다 하더라"에서 알 수 있듯이 지켜보는 사람들로 하여금 오히려 반감을 일으키고 적지 않은 저항을 일으켰다고 합니다.

10절에 있는 바와 같이 예수님은 자기 자신을 '인자'라고 하십니다. 인자란 사람의 아들, 즉 자신을 낮춘 이름입니다. 다윗의 자손은 다윗의 왕권을 이어 그 왕권의 진정한 완성을 이룰 자로서 큰 권세를 지닌 영광스러운 명칭이고, 인자란 우리를 찾아오시기 위하여 친히 사람이 되시는 그리스도의 비하와 섬김의 이름입니다.

우리는 이 두 비유를 통하여 사람들이 세력으로 찾아오는 하나님의 나라를 기다리고 있었음을 알 수 있습니다. 하나님의 나라가 섬기며 용서하러 왔다는 데 대하여는 항복하지 않는 모습을 볼 수 있습니다.

하나님의 나라에 대하여 마음에 공감을 가지지 않습니다. 이 세상 나라와 하나님의 나라 사이에 근본적인 차이가 무엇입니까? 세상 나라는 권력의 나라입니다. 앞에서 바리새인과 세리의 기도를 비유로 말씀하셨습니다. 바리새인의 자기 확인은, '나는 이 모든 사람들 특히 저 세리와 다른 것을 감사합니다'라는 것이었습니다. 그것은 누구를 배제해서, 누구를 정죄해서 가지는 자기 확인이었고, 세리는 은혜를 구하는 자로 나옵니다. 이 대조야말로 하나님 나라와 세상 나라를 보여 주는 가장 본질적인 내용일 것입니다. 세상 나라는 누구를 정죄하고 배제하여 자신의 가치와 정체성을 확보하는 나라이고, 하나님 나라는 누구든지 끌어안고 용서하여 자신의 정체성을 확인하는 나라입니다.

이 두 나라를 조금 더 깊이 비교하면, 세상 나라는 공포의 나라지만 하나님 나라는 사랑의 나라인 것을 알게 됩니다. 요한일서 4장에 가면 하나님 나라의 대표적인 본질, 또는 기독교 신앙의 핵심 되는 본질을 이렇게 소개합니다.

하나님이 우리를 사랑하시는 사랑을 우리가 알고 믿었노니 하나님은 사랑이시라 사랑 안에 거하는 자는 하나님 안에 거하고 하나님도 그

의 안에 거하시느니라 이로써 사랑이 우리에게 온전히 이루어진 것
은 우리로 심판 날에 담대함을 가지게 하려 함이니 주께서 그러하심
과 같이 우리도 이 세상에서 그러하니라 사랑 안에 두려움이 없고 온
전한 사랑이 두려움을 내쫓나니 두려움에는 형벌이 있음이라 두려워
하는 자는 사랑 안에서 온전히 이루지 못하였느니라 (요일 4 : 16-18)

사랑과 두려움을 대비하고 있는데 죽이거나 죽는 것이 본질인 세상
에서는 두려움이 있을 수밖에 없습니다. 사랑 안에 두려움이 없는 것
은 사랑에는 죽이고 죽는 것이 들어설 수 없기 때문입니다. 너무나 분
명한 것입니다. 사랑은 더 사랑하고 더 많이 누리고 더 많이 주고 더
많이 기뻐하는 세계이고, 두려움은 죽고 죽이는, 살아남기 위해서 죽
여야 하고 죽지 않기 위해서 늘 조심해야 하는 세상입니다. 이 둘을
대조하고 있습니다.

17절에 나온 '이로써 사랑이 우리에게 온전히 이루어진 것은 우리
로 심판 날에 담대함을 가지게 하려 함이니'라는 말은 무엇일까요?
예수를 믿는다는 게 무슨 뜻인지 사랑으로 이해하지 못하면 심판이
두려워집니다. 신앙생활이 두려워집니다. 옳고 그른 것은 기독교 신
앙의 기본 원리지만 기준이 되지는 않습니다. 기독교 신앙의 핵심은
사랑에 관한 것입니다.

우리는 유교적인 전통에 서 있어서 한국 교회는 이 부분에 더 민감
했을 것이고, 또 인간은 죄인으로 태어났기 때문에 그 양심의 지적 앞
에 늘 괴로워하는 본성이 있어서 옳고 그름이 모든 것의 근거가 되는
기준으로 이해하고 있을 것입니다. 그러나 기독교는 그런 종교가 아

닙니다.

사랑이라는 이야기를 하고 용서라는 이야기를 한다고 옳고 그름의 경계를 무너뜨려도 좋다고 하는 것은 바보 같은 소리입니다. 사랑을 하면 잘못해도 괜찮다고 하는 것은 바보입니다. 그런데 우리는 그 둘을 자꾸 충돌시킵니다. 기독교가 용서를 이야기하고 사랑을 이야기하고 관용을 이야기하면 무질서와 혼돈인 것같이 생각합니다. 그러나 근거와 기준과 틀은 본질이나 목적과 다르다는 것입니다. 인간을 어떤 기준으로 어떤 목표를 향하여 어떤 힘으로 이끌고 있는가 하는 면에서, 세상과 예수 안에서의 하나님의 부르심은 다르다는 말입니다.

사랑과 용서를 이야기하면 마음껏 게으르고 무책임하고 무지해지고 부끄러워져도 된다는 말입니까? 아닙니다. 사랑은 그것을 뛰어넘는 것입니다. 면제받거나 외면하는 것이 아니라 그 위에 서는 것입니다. 그 위에 서기 위해서 기본적인 양심을 만족시키는 것, 최선을 다하는 것은 말할 필요도 없습니다.

연애편지를 단번에 써서 보내는 사람은 없습니다. 괴테도 그러지 못했고 셰익스피어도 그러지 못했습니다. 쓰고 찢고를 열두 번도 더 해서 열 세 번만에 보내고, 보내다가 배달 사고가 나서 여자가 우체부와 결혼도 하고 합니다.

놀라운 부르심

기독교 신앙의 놀라움은 하나님이 우리를 사랑으로 부르고 있다는 사실입니다. 우리는 잘못하기도 합니다. 자녀를 기르면서 보듯이 부모가 자녀의 잘잘못을 법으로 다스리는 가정은 없습니다. 법보다 혹독하게 처벌할 수도 있습니다. 사랑하기 때문입니다. 그러나 법으로 대하지는 않습니다. 요한복음 15장에 가면 이 문제에 대한 예수님의 직접적인 가르침이 등장합니다.

> 아버지께서 나를 사랑하신 것 같이 나도 너희를 사랑하였으니 나의 사랑 안에 거하라 내가 아버지의 계명을 지켜 그의 사랑 안에 거하는 것 같이 너희도 내 계명을 지키면 내 사랑 안에 거하리라 내가 이것을 너희에게 이름은 내 기쁨이 너희 안에 있어 너희 기쁨을 충만하게 하려 함이라 내 계명은 곧 내가 너희를 사랑한 것 같이 너희도 서로 사랑하라 하는 이것이니라 사람이 친구를 위하여 자기 목숨을 버리면 이보다 더 큰 사랑이 없나니 너희는 내가 명하는 대로 행하면 곧 나의 친구라 (요 15:9-14)

여기서 친구가 왜 등장할까요? 아래위라는 개념으로 강요하고 굴복시키는 힘이 아니라는 것입니다. 대등한 관계로 부르십니다. 피조물은 창조주와 대등해질 수 없지만, 기독교 신앙에서는 하나님이 예수 안에서 우리를 그렇게 대등하게 부르십니다. 그것은 힘으로 굴복시키는 강요가 아닙니다. 우리는 두려움에 떨며 붙잡히는 노예가 아니라 사랑하고 사랑받는 기쁨과 감사의 관계로 부름받는 것입니다.

> 이제부터는 너희를 종이라 하지 아니하리니 종은 주인이 하는 것을

알지 못함이라 너희를 친구라 하였노니 내가 내 아버지께 들은 것을 다 너희에게 알게 하였음이라 너희가 나를 택한 것이 아니요 내가 너희를 택하여 세웠나니 이는 너희로 가서 열매를 맺게 하고 또 너희 열매가 항상 있게 하여 내 이름으로 아버지께 무엇을 구하든지 다 받게 하려 함이라 내가 이것을 너희에게 명함은 너희로 서로 사랑하게 하려 함이라 (요 15:15-17)

'사랑하게 하려 함이라.' 삭개오의 이야기에서 이것을 배웁니다. 예수님은 사랑하러 오셨고 우리에게 사랑을 가르치러 오셨습니다. 바디매오의 사건에서는 사람들이 왜 예수를 칭송하고 하나님에게 찬양을 돌렸을까요? 소경을 낫게 하는 힘을 보았기 때문입니다. 그러나 삭개오 사건에서는 용서하시는 하나님에 대하여 수군거렸습니다. 자기네가 알고 있고, 기대하고 있는 기준으로 누구를 배제하고 처벌하여 우월감을 확인하려는 마음 때문입니다. 이것은 비겁한 것입니다. 누구의 잘못을 들춰 자기는 그렇지 않음을 확인하는 것은 참으로 가난한 모습입니다. 집안에서도 일어나는 일입니다. '너 성적이 이게 뭐냐. 아무개를 봐라.' 그 아무개는 더 위에 있는 아이일 것입니다. 그러면 자녀는 꼭 자기 아래에 있는 친구를 말합니다. '내 밑에 여러 명 있어요.'

친구 아들이 반에서 56명 중에 50등을 했습니다. 그러고도 대학을 갔습니다. 나중에 어머니가 물었답니다. "야, 네 밑에 있는 여섯 명은 누구냐?" 세 명은 운동하는 애들이었고, 나머지 셋은 취직한 애들이었답니다. 내 밑에 여섯 명 있어, 라고 말하는 것은 가난하고 비참한 것입니다. 기독교 신앙이 다만, '재 보세요. 저 사람 보세요. 저 사람을 처벌해 주세요'라고 하는 것은 요한복음 3장 16절에 나오는 '하나님이 세상을 이처럼 사랑하사 독생자를 주셨으니'라는 말을 아직도 이해하지 못하는 것입니다.

요한복음 15장은 사랑을 명하고 이어서 그 뒤에 "세상이 너희를 미워하면 너희보다 먼저 나를 미워한 줄을 알라 너희가 세상에 속하였으면 세상이 자기의 것을 사랑할 것이나 너희는 세상에 속한 자가 아니요 도리어 내가 너희를 세상에서 택하였기 때문에 세상이 너희를 미워하느니라"(18-19절)라고 덧붙입니다. 무슨 이야기입니까? 세상은 미워하는 나라입니다. 사랑을 확인하기 위하여 누구를 미워해야 하는 나라입니다. 누구를 쳐서 엎어야 나의 잘난 것이 증명되는 나라입니다. 공포의 나라입니다. 그러나 예수를 미워하는 이 세상을 예수는 사랑하러 오십니다. 우리는 어떻게 이 사랑을 실천할 수 있는지 아직 잘 모릅니다. 그런 이야기까지 하려는 게 아닙니다. 하나님 나라와 세상 나라가 근본적으로 어떻게 다른지를 이야기하려는 것입니다. 골로새서 3장을 봅시다.

> 그러므로 너희가 그리스도와 함께 다시 살리심을 받았으면 위의 것을 찾으라 거기는 그리스도께서 하나님 우편에 앉아 계시느니라 위의 것을 생각하고 땅의 것을 생각하지 말라 이는 너희가 죽었고 너희 생명이 그리스도와 함께 하나님 안에 감추어졌음이라 우리 생명이신 그리스도께서 나타나실 그 때에 너희도 그와 함께 영광 중에 나타나리라 (골 3:1-4)

너희가 예수를 믿었으면 위의 것을 찾아라, 거기는 예수께서 하나님 우편에 앉아 계시는 곳이라는 내용입니다. 사랑하고 섬기며 순종하여, 죽이는 세상에서 죽을 수밖에 없었던 예수가 궁극적인 승리를 얻어 그런 통치에 들어가셨습니다. 그것이 예수를 믿는다는 말이 가지는 뜻입니다. 죽고 죽이는 공포의 권력을 추구하는 곳에서 이루는 승리가 아니라, 친구를 위하여 죽을 수 있는 곳에서 죽어 버린 자가 이 나라의 궁극적 승리의 자리에 앉는 나라에 우리가 불려 왔습니다. 5절에 '그러므로'가 나옵니다 "그러므로 땅에 있는 지체를 죽이라 곧 음란과 부정과 사욕과 악한 정욕과 탐심이니 탐심은 우상 숭배니라." 우상은 권력입니다. 내가 원하는 것을 이루어 주는 힘입니다. 우상은 인격이 없습니다. 우상은 힘일 뿐입니다. 그래서 우상은 여러 조건을 요구합니다. 희생을 요구합니다. 그러나 하나님은 그렇지 않습니다. 당신이 희생하여 우리를 부요하게 하십니다.

믿음은 희생을 요구하는가

예수를 믿으면 많은 것을 희생해야 한다고 생각하는 것은 기독교의 기본 원리에 대해 무지하기 때문입니다. 기독교에서 우리에게 요구하는 희생은 더러움을 벗어던지라는 것입니다. 이 세상의 것들, 탐심, 부정, 어리석음을 벗어던지라는 것입니다. 그것은 깨끗이 씻는 것, 맑아지는 것, 밝아지는 것, 올곧게 되는 것입니다. 진정한 의미와 가치를 덧입는 명예로운 요구입니다. 그것을 희생으로 여기는 것은 우리의 죄악된 본성 때문입니다. 그 진정한 가치를 희생이라고 이야기해서는 안 됩니다. 그것은 당연한 소원이어야 옳습니다.

권력을 가져서 내 소원과 욕심을 채우려는 것과는 분명하게 다른 하나님의 통치를 기억하십시오. 사랑을 위하여 우상을 구하는 자는 없습니다. 상대방을 소유하기 위하여, 탈취하기 위하여 우상을 요구할 수는 있어도, 사랑에는 우상이 끼어들 자리가 없습니다. 사랑은 내가 원하는 자의 심장을 얻어야 하는 자리이기 때문입니다. 그의 몸뚱이를 묶어 오는 것이 아니기 때문입니다. 하나님이 우리를 사랑하셨습니다. 당신이 인간이 되어 인간의 몸을 입고 우리의 인생을 살아 우리 곁에 찾아와 우리를 위하여 죽으십니다. 그리하여 우리의 심장을 우리 스스로 바치게 하셨습니다.

6절 이하를 봅시다. "이것들로 말미암아 하나님의 진노가 임하느니라 너희도 전에 그 가운데 살 때에는 그 가운데서 행하였으나 이제는 너희가 이 모든 것을 벗어 버리라 곧 분함과 노여움과 악의와 비방과 너희 입의 부끄러운 말이라"(골 3:6-8). 이런 것들은 다 권력을 추구하는, 생존을 위한 살육의 장에서만 일어나는 일입니다. 사랑의 관계에서는 일어나지 않습니다. 거기에는 이런 단어들이 설 자리가 없습니다.

너희가 서로 거짓말을 하지 말라 옛 사람과 그 행위를 벗어 버리고 새 사람을 입었으니 이는 자기를 창조하신 이의 형상을 따라 지식에까지 새롭게 하심을 입은 자니라 거기에는 헬라인이나 유대인이나 할례파나 무할례파나 야만인이나 스구디아인이나 종이나 자유인이

차별이 있을 수 없나니 오직 그리스도는 만유시요 만유 안에 계시니라 (골 3:9-11)

예수 안에 있는 사람은 새사람입니다. 어떤 의미에서 새사람입니까? 권력으로 차별화하지 않는 새사람입니다. 거기는 차별이 없는 평등의 나라입니다. 정의와 평화의 나라입니다. 세상에는 정의와 평화의 나라를 만들기 위하여 강제력을 동원하는 것 외에 다른 방법이 없습니다. 정의와 평화를 이루기 위하여 질서를 지키기 위하여 할 수 있는 것은 범법자를 처벌하는 방법 밖에 없습니다. 그리고 그 법을 집행하는 자는 그 법을 자기에게는 적용하지 않습니다. 이처럼 세상이 질서를 유지하는 유일한 방법은 강제력인데 그 강제력을 가진 자조차 자신에게는 그 힘을 적용하지 않아서 소용이 없습니다.

그러나 하나님 나라는 다릅니다. 거기에는 강제력이 아니라 사랑이 있습니다. 사랑이 정의와 평화를 이룹니다. 그곳은 타인을 위하여 자기 스스로를 희생하는 나라입니다. 이것이 하나님 나라입니다. 하나님이 하나님 나라와 하나님의 영광을 드러내기 위하여 못난 것들을 처벌하심으로 그 나라를 성립시키는 것이 아니라, 모든 죄인을 씻어 내고 용서하여 당신이 죽는 나라입니다. 이것이 기독교입니다.

12절을 이어서 봅니다. "그러므로 너희는 하나님이 택하사 거룩하고 사랑 받는 자처럼 긍휼과 자비와 겸손과 온유와 오래 참음을 옷 입고." 왜 이런 덕목이 나오는지 아십니까? 이것 자체가 가치를 가지는 것이 아닙니다. 생각해 보십시오. 강제력이 질서를 유지하는 나라가 아니라 사랑이 질서와 평화를 이루는 나라에서 긍휼과 자비와 겸손과 온유와 오래 참음은 사랑의 편린들입니다. 그 모든 것이 합쳐져 적극적으로 사용될 때 우리는 그것을 사랑이라고 부릅니다.

누가 누구에게 불만이 있거든 서로 용납하여 피차 용서하되 주께서 너희를 용서하신 것 같이 너희도 그리하고 이 모든 것 위에 사랑을 더하라 이는 온전하게 매는 띠니라 그리스도의 평강이 너희 마음을 주장하게 하라 너희는 평강을 위하여 한 몸으로 부르심을 받았나니 너희는 또한 감사하는 자가 되라 (골 3:13-15)

왜 결론에 감사가 나옵니까? 감사는 약한 자의 안심입니다. 강한 자는 감사하지 않습니다. 강한 자는 고함을 지릅니다. 감사는 약한 자, 낮은 자의 안심입니다. 참으로 감사한 나라 아닙니까?

그리스도의 말씀이 너희 속에 풍성히 거하여 모든 지혜로 피차 가르치며 권면하고 시와 찬송과 신령한 노래를 부르며 감사하는 마음으로 하나님을 찬양하고 또 무엇을 하든지 말에나 일에나 다 주 예수의 이름으로 하고 그를 힘입어 하나님 아버지께 감사하라 (골 3:16-17)

기독교 신앙의 덕목은 권력이 아닙니다. 긍휼과 자비와 겸손과 온유와 오래 참음은 권력일 수 없습니다. 또한 보상의 조건도 아닙니다. 여기 나열된 기독교 신앙의 덕목들은 그 자체로 명예로운 것입니다. 하나님 나라의 자랑이 무엇인지, 예수를 믿은 감사가 무엇인지 묻는다면 여기에 그 답이 있습니다. 기독교 신앙 안에서만 인간이 인간다울 수 있습니다. 이것이 신자의 명예입니다.

모든 악한 방법을 동원하여 살아남기 위하여 몸부림치다 죽어 버려야 하는 인생에 하나님이 인간의 진정한 명예와 감사거리를 주셨습니다. 그 보상은 영생 복락 이전에 이미 예수 안에서 받은 줄로 우리는 압니다. 세상이 우리에게 위협하고 우리에게 무섭게 구는 이유는 자기들이 가진 것이 없기 때문입니다. 이것을 기억하고 신자의 진정한 명예를 누려 이 어두운 세상 속 한복판을 늠름하게 지나가는 기독교인의 자랑을 보이기 바랍니다.

기도

하나님 아버지, 은혜를 감사합니다. 예수를 믿고 사는 것은 통쾌한 것입니다. 이 길만이 진정한 인간이 되는 길이며 진정한 인생을 사는 길입니다. 예수 안에서 하나님의 사랑을 받아 우리는 누구든지 용서하고 누구와도 사랑을 나눌 수 있는 존재가 되었습니다. 이 자랑과 믿음을 가지고 우리의 인생을 감사 속에서 살게 된 것을 확인하게 하옵소서. 그리하여 각자 삶의 버거운 짐들과 시험과 위협 아래서 그 모든 것을 감수하고도 우리가 가진 위대한 신앙을 드러내는 생을 사는 담대함과 믿음의 충성과 자랑을 보이는 우리 모두가 되게 하여 주시옵소서. 예수님 이름으로 기도합니다. 아멘.

45
충성을 요구하시는 하나님

11 그들이 이 말씀을 듣고 있을 때에 비유를 더하여 말씀하시니 이는 자기가 예루살렘에 가까이 오셨고 그들은 하나님의 나라가 당장에 나타날 줄로 생각함이더라 12 이르시되 어떤 귀인이 왕위를 받아가지고 오려고 먼 나라로 갈 때에 13 그 종 열을 불러 은화 열 므나를 주며 이르되 내가 돌아올 때까지 장사하라 하니라 14 그런데 그 백성이 그를 미워하여 사자를 뒤로 보내어 이르되 우리는 이 사람이 우리의 왕 됨을 원하지 아니하나이다 하였더라 15 귀인이 왕위를 받아가지고 돌아와서 은화를 준 종들이 각각 어떻게 장사하였는지를 알고자 하여 그들을 부르니 16 그 첫째가 나아와 이르되 주인이여 당신의 한 므나로 열 므나를 남겼나이다 17 주인이 이르되 잘하였다 착한 종이여 네가 지극히 작은 것에 충성하였으니 열 고을 권세를 차지하라 하고 18 그 둘째가 와서 이르되 주인이여 당신의 한 므나로 다섯 므나를 만들었나이다 19 주

인이 그에게도 이르되 너도 다섯 고을을 차지하라 하고 20 또 한 사람이 와서 이르되 주인이여 보소서 당신의 한 므나가 여기 있나이다 내가 수건으로 싸 두었었나이다 21 이는 당신이 엄한 사람인 것을 내가 무서워함이라 당신은 두지 않은 것을 취하고 심지 않은 것을 거두나이다 22 주인이 이르되 악한 종아 내가 네 말로 너를 심판하노니 너는 내가 두지 않은 것을 취하고 심지 않은 것을 거두는 엄한 사람인 줄로 알았느냐 23 그러면 어찌하여 내 돈을 은행에 맡기지 아니하였느냐 그리하였으면 내가 와서 그 이자와 함께 그 돈을 찾았으리라 하고 24 곁에 섰는 자들에게 이르되 그 한 므나를 빼앗아 열 므나 있는 자에게 주라 하니 25 그들이 이르되 주여 그에게 이미 열 므나가 있나이다 26 주인이 이르되 내가 너희에게 말하노니 무릇 있는 자는 받겠고 없는 자는 그 있는 것도 빼앗기리라 27 그리고 내가 왕 됨을 원하지 아니하던 저 원수들을 이리로 끌어다가 내 앞에서 죽이라 하였느니라 (눅 19:11-27)

악한 종의 마음 상태

예수님이 예루살렘에 올라가서 죽을 처지인데 제자들은 예수님이 그 능력을 드러내어 하나님 나라를 완성하시고 혁명이나 정복을 통하여 그들이 고대하던 왕권을 이루시리라 기대하고 있습니다. 그러나 예수님은 예루살렘으로 올라가 십자가에 죽으시고 승천하실 것입니다.

당시 제자들이 기다렸던 심판은 아직도 오지 않고 언제 올지 모를 하나님의 시간으로 보류되어 있다는 것을 가르치기 위하여 예수님은 이 비유를 베풉니다. 여기 등장하는 므나는 당시 화폐 단위입니다. 한 므나는 백 드라크마입니다. 한 므나면 3개월치 임금 정도입니다. 귀인이 종들에게 므나 하나씩을 나눠 주고 왕위를 받으러 갑니다.

14절에 "그런데 그 백성이 그를 미워하여 사자를 뒤로 보내어 이르되 우리는 이 사람이 우리의 왕 됨을 원하지 아니하나이다 하였더라"라는 구절이 나옵니다. 당시 이스라엘은 로마의 속국이어서 로마에 가서 통치권을 받아 와야 했습니다. 헤롯 대왕이 죽고 그의 아들 아켈라오가 왕권을 받으러 갔는데 유대인의 유력한 정치 대표자 50명이 로마로 찾아가서 반대 운동을 벌였습니다. 그래서 아켈라오는 결국 왕이 되지 못하고 지방 행정 장관 정도의 직위에 만족해야 했습니다.

므나의 비유에는 이러한 당시의 역사적 배경이 있습니다. 비유에서 왕위를 받으러 멀리 간다는 것은 예수님이 이제 하늘로 승천하시고 최후의 왕권을 펼쳐 보일 재림과 심판의 날을 염두에 두신 말씀이었지만 당시 제자들은 제대로 깨닫지 못했던 것 같습니다. 이 비유에서는 귀인이 떠난 후 다시 오실 때까지, 그 나라가 심판으로 도래할 그때까지 무엇을 하고 있어야 하는가, 어떻게 살아야 하는가에 대해 언급하고 있습니다. 제자들은 이 사실을 예수님이 부활하시고 승천하신 이후에야 비로소 제대로 이해하게 됩니다.

비유에는 세 명의 종이 등장하는데 두 명의 충성스러운 종과 한 명의 불충한 종이 나옵니다. 충성된 자들은 많이 남겨서 칭찬받은 것이라기보다 주인이 없는 사이, 즉 주인이 왕권을 가지고 오지 않은 그 기간에 아직 결과가 나타나지 않았을지라도 충성했다는 사실 때문에 칭찬받은 것으로 보입니다.

이와 달리 악한 종으로 묘사된 종은 주인에 대하여 어떤 충성심도 가지고 있지 않다는 것으로 두 종과 대조됩니다. 앞의 열 므나를 남긴 종과 다섯 므나를 남긴 종은 양에 따른 차이 말고는 다른 차이를 발견할 수 없습니다. 그런데 이 종은 한 므나를 그냥 보관하고 있었습니다. "또 한 사람이 와서 이르되 주인이여 보소서 당신의 한 므나가 여기 있나이다 내가 수건으로 싸 두었었나이다 이는 당신이 엄한 사람인 것을 내가 무서워함이라 당신은 두지 않은 것을 취하고 심지 않은 것을 거두나이다"(20-21절). 무시무시한 표현입니다. 셋째 종의 말은 그가 주인과 어떠한 인격적 관계도 맺고 있지 않다는 것을 보여 줍니다.

사람을 사귀면 사람 사이에 서로 짐을 지우고 짐을 지는 일이 있는 법입니다. 상대방이 슬퍼하면 슬픔을 받아 주고 기뻐하면 기쁨을 받아 주는 것이 관계에서 우선하는 본질적인 내용입니다. 이것이 상대방에 대한 배려입니다. 지금 이 셋째 종의 말은 이런 뜻입니다. '내가 당신에게 아쉬운 소리 하지 않을 테니 당신도 나한테 이래라 저래라 하지 마십시오. 여기 당신 거 있으니 가지고 가십시오.' 이런 표현입니다. 주인은 '그래? 그럼 네가 말한 대로 하겠다. 너는 내 종이니 내가 벌하겠다' 합니다. 그렇게 셋째 종은 자신이 한 말에 상응하는 벌을 받게 된 것입니다.

므나 비유에서 발견되는 복음의 본질

이 비유는 기능에 초점을 맞추지 않고, 두 종이 보인 행동을 통해 그들이 주인을 어떻게 이해하는지, 주인과의 관계를 어떻게 유지하는지에 초점을 맞추고 있습니다. 로마서 1장에 가면 지금 다루는 이 문제가 복음의 본질로 제시됩니다.

> 내가 복음을 부끄러워하지 아니하노니 이 복음은 모든 믿는 자에게 구원을 주시는 하나님의 능력이 됨이라 먼저는 유대인에게요 그리고 헬라인에게로다 복음에는 하나님의 의가 나타나서 믿음으로 믿음에 이르게 하나니 기록된 바 오직 의인은 믿음으로 말미암아 살리라 함과 같으니라 (롬 1 : 16-17)

17절에 나오는 '오직 의인은 믿음으로 말미암아 살리라'라는 말씀은 하박국 선지자의 질문에 대한 유명한 답입니다. 하박국 선지자는 이스라엘 패망기에 신정 국가면서도 하나님을 올바로 섬기지 않으며 부정과 부패와 행악이 만연한 혼돈 사회에서 고통스러워한 사람입니다. 사회적 부패로 고통받기보다 그 이상으로 '하나님, 왜 이렇게 내 버려두십니까?' 하는 것이 그 고통의 중요한 내용이었습니다.

하나님은 바로 이런 답을 주셨습니다. '의인은 믿음으로 산다.' 이 답은 이번 장의 본문 말씀에 나온 비유에서 그 뜻이 분명해집니다. 하나님과 우리 사이의 관계는 힘의 관계가 아닙니다. 힘으로 정의를 세우고 힘으로 평화를 유지하는 것이 아니라 온 천하의 주인이신 창조주 하나님이 우리를 당신의 자녀로 불러 예수 안에서 맺은 관계로 우리는 이 세상을 삽니다. 의인은 믿음으로 삽니다. 세상은 힘으로 유지되고 강제권에 의해 질서와 평화가 유지됩니다. 그러나 하나님의 백성은 강제력에 의해서 삶이 보존되는 것이 아니라 하나님과의 관계에 의해서 보존됩니다. 그것이 힘이 되지 못한다면 우리는 세상에서 아무런 답을 가질 수가 없습니다. 희망을 가질 수가 없습니다.

충성된 종은 열 므나를 남기고 다섯 므나를 남겼습니다. 무릇 종이란 그 지위가 주인에 의해서 결정되는 법입니다. 장차 앞날이 어떻게 될지 모르는 주인의 종으로서 그들에게는 아무런 힘이 없는 상태입니다. 그런데 주인은 자리를 떠나고 없습니다. 주인이 왕인데 자리를 비운 것이 아니라 왕위를 받아 올지 못 받아 올지 모르는 상태입니다. 그 시기에 종들은 주인과 이해관계를 떠난 상태이며 주인의 강제력이 떠난 자리에 놓입니다. 주인이 없기 때문입니다.

그럼에도 그들은 주인과의 관계를 성실히 수행합니다. ‘당신한테 아쉬운 소리 하지 않을 테니 나한테 이래라 저래라 하지 마시오’와는 정반대로 일을 합니다. ‘당신이 빈손으로 올지라도 당신은 나의 주인이십니다’를 실천하고 있는 것입니다. 멋지지 않습니까? 이런 종을 둔 주인은 기쁠 것입니다. 그런 주인을 둔 종들은 더 행복할 것입니다. 이것이 기독교입니다. 신자로서 이것이 기쁨이 되지 않는다면 우리는 열심히 살 힘을 어디에서도 발견할 수가 없습니다.

우리가 예수를 주신 하나님을 아버지라 부른다는 사실이 힘으로 보장되지 않는 이 세상을 살아 내고, 나그네 된 이 환난의 길을 기꺼이 걸을 수 있다면, 그것은 우리의 신앙 외에 다른 어디에서도 가질 수 없는 것입니다. 그것이 우리에게 요구되는 것입니다.

우리가 사는 삶에는 많은 규칙이 있습니다. 그러나 규칙은 관계만 못한 것입니다. 세상은 죄인들이 사는 곳이니까 관계를 믿을 수가 없습니다. 사람들이 악하고 미련하기 때문입니다. 그러니 규칙이 우세합니다. 그러나 기독교 신앙을 갖게 되면 우리는 예수를 보낸 하나님의 통치와 그 약속의 영광을 보면서 예수를 믿음으로써 서로 관계를 맺게 됩니다.

사람을 믿는 것이 아니라 예수를 믿는 것입니다. 이것이 믿음으로 사는 것입니다. 그러나 셋째 종이 한 대로, 당신은 엄한 사람이라고 이야기하는 정도로밖에 섬길 주인이 없다면, 세상에 강제력 이외에 아무것도 섬길 것이 없다면, 그는 충성할 것도, 기뻐할 것도 가지지 못한 사람이 됩니다. 히브리서 5장에 가면 예수님의 성육신에 관한 설명 중에 놀라운 표현이 나옵니다.

> 그는 육체에 계실 때에 자기를 죽음에서 능히 구원하실 이에게 심한 통곡과 눈물로 간구와 소원을 올렸고 그의 경건하심으로 말미암아 들으심을 얻었느니라 (히 5:7)

놀라운 말씀입니다. 예수님은 이런 심한 통곡과 눈물로 기도해야 하는 고통의 자리까지 가셨답니다. 자기를 죽음에서 능히 구원하실 이에게 그렇게 기도했습니다. 예수 믿고 살면서 당하는 모순 가운데 하나입니다. 죽음에서도 구원하실 수 있는 하나님이 죽을 만큼의 고통의 자리에 우리를 밀어 넣는다는 사실이 여기 전제되어 있습니다.

죽음에서 그를 건지실 수 있는 이에게 심한 통곡과 눈물로 기도해야 하는 자리에 들어가 있는데, 예수님은 그것을 지금 순종하고 계십니다. 심한 통곡과 눈물로 기도했다는 것은 그가 얼마나 심한 고통 속에 있었는지를 보여 줍니다. 그럼에도 불구하고 동시에 성부 하나님을 향한 그의 신뢰와 충성이 변치 않음을 보여 줍니다.

오직 의인은 믿음으로 살리라

기독교 신앙이 다만 보상과 우월함에 있다면 우리는 지는 겁니다. 사람과 사람 사이의 관계에서 놀라운 것은 관계가 규칙보다 훨씬 크다는 것입니다. 물론 규칙은 중요합니다. 규칙 외에 없는 부족한 인생에게 규칙은 중요한 기준이며 이상이며 목표입니다. 그러나 규칙은 규칙입니다. 규칙은 그 이상을 가지 못하는데 관계에는 용서가 있습니다. 규칙에는 용서가 없습니다. 인격이 없기 때문입니다.

우리가 예수 안에서 보는 것은 무엇입니까? 하나님이 규칙을 깼다는 것입니다. 율법으로 제시한 규칙을 깹니다. 잘못한 사람에게 벌주고, 잘한 사람에게 상 주는 것을 넘어서 죄지은 사람까지 구원하고 사랑하러 오셨다는 사실 앞에 다 항복할 수밖에 없습니다. 이것이 기독교 신앙입니다.

우리가 현실 속에서 고난당하고 신자로서 사는 것이 억울한 것은 오직 자기 자신을 위하여 모두를 적으로 돌려야 하는 이 살벌한 세상 속에서 화살을 맞고 칼을 맞으라고 보냄을 받았기 때문입니다. 화살에 맞고 칼에 맞아도 괜찮은 사람으로 하나님이 우리를 부르셨다는 것입니다. 공격하고 죽이는 사람이 강한 것이 아니라 맞고 죽을 수 있는 사람이 더 크다고 가르칩니다. 왜 그렇습니까? 충성할 대상이 있기 때문입니다. 항복하고 경외할 대상이 있기 때문입니다. 골로새서 3장에서 이 부분을 이렇게 가르칩니다.

> 그러므로 너희는 하나님이 택하사 거룩하고 사랑받는 자처럼 긍휼과 자비와 겸손과 온유와 오래 참음을 옷 입고 누가 누구에게 불만이 있거든 서로 용납하여 피차 용서하되 주께서 너희를 용서하신 것 같이 너희도 그리하고 이 모든 것 위에 사랑을 더하라 이는 온전하게 매는 띠니라 (골 3:12-14)

12절에서 14절까지는 기독교인이 행해야 하는 실천 내용입니다. 신자가 추구해야 하는 신앙의 본질적 내용입니다. 이어서 15절 이하는 이런 말씀으로 마칩니다.

> 그리스도의 평강이 너희 마음을 주장하게 하라 너희는 평강을 위하여 한 몸으로 부르심을 받았나니 너희는 또한 감사하는 자가 되라 그리스도의 말씀이 너희 속에 풍성히 거하여 모든 지혜로 피차 가르치며 권면하고 시와 찬송과 신령한 노래를 부르며 감사하는 마음으로 하나님을 찬양하고 또 무엇을 하든지 말에나 일에나 다 주 예수의 이름으로 하고 그를 힘입어 하나님 아버지께 감사하라 (골 3:15-17)

15절에서 17절은 기독교 신앙의 중요한 실천 덕목을 가르치며 신앙의 본질적 내용을 명하는 내용입니다. 특별히 상대와의 관계, 우리가 섬기는 대상과 연결된 요구라는 것을 주의해서 보아야 합니다. 그것은 그리스도의 평강이며, 그리스도의 말씀이며, 주 예수의 이름으로 해야 할 일들입니다.

최선을 다한다는 말이 있습니다. 최선은 자기가 정하는 것입니다. 그리고 오직 결과로 확인하는 것입니다. 최선은 그렇습니다. 최선은 결과를 만들지 못하면 실패로 끝납니다. 그러나 본문 말씀의 비유에서 보듯이 열 므나를 남겼는지, 다섯 므나를 남겼는지에 대해서는 시비가 없습니다. 그들의 충성심을 이야기합니다. 충성하다가 한 므나를 잃어버렸다 한들 주인은 꾸짖지는 않았을 것으로 보입니다. 최선을 다하는 것이 전부가 아니라 우리가 진정 하나님을 사랑하는가 하는 질문 앞에 서 있는 것입니다.

본문 말씀과 골로새서 3장을 연결해 보십시오. 심판이란 다른 것이 아닙니다. 자기의 인생을 예수 앞에서 설명해야 합니다. 단지 무엇을 했는지가 다가 아닙니다. 마지막 심판의 왕이신 예수 앞에서 그를 누구라고 생각했으며 그와의 관계를 어떻게 맺었는가, 그를 위하여 인생을 바쳤는가에 답할 것입니다. 여기서 바치는 것이란 단순히 기능적인 것이 아니라고 서두에서 이야기했습니다. 자신의 가치와 운명에 대한 이해를 우리를 찾아오신 예수 그리스도에 묶고서 우리를 바칠 정도로 기독교 신앙을 지켜 냈는가를 묻는 질문 앞에 서야 합니다.

기쁜 맘으로 주님, 하고 외치며 뛰어나와서 '보시옵소서. 하나 맡기셨는데 열 개를 남겼습니다' 하는 것입니다. 누군가는 부끄럽게 '하나 주셨는데 그만 다 놓치고 말았습니다'라고 하면, '괜찮다 얘야. 거기 열 개 남긴 애, 아홉 개는 재 줘라'라고 하실 것입니다. 주님이라면 그럴 것입니다.

이것이 기독교 신앙입니다. 이것이 우리로 하여금 이 세상을 이기게 하는 것입니다. 규칙, 결과, 공격밖에 없는 이 세상을 상대로 하나님이 다른 아무것도 주시지 않고, '오직 의인은 믿음으로 산다'는 말씀을 주신 그 힘으로 이 세상을 사는 것입니다. 어려움을 당하면 어려움을 당하는 것이 자랑이 됩니다. 자신의 실패가 안타깝지만 그뿐만이 아니라 사랑하는 대상, 경외하는 대상의 영광을 가렸을까 부끄러워하는 마음으로 이 세상을 사는 것입니다. 여기에 이 비유의 가장 중요한 교훈이 있습니다.

우리 모두 자기의 삶을 돌아봐야 합니다. 내 인생을 움직이는 동력과 목적과 가치가 무엇인지 돌아봐야 합니다. 그리고 우리를 기뻐하시고 칭찬하시고 우리에게 더 주려 하시는 주님을 만난 것에 감사해야 할 것입니다. 성공에 목맨 이 착잡한 현실 속에서 충성을 요구하시는 하나님 앞에 우리가 마음 놓고 우리의 인생을 맡길 수 있음을 깨닫는 것이 이 말씀의 핵심입니다. 그렇게 사는 인생에서는 겁날 것이 없습니다. 기독교인이 되면 예수를 믿는다고 고백하고 나서 복을 달라고 요구합니다. 세상을 이길 수 있게 도와 달라고 간구합니다. 하지만 그전에 하나님이 이미 주신 것이 있습니다. 우리가 아직 죄인 되었을 때 하나님이 그 아들을 보내어 우리를 위하여 십자가에 못 박으신 것입니다.

하나님은 주실 수 있는 모든 것보다 더 큰 것을 주셨습니다. 그것이 우리로 하여금 이 세상을 이기게 하지 못한다면 우리는 예수 믿는다는 말의 의미를 전혀 모르는 것입니다. 셋째 종인 것입니다. '당신은 엄한 사람입니다. 당신은 이윤을 남기면 모두 착취할 것이고 손해를 보면 나에게 변상을 요구할 사람입니다.' 주인에 대해 이렇게 이해하는 것입니다.

그러나 앞에 있는 두 종으로 대표됐던 것같이, 하나님은 그런 분이 아니심을 고백할 수 있어야 합니다. '주인님! 어서 오십시오. 왕이 되심을 축하합니다'라고 하기보다는 '주인님! 안 계시는 동안에 기쁘게 주인님을 기다렸습니다. 열심히 맡기신 일을 하며 기다렸습니다. 만나 뵈니 너무나 기쁘고 감사합니다. 보세요. 제가 얼마나 열심히 주를 기다렸는가를 보십시오'라고 해야 할 것입니다.

눈물과 한숨이 이 므나를 대신할 수 있습니다. 남겨야 하는 것이 아닙니다. 성과가 있어야 하는 것도 아닙니다. 오직 주 앞에 묶인 하나님의 자녀 된 간절함과 기쁨과 믿음을 지키고 있다면 그것으로 충분합니다. 그렇게 인생을 사십시오. 가슴을 펴고 고개를 들고 눈에 웃음을 담고 살아가십시오.

기도

하나님 아버지, 은혜를 감사합니다. 하나님이 우리에게 아버지시고 우리를 자녀로 부르신 사실에 대하여 감사합니다. 우리의 인생에 세상이 요구하는 힘을 준 것이 아니라, 남을 이기고 나를 세우는 그 치열한 무기를 준 것이 아니라, 사랑하고 용서할 수 있는 하나님의 은혜와 사랑을 주신 것을 감사드립니다. 이런 신앙 인생을 사는 것이 현실 세계에서 얼마나 어려운지 압니다. 주께서도 심한 눈물과 통곡으로 기도하신 그 자리입니다. 그러나 그것을 하나님이 기뻐하셨습니다. 우리 주님이 그 길을 기쁘게 가신 것처럼, 그리고 그것이 인생 최고의 보상이며 가치인 것을 알게 하신 그대로 우리의 한평생을 주 앞에 순종하고 충성하게 하시옵소서. 사랑과 헌신을 바쳐 인생길을 걸어갈 수 있도록 힘을 주시옵소서. 믿음을 지키게 하여 주시옵소서. 매일의 삶 속에서 주를 기뻐하게 하시옵소서. 예수님 이름으로 기도합니다. 아멘.

46

나귀 새끼를 타고 입성하시다

28 예수께서 이 말씀을 하시고 예루살렘을 향하여 앞서서 가시더라
29 감람원이라 불리는 산쪽에 있는 벳바게와 베다니에 가까이 가셨을
때에 제자 중 둘을 보내시며 30 이르시되 너희는 맞은편 마을로 가라
그리로 들어가면 아직 아무도 타 보지 않은 나귀 새끼가 매여 있는 것
을 보리니 풀어 끌고 오라 31 만일 누가 너희에게 어찌하여 푸느냐 묻
거든 말하기를 주가 쓰시겠다 하라 하시매 32 보내심을 받은 자들이 가
서 그 말씀하신 대로 만난지라 33 나귀 새끼를 풀 때에 그 임자들이 이
르되 어찌하여 나귀 새끼를 푸느냐 34 대답하되 주께서 쓰시겠다 하고
35 그것을 예수께로 끌고 와서 자기들의 겉옷을 나귀 새끼 위에 걸쳐
놓고 예수를 태우니 36 가실 때에 그들이 자기의 겉옷을 길에 펴더라
37 이미 감람 산 내리막길에 가까이 오시매 제자의 온 무리가 자기들
이 본 바 모든 능한 일로 인하여 기뻐하며 큰 소리로 하나님을 찬양하

여 38 이르되 찬송하리로다 주의 이름으로 오시는 왕이여 하늘에는 평화요 가장 높은 곳에는 영광이로다 하니 39 무리 중 어떤 바리새인들이 말하되 선생이여 당신의 제자들을 책망하소서 하거늘 40 대답하여 이르시되 내가 너희에게 말하노니 만일 이 사람들이 침묵하면 돌들이 소리 지르리라 하시니라 41 가까이 오사 성을 보시고 우시며 42 이르시되 너도 오늘 평화에 관한 일을 알았더라면 좋을 뻔하였거니와 지금 네 눈에 숨겨졌도다 43 날이 이를지라 네 원수들이 토둔을 쌓고 너를 둘러 사면으로 가두고 44 또 너와 및 그 가운데 있는 네 자식들을 땅에 메어치며 돌 하나도 돌 위에 남기지 아니하리니 이는 네가 보살핌 받는 날을 알지 못함을 인함이니라 하시니라 (눅 19:28-44)

새끼 나귀를 타고 입성한 예수님

예수님은 3년 반의 공생애 기간에 주로 갈릴리 지방을 중심으로 사역을 하십니다. 그리고 마지막 때에 예루살렘에 올라오셔서 당시의 종교 지도자들에게 본격적인 도전을 던지고 답하시고 잡혀 돌아가시게 됩니다.

예수님이 예루살렘으로 올라오는 일에는 그동안 예수님이 행하신 모든 능력으로 인하여 이제는 해방자로서 권력을 잡는 일이 있을 것이라는 큰 기대가 곁들여져 있었습니다. 본문 말씀에서도 37절 이하에 '이미 감람 산 내리막 길에 가까이 오시매 제자의 온 무리가 자기들이 본 바 모든 능한 일로 인하여 기뻐하며 큰 소리로 하나님을 찬양하여 이르되 찬송하리로다 주의 이름으로 오시는 왕이여 하늘에는 평화요 가장 높은 곳에는 영광이로다'(37-38절) 하고 예수님의 예루살렘 입성을 환호하며 기뻐하고 기대에 찬 찬송을 올립니다. 그러나 우리가 알다시피 예수님은 예루살렘에서 마지막 사역을 하시고 잡혀 죽으실 것입니다.

예수님은 예루살렘 입성이 갖는 의미가 권력으로 일을 마무리하기 위함이 아님을 시작부터 보이십니다. 예수님은 아무도 타 보지 않은 나귀 새끼가 묶여 있을 테니 가지고 오라 해서 나귀 새끼를 타고 오십니다. 구약에 예언된 대로 그는 겸손하여 나귀, 곧 나귀 새끼(슥 9:9)를 탑니다. 예언된 말씀을 그렇게 이루십니다. 정복자는 다 말을 타는 법입니다. 나폴레옹이 그려진 그림이나 알렉산더가 그려진 그림이나 징기스칸의 동상을 보면 다 말을 타고 있습니다. 그런데 예수께서는 나귀 새끼를 타셔서 겸손하게 예루살렘에 입성하십니다.

그의 권세는 의심의 여지가 없는 것입니다. 이 백성의 환호에 대하여 '무리 중 어떤 바리새인들이 말하되 선생이여 당신의 제자들을 책망하소서'(39절)라고 합니다. 즉, 선생님, 제자들의 기대나 선동에 말려들지 마십시오, 라고 한 것입니다. 그러자 예수님은 "대답하여 이르시되 내가 너희에게 말하노니 만일 이 사람들이 침묵하면 돌들이 소리 지르리라 하시니라"(40절) 하십니다. 굉장하지 않습니까? 예수님은 온 우주에 존재하는 모든 것의 주인이십니다. 그들이 잠잠하면 돌들이 소리 지를 것이라고 하십니다. 그런데 나귀 새끼를 타고 들어오시는 것입니다.

복음서를 자세히 보면 예수님은 자기를 밝히는 일에 목숨을 걸지 않으십니다. 당신이 메시아이며 약속된 하나님의 종으로 온 분이며 하나님이 이루시려는 뜻을 이루기 위하여 오신 하나님이심을 하나의 표적으로 나타내시지만, 권세자들 앞에 또 대중에게 자신이 온 우주의 주인이시며 권세자이심을 증명하는 일에 대해서는 때가 찰 때까지 비밀을 요구하십니다. 제자들에게도 자신이 메시아인 것을 아무에게도 알리지 말라고 하십니다.

복음서의 특징은 메시아가 자신의 정체성을 힘으로 증명하지 않고 행동으로 증명하고 있다는 것입니다. 예수님의 공생애 시작부터 그것이 드러납니다. 누가복음 4장을 보면 예수님이 자신을 설명합니다. 4장 16절부터 봅시다.

> 예수께서 그 자라나신 곳 나사렛에 이르사 안식일에 늘 하시던 대로 회당에 들어가사 성경을 읽으려고 서시매 선지자 이사야의 글을 드리거늘 책을 펴서 이렇게 기록된 데를 찾으시니 곧 주의 성령이 내게 임하셨으니 이는 가난한 자에게 복음을 전하게 하시려고 내게 기름을 부으시고 나를 보내사 포로된 자에게 자유를, 눈 먼 자에게 다시 보게 함을 전파하며 눌린 자를 자유롭게 하고 주의 은혜의 해를 전파하게 하려 하심이라 하였더라 (눅 4:16-19)

당신의 정체성과 사역을 구약의 예언을 들어 설명하십니다. 이것은 관념적이지 않습니다. 이상적이지 않습니다. 실제 일어나는 일로 묘사되고 있습니다. 마태복음 11장을 보면, 예수님이 하나님의 약속된 종, 예언의 완성이심이 선명히 증언됩니다.

요한이 옥에서 그리스도께서 하신 일을 듣고 제자들을 보내어 예수께 여짜오되 오실 그이가 당신이오니이까 우리가 다른 이를 기다리오리이까 예수께서 대답하여 이르시되 너희가 가서 듣고 보는 것을 요한에게 알리되 맹인이 보며 못 걷는 사람이 걸으며 나병환자가 깨끗함을 받으며 못 듣는 자가 들으며 죽은 자가 살아나며 가난한 자에게 복음이 전파된다 하라 (마 11:2-5)

로마서 1장에 나오는 복음에 대한 사도 바울의 정의 곧 '복음은 모든 믿는 자에게 구원을 주시는 하나님의 능력이 됨이라'를 기억할 필요가 있습니다. 이것은 추구해야 할 사상이나 깨우쳐야 할 개념이 아니라 실체입니다. 우리가 믿는 바를 우리의 이해를 위하여 정리하고 종합하지만 그것은 실체로부터 나와야 힘이 있는 것입니다. 하나님의 사랑이 육신으로 나타나는 것처럼 말입니다. 시간과 공간 속에서 한 인격을 입고 오신 하나님이 그 일을 행하시는 것으로 하나님 나라가 무엇인지, 하나님이 누구신지를 설명하고 있습니다. 하나님은 겸손한 하나님이십니다. 예수를 믿는 사람들과 신약 시대 교회들이 기억해야 할 부분입니다.

이스라엘은 이 부분에 대하여 겸손하지 않았습니다. 하나님을 모시고 사는 것에 대하여 그들은 자부심과 우월감을 가졌습니다. 아직까지 그러고 있습니다. 그러나 교회가 기억해야 할 신약 시대의 교훈은 분명합니다. 하나님이 그의 모든 백성에게 요구하시는 것은 법도 아니고 개념도 아니고 이상도 아니고 지식도 아니고 오로지 실체로서 주어진 모범입니다. 그것은 예수 그리스도의 성육신과 고난입니다.

제사보다 하나님 알기를 원하심

로마서 12장을 보면 모든 신자에게 요구하는 로마서의 결론이 나옵니다.

> 그러므로 형제들아 내가 하나님의 모든 자비하심으로 너희를 권하노니 너희 몸을 하나님이 기뻐하시는 거룩한 산 제물로 드리라 이는 너희가 드릴 영적 예배니라 (롬 12:1)

여기 나온 '그러므로'를 본문 말씀의 '그러므로'로 삼을 수 있습니다. 예루살렘의 주인이신 분이 예루살렘에 나귀 새끼를 타고 입성하십니다. 그는 겸손하며, 자신의 권세를 모두에게 베풀기 위하여 권력을 잡지 않고 희생하러 오십니다. 이것은 우리에게 한 인격과 존재라는 실체로서 보여 준 증거입니다. 기억해야 할 기독교 신앙의 가장 중요한 본질입니다. 로마서 12장에서는 이렇게 이야기합니다. '너희 몸을 하나님이 기뻐하시는 거룩한 산 제물로 드리라'(롬 12:1). '산 제물'이라는 것은 '삶으로'라는 뜻입니다. 너희의 삶으로 드려라, 말과 고함이 아니고, 설명과 이론이 아니고, 법과 도덕이 아니고, 명분과 권력이 아니고 삶으로 살아라, 예수님이 그리하신 것처럼 나귀 새끼를 타고 다녀라, 라고 하는 것입니다.

우리는 여기에서 걸리게 됩니다. 우리는 기독교가 권력이었으면 싶습니다. 내가 승자였으면 좋겠습니다. 이는 기독교 교회사 내내 교회를 괴롭혀 온 커다란 시험이었습니다. 힘을 가지는 것이 하나님의 권세를 드러내는 것이라고 생각하는 것입니다. 예수님이 자신을, 섬기러 온 종으로 설명하는 것을 교회는 제대로 이해하지 못합니다. 늘 권력의 유혹과 시험 앞에 넘어지고 세상에서 오해받고 수모를 당하고 고통을 당하는 문제에 대해서 늘 분노하곤 했습니다.

우리는 예수를 믿는 이 길에서도 세상에서 풀리지 않는 문제들을 예수 안에서는 풀 수 있지 않을까 하는 기대로 하나님을 만납니다. 그것조차 하나님의 은혜입니다. 우리가 하나님을 하나님으로 알지 못하고, 예수가 누군지를 알고 싶은 것이 아니라 내 문제를 풀기 위하여 돌아다니다가 마지막에 '예수라도' 붙잡아야겠어서 찾아오는 것까지 하나님은 받아 주시는 것입니다. 저 같으면 자존심이 상해서 그렇게 못합니다. 돌고 돌아서 마지막에 도달한 곳이며, 기왕 망한 인생이니 지푸라기라도 잡는 식이기 때문입니다.

우리가 삶에서 이 겸손을 이해하지 못한다면, 예수님이 그의 길을 끝까지 가셨던 것을 이해하지 못한다면 신자의 인생을 살아 낼 방법이 없습니다. 본문 말씀으로 돌아오면 예수님은 섬김으로 예루살렘에 와 죽으실 것입니다. 예루살렘은 41절 이하에서 보듯 곧 망할 것입니다. 곧 망할 권세입니다. 로마에 항거하다가 70년에 정말 돌 하나도 돌 위에 남지 않는 완벽한 멸망을 당합니다. 그렇게 멸망을 당할, 잠시 후면 없어질 그 권세에 의해 하나님의 아들이 죽습니다. 하나님이 그것을 감수하십니다. 그 예루살렘을 위하여 우십니다. 사랑하지 않고는 울 수 없고, 고통을 가지지 않고는 울 수 없고, 책임과 좌절과 슬픔과 분노가 없이는 눈물이 나오지 않습니다.

예수님의 안타까움을 보십니까? 그 안타까움을 눈물로 끝내지 말고 빨리 역전하여 만족스러운 결론으로 변경하고 싶은 것이 우리의 성정인데, 주님은 멸망으로 가는 그 슬픔의 길을 감수하십니다. 자기가 사랑하고 품고 애쓰고 소원하는 일이 좌절되어 우실 뿐입니다. 그리고 그들이 억지를 부려 예수를 죽음으로 내몰고 간 그 멸망의 길에 당신을 내어 줍니다. 이것은 감상적으로 접근할 문제가 아닙니다. 이것만이 신자의 현실에 유일한 신앙적 대응이 된다는 것을 이해해야 합니다.

우리는 세상 속에 던져져 있습니다. 잠시 후면 없어질 세상입니다. 주님이 다시 오시면 없어질 세상이며 우리가 죽으면 끝나는 잠시의 세상입니다. 우리는 죽으면 더 이상 손을 못 댑니다. 세상은 살아 있는 동안밖에 힘을 쓰지 못하는 곳입니다. 잠시 있다가 없어질 권세 속에 우리를 보내어 고통과 좌절과 분노 속에 살게 하십니다. 안타까움 속에 살게 하십니다. 그것을 감수하며 살아서 죽으라는 것입니다. 예수께서 살아가신 삶이 무엇인가를 이해하지 못하면 어려운 길입니다. 예수가 권력으로 자기의 자리를 확보하지 않고 도전과 시험과 억지 속에서 당신의 정체성을 겸손과 희생으로 지켜 내는 인생을 사신 것같이 우리도 살라고 합니다.

세상에서 성공하지 말라는 것도 아니고, 늘 지고 일부러 도망가라는 뜻은 더더욱 아닙니다. 삶의 원칙과 그 내용이 다르다는 것입니다. 우리는 하나님 나라의 통치를 받는 자로 하나님의 뜻을 섬기고 예수께서 가신 길로 갈 것입니다. 보복하지 않으며 이웃의 것을 빼앗아서 채우지 않습니다. 정직하고 성실하게 살며 분내지 않고 억울해하지 않고 울면서라도 우리의 길을 가기로 하는 것입니다. 주께서 그렇게 가셨습니다. 우리의 정체성을 증명할 다른 방법은 제시하지 않으셨습니다.

너희가 예수님의 제자가 되었고 하나님의 백성으로 부름을 받았다면 너희 몸을 하나님이 기뻐하시는 산제사로 드리라는 것입니다. 인생을 살되 우리의 몸뚱이로 현실의 도전 속에서 이 길을 가십시오. 억울함과 오해와 이유 없는 박해를 감수하면서 이 길을 걸으십시오. 그리하여 죽는 자리까지 가십시오. 그것이 무슨 인생이냐고 물을 수 있습니다. 만일 그 뒤를 우리가 확보하고 있지 않다면, 죽음 이후를 확보하고 있지 않다면 고린도전서에서 사도 바울이 말한 바와 같습니다. "만일 부활이 없다면 우리의 믿음이 무슨 소용이 있느냐."

세상이 전부라면 기독교 신앙이 무슨 소용이 있겠습니까? 그러나 이 세상에서의 삶이 전부가 아니라면, 인간이라는 존재가 더 큰 가치를 가지며 더 큰 목적 아래 있는 존재라면 어떻게 하겠습니까? 철없는 아이들의 약점은 오늘밖에 생각하지 못하는 것입니다. '공부하고 놀래? 놀고 공부할래?' '놀고 또 놀 겁니다.' 내일이 있는 것을 이해 못하는 것입니다. 내일을 위하여 오늘을 준비해야 합니다. 내일은 또 다음 내일을 위하여 준비해야 합니다. 놀 수 있는 날은 없습니다. 우리는 압니다. 아이들이 오늘을 준비하지 않으면 그게 평생에 걸쳐서 어떻게 불행이 되고 재앙이 되는지 너무나 잘 압니다.

호세아 6장을 보면 "나는 인애를 원하고 제사를 원하지 아니하며 번제보다 하나님을 아는 것을 원하노라"(6절)라고 합니다. 여기서 안다는 것은 부부 사이처럼 아는 것을 말합니다. 즉 하나인 관계입니다. 상대방이 아프면 내가 더 아프고 상대방이 기쁘면 내가 더 기쁜 관계,

그런 관계를 뜻합니다.

책임과 영광을 아는 신앙

여기서 중요한 것은 이것입니다. "나는 인애를 원하고 제사를 원하지 아니하며 번제보다 하나님을 아는 것을 원하노라." 기독교 신앙은 우리가 필요한 것을 얻기 위하여 하나님 앞에 뭔가를 내놓고 액땜을 하듯이, 부적을 사듯이, 그렇게 상거래를 하는 것일 수 없다, 그러니 성자 하나님이 사신 것처럼 살지 않는다면 우리는 하나님의 사랑을 모르는 것이며 하나님을 사랑하지 않는 것이다, 그것은 기독교 신앙이 아니다, 라고 이야기하는 것입니다. 이 구절은 마태복음 12장에 고스란히 인용됩니다. 이 문제가 어떻게 실천되어야 하는지 나옵니다.

그 때에 예수께서 안식일에 밀밭 사이로 가실새 제자들이 시장하여 이삭을 잘라 먹으니 바리새인들이 보고 예수께 말하되 보시오 당신의 제자들이 안식일에 하지 못할 일을 하나이다 예수께서 이르시되 다윗이 자기와 그 함께 한 자들이 시장할 때에 한 일을 읽지 못하였느냐 그가 하나님의 전에 들어가서 제사장 외에는 자기나 그 함께 한 자들이 먹어서는 안 되는 진설병을 먹지 아니하였느냐 또 안식일에 제사장들이 성전 안에서 안식을 범하여도 죄가 없음을 너희가 율법에서 읽지 못하였느냐 내가 너희에게 이르노니 성전보다 더 큰 이가 여기 있느니라 나는 자비를 원하고 제사를 원하지 아니하노라 하

신 뜻을 너희가 알았더라면 무죄한 자를 정죄하지 아니하였으리라
(마 12:1-7)

무슨 뜻일까요? 예수를 믿으면 아무도 정죄해서는 안 됩니다. 예수를 믿으면 하나님이 누구신지를 아는 자로서 자신과 자신의 삶을 조정해야 합니다. 그는 은혜를 베푸시는 분이며 구원하시는 분이며 용서하시는 분입니다. 잘못 믿으면 예수를 믿는다는 것으로 우리 편과 다른 편을 갈라놓습니다. 복 받을 자와 멸망할 자로 편을 나눕니다. 그것은 하나님 쪽에서 정하는 것입니다. 우리의 믿음이 누구를 정죄해서 가지는 정체성이나 누구를 저주해서 가지는 확인으로 나타난다면 그것은 믿음이라고 할 수 없습니다. 예수를 모르는 것입니다.

정죄하는 데서 끌어안는 데로 갈 수 없다면 신앙생활은 불가능합니다. 신앙이 좋다는 말은 더 분명하고 확실하고 더 높은 데로 가는 것이 아닙니다. 누가 더 품고 누가 더 웃고 누가 더 끌어안을 수 있느냐의 문제로 가는 싸움입니다. 이것을 알지 못하면 신앙생활은 불가능합니다. 우리를 공격하는 자, 우리를 이해 못하는 세상, 예수를 믿는다는 것이 무엇인지를 모르는 자를 위하여 울 수 없으면 그 속을 통과해서 걸어갈 수가 없다는 말입니다.

그러니 생각하십시오. 더 풍성한 마음과 그렁그렁한 마음을 가져야 합니다. 잘 생각하십시오. 우리의 삶은 다만 억울하고 핍박을 받을 뿐이니 잠시 사는 세상, 빨리 살고 죽자고 하면 안 됩니다. 저 원수들, 무식한 것들이라고 하면서 저주와 정죄로 보호막을 갖고 사는 것에 불과하면 안 됩니다. 더 풍성하고 깊고 놀라운 하나님의 마음을 품고

나를 공격하는 자에게 보복하지 않는 단계를 넘어서 울 수 있는 자가 되어야 합니다. 이런 것이 없다면 우리는 이 길을 갈 수 없습니다.

예수님이 예루살렘에 입성하는 모습이야말로 육신으로 보인 참으로 멋진 구체적 실체며 역사적 실체입니다. 신자가 살아야 하는 신앙생활에 대한 실체입니다. 우리의 삶 속에 이 모습이 각인되어 신자의 책임과 영광을 아는 신앙을 갖게 되기를 바랍니다.

기도

하나님 아버지, 은혜를 감사합니다. 하나님의 자녀로 사는 영광과 그 넓이와 깊이와 눈물과 한숨과 명예와 위대함을 압니다. 믿음을 갖게 하옵소서. 사랑하게 하옵소서. 울 수 있게 하옵소서. 인내할 수 있게 하여 주시옵소서. 예수님 이름으로 기도합니다. 아멘.

47

교회의 본질적 정체성은 예배다

1 하루는 예수께서 성전에서 백성을 가르치시며 복음을 전하실새 대제사장들과 서기관들이 장로들과 함께 가까이 와서 2 말하여 이르되 당신이 무슨 권위로 이런 일을 하는지 이 권위를 준 이가 누구인지 우리에게 말하라 3 대답하여 이르시되 나도 한 말을 너희에게 물으리니 내게 말하라 4 요한의 세례가 하늘로부터냐 사람으로부터냐 5 그들이 서로 의논하여 이르되 6 만일 하늘로부터라 하면 어찌하여 그를 믿지 아니하였느냐 할 것이요 만일 사람으로부터라 하면 백성이 요한을 선지자로 인정하니 그들이 다 우리를 돌로 칠 것이라 하고 7 대답하되 어디로부터인지 알지 못하노라 하니 8 예수께서 이르시되 나도 무슨 권위로 이런 일을 하는지 너희에게 이르지 아니하리라 하시니라 (눅 20:1-8)

달아오르는 유대 종교 지도자들의 반대

예수님이 예루살렘에 입성하시고 날마다 성전에 나가 백성을 가르치시는데, 제사장들과 서기관들의 공격을 받게 됩니다. 왜 그럴까요? 회당은 지방에 만들어진 것으로 성전과는 다른, 종교 교육과 또 일반 교육을 위하여 세워진 곳입니다. 회당은 각 지역의 유대인들에게 교육과 문화의 중심지이고 누구나 나와서 말을 할 수 있고 토론을 벌일 수 있는 장소였지만, 성전은 달랐습니다.

예루살렘에 있는 이 성전은 오직 레위 지파와 제사장들에 의하여 그 조직과 사역이 이루어지는 곳으로, 아무나 들어와 무엇을 가르칠 수 있는 곳이 아닙니다. 또 19장 45절 이하에 있는 바와 같이 성전은 예수님이 들어오셔서 정결케 하시고 장사꾼들을 내쫓는 일을 할 수 있는 데가 아닙니다. 그곳은 레위 지파만이 고유한 권한을 미칠 수 있는 곳이었습니다.

또 예수님이 성전에서 가르치시는 것이 그들이 가르치는 것과 상당히 달라서 시비가 붙기 시작합니다. 당신은 누구로부터 이 권위를 받아서 행사하느냐? 하고 권력의 자리에 들어올 수 있는 근거와 자격을 묻자, 예수님은 '나도 하나 물을 것이 있다. 세례 요한의 세례가 무엇을 근거로 한 것이냐, 제 맘대로 한 것이냐, 하나님이 준 것이냐?'라고 하십니다. 그들은 답을 할 수가 없었습니다. 백성 모두가 세례 요한을 선지자라 인정하고 있는데 그들은 세례 요한과 반대편에 서 있기 때문입니다. 그가 자기 마음대로 이야기한 거라고 하면 세례 요한에게 많은 지지를 보내고 있는 백성들과 적대 관계가 되고, 하늘로부터 온 하나님의 권위라고 인정하면 본인들이 반대했던 것이 문제가 됩니다.

거기에 대하여 답할 수 없게 된 것이 예수님의 입장을 분명하게 증언하고 있습니다. "세례 요한이 그랬던 것처럼 나도 이 일을 한다." 너희가 요한을 반대한 것같이 지금 나를 반대하고 있는데, 요한을 반대한 것이 요한을 보낸 하나님을 반대하는 것이듯이 나를 반대하는 것은 나를 보낸 하나님을 반대하는 것인 줄 깨달아라, 이런 대답입니다.

이 성전 안에서 일어나는 싸움은 여태껏 누적되어 왔던 예수의 행적과 가르치심, 그리고 당시 유대 종교 지도자들의 교훈 사이의 차이가 극대화된 결과입니다. 이제 점점 상황이 타협할 수 없는 지점까지 가게 되고 그들의 손에 의하여 마침내 예수님은 죽게 되실 것입니다. 이 지점에서 우리는 바로 예수님의 사역에 대한 더 깊은 이해, 그 사역이 가지는 중심적인 내용을 확인할 수 있게 됩니다.

제사장들은 자기네가 가진 제사 제도, 성전에서의 자기 역할을 권력으로 사용했습니다. 그것이 권위가 되었습니다. 이에 대해 예수님은 성전이 왜 세워졌느냐? 너희는 그 성전을 허락한 하나님의 뜻에 수종 들기 위하여 부름받은 공복인데 왜 너희가, 너희 자신이 권세가 되었는지를 묻고 있습니다.

예수님이 공생애를 시작하기 직전에 광야에서 40일간 금식하시고 사탄의 시험을 받은 것을 우리는 잘 알고 있습니다. 그 시험 중 하나가 이것입니다. 사탄이 그를 지극히 높은 산에 데리고 가서 온 천하 만물을 보여 주면서 말했습니다. "내게 절하면 온 천하 만물을 네게 주리라." 예수님의 답변은 이것이었습니다. "주 너의 하나님을 경배하고 다만 그를 섬길지라.”

예수님은 처음부터 끝까지 권력과 타협하지 않으시고 반대편에 서 있지만, 권력으로 권력을 이기는 정치적, 군사적 행위와는 관심이 없는 내용을 가지고 오셨음을 보입니다. 바로 하나님을 예배하게 하는 것입니다. 하나님을 예배하는 것은 다만 예식을 의미하는 것이 아닙니다. 하나님을 예배한다는 것은 하나님을 만족하는 것이며 하나님의 통치에 대하여 마음 깊이 감사를 표하는 것입니다. 그것은 본문 말씀에 나오는 사건의 배경이 되었던 성전 청결 문제와도 연결되어 있습니다.

누가복음에는 매우 간단하게 기록됐지만, 요한복음에는 예수님이 노하사 장사하는 자들을 다 내어 쫓는 심각한 분위기로 묘사되어 있습니다. 제자들은 그 사건을 가리켜, 시편에 기록된 대로 ‘주의 집을 위하는 열성이 나를 삼키고’(시 69:9)라는 말씀이 예수로 인하여 성취된 것으로 기억하고 있습니다.

이사야 56장에 가면 ‘주의 전을 사모하는 열심이 나를 삼킨다’라고 하는 구절의 의미가 무엇인지, 우리의 이해를 도울 말씀이 나옵니다.

또 여호와와 연합하여 그를 섬기며 여호와의 이름을 사랑하며 그의 종이 되며 안식일을 지켜 더럽히지 아니하며 나의 언약을 굳게 지키는 이방인마다 내가 곧 그들을 나의 성산으로 인도하여 기도하는 내 집에서 그들을 기쁘게 할 것이며 그들의 번제와 희생을 나의 제단에서 기꺼이 받게 되리니 이는 내 집은 만민이 기도하는 집이라 일컬음

이 될 것임이라 (사 56:6-7)

신령과 진정으로 예배하는 자

유대인들은 이방인을 사람 취급도 하지 않았습니다. 자기네만 하나님의 백성이고 이스라엘을 제외한 모든 민족들은 가치 없는 존재라고 여겼습니다. 그러나 이 말씀은 이방인이 하나님의 전에 환영을 받을 것이라는 예언의 말씀입니다. "내 집은 만민이 기도하는 집이라 일컬음이 될 것임이라." 하나님의 약속은 기독교 신앙의 가장 중요한 정체성과 그 본질이 무엇인지를 보여 주는 것입니다.

예수님이 성전을 청결하게 하신 가장 큰 이유는 거기에 잡다한 장사꾼들이 들어와 거룩한 성소를 더럽혀서가 아니라 제도와 예식이 궁극적 권위가 되어 그들이 거기에만 목매달아 성전을 허락한 하나님의 본래의 뜻을 망각한 것에 대한 분노입니다. 성전은 형식을 완벽하게 취하고 권위로 인정을 받아야 하는 것이 아니라, '내 집은 만민이 기도하는 집이라'라는 말씀에서 내포하고 있듯이, 긍휼과 자비와 은혜가 필요한 자들은 누구나 올 수 있는 집이라는 본래의 의미가, 그 종사자들 때문에 훼방받고 있는 것에 대한 예수님의 분노인 것입니다.

당신은 무슨 권위로 이런 일을 하십니까, 라는 질문에 대한 예수님의 답은, 성전 청결에서 잘 나타났듯이 "내 아버지께서 내 집에 만민이 자유로이 들어와 기도할 수 있는 집이 되기를 원하기 때문에 내가 모든 장애물을 제거하노라! 그 이상의 권위가 어디 있단 말이냐?"라는 의미로 읽을 수 있습니다. 우리에게 확인된 예수로 말미암은 모든 인류에게 허락된 구원, 모든 사람에게 허락될 하나님의 아버지 되심이라는 면에서 교회는 바로 이 정체성을 이어받아야 합니다.

요한복음 4장을 보면 교회에 대한 성경적 정체성을 설명한 내용이 나옵니다. 요한복음 4장은 예수님이 수가라는 동네에서 한 여인을 만난 이야기입니다.

> 여자가 이르되 주여 내가 보니 선지자로소이다 우리 조상들은 이 산에서 예배하였는데 당신들의 말은 예배할 곳이 예루살렘에 있다 하더이다 예수께서 이르시되 여자여 내 말을 믿으라 이 산에서도 말고 예루살렘에서도 말고 너희가 아버지께 예배할 때가 이르리라 너희는 알지 못하는 것을 예배하고 우리는 아는 것을 예배하노니 이는 구원이 유대인에게서 남이라 아버지께 참되게 예배하는 자들은 영과 진리로 예배할 때가 오나니 곧 이 때라 아버지께서는 자기에게 이렇게 예배하는 자들을 찾으시느니라 하나님은 영이시니 예배하는 자가 영과 진리로 예배할지니라 (요 4:19-24)

이 사건에서 핵심은 무엇입니까? 이스라엘이 남북으로 나뉘자 예루살렘이 남 왕조 유다의 지경에 속하게 되었습니다. 북 왕조 이스라엘은 열두 지파 중에 열 지파가 연합한 나라지만 불행히도 성전을 소유할 수 없게 되었습니다. 이스라엘 백성은 해마다 절기가 되면 성전에 올라가야 하는데 그 성전에 올라가는 길이 불가능하게 되었고, 남쪽 예루살렘으로 가는 길을 허락하면 북 왕조 이스라엘의 정체성이 흔들리게 되니 북 왕조 이스라엘은 여러 곳에 산당을 세웁니다. 성전을 대신할 예배 처소를 여러 곳에 만들었는데 그것이 화근이 되어 그곳들이 나중에 우상을 섬기는 처소가 되고 급격하게 부패하게 됩니다. 그래서 북 왕조 이스라엘에서는 이 여인이 묻는 것같이 '우리 조상들은 이 산에서 예배를 드리라고 했고, 유대인들은 예루살렘에 가서 예배를 해야 한다고 하는데, 어디가 맞는 것입니까?'라는 물음이 있었습니다.

예수께서 이르시되 여자여 내 말을 믿으라, 이 산에서도 말고 예루살렘에서도 말고 너희가 아버지께 예배할 때가 이르리라, 아버지께서 신령과 진정으로 예배하는 자를 찾으시는 때가 온다, 예수 그리스도가 성전이 되시는 때가 올 것이다, 예식과 권위와 자격을 갖추는 성전이 아니라 아버지로부터 먼저 허락된 은혜와 용서와 찾아오심으로 너희가 열린 길로 들어가는 은혜의 때가 온다, 내가 그 주인공이니라, 이 말씀을 주신 것입니다.

교회의 가장 중요한 본질적 정체성은 예배하는 것입니다. 예수를 믿고 예수를 보낸 하나님 아버지를 믿는 것입니다. 그런데 교회에서 문제가 생기면 하나님을 믿을 것인가, 다른 신을 믿을 것인가 하는 싸움이 아니라, 다른 부차적인 문제로 싸워서 예배를 방해합니다. 한국 교회가 경험한 사건입니다. 교회 안에 싸움이 일어날 때, 한쪽이 기도하면 한쪽이 찬송 부르고 한쪽이 설교하면 한쪽이 꽹과리 치면서 예배를 방해했습니다.

교회 안에 갈등과 적대 행위가 있을지라도 다 같이 예배드립시다, 하면 다 같이 예배드려야 하는 것입니다. 설교하는 자가 공격하면 안 되고 기도하는 자가 저주하면 안 되는 것입니다. 예배는 같이 드리고 그다음에 싸워야 합니다. 그러나 싸우면 예배가 깨지곤 합니다.

예배드리러 온 사람 모두가 하나님 앞에 은혜를 받고자 나온 사람다운 표정을 지어야 한다는 말입니다. 하나님을 예배하는 것이 교회의 본질적 정체성이라는 것은 교회에서 가장 중요한 분위기에 대한 이해와 연결됩니다. 교회는 공포와 조건이 없는 곳이어야 합니다. 공포와 조건이 없는 곳이라면 어깨에 힘을 빼고 얼굴을 누그러뜨려야 합니다. 절박한 문제로 수심에 젖어 있는 것은 괜찮습니다. 그러나 그 갈급한 심령이 열등감이나 소외감이나 배척을 받는 기분 때문이라면 모두가 놀라야 합니다. 그것은 교회가 아닙니다.

교회에 오면 여기만은 무섭지 않은 곳, 여기만은 남이 깔보지 않는 곳이라는 넉넉함이 있어야 합니다. 주일 학교가 좋은 점은 학교와 다르다는 데에 있습니다. 학교는 성적순이지만 교회는 그렇지 않아서 너무 고맙습니다. 공부 못한 사람의 고백입니다.

교회의 영광을 회복하는 길

세상과 교회를 구별 짓는 가장 큰 특징은 교회에 오면 안심이 된다는 것이어야 합니다. 무질서를 허락한다는 이야기가 아닙니다. 우리는 이것을 놓치고 있습니다. 예배란 이해관계나 위선으로 대체할 수 없습니다. 예배는 거래될 수 없고 거짓으로 할 수 없는 것입니다. 이것은 가장 쉬워 보이면서 핵심이 되는 어려운 요구입니다.

하나님을 하나님으로 인정하고 섬기지 않는 한 예배는 불가능합니다. 우리가 사회에서 사람에게 만족하건 불만족하건 간에 질서에 따라 신분과 지위와 조직을 유지해야 하는 것과는 다릅니다. 예배는 강요할 수 없습니다. 사회에서의 지위와 권력과는 다른 것입니다. 하나님에 대한 예배가 무엇인지를 모른다면, 그것을 표현할 수 없고 누릴 수 없다면, 교회는 망하는 것입니다. 아무리 잘 가르쳐도 헛된 것입니다.

하나님을 만나고 그 앞에 죄를 고백하고 용서를 구하고 소원을 아뢰고 응답받을 수 있다는 것은 놀라운 일입니다. 누가 이런 이야기를 한 적이 있습니다. '하나님은 간절히 구하고 구하고 구하면 응답하신다.' 강조가 '간절히'에 있습니다. 얼마나 간절하면 응답을 받겠습니까. 사실, 간절히 기도하면 하나님이 응답하신다는 말은 쓸데없는 응답이더라도 간절히 요구하면 주신다, 이런 뜻입니다. 하나님은 우리의 아픔과 간절함에 냉담하지 않으신다, 하잘것없는 기도에도 관심을 두시는 하나님이시다, 이것이 간절한 기도에 응답하신다는 뜻입니다. 방법론을 말하는 것이 아닙니다. 본문 말씀은 바로 이런 의미입니다.

'간절히'가 권위가 되고 이유가 되고 수단이 되는 것이 아니라, 그런 모든 것도 소홀히하지 않으시는 하나님의 넓이와 깊이와 자비와 사랑을 확인하는 것으로 예수님의 행위를 기억해야 합니다. 교회는 세상과 구별된다는 차원에서 세상이 지향하는 권력을 만드는 일에 관심이 없어야 합니다. 예수님이 그러셨기 때문입니다.

교회는 물론 영향력을 가집니다. 영향력과 권력은 어떻게 다릅니까? 권력은 강제력을 말하고 영향력은 자발적 항복을 요구하는 것입니다. 자발적 항복은 어디서 나옵니까? 내용으로 충분한 것에서 나옵니다. 예수를 믿는 것이 삶의 모든 도전 앞에 충분하지 않으면 우리는 영향력을 가질 수가 없습니다. 에베소서 5장에서는 이 내용을 이런 식으로 결론을 짓습니다. "술 취하지 말라 이는 방탕한 것 이니 오직 성령으로 충만함을 받으라"(엡 5:18). 성령 충만 다음은 무엇인지 봅시다.

> 시와 찬송과 신령한 노래들로 서로 화답하며 너희의 마음으로 주께 노래하며 찬송하며 범사에 우리 주 예수 그리스도의 이름으로 항상 아버지 하나님께 감사하며 그리스도를 경외함으로 피차 복종하라
> (엡 5:19-21)

찬송과 감사는 강요한다고 나오는 것이 아닙니다. 예수를 믿는다는 것으로 세상을 이겨 내지 않고는 찬송이 나올 수 없습니다. 예수를 믿는 것으로 세상을 이겨 내고 나면, 그때야 비로소 우리는 우리가 가진 것이 세상 권력과 다르다는 것을 알고 사람과 사람과의 관계에서 더 이상 강제력을 가지려는 마음을 버리게 됩니다. '피차 복종하라'가 비로소 실현될 수 있습니다.

설교는 강요하는 것이 아닙니다. 사실을 증언하는 것입니다. 각자가 진짜인가 아닌가, 확인해 봐야 합니다. 그러지 않고 나와서 무슨 신통한 답이 있을까, 오늘은 복권 번호라도 불러 줄까, 하는 기분으로 앉아 있는 것은 헛수고입니다. 하나님을 예배하는 시간에 참여한 기본적인 이유를 놓치는 것입니다. 하나님을 바르게 예배할 때 얼마든지 들으시고 답하시고 안아 주시는 하나님이심을 확인해야 합니다.

예배할 수 있는 자라는 사실이 가지는 힘을 실생활 속에서 실천하지 않으면 그것은 바른 종교적 실천이 아닙니다. 삶과 가치와 영혼에 대한 진지한 싸움을 해 보지 않으면 하나님이 우리의 예배를 원하신다는 말이 가지는 능력과 축복을 확인할 다른 길이 없습니다.

예배가 가지는 기본적 특권에 대하여 기억하고 그 능력을 삶에서 실천하여 스스로의 삶을 하나님의 자녀라는 이름으로 사는 찬송으로 바꿔 내십시오. 그래야 교회는 그 영광을 회복할 수 있습니다.

기도

하나님 아버지, 은혜를 감사합니다. 우리가 하나님 앞에 부름받아 하나님을 찬송하며 경배하며 예배하도록 허락받았으니 이 세상 그 무엇이 하나님을 예배하고 아버지로 부르는 백성을 방해할 수 있으리이까. 우리 삶의 곤고함은 하나님의 백성으로 사는 법을 모르는 탓입니다. 다만 안일과 형통을 요구하는 욕심 많은 자리에서 내려와 하나님의 자녀로 이 세상을 사는 진정한 신자 된 위엄과 명예를 회복하여 고난과 억울함에도 불구하고 하나님의 자녀라는 이름에 걸맞은 존재로 살게 된 우리의 정체성을 드러내게 하사 이 어두운 세상에 한 줄기 빛이 되는 기쁨을 누리게 하옵소서. 예수님 이름으로 기도합니다. 아멘.

48

포도원을 포기하지 않으시는 하나님

9 그가 또 이 비유로 백성에게 말씀하시기 시작하시니라 한 사람이 포도원을 만들어 농부들에게 세로 주고 타국에 가서 오래 있다가 10 때가 이르매 포도원 소출 얼마를 바치게 하려고 한 종을 농부들에게 보내니 농부들이 종을 몹시 때리고 거저 보내었거늘 11 다시 다른 종을 보내니 그도 몹시 때리고 능욕하고 거저 보내었거늘 12 다시 세 번째 종을 보내니 이 종도 상하게 하고 내쫓은지라 13 포도원 주인이 이르되 어찌할까 내 사랑하는 아들을 보내리니 그들이 혹 그는 존대하리라 하였더니 14 농부들이 그를 보고 서로 의논하여 이르되 이는 상속자니 죽이고 그 유산을 우리의 것으로 만들자 하고 15 포도원 밖에 내쫓아 죽였느니라 그런즉 포도원 주인이 이 사람들을 어떻게 하겠느냐 16 와서 그 농부들을 진멸하고 포도원을 다른 사람들에게 주리라 하시니 사람들이 듣고 이르되 그렇게 되지 말아지이다 하거늘 17 그들을 보시

며 이르시되 그러면 기록된 바 건축자들의 버린 돌이 모퉁이의 머릿돌이 되었느니라 함이 어찜이냐 18 무릇 이 돌 위에 떨어지는 자는 깨어지겠고 이 돌이 사람 위에 떨어지면 그를 가루로 만들어 흩으리라 하시니라 (눅 20:9-18)

포도원 심판이 갖는 의미의 중첩

예수님이 하신 비유입니다. 비유의 내용은 분명하고 단순합니다. 포도원 주인이 농부들에게 포도원을 맡기고 떠났습니다. 때가 되어 소출을 받으러 종들을 보냈더니 농부들이 그 종들을 능욕하고 빈손으로 돌려보냈습니다. 세 번을 그리하고도 마땅한 소출을 바치지 않자 마지막에 아들을 보내었는데, 이 미련한 농부들은 주인에게 마땅히 바쳐야 할 충성과 소득을 바치지 않고 오히려 포도원을 가지려고 그 아들마저 죽여 버렸습니다. 주인이 와서 당연히 그 농부들을 진멸하고 포도원을 다른 농부들에게 주게 되었다는 비유입니다.

16절 하반절을 보면 '사람들이 듣고 이르되 그렇게 되지 말아지이다 하거늘'이라고 비유에 대하여 금방 반응하는 말이 나오자, 예수님이 그 말씀을 들으시고 건축자들의 버린 돌이 모퉁이의 머릿돌이 되었느니라 함이 어찜이냐, 왜 성경에 이런 예언이 있겠느냐, 너희가 결국 그 아들을 잡아 죽이고 진멸당할 백성들이며 실패자들이며 배반자들이 아니냐, 라고 성경의 예언을 제시하고 있습니다. 예수님 당신이 심판의 주인이심을, 그리고 심판의 한 기준이 되심을 말씀하시고,

나는 하나님이 지으시는 건물의 머릿돌이지만 나를 믿지 않는 자들에게는 심판의 돌이 될 것이라고 말씀하셔서 그들의 행위와 예수님에 대한 반응에 대하여 깊이 경고하십니다.

이 비유에서는 대상이 농부들이고 포도원은 이스라엘 백성을 자주 의미했으므로 포도원지기란, 이스라엘의 지도자들을 가리키는 것이 분명합니다. 그런데 나중에 보면 이 농부들만 바꾼 것이 아니라 이스라엘 전체를 교회로 넘겨 버렸습니다. 하나님의 백성이던 이스라엘을 버리고 이제 이방 교회를 하나님의 포도원으로 삼았습니다. 그래서 여기 나오는 포도원과 농부의 비유는 포도원과 분리된 지도자들의 책임만을 다루는 것이 아니라 포도원 자체를 다루고 있다는 것을 기억해야 합니다. 그렇게 말할 수 있는 이유를 먼저 이사야 5장 1절 이하에서 찾아봅시다.

나는 내가 사랑하는 자를 위하여 노래하되 내가 사랑하는 자의 포도원을 노래하리라 내가 사랑하는 자에게 포도원이 있음이여 심히 기름진 산에로다 땅을 파서 돌을 제하고 극상품 포도나무를 심었도다 그 중에 망대를 세웠고 또 그 안에 술틀을 팠도다 좋은 포도 맺기를 바랐더니 들포도를 맺었도다 예루살렘 주민과 유다 사람들아 구하노니 이제 나와 내 포도원 사이에서 사리를 판단하라 (사 5:1-3)

1절에서 '나'는 이사야 선지자고 '내가 사랑하는 자'는 여호와 하나님입니다. 지금 이사야는 여호와 하나님의 포도원을 노래하고 있습니다. 그리고 3절의 '나'는 1절의 '내가 사랑하는 자'로 묘사됐던 여호와 하나님입니다. 4절부터 계속 읽겠습니다.

> 내가 내 포도원을 위하여 행한 것 외에 무엇을 더할 것이 있으랴 내가 좋은 포도 맺기를 기다렸거늘 들포도를 맺음은 어찌 됨인고 이제 내가 내 포도원에 어떻게 행할지를 너희에게 이르리라 내가 그 울타리를 걷어 먹힘을 당하게 하며 그 담을 헐어 짓밟히게 할 것이요 내가 그것을 황폐하게 하리니 다시는 가지를 자름이나 북을 돋우지 못하여 찔레와 가시가 날 것이며 내가 또 구름에게 명하여 그 위에 비를 내리지 못하게 하리라 하셨으니 무릇 만군의 여호와의 포도원은 이스라엘 족속이요 그가 기뻐하시는 나무는 유다 사람이라 그들에게 정의를 바라셨더니 도리어 포학이요 그들에게 공의를 바라셨더니 도리어 부르짖음이었도다 (사 5:4-7)

이 말씀에 따르면, 공의를 바랐으나 공의가 시행되지 않아 불의의 피해를 본 사람들의 비명만 들렸다, 이런 뜻입니다. 여기에는 분명히 이스라엘 전체를 향한 하나님의 심판에 관한 예언이 분명하게 드러나고 있습니다. 이스라엘은 하나님의 백성 노릇을 하는 일에 실패했습니다. 그리고 우리가 예수님 사건에서 보다시피 예수님을 반대하는 데에 앞장선 것은 지도자들이지만 결국은 이스라엘 전체가 반대하여 예수님이 죽으시는 것입니다. 이 포도원을 다른 사람들에게 맡기겠다고 함으로써 포도원은 그대로 있고 지도자들이 바뀌는 것이 아니라 포도원 자체가 바뀌는 것입니다. 이스라엘로 대표됐던 하나님의 백성이 신약에서는 교회가 되는 것입니다.

그런데 여기서 왜 하필 농부들을 앞세워 지도자들의 잘못을 지적하고 포도원을 다른 농부에게 넘기는 것이 되었을까요? 이스라엘 백성이 하나님의 백성으로서 포도원인 동시에 자신들이 농부이기 때문입니다. 그들은 제사장 직분을 가지고 있는 하나님의 백성입니다. 출애굽기 19장에도 나오고 구약 전체에도 나오는 사상이며 아브라함에게 한 약속입니다.

내가 너로 큰 민족을 이루고 네게 복을 주어 네 이름을 창대하게 하리니 너는 복이 될지라 너를 축복하는 자에게는 내가 복을 내리고 너를 저주하는 자에게는 내가 저주하리니 땅의 모든 족속이 너로 말미암아 복을 얻을 것이니라 하신지라 (창 12:2-3)

그러나 이스라엘 백성은 제사장직을 소홀히 했습니다. 자신들만이 하나님의 포도원이고 이방은 그렇지 않다고 생각했습니다. 배타적 우월감 속에 있었습니다. 그들은 포도원이 되는 일뿐만 아니라, 자기로부터 시작하여 모든 족속이 받을 복을 확장하는 일도 게을리 했습니다.

포도원을 포기하지 않으시는 하나님

로마서 11장에 가면 지금 이야기한 이 문제들, 포도원 자체가 이방에 넘어간 문제를 이렇게 가르칩니다.

너희가 전에는 하나님께 순종하지 아니하더니 이스라엘이 순종하
지 아니함으로 이제 긍휼을 입었는지라 이와 같이 이 사람들이 순
종하지 아니하니 이는 너희에게 베푸시는 긍휼로 이제 그들도 긍휼
을 얻게 하려 하심이라 하나님이 모든 사람을 순종하지 아니하는
가운데 가두어 두심은 모든 사람에게 긍휼을 베풀려 하심이로다
(롬 11:30-32)

30절에서 보다시피 이스라엘의 실패로 인하여 포도원이 이방에 넘어
갔다고 합니다. 더 분명하게 하자면 이스라엘이 포도원이었는데 이제
는 이방이 포도원이 됐다, 이렇게 말한 셈입니다. 31절에서 보듯이 이
스라엘이 순종하지 않아서 하나님의 백성이 되는 권리가 이방으로 넘
어갔습니다. 그리고 32절에 따르면 하나님은 순종하지 않은 이방에게
구원을 넘겨준 것 같은 은혜로 순종하지 않는 이스라엘도 구원하여
양쪽을 다 은혜로 구원할 것이라고 말씀하십니다.

그럼 이스라엘은 어떻게 되는 것이냐는 질문이 나옵니다. 이스라
엘은 구원을 받습니다. 이스라엘은 원래 제사장으로 부름을 받았습니
다. 하나님의 백성으로 선택되지만 그것은 온 인류와 민족들 속에 유
일한 하나님의 백성이 아니라, 전 인류를 향한 하나님의 구원을 위한
제사장으로 부름을 받은 것입니다. 그들이 먼저 하나님의 백성이 되
었는데, 이는 그들의 제사장 직분으로 인하여 모든 인류가 하나님을
믿도록 하나님의 부름을 받는 종들로 세움받았기 때문입니다.

그러나 이스라엘은 실패합니다. 이스라엘이 자기네 신앙에 승리하
고 그것을 성공적으로 이행하되 제사장 노릇을 제대로 해야 넘어갈

이방의 구원이 이스라엘의 실패로 넘어갈 수 없게 된 셈입니다. 그런데 하나님은 우리가 이해할 수 없는 일을 하십니다. 거룩한 억지입니다. 이해할 수 없다고 말하는 것은 우리에게는 논리적으로 맞지 않기 때문입니다. 이스라엘이 하나님의 백성이 되기를 거부했기 때문에 이방에게 하나님의 백성이 될 기회를 줬다고 이야기합니다.

이스라엘이 성공해서 그들의 제사장 직분이 제대로 수행되어야 이뤄질 이방의 구원이 이스라엘이 실패함으로 무산되었습니다. 이스라엘의 실패는 이스라엘만의 실패가 아니라 이방을 구원해야 하는 제사장 직분의 실패까지 동반하고 있기 때문에 논리적으로 말하면 이방인의 구원도 무산되어야 맞습니다. 그런데 이스라엘이 실패하자 하나님은 너희가 내 말을 듣지 아니함으로 이방으로 내 백성을 삼겠다, 라고 하셨습니다.

여기서 중요한 사실은 하나님은 하나님의 백성을 만들겠다는 뜻을 결단코 포기하지 않으신다는 것입니다. 이스라엘의 실패로 이스라엘을 버리고 마는 것이 아니라 이스라엘이 실패함으로 이방에 구원을 줌으로써 하나님은 당신이 원래 인류를 구원하기로 한 처음 뜻, 그 초지(初志)를 일관(一貫)하고 계시다는 것입니다. 이것은 매우 중요한 문제입니다.

그러면 이방은 어떻게 구원을 얻었을까요? 그 구원은 제사장인 이스라엘이 성공적으로 제사장 직분을 수행해야만 결과될 수 있었던 것이기 때문에 이방이 구원을 얻은 것은 순전히 은혜입니다. 조건과 이유가 없습니다. 그러니 이와 같은 방식으로 이스라엘도 결국 구원하신다는 것입니다. 이것이 사도 바울의 논리입니다. 굉장히 은혜로운 부분인데, 우리에게는 자격과 조건이 있는 편이 더 좋아 보입니다. 그래서는 안 됩니다.

이렇게 하나님은 당신의 백성을 만드시고야 맙니다. 우리가 즐겨 쓰는 표현대로 구원을 이루시는 하나님의 뜻은 굽혀지거나 포기될 성질의 것이 아닙니다. 이것이 이 문제에서 가장 중요한 내용입니다. 이처럼 이스라엘이 가졌던 제사장 직분이 이제 교회로 넘어왔습니다. 그런데 이 비유에 의하면 이 일이 일어나는 과정 속에서 포도원 주인은 종을 보내고 또 보내고 또 보냅니다. 그것은 구약 역사에서 얼마든지 보는 바로, 하나님이 선지자들을 보내시는 데서 확인이 되고 또 이스라엘 백성은 그 선지자들을 대부분 박해했습니다. 많은 선지자들이 죽어 나갔습니다. 그리고 마지막에 하나님이 아들을 보냅니다. 지금 예수님이 그 이야기를 하시는 것입니다.

이 비유에서 아들이 죽습니다. 그래서 주인이 돌아와 그들을 심판합니다. 예수님도 죽으실 겁니다. 그래서 아버지께서 와서 심판하는 것이 기독교일까요? 그렇지 않습니다. 아들을 죽이는 것은 사실이지만, 그 아들은 바로 자기를 죽이는 자들을 구원하기 위하여 죽으러 오신 분입니다. 무지한 자들, 하나님을 배반하는 자들에 의하여 희생되지만 아버지께서는 그들을 구원하기 위하여 그 아들을 칼에 찔려 죽도록 내어 주십니다.

예수를 죽인 자들은 다 심판받고 그것을 보고 깨달은 이방이 구원을 얻은 것이 아니라, 예수를 죽이는 모든 자가 구원을 받습니다. 이방은 예수를 죽이지 않았다고 항변하려 하겠지만, 로마서 5장 8절에 있는 바와 같이 우리가 아직 죄인 되었을 때에 그리스도께서 우리를 위하여 죽으십니다. '우리가 아직 죄인 되었을 때'라는 것은 우리 모두가 예수에게 칼을 꽂는 자리에 있었을 때 예수께서 죽으셨다는 것입니다.

그의 구원은 그를 찌른 자들을 위한 구원입니다. 본문 말씀의 비유에서는 아들이 죽고 아버지가 심판하러 오시는 것으로 되어 있습니다. 사실은 자기를 찌른 자들을 구원하기 위하여 온 메시아로서 이 비유를 베풀고 있습니다. 무슨 뜻입니까? 앞에서 잠깐 이야기한 것같이 포도원을 포기하지 않는 하나님, 구원을 포기하지 않는 하나님, 우리의 못난 것으로 인하여 당신의 은혜와 목적을 타협하지 않는 하나님이 이 일을 위하여 그의 의지를 어디까지 관철하신 것입니까? 그 아들을 희생하는 방법까지 동원하였습니다. 이사야 9장을 봅시다.

전에 고통 받던 자들에게는 흑암이 없으리로다 옛적에는 여호와께서 스불론 땅과 납달리 땅이 멸시를 당하게 하셨더니 후에는 해변 길과 요단 저쪽 이방의 갈릴리를 영화롭게 하셨느니라 흑암에 행하던 백성이 큰 빛을 보고 사망의 그늘진 땅에 거주하던 자에게 빛이 비치도다 주께서 이 나라를 창성하게 하시며 그 즐거움을 더하게 하셨으므로 추수하는 즐거움과 탈취물을 나눌 때의 즐거움 같이 그들이 주 앞에서 즐거워하오니 이는 그들이 무겁게 멘 멍에와 그들의 어깨의 채찍과 그 압제자의 막대기를 주께서 꺾으시되 미디안의 날과 같이 하셨음이니이다 어지러이 싸우는 군인들의 신과 피 묻은 겉옷이 불에 섶 같이 살라지리니 이는 한 아기가 우리에게 났고 한 아들을 우리에게 주신 바 되었는데 그의 어깨에는 정사를 메었고 그의 이름은

기묘자라, 모사라, 전능하신 하나님이라, 영존하시는 아버지라, 평강
의 왕이라 할 것임이라 그 정사와 평강의 더함이 무궁하며 또 다윗
의 왕좌와 그의 나라에 군림하여 그 나라를 굳게 세우고 지금 이후
로 영원히 정의와 공의로 그것을 보존하실 것이라 만군의 여호와의
열심이 이를 이루시리라 (사 9:1-7)

여기서 전쟁이 필요 없다는 것은 잘못하는 것을 힘으로 꺾어야 하며
또 죄악으로 인하여 살육과 범죄가 일어나는 모든 것을 종식하는 공의
와 정의의 승리를 말합니다. 아들을 보내어 그것을 이루실 것입니다.

　비유에서는 아들을 죽인 못된 농부들에 초점이 가 있지만, 예수님
은 예루살렘 성에 들어오셔서 잡히시기 직전에 매일 같이 성전에 올
라가 당신의 사역과 당신이 누구이신가를 계속 가르치십니다. 그는
우리를 구원하러 오신 하나님의 아들입니다. 모두가 그를 알아보지
못하고 심지어 그를 죽이고 능욕하지만 그는 자기를 찌르는 자와 자
기를 배신하는 자와 자기를 몰아내는 자들을 위하여 죽으실 것입니
다. 그가 죽음으로 그를 죽이는 자들을 살리실 것입니다. 하나님의 열
심이 이를 이루실 것입니다. 이렇게 두 번이나 이 비유 속에서 하나님
의 의지를 보는 것입니다.

　그리하여 예수께서는 자기를 죽인 자들을 살려 내기 위하여 죽는
자리에 들어가십니다. 생각해 보십시오. '아버지 저들을 사하여 주옵
소서 자기들이 하는 것을 알지 못함이니이다.' '저들' 속에 온 인류가
다 들어가 있다는 사실을 알아야 합니다.

제사장 직분과 천국 열쇠

이제 예수 그리스도로 말미암아 허락된 구원을 예수를 찌른 자들이, 예수를 죽인 자들이 받게 됩니다. 그래서 이 일을 이스라엘이 아니라 교회에 맡기십니다. 마태복음 16장입니다.

> 시몬 베드로가 대답하여 이르되 주는 그리스도시요 살아 계신 하나님의 아들이시니이다 예수께서 대답하여 이르시되 바요나 시몬아 네가 복이 있도다 이를 네게 알게 한 이는 혈육이 아니요 하늘에 계신 내 아버지시니라 또 내가 네게 이르노니 너는 베드로라 내가 이 반석 위에 내 교회를 세우리니 음부의 권세가 이기지 못하리라 내가 천국 열쇠를 네게 주리니 네가 땅에서 무엇이든지 매면 하늘에서도 매일 것이요 네가 땅에서 무엇이든지 풀면 하늘에서도 풀리리라 하시고 (마 16:16-19)

교회에 이것이 주어집니다. 이스라엘에게도 주어졌던 제사장 직분입니다. 이스라엘은 제대로 깨닫지 못했던 교회의 열쇠, 곧 예수 그리스도입니다. 예수 그리스도는 이스라엘에게 분명히 설명이 안 됐지만 아버지의 뜻이 무엇인지가 예수의 죽으심으로 더 분명히 나타나자 교회는 이스라엘보다 더 분명하게 자신의 제사장직을 이해할 수 있게 되었습니다.

동일한 하나님이 이스라엘에게 제사와 율법을 주셨고, 교회에 십자가를 주셔서 동일한 일을 하고 계시는 것입니다. 우리가 좀 더 분명한 이해를 갖고 있는 것만이 이스라엘보다 앞선 것이라고 이야기할 수 있습니다. 우리는 매면 매이고 풀면 풀리는 제사장직을 받습니다. 예수는 주 그리스도, 살아 계신 하나님의 아들이십니다. 이어서 20절을 봅시다.

이에 제자들에게 경고하사 자기가 그리스도인 것을 아무에게도 이르지 말라 하시니라 이 때로부터 예수 그리스도께서 자기가 예루살렘에 올라가 장로들과 대제사장들과 서기관들에게 많은 고난을 받고 죽임을 당하고 제삼일에 살아나야 할 것을 제자들에게 비로소 나타내시니 베드로가 예수를 붙들고 항변하여 이르되 주여 그리 마옵소서 이 일이 결코 주께 미치지 아니하리이다 예수께서 돌이키시며 베드로에게 이르시되 사탄아 내 뒤로 물러 가라 너는 나를 넘어지게 하는 자로다 네가 하나님의 일을 생각하지 아니하고 도리어 사람의 일을 생각하는도다 하시고 이에 예수께서 제자들에게 이르시되 누구든지 나를 따라오려거든 자기를 부인하고 자기 십자가를 지고 나를 따를 것이니라 (마 16:20-24)

이스라엘이 실패했던 제사장직, 교회에 넘어온 제사장직, 그리고 그 제사장직을 우리에게 분명하게 이해시키는 예수 그리스도의 수난과 부활, 여기서 우리는 교회에 대하여 그리고 우리 개개인의 제사장직에 대해서 분명히 알게 됩니다. 그것은 당하는 것입니다. 예수 그리스도께서 자기를 죽이는 자들을 위하여 이 땅에 오신 것처럼, 우리도 우리를 죽이는 자들을 위하여 죽음을 받아들이는 자로 서는 것입니다.

우리가 누군지 몰라서 우리에게 잘못하고 공격하고 몰아대는 자들을 위하여 기꺼이 죽음으로 교회의 노릇을 합니다.

우리가 누군지 아는데 방해하는 이단 공격 때문에 죽는 것이 아니라 예수를 믿는 것이 무엇인지 모르는 자들에 의하여 교회가 공격당하고, 예수를 믿는 것이 무엇인지 몰라서 교회를 공격하는 세상의 풍조, 세상의 어리석음으로 인해 죽습니다. 이렇게 교회를 책임집니다. 이것이 제사장직입니다.

개인으로서도 그렇습니다. 이 세상에서는 누구를 제거해야 내 자리가 생깁니다. 그러나 우리는 반대로 맞아 죽음으로써 상대방을 끌어안는 자로 살아남아야 합니다. 죽어 나가십시오. 이것이 우리가 가진 제사장직입니다. 하루도 못 견딜 것 같습니까? 그렇지 않습니다. 예수님은 33년이나 사셨습니다. 그의 전 생애를 죽는 자로 사셨습니다. 언제 죽는지는 하나님이 정합니다. 그때까지 이 세상을 사는 동안 자기를 부인하고 자기 십자가를 지는 삶을 산다는 것은 종교적 이상과 헌신으로 대체될 수 있는 것이 아니라 실제로 그렇게 살아야 하는 것입니다.

우리는 죽는 자로 삽니다. 내가 죽음을 각오하기 때문에 혹은 죽음을 각오한 겸손 때문에 열매가 맺히는 것이 아닙니다. 우리는 예수가 걸은 길이 우리가 따라야 할 길이고 그 길을 통하여 하나님이 일하신다는 것까지만 압니다. 우리는 우리가 가진 종교적 이상, 내용과 가치를 가지고 한 영혼, 한 인격을 항복시킬 수 없음을 인정해야 합니다. 그것은 하나님만이 하시는 일입니다. 예수가 죽어서야 얻게 되는 구원입니다.

우리가 회개해서 얻은 구원이 아니라 예수가 죽음으로써 얻은 구원입니다. 회개는 그다음의 결과입니다. 그러니 우리도 죽어 나가야 합니다. 젊은이들은 억울하게 됐습니다. 그러나 생각해 보면 보다 일찍 알았어야 하는 문제입니다. 그것은 명예로운 길이며 위대한 길입니다. 그리고 망하지 않습니다. 하나님을 찾을 필요가 없고 죽음을 생각할 필요가 없는 것이 망하는 길입니다. 자기를 부인하고 자기 십자가를 지는 것보다 위대한 것은 없습니다. 강자란 자기를 이기는 사람입니다. 자기는 누구입니까? 자기가 전부인 줄 알고 사는 사람입니다. 자기 스스로 기고만장한 사람입니다.

죽어 나갑시다. 거기에 우리의 진정한 살길이 있고 우리 인생의 가치가 있습니다. 영생으로 연결되는 위대한 인생이 있습니다. 그 복을 누리기 바랍니다.

기도

하나님 아버지, 은혜를 감사합니다. 죽을 수 있으면 가장 강해질 수 있다는 사실을 믿습니다. 우리가 자기를 위하여 살지 않으면 우리를 막을 것은 아무것도 없습니다. 우리는 담대해질 것입니다. 믿음 위에 굳게 설 것입니다. 우리는 기꺼이 주의 십자가를 뒤따를 것입니다. 그리하여 우리와 우리가 사는 이 시대와 우리를 쳐다보는 이웃들 앞에 하나님의 영광을 드러낼 것입니다. 그것은 너도 살고 나도 사는 길이며 하나님의 뜻입니다. 자기를 부인하고 자기 십자가를 지는 그리스도의 죽음을 본받는 길을 걸어 우리 인생을 억울함과 분노와 눈물과 한탄으로 얼룩지게 하지 마시고 충성된 신앙으로 살아 기

적과 감격과 자랑과 기쁨을 맛보는 신자의 생애가 되게 지켜 주시옵소서. 예
수님 이름으로 기도합니다. 아멘.

49

가이사의 것, 하나님의 것

19 서기관들과 대제사장들이 예수의 이 비유는 자기들을 가리켜 말씀하심인 줄 알고 즉시 잡고자 하되 백성을 두려워하더라 20 이에 그들이 엿보다가 예수를 총독의 다스림과 권세 아래에 넘기려 하여 정탐들을 보내어 그들로 스스로 의인인 체하며 예수의 말을 책잡게 하니 21 그들이 물어 이르되 선생님이여 우리가 아노니 당신은 바로 말씀하시고 가르치시며 사람을 외모로 취하지 아니하시고 오직 진리로써 하나님 의도를 가르치시나이다 22 우리가 가이사에게 세를 바치는 것이 옳으니이까 옳지 않으니이까 하니 23 예수께서 그 간계를 아시고 이르시되 24 데나리온 하나를 내게 보이라 누구의 형상과 글이 여기 있느냐 대답하되 가이사의 것이니이다 25 이르시되 그런즉 가이사의 것은 가이사에게, 하나님의 것은 하나님께 바치라 하시니 26 그들이 백성 앞에서 그의 말을 능히 책잡지 못하고 그의 대답을 놀랍게 여겨 침묵하니라 (눅 20:19-26)

하늘과 땅에 대한 궁극적 통치

이제 예수님은 예루살렘에 올라오셔서 잡히시기까지 성전에서 백성들을 가르치십니다. 그 가르침은 당시 유대 종교 지도자들의 가르침과는 사뭇 다릅니다. 그들이 예수를 어떻게 해서든지 책잡아 내치려고 하는 일 중에 본문 말씀에 나온 세금 문제가 있습니다.

당시 이스라엘은 로마의 속국이었고 로마에 세금을 내야 했습니다. 세금 문제에서는 어느 나라나 피지배 국가가 되면 지배하는 국가에 대해서 반감을 갖는 것이 당연한 일이지만 이스라엘 백성에게는 좀 더 독특한 문제가 있었습니다. 그들은 하나님을 궁극적 권위로 알고 있는 백성이기 때문에 로마에 굴복하는 것이 그들의 신앙관이나 세계관으로는 이해가 되지 않았던 것입니다. 실제로도 폭동과 반란이 자주 일어나곤 했습니다.

그래서 이 문제를 예수님 앞에 꺼내 놓아서 예수님이 어느 쪽으로 대답을 해도 잘못되도록 의도한 것입니다. 하나님은 궁극적 권리이며 로마는 현실적 권리가 아닙니까. 어떤 답을 해도 저촉되도록 올무를 던졌는데, 예수님은 기이한 답을 하십니다. 가이사의 것은 가이사에게, 하나님의 것은 하나님에게, 라는 답을 하셨습니다.

이것은 재치 있는 답변이 아니라 궁지를 모면한 지혜 정도가 아니라 깊은 답이라는 것을 기억해야 합니다. 세상 권력과 하나님의 궁극적인 권력은 어떤 관계인가 하는 것입니다. 무엇이 우위에 있는 것인가, 실제로는 둘의 관계가 어떻게 되는 것인가, 입니다. 특별히 본문 말씀에서 예수님은, 하나님의 것은 하나님에게라고 했지만 하나님의 것을 하나님에게 바친다고 하는 자들은 실제로 하나님과 하나님의 일하심을 제대로 이해하지 못했습니다. 그래서 그들은 예수를 죽입니다.

로마는 로마대로 예수가 정치적으로 자신들의 법에 저촉되지 않았지만, 그들이 다스리고 있는 속국인 이스라엘이 이런 문제로 인하여 로마에 반감을 가질까봐 두려워서 여론에 밀려 그를 사형시키도록 내어 줍니다. 예수님은 여기서 하나님의 것은 하나님에게, 가이사의 것은 가이사에게라고 이야기하지만 둘 다 궁극적인 답은 아니라고 하는 것입니다. 왜냐하면 현실적인 권력이 궁극적인 답이었다면 하나님은 천군 천사와 함께 힘으로 이 땅에 오셨어야 맞고, 하나님의 나라가 궁극적인 답이었다면 마찬가지로 이 세상 권력들을 그렇게 되도록 내버려 두시면 안 됐던 것입니다. 그 두 가지가 다 답이 아니기 때문에 지금 예수님이 이 땅에 오셨고 이 자리에 있는 것입니다. 그리고 이 질문을 받고 그들에게 하나님의 것은 하나님에게, 가이사의 것은 가이사에게라고 답하지만 그것이 궁극적인 답이 아니고 그렇게 말씀하시는 예수님 자신이 답이라는 것을 그의 실존으로 보이고 있는 셈입니다.

여기 등장하는 당시 유대 종교인들은 진정한 하나님의 통치를 대표하는 것이 아니라 하나님을 알지 못하는 일반적인 종교를 대표하고 있습니다. 그것은 아마 신념과 소원이라고 이야기할 수 있을 것입니다. 로마 권력은 현실입니다. 기독교란 무엇입니까? 종교와 권력이 이분화되어 있는 것도 아니고 그것이 대등하게 서로의 영역을 합의하여 나누고 있는 것도 아니고 그 위에 있는 것이라고 가르치고 있습니다.

기독교 신앙은 포괄적인 삶의 체제에 관한 비전입니다. 포괄적인 삶의 체제라는 것은 종교라는 분야만이 아니라 현실을 포함하여 영원과 운명까지 아우르는 전 우주적이고 전 역사적인 하나님의 뜻과 다스리심과 복 주심에 관한 체계입니다. 로마서 13장을 보면 세상 권력의 가치가 이런 식으로 소개됩니다.

각 사람은 위에 있는 권세들에게 복종하라 권세는 하나님으로부터 나지 않음이 없나니 모든 권세는 다 하나님께서 정하신 바라 그러므로 권세를 거스르는 자는 하나님의 명을 거스름이니 거스르는 자들은 심판을 자취하리라 다스리는 자들은 선한 일에 대하여 두려움이 되지 않고 악한 일에 대하여 되나니 네가 권세를 두려워하지 아니하려느냐 선을 행하라 그리하면 그에게 칭찬을 받으리라 그는 하나님의 사역자가 되어 네게 선을 베푸는 자니라 그러나 네가 악을 행하거든 두려워하라 그가 공연히 칼을 가지지 아니하였으니 곧 하나님의 사역자가 되어 악을 행하는 자에게 진노하심을 따라 보응하는 자니라 그러므로 복종하지 아니할 수 없으니 진노 때문에 할 것이 아니라 양심을 따라 할 것이라 너희가 조세를 바치는 것도 이로 말미암음이라 그들이 하나님의 일꾼이 되어 바로 이 일에 항상 힘쓰느니라 모든 자에게 줄 것을 주되 조세를 받을 자에게 조세를 바치고 관세를 받을 자에게 관세를 바치고 두려워할 자를 두려워하며 존경할 자를 존경하라 (롬 13:1-7)

세상 권세는 하나님이 주신 것이라고 이야기합니다. 물론 그렇습니다. 세상 권세는 공의를 행하며 질서를 지키며 자멸을 막도록 하나님이 허락한 제도입니다. 그러나 만일 그것이 하나님의 통치와 일치되는 것이라면 메시아가 따로 오실 필요는 없었을 것입니다. 이것은 가장 소극적이고 부정적인 하나님의 은총입니다.

이런 소극적이고 부정적인 은총에 의하여 세상이 지켜져야 한다면, 현실적으로 우리가 기대하는 하나님의 온전한 통치는 어쨌든 실현되지 않는다는 것을 성경이 긍정하고 있다는 뜻입니다. 왜 하나님은 이런 소극적이고 부정적인 체계를 통하여 일하시며 현실을 놓아두시는가, 하나님은 온전한 통치를 왜 즉시 실현하지 않으시는가 궁금합니다. 바로 그 문제 때문에 예수님이 오신 것입니다. 에베소서 1장에서 예수의 오심에 대한 성경의 가르침을 볼 수 있습니다.

> 우리는 그리스도 안에서 그의 은혜의 풍성함을 따라 그의 피로 말미암아 속량 곧 죄 사함을 받았느니라 이는 그가 모든 지혜와 총명을 우리에게 넘치게 하사 그 뜻의 비밀을 우리에게 알리신 것이요 그의 기뻐하심을 따라 그리스도 안에서 때가 찬 경륜을 위하여 예정하신 것이니 하늘에 있는 것이나 땅에 있는 것이 다 그리스도 안에서 통일되게 하려 하심이라 (엡 1:7-10)

10절 말씀이 그것입니다. '하늘에 있는 것이나 땅에 있는 것이 다 그리스도 안에서 통일되게' 하시는 하나님의 온전하고 궁극적인 통치의 완성을 위하여 예수께서 오십니다. 지금 우리의 현실에서 보는 것과 같은 잠정적인 통치 말고, 잠정적인 은총 말고, 궁극적 완성을 위하여 예수께서 오십니다.

예수를 보내는 게 쉬운가, 세상 정부를 필요로 하지 않는 하나님의 온전한 공의와 하나님의 온전한 통치를 펼치는 것이 쉬운가, 하는 문제입니다. '왜 하나님은 대부분의 경우에 하나님이 그 권위를 준 줄도 모르는 권력들로 세상을 통치하도록 하시고, 그래서 그 권력들이 부패하며 불의를 행하는 것을 놓아두신 채로, 그럼에도 불구하고 그것이 하나님이 준 권세라 하여 그 권세에 순종하라고 하시는 이 세상에 그 아들을 보내셨을까?' 하는 질문입니다.

오늘의 현장이 그렇지 않습니까? 로마의 권력자들과 종교 지도자들이 모여 예수를 죽이려고 하고 있습니다. 한쪽은 세상 권력이 세상의 유일한 해답이며 권위라고 이야기하고 한쪽은 하나님이 유일한 해답이며 권위라고 이야기하고 있는 그 사이에 예수가 오셔서, 그 둘이 손잡고 예수를 죽이는 그 길을 걷고 있습니다. 도대체 하나님은 무슨 생각을 하시는 것일까요? 이것이 오늘날 우리가 목격하는 장면입니다.

성육신을 통해 찾아오신 예수님

우리는 세상에서 선한 자가 상을 받고 악한 자가 벌을 받는 것이 온전한 통치라고 믿습니다. 물론 그렇습니다. 그런데 의와 불의, 선한 것과 악한 것의 기원은 무엇일까요? 그 문제를 어떻게 해결해야 하는지에 대하여 성경은 우리와 다르게 이야기합니다. 죄란 즉 도덕적 악이란,

한쪽을 쥐고 있는 주권자가 아니라는 것입니다. 악은 선의 결핍입니다. 그림자가 홀로 서 있는 실체가 아니듯이 악은 선의 부재거나 선의 결핍일 뿐입니다. 죄라는 말은 미흡한 것, 빗나간 것이라는 뜻입니다.

죄란 어떤 부분에서 미흡했고 어떤 부분에서 빗나갔을까요? 하나님을 섬기는 데서 그렇습니다. 죄가 이 땅에 들어온 첫 번째 사건을 기억해 봅시다. 아담과 하와가 하나님의 명령을 어겨 하나님의 명령 아래 순종하고 사는 자리로부터 스스로 독립합니다. 하나님의 통치와 임재를 거부하여 독립하는 것에서 죄가 들어옵니다. 죄란 하나님을 거부하는 것이며, 그래서 하나님의 부재입니다. 하나님이 안 계시자 죄는 그 현상이나 결과가 왜곡, 부패, 오염, 사망으로 드러나기 시작했습니다.

하나님은 모든 생명과 존재의 주인이시며 생명과 존재에 복을 주시는 유일한 근거이신데 인간이 그러한 하나님을 거부함으로 초래한 오염과 부패와 사망을 이제 고치기로 합니다. 수도꼭지가 열려 있어서 목욕탕의 물이 흘러 집 안에 흘러넘치면 물을 퍼내겠습니까, 수도꼭지를 잠그겠습니까? 자명한 것입니다. 당연히 하나님은 수도꼭지를 잠그기로 하셨습니다.

하나님을 거부한 인간에게 그들이 거부한 대로 하나님이 포기하지 아니하시고, 그들이 거부하자(우리가 하나님을 거부하자) 하나님이 직접 찾아 나서기로 한 것입니다. 그것이 성육신입니다. 누가복음 4장을 보면 의미가 분명해지는 표현으로 선언하고 있습니다.

예수께서 그 자라나신 곳 나사렛에 이르사 안식일에 늘 하시던 대로 회당에 들어가사 성경을 읽으려고 서시매 선지자 이사야의 글을 드리거늘 책을 펴서 이렇게 기록된 데를 찾으시니 곧 주의 성령이 내게 임하셨으니 이는 가난한 자에게 복음을 전하게 하시려고 내게 기름을 부으시고 나를 보내사 포로된 자에게 자유를, 눈 먼 자에게 다시 보게 함을 전파하며 눌린 자를 자유롭게 하고 주의 은혜의 해를 전파하게 하려 하심이라 하였더라 책을 덮어 그 맡은 자에게 주시고 앉으시니 회당에 있는 자들이 다 주목하여 보더라 이에 예수께서 그들에게 말씀하시되 이 글이 오늘 너희 귀에 응하였느니라 하시니 (눅 4:16-21)

예수님이 복음입니다. 하나님 없음으로 말라 가는 자들에게, 하나님 없음으로 인하여 묶인 자들에게, 더 이상 생명과 가치와 아름다움에 대하여 그 근원으로부터 아무것도 공급을 받을 수 없는 자의 부패와 오염과 마름과 사망의 자리에 공급자로서 친히 찾아오신 것이 예수이기 때문입니다.

여기 있는 대로 가난한 자에게 복음을 전한다, 말라 가는 자에게 비가 내린다, 마른 땅에 비가 내린다, 해가 난다, 그런 이야기입니다. 하나님이 찾아오시자 그 생명의 주인이, 그 복의 주인이, 우리가 거부한 그 주인이 찾아오사 우리의 복이 되시는 것입니다. 이것이 여기서 말하는 '이 글이 오늘 너희 귀에 응하였느니라'입니다. 내가 여기 서 있지 않느냐, 이것입니다.

우리가 도망간 그 자리, 완악함, 무지, 거부, 가난함, 부패, 오염, 수치, 멸망, 죽음까지 주께서 찾아와 끌어안으심으로 하나님을 버려 하나님 부재의 존재일 수밖에 없는 우리를 하나님의 임재가 되게 하시는 것입니다. 하나님이 우리와 함께하신다, 임마누엘입니다.

예수가 이 땅에 오셔서 사시고 죽으신 모든 것이 무엇을 의미하는가? 말구유에서부터 십자가까지, 어떤 경우, 어떤 억울함, 어떤 낯설고 외진 곳에 있는 존재라도 예수께서 찾아가지 않은, 품지 않은 그런 존재는 없다, 입니다. 그렇게 한 사람, 한 사람을 찾아가 우리의 구원이 되십니다. 하나님의 부재에 하나님이 찾아와 하나님의 임재가 되십니다.

그 일을 위하여 하나님은 시간을 필요로 하십니다. 우리 각자가 하나님의 임재에 대하여 반응하고 회개하고 믿었던 것처럼, 우리가 우리의 자유 의지를 가지고 하나님을 거부했던 것처럼, 이제 찾아오신 하나님으로 말미암아 우리가 항복하고 하나님을 받아들이기를 원하고 계십니다. 그것을 위하여 이 부정적이고 소극적인 지상 권세의 질서를 가지고 일하십니다. 예수 그리스도께서 그 속으로 꿰뚫고 들어와 모든 경우, 모든 처지의 인생을 찾아가 만나 설득하시는 시간이 필요한 것입니다.

평화와 영광의 나라

C.S. 루이스(C.S. Lewis, 1898-1963)는 그의 회심에 관한 고백에서 다른 사람들의 구원은 이해가 가지만, 자기의 구원은 이해가 가지 않는다고 합니다. 왜냐하면 다른 사람들은 무지했다가 예수께서 찾아오신

것을 알게 되자 쉽게 항복했는데, 자기는 예수가 찾아왔다는 것을 알게 된 이후에도 끝까지 발버둥을 쳤답니다. '그럼에도 불구하고 주께서 나를 놓지 않으셨다!' 얼마나 감사한 일입니까? 이것이 바로 성경이 하고 싶은 이야기입니다. 그래서 체제를 바꾸고 법을 바꾸고 공권력을 사용하고 초월적인 힘으로 강제하는 방법이 아닌, 그 옛날 낙원에서 아담과 하와에게 선택을 요구했던 바로 그 방식으로 우리의 고집과 우리의 형편 속에 당신이 낮추어 찾아 들어오셔서 우리에게 다시 한번 선택을 요구하시는 것입니다. 이사야 11장에 가면 멋진 말씀이 나옵니다. 예수 그리스도에 의해 완성될 하나님의 나라에 대한 묘사입니다.

이새의 줄기에서 한 싹이 나며 그 뿌리에서 한 가지가 나서 결실할 것이요 그의 위에 여호와의 영 곧 지혜와 총명의 영이요 모략과 재능의 영이요 지식과 여호와를 경외하는 영이 강림하시리니 그가 여호와를 경외함으로 즐거움을 삼을 것이며 그의 눈에 보이는 대로 심판하지 아니하며 그의 귀에 들리는 대로 판단하지 아니하며 공의로 가난한 자를 심판하며 정직으로 세상의 겸손한 자를 판단할 것이며 그의 입의 막대기로 세상을 치며 그의 입술의 기운으로 악인을 죽일 것이며 공의로 그의 허리띠를 삼으며 성실로 그의 몸의 띠를 삼으리라 그 때에 이리가 어린 양과 함께 살며 표범이 어린 염소와 함께 누우며 송아지와 어린 사자와 살진 짐승이 함께 있어 어린 아이에게 끌리며 암소와 곰이 함께 먹으며 그것들의 새끼가 함께 엎드리며 사자가 소처럼 풀을 먹을 것이며 젖 먹는 아이가 독사의 구멍에서 장난하며 젖 뗀 어린 아이가 독사의 굴에 손을 넣을 것이라 내 거룩한 산 모든 곳에서 해 됨도 없고 상함도 없을 것이니 이는 물이 바다를 덮음 같이 여호와를 아는 지식이 세상에 충만할 것임이니라 (사 11:1-9)

권력에 의한 평화가 아닙니다. 여호와를 아는 지식이, 물이 바다를 덮음 같을 것이라고 합니다. 그런데 물이 바다를 어떻게 덮습니까. 물이 기둥으로 서 있는 바다는 없습니다. 모든 자리를 채우고야 올라와 수위를 가지는 물이 바다를 덮음 같이, 그가 약속하신 완성된 하나님 나라에서는 모든 영혼이 각각 기꺼이 항복해서 하나님을 찾고 하나님에게 기꺼이 자신을 붙들어 매는 것으로 평화의 나라와 영광의 나라가 성립된다는 것입니다.

빌립보서 1장을 보면 사도 바울은 신자의 감격을 이렇게 설명합니다.

나의 간절한 기대와 소망을 따라 아무 일에든지 부끄러워하지 아니하고 지금도 전과 같이 온전히 담대하여 살든지 죽든지 내 몸에서 그리스도가 존귀하게 되게 하려 하나니 이는 내게 사는 것이 그리스도니 죽는 것도 유익함이라 (빌 1:20-21)

그리스도가 이렇게 대표로 등장하는 이유는, 예수의 존재는 하나님이 우리를 어떻게 대하고 우리의 운명을 하나님의 뜻과 어떻게 조화시키려고 하는가에 대한 선언이며 증거이며 방법이며 하나님의 하나님 되시는 신실함이기 때문입니다. '살든지 죽든지'라는 구절이 보이십니까? 그런 것들로는 하나님이 하시려는 일들에 아무런 장애가 되지 않는, 그것으로는 영향을 받지 않는, 삶과 죽음이 문제가 되지 않는 그런 나라입니다.

빌립보서 3장 10절 이하에서는 이 말을 이렇게 반복합니다. "내가 그리스도와 그 부활의 권능과 그 고난에 참여함을 알고자 하여 그의 죽으심을 본받아 어떻게 해서든지 죽은 자 가운데서 부활에 이르려 하노니." 죽은 자 가운데서의 부활이 무엇입니까? 잘나서 부활에 이르는 것이 아니라 가장 못난 자리에서 부활에 이르는 예수 그리스도의 찾아오심이 가지는 그 깊이, 그 넓이입니다. 모든 인류와 역사를 싸안기 위하여 부족함이 없이 넉넉한 예수로 말미암은 하나님의 통치와 그 나라의 완성을 위한 하나님의 방법에 대한 감탄입니다.

우리는 하루에도 여러 번 예수를 믿었다 말았다 합니다. 예수님은 우리를 잡았다 놨다 하지 않으십니다. 예수를 믿는 모든 자들은 그 즉시 예수 그리스도와 한 몸으로 묶입니다. 그리스도는 우리의 머리시며 우리는 그의 몸입니다. 머리와 몸이 따로 노는 사람은 죽은 사람입니다. 하나님이 우리에게 이루시고 완성하려 하시며 우리에게 주시려는 복이 얼마나 큰 것인지, 그 방법은 왜 그럴 수밖에 없는지를 안다면 우리는 예수 그리스도라는 이름이 갖는 의미와 그의 찾아오심에 대한 승리에 대하여 신자 된 감격을 억누를 수 없는 것입니다.

주의 오심이 다른 모든 조건, 바울이 이야기하는 살든지 죽든지라는, 가장 분명한 대립 구도 속에서도 우리를 황홀케 해야 합니다. 우리가 곤고하든 형통하든, 고통 속에 있든 평안 속에 있든, 그 평안이 만들어 내는 안도, 그 고통이 만들어 내는 절망, 그 둘 다 차이가 없는 것임을 깨달아야 합니다. 사망이 가진 저주이든 생명이 가진 안식이든 그 차이가 차이가 되지 않는, 그리스도 안에 부름받은 자로서의 확신을 가질 수 있어야 합니다. 하나님의 임재가 허락된 존재로서 자신을 이해하는 신앙으로 우리의 존재, 인생, 운명을 묶는 깊은 확신이 각인되기를 바랍니다.

기도

하나님 아버지, 은혜를 감사합니다. 하나님이 우리를 찾아오사 도망간 우리를, 하나님을 외면한 우리를 부르셨습니다. 이제 우리는 하나님과 나뉠 수 없습니다. 우리는 예수 안에 있고 예수는 우리 안에 계십니다. 우리의 못난 것과 세상의 어떤 환경과 조건도 그리스도 예수 안에 있는 하나님의 사랑에서 우리를 끊을 수 없습니다. 이 믿음이 삶의 모든 형편에서 하나님의 사람인 우리 자신을 지켜 내는 무기가 되게 하여 주시옵소서. 이 믿음이 우리의 삶을 하나님의 사람으로 살도록 지탱하는 지혜가 되게 하여 주시옵소서. 예수님 이름으로 기도합니다. 아멘.

50

살아 있는 자의 하나님

27 부활이 없다고 주장하는 사두개인 중 어떤 이들이 와서 28 물어 이르되 선생님이여 모세가 우리에게 써 주기를 만일 어떤 사람의 형이 아내를 두고 자식이 없이 죽으면 그 동생이 그 아내를 취하여 형을 위하여 상속자를 세울지니라 하였나이다 29 그런데 칠 형제가 있었는데 맏이가 아내를 취하였다가 자식이 없이 죽고 30 그 둘째와 셋째가 그를 취하고 31 일곱이 다 그와 같이 자식이 없이 죽고 32 그 후에 여자도 죽었나이다 33 일곱이 다 그를 아내로 취하였으니 부활 때에 그 중에 누구의 아내가 되리이까 34 예수께서 이르시되 이 세상의 자녀들은 장가도 가고 시집도 가되 35 저 세상과 및 죽은 자 가운데서 부활함을 얻기에 합당히 여김을 받은 자들은 장가 가고 시집 가는 일이 없으며 36 그들은 다시 죽을 수도 없나니 이는 천사와 동등이요 부활의 자녀로서 하나님의 자녀임이라 37 죽은 자가 살아난다는 것은 모세도 가시나무 떨

기에 관한 글에서 주를 아브라함의 하나님이요 이삭의 하나님이요 야곱의 하나님이시라 칭하였나니 38 하나님은 죽은 자의 하나님이 아니요 살아 있는 자의 하나님이시라 하나님에게는 모든 사람이 살았느니라 하시니 39 서기관 중 어떤 이들이 말하되 선생님 잘 말씀하셨나이다 하니 40 그들은 아무것도 감히 더 물을 수 없음이더라 (눅 20:27-40)

시공의 제약과 논리적 모순의 한계성

부활이 없다고 주장하는 사두개인들이 본문 말씀에서 중요한 역할을 합니다. 예수님의 권위와 예수님이 백성에게 받는 지지를 어떻게 해서든지 꺾으려는 목적을 가지고 부활의 불가능성을 논리적 모순으로 지적하고 있는 장면입니다.

이스라엘 법에는 모든 집안이 대가 끊기지 않도록 하는 결혼법이 있었습니다. 형이 죽으면 동생이 그 형수와 결혼하고 그 사이에 낳은 아기를 형의 자식으로서 가문을 잇도록 하는 것입니다. 동생은 자기 부인하고 다시 자식을 낳으면 되지만 형은 자식이 없이 죽었으므로 형을 위해서 동생이 책임을 지는 법이었습니다.

사두개인이 지적하는 바와 같이 일곱 형제가 있었는데, 형들이 자식을 낳지 못하고 죽어 동생이 맏형수에게 그 의무를 행하다가 결국은 애를 낳지 못하고 다 죽으면 부활할 때 그녀는 누구의 부인이 되는가, 라는 질문으로 부활은 가당치 않다, 이렇게 도전하는 장면입니다. 마태복음에서는 이와 동일한 내용에 대해 예수님이 핵심적으로 말씀하셨습니다. "너희가 성경도 하나님의 능력도 오해하였다."

그게 무슨 뜻인지는 차차 보기로 하고 이 논리적 모순부터 해결해 나갑시다. 논리적 모순이라는 것은 인간이 이해하는 최고의 방법입니다. 합리성이라는 것입니다. 그러나 이 합리성이 모든 것을 담아내는 능력은 아닙니다. 합리성은 시간과 공간의 제약을 받습니다. 우리는 이 합리성이 시간과 공간의 제약을 받는다는 것을 부재 증명이라는 데서 실제 경험하고 있습니다. 한 사람이 범죄의 피의자로 몰렸는데 본인이 그때 그 자리에 없었다는 것을 증명하는 것, 알리바이라고 하는 것, '나 그 시간에 교회에서 예배드리고 있었다. 성가대에서 한참 노래를 부르고 있을 때 재채기하는 바람에 다 나를 쳐다봤다. 나를 본 사람이 100명도 더 된다' 이것이 부재 증명, 알리바이입니다.

그러나 하나님은 하나님 되시는 속성의 차이를 가장 대표적으로, 전지전능하시며 무소부재하시다라는 말로 표현합니다. 모든 것을 알고 모든 것을 알 수 있으며 안 계시는 곳이 없다, 동시에 모든 곳에 계신다, 입니다. 이것을 합리성으로 설명할 수 없습니다. 이론으로 꿰어 맞출 수 없습니다.

그래서 성경을 읽을 때 이런 논리적 모순 때문에 생기는 오해가 많습니다. 대표적인 예가 요한복음 3장 16절입니다. 이 구절은 대부분이 좋아하는 성구로 하나님이 인류에게 그 아들을 보내어 구원을 베푸신 내용을 담고 있습니다. "하나님이 세상을 이처럼 사랑하사 독생자를 주셨으니 이는 그를 믿는 자마다 멸망하지 않고 영생을 얻게 하려 하심이라."

이 구절은 하나님이 세상을 구원하려고 예수를 주셨으니 모두 구원을 받을 것이다, 라는 논리를 펼 근거가 됩니다. 하나님은 우리를 사랑하시고 우리가 아직 죄인 되었을 때 은혜로운 구원을 위하여 그 아들을 보내어 십자가에 못 박으셨으니 누군들 지옥에 가도록 놔두겠느냐? 하는 논리의 관성입니다. 이 논리를 극대화하면 거기까지 갈 수밖에 없습니다. 그러나 성경에는 분명히 '예수를 믿지 않는 자들은 영원한 형벌에 처해진다'라는 말이 있습니다. 우리는 그 둘, 심판하시는 하나님과 사랑과 구원의 하나님을 논리적으로 꿰어 맞출 방법이 없습니다. 어느 자리에 서는 순간 우리는 한쪽에 제한을 가할 수밖에 없습니다.

하나 더 이야기해 볼까요? 세종대왕은 천국에 갔을까요? 복잡한 문제입니다. 우리 모두에게 큰 도움을 주신, 한글을 만드신 세종대왕께서 지옥에 가셨으면 한민족은 몽땅 따라가야 하는 게 맞지 않나, 예수가 전파되기 전에 살았던 선조들, 복음이 아직 전파되지 않은 곳에 살았던 사람들은 그 운명이 어떻게 되는가? 구원은 예수로 말미암아서만 일어난다는 말이, 믿는다는 선택을 강요하는 것인가, 무조건적인 은혜를 강조하는 것인가? 여기에서도 우리는 논리적 조합을 이룰 수가 없습니다.

그러니 본문 말씀에 나온 것처럼 '부활한다면 이 여자는 누구의 아내가 됩니까'라는 질문이 우리에게는 가능한 질문이지만 답은 없습니다. 답은 예수님이 말씀하신 대로 '너희가 성경도 하나님의 능력도 오해하였도다'인데 오해하지 않으려고 해도 깊이와 높이가 부족해서 우리는 그것을 논리로 만들어 낼 수가 없습니다. 그 문제를 본문 말씀에서 추적해 보면, 우리가 다 이해할 수는 없지만 우리의 오해를 극복해야 한다는 답까지는 찾을 수 있습니다. 이것이 본문 말씀이 주는 유익입니다.

하나님 통치의 핵심인 관계성

이사야 11장에 가 봅시다.

> 이새의 줄기에서 한 싹이 나며 그 뿌리에서 한 가지가 나서 결실할 것이요 그의 위에 여호와의 영 곧 지혜와 총명의 영이요 모략과 재능의 영이요 지식과 여호와를 경외하는 영이 강림하시리니 그가 여호와를 경외함으로 즐거움을 삼을 것이며 그의 눈에 보이는 대로 심판하지 아니하며 그의 귀에 들리는 대로 판단하지 아니하며 공의로 가난한 자를 심판하며 정직으로 세상의 겸손한 자를 판단할 것이며 그의 입의 막대기로 세상을 치며 그의 입술의 기운으로 악인을 죽일 것이며 공의로 그의 허리띠를 삼으며 성실로 그의 몸의 띠를 삼으리라 (사 11:1-5)

이 말씀은 하나님의 종, 예수를 지목하고 있습니다. 그가 와서 지혜와 정의와 능력으로 하나님의 나라를 이루시리라 약속하고 있습니다. 우리는 이 부분을 읽을 때마다 각각의 이해대로 읽습니다. 그의 공의, 자비, 능력, 은혜, 이런 것들이 함께 묶여지지 않은 채 어느 것 하나를 중심으로 삼습니다. 그래서 믿음의 공동체 내에서도 공의가 실현되어

야 한다고 말할 때는 그것이 은혜와는 함께하지 않음을 강조하는 뜻
으로 이야기합니다. 은혜가 앞서야 된다고 이야기할 때는 공의를 양
보해야 된다는 뜻으로 들먹여집니다. 그러니 둘을 묶을 재주가 우리
에게는 없습니다. 그다음 구절을 봅시다.

> 그 때에 이리가 어린 양과 함께 살며 표범이 어린 염소와 함께 누우
> 며 송아지와 어린 사자와 살진 짐승이 함께 있어 어린 아이에게 끌리
> 며 암소와 곰이 함께 먹으며 그것들의 새끼가 함께 엎드리며 사자가
> 소처럼 풀을 먹을 것이며 젖 먹는 아이가 독사의 구멍에서 장난하며
> 젖 뗀 어린 아이가 독사의 굴에 손을 넣을 것이라 (사 11:6-8)

메시아가 와서 세우실 하나님의 나라, 공의를 세우며 겸손과 정직과
성실로 세울 나라는 도대체 어떤 방법에 의해서, 어떤 원칙과 토대 위
에 세워지는 것일까요? 그것에 대한 구체적인 설명은 없고 결과만 나
열되어 있습니다.

이리와 어린 양이 함께 살며 표범이 어린 염소와 함께 누우며 암소
와 곰이 함께 먹으며 사자가 소처럼 풀을 먹고 어린아이가 독사의 굴
에 손을 넣을 수 있다고 말합니다. 이 장면에서 논리적 모순을 일으키
는 현실적 이해는 무엇입니까? 하나님이 약속한 나라를 왜곡하시는
이유가 무엇입니까? 죽음 때문이라고 말씀하십니다.

죽음 때문이라는 것을 본문 말씀에서 예수님이 설명하십니다. 하
나님은 산 자의 하나님이다, 천국은 죽지 않는 곳이다, 장가가고 시집
갈 필요가 없다, 천사와 동등하다, 라고 말씀하십니다. 결혼 제도를 이

야기하자는 것이 아니라 천국은 자손을 생산하지 않는 곳이며 하나의 인생이 죽음의 영향을 받지 않는 곳이라고 이야기하는 것입니다.

죽음이란 무엇입니까? 죽을 수밖에 없는 상태를 말하는 것입니다. 생존 기간의 한계를 논하는 것이 죽음이 아니라 우리라는 존재가 죽음으로 끝나는, 죽을 수밖에 없는 죄와 파멸의 요소에 지배받고 있다, 그러나 천국은 그 요소, 멸망과 죽음으로 끝나는 요소가 제거된, 모든 요소가 생명으로만 충만한 나라일 것이다, 하나님은 살아 있는 자의 하나님이다, 모세에게 나타난 하나님은 자신을 "나는 너희 조상의 하나님이니 아브라함의 하나님, 야곱의 하나님이라" 하셨다, 현재형이다, 이겁니다.

살아 있는 자의 하나님, 하나님은 당신만 영원하신 것이 아니라 그가 부르신 그의 백성을 영원히 존재케 하시는데 그것은 죄로 인한 사망이라는 결과와 그렇게 결과될 수밖에 없었던 원인이 제거되었음을 말하고 있습니다. 그것이 이사야 11장입니다. 사자가 육식 동물이 아니라 초식 동물이 되는 겁니다.

코끼리가 오면 늑대는 도망가지 않습니다. 코끼리는 초식 동물이기 때문입니다. 사자가 오면 당연히 도망갑니다. 우리는 우리의 인생 속에서 이 원칙, 자기가 살기 위해서는 누구를 죽여야 하는, 남의 것을 빼앗아야만 자기의 존재를 연장할 수 있는 경쟁 조건 속에 살고 있습니다. 대표적인 것이 돈입니다. 돈은 필요로 하는 것을 사는 능력입니다. 필요한 것은 무엇입니까? 먹을 것, 입을 것, 자부심입니다. 돈 자체가 필요한 것은 아닙니다. 그래서 돈을 벽지로 바르는 사람은 없습니다. 돈은 필요로 하는 것을 얻어 내는 수단입니다.

만일 우리가 먹고 입고 자부심을 확보하는 일을 누구 것을 빼앗아서 할 필요 없이 우리 내부로부터 채운다면 무엇 때문에 살육과 전쟁이 있겠습니까. 그 이야기를 하는 것입니다. 젖 먹는 어린아이가 독사의 굴에 손을 넣는다는 것은 강제력에 의하여 유지되는 평화가 아니라는 뜻입니다. 애가 손을 넣어도 독사가 안 무는 것이 아니라 이빨이 없는 겁니다. 그러니 이 독사는 아이가 손을 넣으면 팔찌는 될 수 있을지언정 물 수는 없는 것입니다. 어떻게 그런 일이 가능합니까? 9절입니다.

> 내 거룩한 산 모든 곳에서 해 됨도 없고 상함도 없을 것이니 이는 물이 바다를 덮음 같이 여호와를 아는 지식이 세상에 충만할 것임이니라 (사 11:9)

여호와를 아는 지식이란 다만 지적 정보를 말하는 것이 아닙니다. 이 세상이 죄의 논리, 죄의 영향, 죄의 힘 앞에 굴복하는 세상이라면, 하나님이 세우시는 나라는 하나님의 통치가 모든 것의 이유와 내용과 힘이 되는 나라입니다.

하나님을 아는 지식이란 하나님이 누구신지를 아는 것으로 채워지는 것입니다. 그는 그 아들을 주시는, 우리를 당신의 능력과 은혜와 자비와 복과 성실로 채우시려고 부르시는 아버지이십니다. 그래서 영생이란 시간의 무한한 연장이 아니라 죽음이라고 일컬어지고 대표되는 이 세상이 파멸로 끝장을 볼 수밖에 없는 권세 아래 있는 것과 대비되는 천국에 관한 것입니다. 요한복음 17장을 봅시다.

예수께서 이 말씀을 하시고 눈을 들어 하늘을 우러러 이르시되 아
버지여 때가 이르렀사오니 아들을 영화롭게 하사 아들로 아버지를
영화롭게 하게 하옵소서 아버지께서 아들에게 주신 모든 사람에게
영생을 주게 하시려고 만민을 다스리는 권세를 아들에게 주셨음이
로소이다 영생은 곧 유일하신 참 하나님과 그가 보내신 자 예수 그
리스도를 아는 것이니이다 (요 17:1-3)

여기서 안다는 것은 가장 깊은 관계를 말하는 것입니다. 그래서 영생
은 우리가 본문 말씀에서 본 바와 같이 일곱 형제가 다 죽고 그 부인도
죽고 부활해서 다 같이 살아나면 도대체 누구와 짝이 되는지에 대한
답입니다. 여기에 일어난 모순은 죄 때문에, 죽음 때문에 일어난 모순
이다, 하나님의 나라에서는 이 모순이 제거된다, 그 나라는 죽음으로
인한 왜곡이 제거된 나라다, 이런 이야기입니다. 그래서 영생이란 다
만 시간에 대한 존재의 무한한 연장이 아니라 하나님의 통치에 관한
것인데, 하나님의 통치의 핵심은 관계라고 이야기하는 것입니다.

　우리는 종교를 본성적으로 법보다 위에 있는 도덕, 도덕보다 위에
있는 이념, 이념보다 위에 있는 것이라고 이해합니다. 그래서 종교에
대해서 인간이 가지는 본성적 이해는 대표적으로 윤리성입니다. 옳은
지 그른지 법적인 요소를 따지고 종교적인 요소로 치성을 더하고 남
에게 확인받고, 모두를 항복시키는 영향력, 이 요소들을 가장 중요하
게 생각합니다.

　그러면 관계가 무너집니다. 세상에서는 종교, 이념 말고 도덕도 실
천되지 않기 때문에 법으로 그 질서를 유지합니다. 법이란 강제력입

니다. 도덕은 무엇입니까? 도덕은 자발성이 요구되는 것입니다. 그것은 아무도 할 수 없기 때문에 실제로 못하는 것입니다. 세상은 죄의 원리와 죄의 권세가 주장하는 곳이기 때문에 우리는 자기를 희생할 수 있는 힘이 없습니다. 그러므로 법을 가지고 나라와 사회를 유지할 수밖에 없습니다.

도덕이 자신의 자발성에 기대고 있다면 기독교 신앙은 하나님의 자발성에 근거하고 있습니다. 하나님이 그렇게 하시겠다는 의지와 은혜에 근거하여 기독교라는 종교가 성립하며 이것을 영생이라고 합니다.

영생이란 무한한 존재의 시간이 아니라 하나님이 우리를 법으로, 도덕으로, 종교로, 강제력이나 자발성이나 치성이 아니라 하나님의 뜻으로, 하나님의 의지로, 하나님의 은혜와 자비와 목적으로 부르는 것입니다. 자격의 문제가 아닙니다. 하나님은 우리를 사랑의 대상으로 요구하시기 때문에 관계로 부르시는 것입니다.

설명도 이해도 불가한 부르심

요한복음 1장 14절을 보면 "말씀이 육신이 되어 우리 가운데 거하시매 우리가 그의 영광을 보니 아버지의 독생자의 영광이요 은혜와 진리가 충만하더라"라고 합니다. 요한복음에서 '말씀'이란 하나님을 나타냅니다. '하나님은 말씀이시라. 태초에 말씀이 계시니라.' 이 말씀은 하나님은 다만 힘이 아니요, 다만 법칙이 아니요, 다만 정념이 아니요, 인격이심을 표현하기 위한 것입니다.

그런데 하나님의 말씀은 지금 이야기한 대로 법으로 선포되거나 논리로 선포되거나 규칙으로 찾아오시는 것이 아니라 육체를 입고 인격으로 찾아왔다는 것입니다. 우리를 대등한 관계의 대상으로 찾아오고 있다, 그것이 하나님이 우리에게 요구하시는 하나님의 뜻이다, 이것이 기독교입니다. 예수를 믿는 종교입니다. 하나님이 그 아들을 예수라는 인간의 이름과 육체로 보내셨습니다.

신앙 공동체 속에서 뜻밖에도 신자끼리는 깊이 친해지지 못합니다. 법적 요소와 윤리적 요소와 종교적 요소가 버무려져서 진심을 이야기하거나 넘어진 이야기를 할 수가 없습니다. 모든 것이 강제력으로 사용됩니다. '믿는 사람이 그러면 돼?' 이게 우리의 멋없는 모습입니다.

관계에 관한 놀라운 경험은 고등학교 동창 사이에 있습니다. 고등학교 동창이 친한 이유는 서로 속을 다 드러내 보일 수 있기 때문입니다. 왜 그렇죠? 고등학교 때는 별의별 경험을 다 하기 때문입니다. 맘에 드는 사람하고만 친한 것이 아니라 절대 친할 수 없는 사람과 친할 수밖에 없기 때문입니다. 동일한 공간에 매일 붙들려 있어야 하기 때문입니다. 싸우고 화해를 안 할 수가 없습니다. 3년을 같은 학교에서 혹은 같은 반에서 지내야 하기 때문에 싸우고 화해하고, 싸우고 화해합니다. 그래서 강제력을 포기한 유일한 관계가 고등학교 동창일 것입니다. 서로가 서로에 대해서 '이 녀석, 원래 그때도 그랬잖아. 말 못 알아듣잖아' 이런 말이 오갈 수 있는 관계입니다.

깊은 외로움을 느끼고 고민할 때에는 목사에게 찾아가지 않습니다. 목사는 뻔한 이야기를 할 것이기 때문입니다. '기도하세요. 십자가를 생각하세요.' 그것은 이미 알고 있는데, 도움이 되지 않습니다. 그때는 견뎌야 하는 시간입니다. 우리는 고등학교 친구를 포장마차로 부를 수 있습니다. '진로표 사이다'를 앞에 두고 진심을 쏟아 놓습니다. 안주는 필요 없습니다. 고등학교 친구는 다 받아 줍니다. 그리고 이런 말도 합니다. '넌 말야. 옛날에도 그랬어. 네가 성격이 더러워서 그래.' '아, 글쎄 그거야 나도 알지만….' 거기서는 넘어갑니다. 내 편이라는 것을 알기 때문입니다. 관계가 튼튼하기 때문입니다. 이해하시겠습니까?

그렇게 실제적으로 우리가 경험하는 관계는 가족입니다. 이 관계는 잘잘못에 의해서 성립되는 것도 아니고 선택에 의한 것도 아닙니다. 그런데 이 관계가 모든 것에 우선합니다. 그리고 이 관계에서는 아무도 자유로울 수가 없습니다. 이 관계에서 누가 괴로우면 나도 괴롭고, 누가 행복하면 나도 행복합니다. 기가 막힌 관계입니다.

하나님의 나라에 대한 예수님의 가르침에 근거하면 우리가 아는 모든 이해를 넘어서야 합니다. 우리는 그것을 넘어설 실력이 없는데 산상 설교에 나타난 식으로 이야기하면 '심령이 가난한 자는 복이 있나니 천국이 그들의 것임이요'입니다. 심령이 가난하다는 것은 애매합니다. 심성이 더럽거나 치사하다는 뜻일 수도 있습니다. 순결하다는 뜻은 아닙니다. '애통하는 자는 복이 있나니 그들이 위로를 받을 것임이요.' 여기서 애통하는 자는 것은 늘 실패하고 늘 걸어차이는 자를 이야기하는 듯합니다.

나사로와 부자의 비유에도 나옵니다. 부자는 잘 먹고 잘 살았고 나사로는 개들이 와서 헌데를 핥던 사람이었습니다. 비유에 그것밖에 없습니다. 그런데 천국에서는 거꾸로 됐습니다. 나사로는 아브라함의 품에 갔고 부자는 지옥에 갔습니다. 부자이기 때문에 갔다는 것도 아니고 거지이기 때문에 갔다는 것도 아닌데 역전되어 있는 것은 분명합니다. 우리의 이해로는 그 이상의 설명이 불가능합니다.

바리새인과 세리의 기도에서도 나왔습니다. 바리새인은 기도합니다. '나는 이렇게 잘 살고 있습니다. 나는 훌륭한 사람입니다. 훌륭하게 살 수 있게 해 주셔서 감사합니다.' 반면에 세리는 달리 기도합니다. '나는 욕먹어 마땅합니다. 나는 죽일 놈입니다. 그러니 하나님 좀 봐주십시오.' 단순히 바리새인이 나쁜 놈이라서가 아니라 이래서 세리가 용납받았다, 이런 반전을 이야기하고 있는 것입니다.

강제력이나 자격이 아니라 하나님의 성실함으로 세우는 나라가 있습니다. 이것을 우리 현실과 우리 이해의 논리로 풀려고 하면 천국에 대한 이해가, 신앙에 대한 이해가 왜곡될 수밖에 없습니다. 고린도전서 15장에서는 이 이야기를 이렇게 종합합니다.

보라 내가 너희에게 비밀을 말하노니 우리가 다 잠 잘 것이 아니요 마지막 나팔에 순식간에 홀연히 다 변화되리니 나팔 소리가 나매 죽은 자들이 썩지 아니할 것으로 다시 살아나고 우리도 변화되리라 이 썩을 것이 반드시 썩지 아니할 것을 입겠고 이 죽을 것이 죽지 아니함을 입으리로다 이 썩을 것이 썩지 아니함을 입고 이 죽을 것이 죽지 아니함을 입을 때에는 사망을 삼키고 이기리라고 기록된 말씀이 이루어지리라 사망아 너의 승리가 어디 있느냐 사망아 네가 쏘는 것이 어디

있느냐 사망이 쏘는 것은 죄요 죄의 권능은 율법이라 (고전 15:51-56)

이 세상과 저 세상은 연속이 없답니다. 불연속으로 나뉘어 있답니다. 왜냐하면 이 세상은 썩는 곳, 곧 사망이 결과인 곳인데, 저 세상은 썩지 않는 곳, 사망이 이김에 삼킨 바 되는 곳, 다른 말로 영생의 나라이기 때문입니다. 사망의 힘은 잘잘못에서 나온답니다. 율법에 있다고 합니다.

57절에서 "우리 주 예수 그리스도로 말미암아 우리에게 승리를 주시는 하나님께 감사하노니"라고 합니다. 예수를 믿는다는 것은 잘잘못의 문제가 전부가 아닌, 사망이 최고의 권력이 아닌, 사망이 이김에 삼킨 바 되는 영생의 능력이 최고의 권력인 나라로의 부름입니다. 예수 안에서의 부름입니다. 죽은 자를 살리시고 죄인을 용서하시는 하나님의 통치로의 부름입니다.

그렇기 때문에 58절에서 "그러므로 내 사랑하는 형제들아 견실하며 흔들리지 말고 항상 주의 일에 더욱 힘쓰는 자들이 되라 이는 너희 수고가 주 안에서 헛되지 않은 줄 앎이라"라고 말합니다. 이는 다만 신앙생활을 하다가 어려움을 당하는 것을 걱정하지 말라는 이야기가 아닙니다. 좀 더 큰 내용입니다. 자신의 부족에 대하여 자폭하지 말라는 것이 포함되어 있습니다.

모든 사람이 할 말이 없는 경지에 가는 것을 기독교 신앙이라고 말하지 않습니다. 우리는 이 약속과 복된 초대를 받고 있지만 세상을 사는 동안 우리의 부족함과 사망으로 결과될 수밖에 없는 것을 반복적으로 확인할 수밖에 없습니다. 죄가 사망으로 결과되는 곳에, 권력이 최고의 힘인 환경 속에 살고 있으며, 그 뿌리가 우리 속에 있다고 합니다.

'그러므로 내 사랑하는 형제들아 견실하며 흔들리지 말고 항상 주의 일에 더욱 힘쓰는 자들이 되라'라는 말은 '어려운 일을 당할 때 넘어지지 마라'를 뛰어넘어서 '네 안에서 부족과 절망과 자격 없음을 볼 때 낙심하지 마라!'라는 의미입니다. 제가 이렇게 고함을 지르는 이유는 스스로가 여기에 해당됨을 알기 때문입니다. 이것이 기독교입니다. 이것이 우리에게 감사가 되지 않고, 예수를 믿는 우리의 진정한 소망과 자랑이 될 수 없다면 우리는 예수를 믿는 것이 아니라 경건한 종교인에 불과한 것입니다. 거기에는 늘 사나운 비판만 있습니다.

자신을 자세히 돌아보십시오. 우리는 예수를 넘어뜨리려고 모순을 지적하는, 약점을 공격하는 싸움밖에는 생산하지 못합니다. 용서가 있고, 기다려 주고, 이해하려고 하는 것이 있습니까? 이것이 예수님의 가르침이요, 우리에게 허락된 기독교 신앙의 정수입니다. 감사한 일입니다. 우리의 신자 된 인생을 감사하며 인내하며 소망 가운데 승리하기를 바랍니다.

기도

하나님 아버지, 은혜를 감사합니다. 하나님의 자녀가 된다는 것은 놀라운 일입니다. 그것은 자격의 문제도, 능력의 문제도, 옳고 그름의 문제도 아닙니다. 하나님의 사랑을 받고 축복을 입으며 하나님을 사랑하는 존재가 되는 것입니다. 그 사랑을 받기에 한없이 부족하다는 것을 깨달을 때마다 하나님이 나를 사랑으로 부르셨다는 말씀을 다시 기억하게 하여, 주의 통치의 부름을 받은 기쁨과 감사와 책임을 채우는 우리의 인생이 되게 하여 주시옵소서. 예수님 이름으로 기도합니다. 아멘.

51

신자의 헌신

———

1 예수께서 눈을 들어 부자들이 헌금함에 헌금 넣는 것을 보시고 2 또 어떤 가난한 과부가 두 렙돈 넣는 것을 보시고 3 이르시되 내가 참으로 너희에게 말하노니 이 가난한 과부가 다른 모든 사람보다 많이 넣었도다 4 저들은 그 풍족한 중에서 헌금을 넣었거니와 이 과부는 그 가난한 중에서 자기가 가지고 있는 생활비 전부를 넣었느니라 하시니라 (눅 21:1-4)

전부를 바친다는 말의 뜻

과부의 두 렙돈 이야기는 누가복음 20장 41절부터 시작되는 이야기
와 연결해서 이해해야 합니다. 20장 41절 이하는 예수님이 당시 유대
인들에게 왜 너희는 그리스도를 다윗의 자손이라고 하느냐, 하는 질
문으로 시작합니다.

성경이 나중에 오실 메시아를 다윗의 자손으로 예언한 것은 사실
이고, 유대인들이 그렇게 부른 데에 잘못은 없습니다. 그런데 이 문제
를 언급하는 이유는 메시아를 유대 민족만을 위하여 오는, 유대 민족
의 황금기를 회복하는 분으로 이해해서는 안 된다는 차원에서였습니
다. 시편 110편을 인용해서 말씀하십니다.

> 시편에 다윗이 친히 말하였으되 주께서 내 주께 이르시되 내가 네
> 원수를 네 발등상으로 삼을 때까지 내 우편에 앉았으라 하셨도다
> 하였느니라 (눅 20:42-43)

다윗의 후손으로 오실 하나님의 메시아를 하나님의 깨우쳐 주심으로
다윗이 알고 그를 주라고 부릅니다. 여기서 주라고 부르는 것은 우리
말의 주인이란 개념보다 크게 하나님에 대하여 쓰는 호칭입니다. 실
제로 예수님은 다윗의 후손으로 태어나십니다. 그럼에도 불구하고 성
부 하나님이 성자 하나님에게 '내가 네 원수를 네 발등상으로 삼을 때
까지 내 우편에 앉았으라'라고 말하시므로, 다윗이 자기 후손으로 태
어날 메시아를 다만 다윗의 후손으로 유대인들의 기대와 유대인들의

다른 모든 열망 속에서 특별한 보상을 해 주는 분으로 소개하지 않고 성부 하나님의 권세와 권위와 동등한 존재로서 고백하였다, 라고 합니다.

46절에 보듯이 "긴 옷을 입고 다니는 것을 원하며 시장에서 문안 받는 것과 회당의 높은 자리와 잔치의 윗자리를 좋아하는 서기관들을 삼가라"라고 이야기함으로써 하나님을 섬긴다는 신앙이 자기 치장이 되는 장식물에 지나지 않도록 조심하라는 교훈이 나오고, 과부의 두 렙돈 이야기가 등장합니다

과부의 두 렙돈이 여기에 등장하는 이유는 다른 사람들의 헌금을 부정하려는 것이 아니라, 과부는 자기가 가지고 있는 생활비 전부를 다 바쳤다는 것을 이야기하기 위해서입니다. 헌금을 내라는 간단한 이야기가 아닙니다. 예수께서 오시고 예수를 보내신 하나님이 요구하는 것은 남김없는 헌신이라는 뜻입니다.

남김없는 헌신이라는 것은 재물에 관한 이야기만이 아닙니다. 앞에 있었던 두 이야기에 등장한 것같이 자신이 속한 곳에 대해 기도할 수는 있지만, 우리 민족을 뛰어나게 하시고 우리 백성에게 축복해 달라는 소원, 즉 세계 속에서 우위에 속하게 해 달라는 축복을 요구하는데, 현실에서 남보다 위에 서려면 누구를 짓밟아야 합니다. 그렇다면 이런 기도는 못할 기도 중 하나일 것입니다. 누구를 잡아먹고 올라서는 것을 생각해야 하지 않습니까. 우리가 지금 두 고래 사이에 있는 새우인데 새우에게 독을 주사 고래를 물면 죽게 해 주십시오, 이런 기도가 아닙니까. 나라를 위해서 기도하는 것은 당연한 일이지만 어떤 시각과 이해 속에서 하는지에 따라 전혀 다른 것입니다.

예수님이 이 땅에 오셔서 공생애를 시작하기 직전에 받은 사탄의 세 가지 시험은 시사하는 바가 큽니다. 그 시험 중의 하나가 이것입니다. 사탄이 예수님을 데리고 높은 산에 올라 천하 만국을 보여 주고 이르기를 "내게 절하면 주겠노라" 하였습니다. 예수님은 "사탄아 물러가라 다만 하나님께만 경배하고 그를 섬기라"라고 하셨습니다.

결국 예수님의 오심, 메시아 사역의 핵심은 권력이 아니라 하나님에게 예배드림입니다. 그것이 하나님이 예수를 보낸 이유입니다. 예수님이 십자가에 돌아가신 이유입니다. 우리에게 하나님이 누구신가를 알게 하시고 하나님에게 전적인 항복을 드리게 하기 위해서 왔는데, 그가 십자가에 죽으시는 방법에서 보듯이 이는 강제력에 의한 굴복을 요구하러 오신 것이 아니라, 예수께서 기꺼이 십자가의 죽음을 택하신 것처럼 우리 모두가 하나님에 대하여 자유롭고 넘치는 항복과 만족으로 결과되는 일을 위하여 오셨다는 말씀인 것입니다.

그래서 교회의 본질과 정체성은 예배와 기도입니다. 예배와 기도라는 것은 모든 핵심이 하나님을 향하고 있음을 보여 줍니다. 하나님을 예배하고 가장 중요한 필요를 하나님에게 요청한다는 뜻입니다. 가장 중요한 것을 우리가 정하지 않는다는 뜻이 기도에 있습니다.

솔로몬이 지은 성전에 대하여, 또 그 후에 이스라엘 백성의 타락에 대하여, 성전에서 일어나는 모든 타락에 대하여 하나님이 하신 말씀은 이겁니다. "내 집은 만민이 기도하는 집이라." 그곳은 이권이나 권력을 위한 장소일 수 없으며 그런 명분이 서는 곳이 아니라 누구든지 와서 기도할 수 있는 곳입니다.

성전에 올라가서 기도한 두 사람, 바리새인과 세리의 기도를 기억해야 합니다. 바리새인의 기도는 이렇습니다. '나는 이 사람들과 다릅니다. 나는 이레에 두 번 금식하고 십일조를 바치며 의롭고 순종하는 삶을 삽니다.' 그러나 세리는 고개를 숙이고 '아버지여 불쌍히 여기소서'라고 합니다. 이렇게 해서 세리의 기도가 받아들여집니다. 그 기도를 받아 주는 곳이 바로 기도하는 집입니다. 교회에서 가장 중요한 일은 예배와 기도로 나타나는데, 예배와 기도의 본질은 하나님이 그 중심에서 주인공이어야 한다는 점입니다.

십자가의 사랑과 신자의 헌신

교회에서 '경배와 찬양'이라는 찬양 집회를 많이 합니다. 찬양 집회를 어떻게 받아들이냐에 따른 차이가 있을 것입니다. 마음에 우려되는 점은 하나님은 없고 찬송 부르는 자들의 감동만 있는 게 아닌가 하는 점입니다. 감동이 잘못은 아니지만 감동만으로 교회가 되는 것은 아닙니다. 감동의 대상이 있어야 합니다. 하나님이 누구신가에 대한 깨달음에서 나온 감동이 있어야 하는데 감동의 내용이 없고 감동이라는 이벤트만 있으면 안 된다는 말입니다.

기도를 하면 하나님 앞에 있다는 생각이 들어야 합니다. 우리의 간절함이 전달되는 것이 아니라 하나님이 자비로운 분임을 확인하는 것이 간절함이어야 하는데 나중에는 '간절히 기도했더니 들어주시더라' 하는 식으로 어느덧 방법론이 됩니다. 오해입니다. 간절함이 문제가 아니라, 우리가 간절히 기도하면 우리를 불쌍히 여기시는 분, 말이 안 되어도 찾아 주시어 응답하시는 분을 뵈어야 합니다. 간혹 얼마나 간절히 기도하면 응답하십니까, 하는 것을 물어보는 사람이 있습니다. '얼마나'의 문제가 아니라는 것입니다. 하나님에 관한 싸움입니다.

예레미야 32장 26절 이하의 말씀을 보겠습니다. 때는 남 왕조 유다의 멸망이 임박한 때입니다. 유다 사람들의 신앙이 최악의 상태에 있고 나라가 망하게 된 상황에서 선지자 노릇을 했던 예레미야에게 임한 말씀입니다.

그 때에 여호와의 말씀이 예레미야에게 임하여 이르시되 나는 여호와요 모든 육체의 하나님이라 내게 할 수 없는 일이 있겠느냐 그러므로 여호와께서 이와 같이 말씀하시니라 보라 내가 이 성을 갈대아인의 손과 바벨론의 느부갓네살 왕의 손에 넘길 것인즉 그가 차지할 것이라 이 성을 치는 갈대아인이 와서 이 성읍에 불을 놓아 성과 집 곧 그 지붕에서 바알에게 분향하며 다른 신들에게 전제를 드려 나를 격노하게 한 집들을 사르리니 이는 이스라엘 자손과 유다 자손이 예로부터 내 눈 앞에 악을 행하였을 뿐이라 이스라엘 자손은 그의 손으로 만든 것을 가지고 나를 격노하게 한 것뿐이니라 여호와의 말씀이니라 이 성이 건설된 날부터 오늘까지 나의 노여움과 분을 일으키므로 내가 내 앞에서 그것을 옮기려 하노니 이는 이스라엘 자손과 유다 자손이 모든 악을 행하여 내 노여움을 일으켰음이라 그들과 그들의 왕들과 그의 고관들과 그의 제사장들과 그의 선지자들과 유다 사람들과 예루살렘 주민들이 다 그러하였느니라 그들이 등을 내게로 돌리고 얼굴을 내게로 향하지 아니하며 내가 그들을 가르치되

끊임없이 가르쳤는데도 그들이 교훈을 듣지 아니하며 받지 아니하고 내 이름으로 일컫는 집에 자기들의 가증한 물건들을 세워서 그 집을 더럽게 하며 힌놈의 아들의 골짜기에 바알의 산당을 건축하였으며 자기들의 아들들과 딸들을 몰렉 앞으로 지나가게 하였느니라 그들이 이런 가증한 일을 행하여 유다로 범죄하게 한 것은 내가 명령한 것도 아니요 내 마음에 둔 것도 아니니라 그러나 이스라엘의 하나님 여호와께서 너희가 말하는 바 칼과 기근과 전염병으로 말미암아 바벨론 왕의 손에 넘긴 바 되었다 하는 이 성에 대하여 이와 같이 말씀하시니라 보라 내가 노여움과 분함과 큰 분노로 그들을 쫓아 보내었던 모든 지방에서 그들을 모아들여 이 곳으로 돌아오게 하여 안전히 살게 할 것이라 그들은 내 백성이 되겠고 나는 그들의 하나님이 될 것이며 내가 그들에게 한 마음과 한 길을 주어 자기들과 자기 후손의 복을 위하여 항상 나를 경외하게 하고 내가 그들에게 복을 주기 위하여 그들을 떠나지 아니하리라 하는 영원한 언약을 그들에게 세우고 나를 경외함을 그들의 마음에 두어 나를 떠나지 않게 하고 내가 기쁨으로 그들에게 복을 주되 분명히 나의 마음과 정성을 다하여 그들을 이 땅에 심으리라 여호와께서 이와 같이 말씀하시니라 내가 이 백성에게 이 큰 재앙을 내린 것 같이 허락한 모든 복을 그들에게 내리리라 (렘 32:26-42)

"내가 기쁨으로 그들에게 복을 주되 분명히 나의 마음과 정성을 다하여 그들을 이 땅에 심으리라." 이것이 사랑입니다. 하나님에 대한 우리의 항복을 요구하는 것입니다. 하나님이 우리에게 누구신가? 우리에게 무엇을 요구하시는가? "내가 기쁨으로 그들에게 복을 주되 분명히 나의 마음과 정성을 다하여 그들을 이 땅에 심으리라"라는 이 사실을 예수께서 오셔서 증거하시는 것입니다. 그의 모든 생애를 통하여 육체로 인생을 걸고 십자가를 짊으로써 하나님의 의지와 성의와 진실함과 사랑을 증거하시는 것입니다. 예수를 믿는다는 것은 그런 뜻입니다. 그를 보낸 아버지를 알고 그 앞에 항복하는 행위입니다. 여기에 다른 것을 섞어서 우리에게 필요한 이해관계와 자랑을 위하여 하나님을 이용하려는 일에 대하여 성경은 분명하게 경고합니다. 그런 것들은 보상받지 못합니다. 스바냐 3장 14절을 봅시다.

시온의 딸아 노래할지어다 이스라엘아 기쁘게 부를지어다 예루살렘 딸아 전심으로 기뻐하며 즐거워할지어다 여호와가 네 형벌을 제거하였고 네 원수를 쫓아냈으며 이스라엘 왕 여호와가 네 가운데 계시니 네가 다시는 화를 당할까 두려워하지 아니할 것이라 그 날에 사람이 예루살렘에 이르기를 두려워하지 말라 시온아 네 손을 늘어뜨리지 말라 너의 하나님 여호와가 너의 가운데에 계시니 그는 구원을 베푸실 전능자이시라 그가 너로 말미암아 기쁨을 이기지 못하시며 너를 잠잠히 사랑하시며 너로 말미암아 즐거이 부르며 기뻐하시리라 하리라 (습 3 : 14-17)

이 표현들이 얼마나 구체적인가 보십시오. 너로 말미암아 기쁨을 이기지 못해서 잠잠히 사랑한답니다. 할 말을 잊으시는 하나님! 그것이 기독교를 성립하는 주인이 우리를 향하여 갖는 뜻입니다. 이것을 요구하기 때문에 우리에게 하나님을 믿고 사랑한다는 말을 할 때 남겨 놓은 것이 있으면 안 된다고 이야기하는 것입니다. 남겨 놓은 것을 자꾸 헌금이라고만 생각하지 말고 우리의 신앙이 누구를 위한 것인가를 생각해야 합니다. 하나님과 하나님의 사랑을 받는 나 자신에 관한 것임을 잊지 마십시오. 세상과 하는 싸움보다 더 큰 싸움이라는 것을 잊지 마십시오.

요한복음 17장에 가면 다시 예수님의 증언으로, 우리가 더 깊이 기억해 두어야 할 말씀이 등장합니다. 예수께서 왜 오셨는가? 요한복음 17장 21절은 이렇게 이야기합니다.

아버지여, 아버지께서 내 안에, 내가 아버지 안에 있는 것 같이 그들도 다 하나가 되어 우리 안에 있게 하사 세상으로 아버지께서 나를 보내신 것을 믿게 하옵소서 내게 주신 영광을 내가 그들에게 주었사오니 이는 우리가 하나가 된 것 같이 그들도 하나가 되게 하려 함이니이다 곧 내가 그들 안에 있고 아버지께서 내 안에 계시어 그들로 온전함을 이루어 하나가 되게 하려 함은 아버지께서 나를 보내신 것과 또 나를 사랑하심 같이 그들도 사랑하신 것을 세상으로 알게 하려 함이로소이다 (요 17:21-23)

예수의 오심이 '아버지께서 나를 보내신 것이다'라고 이야기하는 내용을 꼭 기억하십시오. 우리가 믿는 하나님이 우리를 향하여 가지신 뜻의 진정성과 크기는 그 뜻을 전달하기 위하여 보내시는 사자로 확인됩니다. 누구를 보내냐는 것입니다. 선지자를 세우고, 천사를 보내고, 마침내 당신의 아들을 보내심으로써 우리를 향한 하나님의 뜻이 우리를 어디까지 요구하시는지, 우리를 어떤 수준으로 대접하시는지를 극명하게 나타내십니다. 그 아들을 보내어 부르는 자들입니다. 아버지가 아들을 보내신 것이며 아버지가 예수를 보내신 것이니, 하나님 아버지께 초대받은 줄 아는 감격과 항복이 있기를 바라시는 것입니다. 21절을 다시 봅시다. "아버지여, 아버지께서 내 안에, 내가 아버지 안에 있는 것 같이 그들도 다 하나가 되어 우리 안에 있게 하사 세상으로 아버지께서 나를 보내신 것을 믿게 하옵소서"(요 17:21).

예수의 마음을 품은 자의 헌신

이것을 이해하기 위해서 갈라디아서 2장을 볼 필요가 있습니다. 20절 말씀입니다.

> 내가 그리스도와 함께 십자가에 못 박혔나니 그런즉 이제는 내가 사는 것이 아니요 오직 내 안에 그리스도께서 사시는 것이라 이제 내가 육체 가운데 사는 것은 나를 사랑하사 나를 위하여 자기 자신을 버리신 하나님의 아들을 믿는 믿음 안에서 사는 것이라 (갈 2:20)

유명한 구절입니다. 그러나 쉽지 않습니다. 내가 내가 아니고 예수면 예수가 나를 사는 것이다, 라는 뜻입니다. 그러면 우리의 존재는 무엇이 되는 것입니까? 우리의 이해로는 정체성의 혼돈이 생깁니다. 여기에 대해 이야기하는 것이 바로 과부의 두 렙돈 이야기입니다. 나를 다 바쳐서 내가 내가 아니고 내가 섬기는 이가 내가 되는 그런 헌신을 말합니다. 내가 사는 것이 아니고 내 안에 주께서 사신다, 그건 어떤 능력이나 신비를 위하여 그러는 것이 아니라 내가 기꺼이 내가 되지 않고 내가 없어지고 주께서만 주인으로 존재하는 것이 나는 좋다, 하고 바울이 고백하는 것입니다. 그것이 우리가 잘 아는 빌립보서 2장 5절 이하에 있는 내용입니다.

> 너희 안에 이 마음을 품으라 곧 그리스도 예수의 마음이니 그는 근본 하나님의 본체시나 하나님과 동등됨을 취할 것으로 여기지 아니하시고 오히려 자기를 비워 종의 형체를 가지사 사람들과 같이 되셨고 사람의 모양으로 나타나사 자기를 낮추시고 죽기까지 복종하셨으니 곧 십자가에 죽으심이라 (빌 2:5-8)

자기를 비워 자기 증거와 자랑은 없고, 자기가 자기가 아니고 오직 하나님이 주인으로만 채워지기를 바랐습니다. 동등한 관계, 가장 깊은 관계, 영광과 존귀의 자리를 놓고 본인의 몫이나 주장은 다 포기하고 오직 아버지만이 존재하는 모든 것과 결정하는 모든 것과 나타나는 모든 것이 되게 한 바로 그 모습으로 예수가 이 땅에 오신 것입니다. 하나이기 때문에 할 수 있었던 것입니다.

성부 하나님과 성자 하나님과 성령 하나님의 삼위일체 하나님은 각각 독립된 정체성을 가지고 있음에도 불구하고 각각 자기 자신의 몫을 주장하지 않는 연합을 이루심으로써 하나님과의 교제, 우리가 이해할 수 없는 고급한 영광을 우리와 나누자고 하십니다. 그래서 예수의 오심이 예수와 성부 하나님과의 관계인 것같이 아버지의 영광의 자리로 우리를 부릅니다. 그를 경배하는 것은 굴종이 아니고 맹신이 아니고 소모품이 되는 것이 아닙니다. 수단으로가 아니라 고급한 연합으로 부르는 것이기에 바울은 갈라디아서 2장 20절을 쓸 수 있었던 것입니다.

나는 더 이상 내가 아니다, 나는 예수가 사는 나다, 그게 어떻게 가능합니까? 신비와 종교라는 이름의 억지가 아니라 내가 기꺼이 나를 바침으로써 한 점도 나인 것을 남겨 놓지 않음으로써 나의 주장과 나를 확인하는 부분을 말끔히 다 걷어 버리고 주께서 다 가지시도록 헌신함으로써 나는 내가 아니라 주께서 내 안에 사는 것이라고 이야기하는 것입니다. 신앙의 순종과 헌신이라는 실천적이고 방법적인 이야기를 하는 것이 아니라 기독교라는 것이 무엇인지, 천지를 지으신 하나님, 우리를 위하여 그 아들을 보내시는 하나님, 그 아들로 우리를 구원하시겠다는 하나님이 누구신지에 관한 문제입니다. 그를 믿고 그를 경배한다는 것이 무엇인지는 이해가 되는 것이 아니라 마음에 깊이 확인되는 것입니다.

이런 하나님이라면 그 아들이 그리하신 것같이 나도 기꺼이 십자가를 질 수 있다는 마음이 생기더라는 말입니다. 그 항복이란 우리가 보통 알고 있는 '난 십자가를 질 수 있어!' 이렇게 이야기함으로써 목에 힘이 들어가는 기백이나 각오가 아닙니다. 머리 깎고 혈서 쓰는 결기가 아니라, 마음속으로 무릎 꿇는 것을 말합니다. 그런 헌신입니다. 그래서 사도가 갈라디아서를 마치면서 마지막으로 이 이야기를 합니다.

내 손으로 너희에게 이렇게 큰 글자로 쓴 것을 보라 무릇 육체의 모양을 내려 하는 자들이 억지로 너희에게 할례를 받게 함은 그들이 그리스도의 십자가로 말미암아 박해를 면하려 함뿐이라 할례를 받은 그들이라도 스스로 율법은 지키지 아니하고 너희에게 할례를 받게 하려 하는 것은 그들이 너희의 육체로 자랑하려 함이라 (갈 6:11-13)

이것은 우리가 살핀 본문 말씀의 두 번째 예인 서기관들에 대한 꾸중에서 나왔습니다. 신앙이나 종교가 본인의 인격적 시장이 되고 증거가 되는 그런 요구는 기독교 신앙에 언제든지 따라 들어오는 죄의 유혹입니다. 그러면서 이렇게 결론을 내립니다. "그러나 내게는 우리 주 예수 그리스도의 십자가 외에 결코 자랑할 것이 없으니 그리스도로 말미암아 세상이 나를 대하여 십자가에 못 박히고 내가 또한 세상을 대하여 그러하니라"(갈 6:14).

여기서 세상은 하나님과 반대편에 서 있는 것을 말합니다. 하나님과 반대편에 서 있는 것은 자기가 자기의 주인이 되는 것을 말합니다. 생존 경쟁에서 이기는 것, 비교 우위에서 승자가 되는 것, 이것이 세상입니다. 그러나 우리는 십자가를 기준점으로 신앙이라는 영역에서 기꺼이 자신을 부인하는 자가 되는 것입니다. 우리의 존재를 우리의 것으로 채우지 않고, 세상으로 확인하지 않고, 그 아들을 보내신 하나님으로서 채우고 확인하는 것입니다. 이 싸움이 기독교 신앙의 정수입니다. 쉽게 믿어지지도 않고 쉽게 실천할 수도 없습니다. 전 생애에 걸쳐 하는 싸움입니다.

우리는 다 예수를 믿어서 이 자리에 왔습니다. 그럼에도 이러한 내용에 대해서 '옳습니다' 하고 이야기할 수 있는 사람은 몇 없습니다. 세상, 곧 자기 자신을 증명하는 것이 얼마나 헛되고 무의미하고 악한가를 아는 것은 삶의 연륜과 연결돼 있습니다.

그래서 늙어 가는 것은 결코 손해가 아닙니다. 세상에 대하여 현실로 직면할 수밖에 없기 때문에 영원한 것과 그렇지 않은 것을 구별하는 지혜가 생깁니다. 하나님을 믿는다는 것이 얼마나 영원한 가치인가, 얼마나 다행한 일인가, 죽음과 쇠잔함, 잊혀진 것 같은 것들로 방해받을 수 없는 영원한 명예라는 것을 알게 됩니다. 그 감격이 모두에게 감동과 확인으로 기억되기를 바랍니다.

기도

하나님 아버지, 은혜를 감사합니다. 예수를 믿는다는 것은 하나님의 부르심에 응하는 것입니다. 우리를 향한 하나님의 사랑과 성의와 진실함에 항복하는 것입니다. 자기 증명을 위하여 하나님을 수단으로 쓰는 것이 아닙니다. 십자가에 못 박힌 예수가 의미하는 것이 무엇인지, 십자가에 죽으신 예수가 가신 길이 무엇을 우리에게 알려 준 것인지 다시 기억하게 하옵소서. 그리하여 예수를 믿고 하나님의 자녀가 된 영광을 우리 삶 속에서 구현해 내는 것을 잊지 않고 실천하여 우리 모두 신앙의 승리를 얻도록 허락하옵소서. 예수님 이름으로 기도합니다. 아멘.

52
하나님 되심

———

5 어떤 사람들이 성전을 가리켜 그 아름다운 돌과 헌물로 꾸민 것을 말하매 예수께서 이르시되 6 너희 보는 이것들이 날이 이르면 돌 하나도 돌 위에 남지 않고 다 무너뜨려지리라 7 그들이 물어 이르되 선생님이여 그러면 어느 때에 이런 일이 있겠사오며 이런 일이 일어나려 할 때에 무슨 징조가 있사오리이까 8 이르시되 미혹을 받지 않도록 주의하라 많은 사람이 내 이름으로 와서 이르되 내가 그라 하며 때가 가까이 왔다 하겠으나 그들을 따르지 말라 9 난리와 소요의 소문을 들을 때에 두려워하지 말라 이 일이 먼저 있어야 하되 끝은 곧 되지 아니하리라

(눅 21:5-9)

이스라엘 성전 신앙의 오류

예수님이 공생애 마지막 기간에 예루살렘에 올라오셔서 성전에서 가르치십니다. 본문 말씀은 그 앞에 서기관들을 꾸짖은 이야기에 이어 나오는 것입니다. 서기관과 바리새인에 대한 예수님의 꾸중은 강도가 매우 높은 것이었습니다.

'화 있을진저 너희 서기관과 바리새인들이여'라는 특별한 저주와 꾸중은 복음서 어디에나 있습니다. 본문 말씀에는 당시 유대인들 중에 이에 대해 '우리를 너무 나무라지 마십시오' 하는 반발 아닌 반발을 한 것이 기록되어 있습니다. '어떤 사람들이 성전을 가리켜 그 아름다운 돌과 헌물로 꾸민 것을 말하매'(5절) 하는 것은, 그래도 우리가 이런 진심과 정성이 있는 사람들입니다, 우리가 이렇게 성전을 잘 세웠고 잘 꾸몄는데 왜 꾸중만 하십니까, 하는 의미입니다. 그러자, '예수께서 이르시되 너희 보는 이것들이 날이 이르면 돌 하나도 돌 위에 남지 않고 다 무너뜨려지리라'(5-6절)라고 하셨습니다. 그들의 변명 아닌 변명, 혹은 반대 아닌 반대에 대하여 예수께서 대단히 엄중한 심판을 공언하고 있는 장면입니다.

당시 유대인들은 자기네들이 하나님을 믿고 하나님의 백성이고 성전을 세우고 힘을 다하여 제사를 지내고 있다는 사실로 자기네들이 잘못된 길을 가고 있을 것이라고는 생각하지 않고 있는 셈입니다. 예수님의 가르침은 사사건건 그들과 부딪쳤습니다. 그리고 실제로 A.D. 70년에 로마에 의하여 예루살렘 성과 성전은 남김없이 훼파됩니다. 그런 일들은 그때 처음 일어나는 일이 아니라 역사적으로 이미 과거에 있었던 일인데, 그때도 내용이 동일합니다.

구약 성경 예레미야 7장에 가면 동일한 예루살렘의 멸망의 때에 선지자 예레미야가 하나님의 말씀으로 그들을 경계하며 각오하게 하며 추궁하는 장면이 나옵니다. 1절입니다.

여호와께로부터 예레미야에게 말씀이 임하니라 이르시되 너는 여호와의 집 문에 서서 이 말을 선포하여 이르기를 여호와께 예배하러 이 문으로 들어가는 유다 사람들아 여호와의 말씀을 들으라 만군의 여호와 이스라엘의 하나님께서 이와 같이 말씀하시되 너희 길과 행위를 바르게 하라 그리하면 내가 너희로 이 곳에 살게 하리라 너희는 이것이 여호와의 성전이라, 여호와의 성전이라, 여호와의 성전이라 하는 거짓말을 믿지 말라 너희가 만일 길과 행위를 참으로 바르게 하여 이웃들 사이에 정의를 행하며 이방인과 고아와 과부를 압제하지 아니하며 무죄한 자의 피를 이 곳에서 흘리지 아니하며 다른 신들 뒤를 따라 화를 자초하지 아니하면 내가 너희를 이 곳에 살게 하리니 곧 너희 조상에게 영원무궁토록 준 땅에니라 (렘 7:1-7)

예레미야 선지자로 하여금 성전 문 앞에 서서 여호와께 예배하러 올라가는 사람들에게 '이것이 여호와의 성전이라, 여호와의 성전이라, 여호와의 성전이라 하는 거짓말을 믿지 말라'라는, 말하자면 심판 또는 하나님의 경고를 전하라고 합니다. 4절 말씀을 유의해서 봐야 합니다. '이것이 여호와의 성전이라, 여호와의 성전이라, 여호와의 성전이라 하는 거짓말'은 예수님에게 "이 성전을 보십시오"라고 한 말과 동일한 내용을 가지고 있습니다. 즉 우리는 이렇게 힘을 다하여 성전을 지었고 제사를 지내고 있습니다, 그러므로 우리는 하나님의 백성이며 하나님이 우리 편을 들 것이며 우리를 위하여 축복할 것입니다, 라는 말은 거짓말이라는 것입니다. 거짓말이라는 표현에서 중요한 핵심은 진심과 정성이 기독교 신앙의 중심이 되는 것은 아니라는 점입니다.

너희가 이 전을 짓고 와서 제사를 지내면서 예배를 드리는 것이 기독교 신앙의 핵심 되는 본질은 아니다, 그것은 5절 이하에서 보다시피 '너희가 만일 길과 행위를 참으로 바르게 하여 이웃들 사이에 정의를 행하며 이방인과 고아와 과부를 압제하지 아니하며 무죄한 자의 피를 이 곳에서 흘리지 아니'(5-6절)해야 한다, 라는 것입니다. 5절에서 보듯이 너희는 공의를 행하는 것이 더 중요하다고 가르칩니다.

만만치 않은 내용입니다. 너희는 다만 종교심을 가질 뿐만 아니라 최소한의 정의와 윤리가 있어야 한다, 이런 이야기가 아닙니다. 이스라엘 백성이 예수님 당시에 예수님의 계속되는 공격 또는 예수님의 가르침에 대하여 자신했던 것과 다름에 대하여 사뭇 놀라고 당황하여 자신들이 가진 신앙을 예수님 앞에 피력하여 확인받고 싶어 하는 대목입니다. 우리가 이런 성전을 지었고 이런 열심을 품고 있는데, 우리에게 무슨 잘못이 있단 말입니까, 라고 하는 것입니다.

예수님이 말씀하시는 것은, 하나님은 너희를 편들기 위해서만 있는 한 민족, 한 백성의 하나님이 아니라는 것입니다. 결국 이 성전에 돌 하나도 돌 위에 남기지 않겠다는 말씀이 A.D. 70년에 역사상 실제 사건으로 일어납니다. 로마가 쳐들어와서 예루살렘 성과 성전을 다

훼파합니다. 이스라엘 사람들의 기대는 자기네가 하나님의 백성이니까 메시아가 오면 로마를 치고 이스라엘에게 회복을 주어야 한다는 것이었습니다. 그러나 예수님은 뜻밖에 로마의 멸망을 위하여 오지 않고, 이스라엘의 멸망을 위하여 옵니다. 놀랍지 않습니까? 여기서 말하는 공의란 무엇입니까? 자신의 옳음을 위하여 누구를 심판해서 가지는 공의가 아니라는 것입니다.

이 세상의 정의를 봅시다. 세상에서의 정의, 세상에서의 옳음, 세상에서의 평화는 내 정의를 따라오지 않는 자나 반대하는 자, 우리의 평화를 방해하는 자를 제거해서 만드는 정의이며 평화입니다. 그러나 예수님의 오심은 누가 옳고 그른지를 판단하는 문제가 아니라, 모두를 하나님의 통치 아래 묶는 것으로 공의와 평화를 이루겠다는 것입니다. 그러기 위해서 필요한 것은 무엇입니까? 그 공의는 기본적으로 자비 위에 서 있다는 것입니다.

하나님의 자비 위에 서는 공의라야 합니다. 하나님은 이스라엘을 위하여 하나님을 모르는 다른 이방을 심판함으로써 이스라엘을 보상하는 하나님이 아니라, 전 인류를 구원하기 위하여 하나님의 자비하심으로 찾아오시는 하나님인데, 그 문제에서 최고 걸림돌은 이방이 아니라 유대인이라는 것입니다. 성전을 짓고 제사를 드리는 이스라엘이 오히려 하나님에 대하여 더 모르더라는 것입니다.

그들의 정의, 그들의 신앙은 자기 편을 들고 자기 필요를 채우고 자기를 증명해 주는 하나님에 머물러 있더라는 말입니다. 로마가 무너지기 전에 예루살렘이 먼저 망한다, 나는 한 부족의 신이 아니다, 나는 전 인류를 구원하는 하나님이다, 전 인류의 구원을 이루는 하나님이다, 그런데 너희가 나를 제한하고 있고, 너희가 나를 보복의 수단으로, 보상의 수단으로 제한하고 있으므로 이것이 더 큰 문제다, 라고 답하시는 것입니다.

제사와 순종 사이

예레미야 7장 12절 이하를 보면 이 문제가 어떻게 이스라엘에게 역사적 교훈이었고 중요한 문제였는지가 나옵니다.

> 너희는 내가 처음으로 내 이름을 둔 처소 실로에 가서 내 백성 이스라엘의 악에 대하여 내가 어떻게 행하였는지를 보라 여호와의 말씀이니라 이제 너희가 그 모든 일을 행하였으며 내가 너희에게 말하되 새벽부터 부지런히 말하여도 듣지 아니하였고 너희를 불러도 대답하지 아니하였느니라 (렘 7:12-13)

실로에서 행한 일이란, 사사기 말기에 엘리라는 제사장이 있을 때에 일어났던 이스라엘과 블레셋 간의 싸움에서 있었던 사건을 말합니다. 블레셋은 이스라엘의 아주 중요한 주적이었는데 그때도 두 나라 사이에 싸움이 일어났고, 이스라엘이 블레셋에 밀립니다. 첫 전투에서 많은 사상자를 내고 이스라엘이 패퇴하자 스스로 당황하게 됩니다. 우리는 하나님을 믿는 백성이고 그들은 우상을 섬기는 백성인데 왜 우리가 진단 말이냐? 그러자 자성의 소리가 나옵니다. 하나님이 우리와 함께하지 않아서 그렇다, 하나님을 우리 진중에 모시자, 해서 실로라는 장소에 있던 성막 안에 모셔 놓은 언약궤를 가지고 옵니다. 당시는 성전을 짓기 전이기 때문에 천막으로 성막을 대신했습니다.

그 언약궤가 들어오던 날 이스라엘 모든 진이 환호하며 사기가 충천해지고 의기양양해집니다. 하나님이 우리 진중에 오셨다, 이제 우리가 이길 것이다, 그 환호와 사기가 얼마나 충천했던지 블레셋에게도 그 소리가 들려서 블레셋에서 정탐꾼을 보냅니다. 그리고 블레셋이 그 보고를 받습니다. '이스라엘의 신이 진에 오셨답니다.' 그래서 블레셋이 걱정을 합니다. 얘들아, 내일 싸움은 만만치 않게 되었다, 이스라엘이 그 신을 모셨으니 내일 그들이 힘을 다하여 덤비고 신적인 도움을 받을지도 모른다, 그러니 우리는 더 힘을 다해서 싸워야겠다, 해서 그다음 날 다시 크게 접전이 이루어졌는데, 이스라엘은 그 전날 죽은 수보다 열 배쯤 되는 더 큰 사상자를 냅니다. 이스라엘은 언약궤도 빼앗기고, 엘리 제사장은 의자에 앉아 있다가 그 소식을 듣고 고꾸라져서 목이 부러져 죽습니다(삼상 4:1-11).

하나님은 신앙이라는 이름과 제사라는 행위로써 조종되는 대상이 아니다, 하나님을 믿는다는 것은 우리가 신에게 바칠 것을 바치고 신은 우리에게 필요한 것을 주는 정도로 오해될 수 없다는 엄중한 경고이자 증언의 역사가 사무엘상 4장에 기록되어 있습니다. 이것이 예레미야 시대에도 동일하게 나타났습니다. 이제 북 이스라엘은 망했고 남 왕국 유다도 바벨론 앞에 풍전등화입니다. 그러나 당시에도 이스라엘 사회에는 헛된 기대가 만연하였습니다. 우리가 하나님을 모셨고 성전에서 제사드리는 것을 그치지 않고 있다, 하나님은 애굽에서 우리를 구원하기 위하여 바로를 치고 열 가지 재앙을 내리고 홍해를 갈라 우리 백성을 인도하여 낸 하나님이신데 우리가 패할 리가 있겠냐는 것이었습니다. 그런 헛된 기대를 하고 있을 때 예레미야가 하나님의 말씀을 전합니다. "너희는 이것이 여호와의 성전이라, 여호와의 성전이라, 여호와의 성전이라 하는 거짓말을 믿지 말라"(4절).

하나님이 누구신지 알라, 하나님은 너희를 편들기 위하여 있는 것이 아니라, 하나님이 누구신가에 대하여 너희가 알고 따르기를 원하는 하나님이다, 정의, 공의를 이룰 것이냐? 우리를 위하여 다른 이들을 제물로 삼는 식으로 하나님에게 요구하지 말고, 하나님이 요구하고 원하는 뜻에 너희가 복종해야 하는 그런 하나님이시다, 너희가 구하는 정의가 너희를 보상하고 너희를 증명하는 것으로 결과되는 것이 아니라, 하나님의 통치 곧 이웃을 사랑하고 불쌍한 자에게 자비를 베푸는 통치로 실현되어야 한다는 이야기입니다.

내가 신앙을 가지고, 하나님을 알고, 정성을 다했으며, 율법을 따랐으니 하나님은 당연히 내 편이라고 쉽게 생각하지 말라는 것입니다. 하나님을 모르고, 하나님을 반대하고, 내가 예수 믿는 것에 반대하는 이들을 쳐 달라고 기도하지만 하나님은 누구부터 치십니까? 먼저 믿은 자, 하나님을 먼저 안 자를 치더라는 말입니다. 그러면 우리는 이런 반문을 할 수 있습니다. '먼저 믿는 것에 무슨 유익이 있습니까?' 어쩌면 저주에 가까운 예수님 말씀의 무서움은 이것입니다. 예루살렘이 함락되어 멸망하기 전에 예수께서 그들을 위하여 십자가에 죽으신다는 것입니다. 이 순서를 보십시오. 로마가 망하기 전에 이스라엘이 망하고, 이스라엘이 망하기 전에 예수가 죽습니다. 예수님은 우리를 다만 혼내고 우리의 틀린 것을 지적하고 잘잘못을 가리기 위하여 오신 것이 아닙니다.

나는 이런 하나님이다, 내가 너희를 내 백성으로 삼으려고 했는데 너희는 계속 옆으로 가고 있다, 로마는 몰라서 그 길을 가고 있다면 너희는 안다고 하면서도 다른 길을 가고 있다, 이것을 확인시키고 바로 예수께서 죽으시는 것입니다. 만일 이렇게 죽는 예수님이 우리에게 없다면 우리는 우리 인생에 일어나는 모든 일에 대하여 억울할 수밖에 없습니다. 그리고 감사할 수 없게 됩니다. 억울해하는 것과 감사하는 것의 차이점이 뭔지 보겠습니다. 예레미야 7장 21절 이하를 봅시다.

> 만군의 여호와 이스라엘의 하나님께서 이와 같이 말씀하시되 너희 희생제물과 번제물의 고기를 아울러 먹으라 사실은 내가 너희 조상들을 애굽 땅에서 인도하여 낸 날에 번제나 희생에 대하여 말하지 아니하며 명령하지 아니하고 오직 내가 이것을 그들에게 명령하여 이르기를 너희는 내 목소리를 들으라 그리하면 나는 너희 하나님이 되겠고 너희는 내 백성이 되리라 너희는 내가 명령한 모든 길로 걸어가라 그리하면 복을 받으리라 하였으나 (렘 7:21-23)

하나님이 이스라엘 백성을 애굽에서 꺼내면서 하신 명령, 최우선의 명령이 무엇입니까? '나에게 순종하라'였습니다. 제사를 꼭 드려라, 율법을 지켜라, 하시기 이전에 '나에게 순종하라'였던 것입니다. 순종하라는 것은 무엇일까요? 신명기 6장에 가면 이렇게 되어 있습니다.

이는 곧 너희의 하나님 여호와께서 너희에게 가르치라고 명하신 명
령과 규례와 법도라 너희가 건너가서 차지할 땅에서 행할 것이니 곧
너와 네 아들과 네 손자들이 평생에 네 하나님 여호와를 경외하며
내가 너희에게 명한 그 모든 규례와 명령을 지키게 하기 위한 것이며
또 네 날을 장구하게 하기 위한 것이라 이스라엘아 듣고 삼가 그것을
행하라 그리하면 네가 복을 받고 네 조상들의 하나님 여호와께서 네
게 허락하심 같이 젖과 꿀이 흐르는 땅에서 네가 크게 번성하리라
(신 6:1-3)

내 말을 들어라, 그러면 복 받을 것이다, 순종하면 보상으로 복을 받
는다는 뜻이 아니라 복은 나에게서만 나온다, 그런 뜻입니다. 이 말씀
에 대한 이해를 돕기 위하여 옛날 예화를 하나 들겠습니다. 제가 초등
학교, 중학교에 다닐 때쯤인 50년대 60년대 초에는 교회에서 봄가을
에 부흥회를 했습니다. 유명한 목사님을 모셔다 일주일 동안 부흥회
를 합니다. 새벽 기도, 오전 성경 공부, 저녁 집회, 하루 세 번씩 일주
일 동안 합니다. 월요일부터 토요일까지, 혹은 주일 저녁부터 토요일
아침까지 합니다.

그때 어느 목사가 말한 내용이 기억납니다. 그때 지금의 제 나이쯤
되신 목사님이니까 일제 시대를 거쳐 온 사람입니다. 아주 깊은 외진
시골 사람이 서울에 올 기회가 생겨서 올라왔다고 합니다. 서울에 와
서 그가 제일 놀란 것은 전깃불이었습니다. 그래서 그는 다시 시골에
돌아가면 서울에서 구경한 이야기를 해 주려고, 모두를 깜짝 놀라게
할 물건으로 전구 하나를 가지고 시골에 돌아갔습니다. 마을 사람들

이 다 모였습니다. 그는 전구를 천장에 묶어 놓고 날이 저물기만을 기다렸습니다. 때가 되니, 사람들이 서울 구경 갔다 온 얘기 좀 해 보라고 하는데, 잠깐만 기다리십시오, 해 놓고는 아무리 기다려도 불이 안 들어오는 것이었습니다.

진정한 신앙의 정체

신명기 6장 이하의 약속이 그것입니다. 너희가 전구를 사 오면 불이 들어오게 해 주겠다는 것이 아닙니다. 전기가 들어오고 전원이 연결되어야 하듯이 오직 하나님으로부터만 생명과 복과 진리와 진정한 승리와 영광이 흘러나오는 것입니다. 찬송가 1장 가사가 그것입니다. 만복의 근원, 하나님입니다. 그러니까 순종하면 보상해 준다는 개념이 아닙니다. 하나님에게 속하지 않고 하나님에게 붙들려 있지 않고는 우리의 필요와 우리의 승리와 영광과 보람이 만들어지지 않습니다. 다른 것에는 없다는 것입니다. 신명기 28장에 가면 이 문제가 다시 한 번 이렇게 강조됩니다. 28장은 유명한 저주와 축복의 장입니다.

네가 네 하나님 여호와의 말씀을 삼가 듣고 내가 오늘 네게 명령하는 그의 모든 명령을 지켜 행하면 네 하나님 여호와께서 너를 세계 모든 민족 위에 뛰어나게 하실 것이라 네가 네 하나님 여호와의 말씀을 청종하면 이 모든 복이 네게 임하며 네게 이르리니 성읍에서도 복을 받고 들에서도 복을 받을 것이며 네 몸의 자녀와 네 토지의 소산

과 네 짐승의 새끼와 소와 양의 새끼가 복을 받을 것이며 네 광주리
와 떡 반죽 그릇이 복을 받을 것이며 네가 들어와도 복을 받고 나가
도 복을 받을 것이니라 (신 28:1-6)

이것이 무슨 말입니까? 하나님은 우리에게 복을 주시는 일에서 그 성
품이나 의지로나 능력으로나 너무나 충분하시고, 너무나 풍성하신 분
이라는 뜻입니다. 얼마나 많이 복을 받느냐고 세어 보고 헤아려 봐야
하는 문제가 아니라 하나님이 누구신가에 관한 문제입니다. 그것이 9
절에는 이렇게 나옵니다.

여호와께서 네게 맹세하신 대로 너를 세워 자기의 성민이 되게 하시
리니 이는 네가 네 하나님 여호와의 명령을 지켜 그 길로 행할 것임
이니라 땅의 모든 백성이 여호와의 이름이 너를 위하여 불리는 것을
보고 너를 두려워하리라 (신 28:9-10)

여호와의 이름이 너를 위하여 불리는 것, 이것이 하나님의 뜻입니다.
우리의 하나님이 되시는 것, 우리가 하나님을 우리의 여호와로 삼는
것, 그것이 얼마나 큰 복인가! 그분이 얼마나 위대한가를 모두에게 보
이시는 것, 그들이 두려워할 만큼 보이시는 것, 그것이 하나님이 이스
라엘을 세운 이유이며, 오늘날에도 허락하시는, 그 아들을 보내어 우
리에게 원하시고, 이루시고, 약속하시고, 이루시고야 말 하나님의 뜻
입니다. 이것이 당시 유대인들의 자랑인 성전을 허물어야 했던 이유
입니다. 예수님이 죽어야 했던 이유입니다. 그리고 오늘 모든 신자들

이 예수를 믿는다는 말이 가지는 뜻에 대한 바른 이해여야 합니다.

하나님에게 순종해야 합니다. 이는 우리의 자유를 제한하는 것이 아닙니다. 우리가 만들어 낼 수 있고, 우리의 수단과 필요로서만 하나님이신 그런 하나님이 아니라, 하나님의 무한하신 뜻과 부요하심에 스스로를 항복하는 행위입니다. 그것이 없으면 우리는 우리가 신자임에도 불구하고 분노할 수밖에 없습니다. 유대인들이 예수님에게 했던 것처럼 이것이 그를 십자가에 못 박은 가장 큰 이유입니다. 우리가 도대체 뭘 잘못했기에 너 예수는 우리에게 와서 자꾸 우리보고 뭐라고 그러느냐? 왜 우리를 핍박하는 로마는 그냥 두고 우리 보고 그러느냐? 하는 분노입니다. 하나님이 너 같은 것을 메시아로 보냈다는 것이 말이 되느냐? 메시아가 왔으면 당연히 우리의 원한을 풀어 줘야 할 것이 아니냐, 그겁니다.

자기의 신앙을 점검해 보십시오. 우리의 억울함과 분노가 어디 있는지 보십시오. 하나님에게 있습니다. 노골적으로 대들 수는 없습니다. 우리가 약자이기 때문입니다. 그러나 항복하지는 않습니다. 이게 뭡니까? 이게 다란 말입니까? 우리가 못한 게 뭐가 있습니까? 하고 억울해합니다. 감사는 어디서 옵니까? 하나님을 아는 것 자체에 있습니다. 하나님을 알고 그의 긍휼과 자비와 의로우심과 신실하심과 그의 뜻과 그의 참으심에 대하여 알고, 그분을 하나님으로 모시고 그의 자녀가 됐다는 것만으로, 다른 무엇으로도 채울 수 없는 감사가 있습니다.

예수님이 간 길을 자꾸 반복해서 기억할 수밖에 없습니다. 잘 참고 십자가까지 올라갔는데, 마지막에 "네가 하나님의 자녀라면 내려오라" 하면, 거기서는 꼭 내려옵니다. 꼭 거기에서 집니다. 내려왔다가 다시 돌아가려고 하면 십자가가 없어집니다. 두려울 것이 없습니다. 불만이 없습니다. 아쉬울 것이 없습니다. 이렇게 여기는 것이 진정한 신앙의 정체인 것입니다. 그렇게 자신의 신앙을 확인하십시오. 그리하지 않으면 우리의 인생은 신자이기 때문에 더 고달플 것입니다.

하나님이 누구신가를 성경이 증언하고 우리의 생애가 확인합니다. 나의 옳음을 증거하기 위하여 다른 사람을 비판해도 찾아오지 않는 평화, 예수 안에서 아무리 지고 당해도 빼앗길 수 없는 평화, 이 둘을 비교하십시오. 거기서 이기십시오. 지지 마십시오.

기도

하나님 아버지, 은혜를 감사합니다. 하나님의 자녀로 사는 것은 엄청난 평화입니다. 내가 기꺼이 십자를 지는 기쁨입니다. 이웃들을 쳐서 확인할 필요가 없는 평화입니다. 모든 세상으로 하여금 놀라게 하는, 그런 복된 자리입니다. 이 믿음을 기억하고 지키게 하옵소서. 예수님 이름으로 기도합니다. 아멘.

53

역사의 주인

———

7 그들이 물어 이르되 선생님이여 그러면 어느 때에 이런 일이 있겠사오며 이런 일이 일어나려 할 때에 무슨 징조가 있사오리이까 8 이르시되 미혹을 받지 않도록 주의하라 많은 사람이 내 이름으로 와서 이르되 내가 그라 하며 때가 가까이 왔다 하겠으나 그들을 따르지 말라 9 난리와 소요의 소문을 들을 때에 두려워하지 말라 이 일이 먼저 있어야 하되 끝은 곧 되지 아니하리라 10 또 이르시되 민족이 민족을, 나라가 나라를 대적하여 일어나겠고 11 곳곳에 큰 지진과 기근과 전염병이 있겠고 또 무서운 일과 하늘로부터 큰 징조들이 있으리라 (눅 21:7-11)

종말의 징조

예수님이 예루살렘 성전이 다 훼파될 것이라고 이야기하자 유대인들이 예수님에게 어떤 때 그런 일이 일어날지, 그 징조를 어떻게 분별할 수 있을지를 묻습니다.

징조라는 것은 임박한 어떤 사건에 대한 조짐입니다. 그것을 보면 곧 일어날 일을 안다는 것입니다. 우리가 생활 속에서 아는 것으로는 쥐들이 구멍에서 다 나오면 지진이 난다더라, 같은 것이 징조입니다. 이런 징조를 묻자 예수님은 뜻밖의 답을 주십니다. 8절을 봅시다.

> 이르시되 미혹을 받지 않도록 주의하라 많은 사람이 내 이름으로 와서 이르되 내가 그라 하며 때가 가까이 왔다 하겠으나 그들을 따르지 말라 난리와 소요의 소문을 들을 때에 두려워하지 말라 이 일이 먼저 있어야 하되 끝은 곧 되지 아니하리라 (눅 21:8-9)

여기서 끝은 예루살렘의 멸망이기보다는 세상의 끝을 가리키는 것으로 보입니다. 지금 묻는 것은 예루살렘의 멸망에 대한 질문이었는데, 그 징조를 구했더니 세상 끝날 때 있을 일인 세상의 흐름에 대한 이야기로 답을 하십니다. "또 이르시되 민족이 민족을, 나라가 나라를 대적하여 일어나겠고 곳곳에 큰 지진과 기근과 전염병이 있겠고 또 무서운 일과 하늘로부터 큰 징조들이 있으리라"(눅 21:10-11).

요즘에 우리가 많이 보는 일들입니다. 큰 재해가 늘고 있습니다. 자연재해가 있을 것이라! 인류 역사 전체에 대한 예수님의 예언입니다.

지금 질문하는 이들은 임박한 사건, 예루살렘의 멸망에 대한 징조를 구하는데 왜 예수님은 전 인류 역사의 끝에 관한 징조를 말씀하시는 것일까요? 이사야 7장에 가면 이것을 이해하는 데 좋은 구약의 사건이 있습니다.

웃시야의 손자요 요담의 아들인 유다의 아하스 왕 때에 아람의 르신 왕과 르말리야의 아들 이스라엘의 베가 왕이 올라와서 예루살렘을 쳤으나 능히 이기지 못하니라 어떤 사람이 다윗의 집에 알려 이르되 아람이 에브라임과 동맹하였다 하였으므로 왕의 마음과 그의 백성의 마음이 숲이 바람에 흔들림 같이 흔들렸더라 그 때에 여호와께서 이사야에게 이르시되 너와 네 아들 스알야숩은 윗못 수도 끝 세탁자의 밭 큰 길에 나가서 아하스를 만나 그에게 이르기를 너는 삼가며 조용하라 르신과 아람과 르말리야의 아들이 심히 노할지라도 이들은 연기 나는 두 부지깽이 그루터기에 불과하니 두려워하지 말며 낙심하지 말라 아람과 에브라임과 르말리야의 아들이 악한 꾀로 너를 대적하여 이르기를 우리가 올라가 유다를 쳐서 그것을 쓰러뜨리고 우리를 위하여 그것을 무너뜨리고 다브엘의 아들을 그 중에 세워 왕으로 삼자 하였으나 주 여호와의 말씀이 그 일은 서지 못하며 이루어지지 못하리라 대저 아람의 머리는 다메섹이요 다메섹의 머리는 르신이며 육십오년 내에 에브라임이 패망하여 다시는 나라를 이루지 못할 것이며 에브라임의 머리는 사마리아요 사마리아의 머리는 르말리야의 아들이니라 만일 너희가 굳게 믿지 아니하면 너희는 굳게 서지 못하리라 하시니라 (사 7:1-9)

앗수르가 맹위를 떨쳤던 팔레스타인과 메소포타미아 지역에 오늘날 아라비아의 정치권 속에서 앗수르의 잔혹한 침략과 약탈을 견디지 못하여 대(對) 앗수르 연맹을 조직하게 됩니다. 그것이 여기에 나오는 북 왕조 이스라엘과 아람입니다. 아람은 지금으로 이야기하면 시리아에 해당합니다. 그 아람과 북 왕조 이스라엘이 손을 잡고 남 왕조 유다에게 동맹을 맺자고 요구했는데, 남 왕조 유다의 왕 아하스는 이미 앗수르에게 조공을 바치고 굴복한 상태였습니다.

그래서 그들이 유다 왕국을 침공하여 다윗의 왕권을 무너뜨리고, 6절에 있듯이 '우리가 올라가 유다를 쳐서 그것을 쓰러뜨리고 우리를 위하여 그것을 무너뜨리고 다브엘의 아들을 그중에 세워 왕으로 삼자'라는, 역성혁명을 꾀하고 있습니다. 아하스는 속이 탑니다. 그러자 하나님이 이사야를 보내 걱정하지 말라고 하면서 '여호와께서 또 아하스에게 말씀하여 이르시되 너는 네 하나님 여호와께 한 징조를 구하되 깊은 데에서든지 높은 데에서든지 구하라'(사 7:10-11)라고 하십니다.

앞에서 이미 본 바와 같이 이 두 나라가 곧 멸망할 것이며 너희를 치러 올라오나 이기지 못할 것이라, 이것을 확실히 하기 위해서 징조를 구하라고 하자 '아하스가 이르되 나는 구하지 아니하겠나이다 나는 여호와를 시험하지 아니하겠나이다'(사 7:12)라고 합니다. 그런데 이 말은 겸손한 표현이 아니고 '하나님과는 상관없는 일입니다'에 해당하는 표현입니다. 13절부터 계속 봅시다.

이사야가 이르되 다윗의 집이여 원하건대 들을지어다 너희가 사람을 괴롭히고서 그것을 작은 일로 여겨 또 나의 하나님을 괴롭히려 하

느냐 그러므로 주께서 친히 징조를 너희에게 주실 것이라 보라 처녀
가 잉태하여 아들을 낳을 것이요 그의 이름을 임마누엘이라 하리라
그가 악을 버리며 선을 택할 줄 알 때가 되면 엉긴 젖과 꿀을 먹을 것
이라 대저 이 아이가 악을 버리며 선을 택할 줄 알기 전에 네가 미워
하는 두 왕의 땅이 황폐하게 되리라 (사 7:13-16)

이 두 나라, 너희를 침공하는 북 왕조와 아람은 곧 멸망할 것이다, 그
징조로서 처녀가 잉태하여 아들을 낳을 텐데 그 이름을 임마누엘이
라 할 것이라, 그 아이가 철이 드는 나이가 될 때쯤이면 너희가 번성
한 국가가 될 것이요, 그가 철들기 전에 두 나라 왕은 먼저 망할 것이
다, 라는 이야기입니다. 여기서 '처녀가 잉태하여 아들을 낳는다'라는
것은 그 유명한 예수 그리스도의 동정녀 탄생에까지 이어지는 예언
이지만, 이 역사 속에서는 의미가 조금 다릅니다.

지금 아하스의 걱정은 자기네 나라의 존폐가 걸린 문제, 유다 왕권
즉 다윗의 왕권과 연결되는 것입니다. 두 나라가 와서 유다에게 하는
협박도 다윗 왕권을 무너뜨리고 자기네들과 협력할 다른 왕조를 세우
려는 것입니다. 이 일은 이루어지지 못한다는 하나님의 선언과 위로와
약속은, 하나님이 다윗 왕조에게 허락한 약속의 영원함을 지킬 것이라
는 내용과 연결되어 있습니다. 그 징조로 '처녀가 잉태하여 아들을 낳
을 것이요 그의 이름을 임마누엘이라 하리라'라고 하신 것입니다.

처녀가 아들을 낳아 다윗 왕조의 후사를 하나님이 허락하신 것을
인하여 하나님이 우리와 함께하심을 깨닫게 되는 것이 임마누엘입니
다. 여기서 말하는 처녀의 잉태는 초월적인 것을 의미하지 않습니다.

지금 왕가에 속해 있는 여인들 말고 아직 결혼하지 않은 왕가의 한 처녀가 결혼해서 아들을 낳을 것이라는 의미입니다.

그럼 몇 년쯤 걸릴까요? 일 년에서 이 년 사이에 하나의 징조를 볼 것이다, 왕족의 후손을 너희에게 허락함으로써 하나님이 우리와 함께 하심을 알게 할 것이다, 그래서 그 아이가 미처 철이 들기 전에 저 두 나라는 망할 것이다, 이런 이야기입니다. 이 예언이 주어진 것은 기원전 733년경으로 추측됩니다. 그리고 북 왕조 이스라엘은 722년에 멸망하고, 아람도 함께 멸망합니다. 이 아이가 열 살쯤 될 때 북 왕조와 아람이 망하고 유다는 튼튼해집니다.

역사의 주인

이것은 우리에게, 너희는 지금 보이는 세력들이 역사를 쥐고 있다고 생각하지만 역사를 쥐고 있는 것은 나다, 우연과 다툼 속에서 시간이 운명을 결정해 나가는 것이 아니라 내가 한 약속을 이루기 위하여 시간이 흘러가는 것이다, 그것은 인간이 아무 생각 없이 흔들어 댈 수 있는 것이 아니다, 하는 것을 보입니다. 하나 더 가서 이 예언은 누가복음 1장에서 보듯이 예수님의 탄생에서 그 진정한 뜻이 밝혀집니다. 누가복음 1장 31절입니다. 천사가 마리아에게 와서 하는 이야기입니다. 마리아는 아직 결혼하지 않은 처녀입니다.

보라 네가 잉태하여 아들을 낳으리니 그 이름을 예수라 하라 그가 큰 자가 되고 지극히 높으신 이의 아들이라 일컬어질 것이요 주 하나님께서 그 조상 다윗의 왕위를 그에게 주시리니 영원히 야곱의 집을 왕으로 다스리실 것이며 그 나라가 무궁하리라 (눅 1:31-33)

천사가 마리아에게 허락한 동정녀 탄생으로 태어날 예수가 왜 다윗의 왕위를 잇는가 하는 것입니다. 하나님이 다윗에게 한 약속, 하나님 통치의 영원함과 궁극적 승리를 이루실 분으로 예수가 오시는 것입니다. 그래서 누가복음에서는 메시아가 다윗의 왕위를 이으며 다윗왕에게 허락된 영원한 왕위를 이루실 분으로 임마누엘이라 했으며, 마태복음에서는 또 다른 측면에서 임마누엘이라 하였습니다. 아들을 낳으리니 그의 이름을 임마누엘이라 하리라, 즉 하나님이 우리와 함께 계시다는 뜻입니다.

이것이 가지는 의미는 앞에서 본 이사야서보다 복음서에서 하나 더 나갑니다. 시간은 하나님이 쥐고 있다, 하나님이 뜻을 이루기 위하여 허락한 것이다, 그리고 시간 자체나 세상의 뜻이 역사를 만들어 내는 것이 아니라 하나님만이 세상과 시간, 역사의 결국을 만드신다, 우리가 낳는 아이가 아니라 하나님만이 주실 수 있는 아이로 세상이 만들어진다, 사람들로 인하여 천국이 오는 것이 아니라 하나님의 성실하신 개입과 신실하신 인도로 이 세상 역사가 그의 약속을 향하여 갈 것이다, 라는 내용입니다.

본문 말씀 누가복음 21장에 나오는 대로 주님이 다시 오시는 날까지의 전 역사에 대한 개관은 중요합니다. 21장 8절에 나오듯 미혹을 받지 않도록 주의하라, 많은 사람이 내 이름으로 와서 이르되 내가 그라하며 때가 가까이 왔다 하겠으나 그들을 따르지 마라, 합니다. 이것은 세상이 답을 낸다는 말을 믿지 마라, 누가 와서 이렇게 저렇게 말하며 천국을 만들 수 있다고 이야기하는 것을 믿지 마라, 그것은 결코 정치력으로나 경제력으로나 또는 사회적, 교육적 차원에서 일어날 수 있는 것이 아니다, 이것을 분명히 해라, 라는 의미입니다.

둘째는 세상 끝 날까지 난리와 소동이 있을 것이다, 세상은 합의점을 찾지 못하며 자신들이 원하는 것을 위하여 상대방을 해칠 것이다, 세상 끝 날까지 이 일이 있을 것이다, 쉬운 평화를 요구하지 마라, 세상이 답을 낼 수 있을 거라고 쉽게 기대하지 마라, 입니다.

셋째는 자연재해가 있을 것이다, 세상은 그 자신의 이름으로 영원한 존재가 아니라는 것을 스스로 드러낼 것이다, 너희가 발을 디디고 사는 이 세상이 영원한 곳이 아니라는 것에 대해 세상 스스로가 그 결함과 약점을 드러낼 것이다, 내가 누군지, 내가 왜 왔는지, 왜 내가 동정녀 탄생을 해야 했는지 기억하라, 그게 무슨 뜻인지, 그렇게 하신 하나님의 약속과 일하심이 무엇인지 기억하라, 이것이 징조로 주어지는 것입니다.

생각해 보십시오. 인류 역사에서는 늘 정치적인 답을 찾으려는 노력이 유일한 해결책인 것같이 요구되어 왔습니다. 로마의 평화는 로마를 위한 것이었지 세계를 위한 것은 아니었으며, 로마 안에서도 지배층을 위한 것이었지 전 국민을 위한 것은 아니었습니다. 이 세상이 운행되는 내내 역사는 권력자들의 것에 불과했고 착취당한 자들은 늘 억울했습니다. 그러니 어떻게 하면 평화와 정답이 오는지 묻는다면 세상은 그걸 만들 수 없다, 인간은 하나님의 통치 외에는 답을 찾을 수 없다는 사실을 역사와 자신의 인생에서 확인해야 한다는 것입니다.

예수를 믿어서 얻는 답은 그래서 현실적으로 적용되지는 않는다, 그러면 신앙적으로 받는 답이 현실을 극복할 수 있는 힘이 되는 조건은 무엇인가? 그가 하나님에게 속한 자임을 세상에 속한 것보다 크게 믿지 않는 이상 불가능하다, 입니다. 예레미야 선지자는 유다의 멸망기에 선지자 노릇을 한 사람입니다. 앞에서도 살펴봤듯이 그때는 곧 바벨론에 멸망할 것이라는 예레미야의 예언에 대하여 이스라엘 전체가 반대하던 때입니다. 무엇을 근거로 그렇게 반대했습니까? 여호와의 전을 보라, 여호와의 전을 보라, 우리는 하나님을 섬기고 있고 정성을 다하여 이 전을 짓고 제사를 드리는데 하나님이 우리를 모른 척 하겠냐고 우긴 것입니다.

종교가 현실적으로 힘을 발휘할 수 있을 것이라고 믿는 믿음에 대고 예레미야는 '아니다'라고 하였습니다. 이 전은 무너질 것이다, 너희는 하나님을 올바로 믿지 못했고 하나님의 일하심을 이해하지 못하므로 너희 모두 멸망당하고 포로가 될 것이다, 라고 한 예레미야는 백성들에게 매국노로 취급을 받았습니다. 이스라엘이 다른 나라의 포로가 된다는 것을 당시에는 아무도 수긍할 수 없었습니다.

신앙은 정체성의 싸움

유다는 마침내 포로가 되어 바벨론에 잡혀갑니다. 포로기에 활동한 선지자는 에스겔입니다. 에스겔이 선지자의 임무를 행할 때는 어떤 때입니까? 이제 성전도 파괴되었고 나라도 망하고 모두 바벨론의 포로가 되어 나라가 없는 유랑민이 되었습니다. 그들은 예레미야 때에 종교가 현실을 바꿀 수 있다고 믿었던 것만큼 현실을 보며 낙망하고 있습니다. 에스겔 37장에서 에스겔은 포로된 이스라엘에게 하나님의 말씀을 전합니다. 하나님이 에스겔을 불러 뼈들이 가득한 골짜기로 데려가 이 뼈들이 살아날 수 있겠느냐고 묻습니다. 그럴 수 없다고 하자 하나님은 내가 하려고 하면 할 수 있다, 하십니다. 그 뼈들에 힘줄을 돋우어 살을 붙이고 생기를 불어넣어 살아나게 하는 기적을 보이십니다.

> 또 내게 이르시되 인자야 이 뼈들은 이스라엘 온 족속이라 그들이 이르기를 우리의 뼈들이 말랐고 우리의 소망이 없어졌으니 우리는 다 멸절되었다 하느니라 그러므로 너는 대언하여 그들에게 이르기를 주 여호와께서 이같이 말씀하시기를 내 백성들아 내가 너희 무덤을 열고 너희로 거기에서 나오게 하고 이스라엘 땅으로 들어가게 하리라 내 백성들아 내가 너희 무덤을 열고 너희로 거기에서 나오게 한즉 너희는 내가 여호와인 줄을 알리라 (겔 37:11-13)

에스겔 선지자가 직임을 수행하고 있는 시기는 절망의 시기입니다. 이스라엘은 망했습니다. 그것이 현실입니다. 하나님이 이스라엘을 버렸습니다. 그래서 그들은 낙담하고 있습니다. 예레미야 때에도 그들은 우리의 신앙이 이 성전으로 늠름히 살아 있는데 왜 우리가 망합니까, 라고 하였으나 현실을 바꿀 수는 없었습니다. 진정한 신앙이 아니면 성전으로 현실을 바꿀 수 없다, 그러나 이제 너희가 돌아온다면, 이 현실이 아무리 절망스럽고 불가능할지라도 그것을 하나님이 바꿀 수 있다는 것이 에스겔의 예언입니다.

이 말씀을 우리에게 적용해 봅시다. 우리가 인생 가운데 싸우는 핵심 문제가 무엇인지 아십니까? 세상이 궁극적인 힘인지, 하나님이 궁극적인 힘인지의 싸움입니다. 우리의 연약한 믿음이 갈등과 불안과 눈물을 자아내는 것은 사실이지만, 세상은 영원한 나라를 만들어 낼 힘이 없습니다. 거기에 우리가 항복해 봤자 세상은 결국 멸망 외에 아무것도 주지 못합니다. 우리의 현실적인 형편을 메우기에 급급한 것으로는 신앙의 힘을 발휘하지 못합니다. 모든 신자 된 인생에게 현실은 공평하게 존재합니다. 그의 사회적, 경제적, 정치적 정의와 가지거나 못 가진 것에 상관없이, 세상과 하나님이 어떻게 다른지에 대한 분별과 선택 없이는 신앙생활을 할 수가 없습니다. 그것이 하나님이 요구하시는 것입니다.

세상은 답을 내지 못합니다. 하나님만이 낼 수 있습니다. 우리가 할 수 있는 것은 세상을 고치는 것이 아니라 진정한 하나님의 자녀가 되는 것입니다. 그때에만 우리는 빛이고 소금입니다. 이것은 기능이기 이전에 정체성에 관한 문제입니다. 이 싸움을 우리에게 요청하고 있습니다. 그래서 예수를 믿는다는 것은 세상을 기독교 식으로 생각하는 것을 말합니다. 인생을 기독교 식으로 생각해야 합니다. 세상을 세상적으로 생각하고 기독교를 수단과 방법으로 도입하면 답이 없게 됩니다. 평화가 없습니다. 에베소서 1장을 봅시다.

우리는 그리스도 안에서 그의 은혜의 풍성함을 따라 그의 피로 말미암아 속량 곧 죄 사함을 받았느니라 이는 그가 모든 지혜와 총명을 우리에게 넘치게 하사 그 뜻의 비밀을 우리에게 알리신 것이요 그의 기뻐하심을 따라 그리스도 안에서 때가 찬 경륜을 위하여 예정하신 것이니 하늘에 있는 것이나 땅에 있는 것이 다 그리스도 안에서 통일되게 하려 하심이라 (엡 1:7-10)

그리스도는 임마누엘이며 동정녀로부터의 탄생을 의미합니다. 그것이 갖는 의미를 알아야 합니다. 세상에서 진보하거나 회개하여 평화와 천국을 만들 수 없습니다. 그건 하나님만이 하시는 일입니다. 세상은 하나님을 반대하는 정신과 물질이 전부입니다. 하나님만이 이 일을 하시고 그 나라의 백성으로 우리를 부르고 있습니다. 예수로 부르고 있습니다. 예수는 하나님의 성실함과 초월적인 능력과 자비와 은혜의 증거입니다.

우리가 하나님의 자녀가 되었다는 것이 무엇인지를 아는 믿음으로 인생을 사십시오. 징징대지 말고 끝없이 기도 제목만 나열하지 말고, 신자다운 배짱을 가지십시오.

기도

하나님 아버지, 은혜를 감사합니다. 우리의 믿음 없음과 연약함을 고백하고 하나님의 도우심을 구합니다. 우리가 마땅히 세상을 이겨야 하는 줄 믿습니다. 벌벌 떨며 세상에 겁을 내어 하나님 앞에 그 해답이나 받으러 오는 불쌍한 처지를 넘어서는 신앙을 갖게 해 주시옵소서. 예수님 이름으로 기도합니다. 아멘.

54

하나님의 일하심 앞에 세우라

20 너희가 예루살렘이 군대들에게 에워싸이는 것을 보거든 그 멸망이 가까운 줄을 알라 21 그 때에 유대에 있는 자들은 산으로 도망갈 것이며 성내에 있는 자들은 나갈 것이며 촌에 있는 자들은 그리로 들어가지 말지어다 22 이 날들은 기록된 모든 것을 이루는 징벌의 날이니라 23 그 날에는 아이 밴 자들과 젖먹이는 자들에게 화가 있으리니 이는 땅에 큰 환난과 이 백성에게 진노가 있겠음이로다 24 그들이 칼날에 죽임을 당하며 모든 이방에 사로잡혀 가겠고 예루살렘은 이방인의 때가 차기까지 이방인들에게 밟히리라 (눅 21:20-24)

구약의 메시아 예언

누가복음 21장에서 예수님은 종말에 관한 시간의 개관을 보여 주셨습니다. 주님이 다시 오시는 최후 심판의 날까지 세상은 혼란스럽고 재난으로 가득 차 있는 세상이 될 것이다, 이렇게 역사를 개관하셨습니다.

우리가 마음속에 가지는 의문은 하나님의 아들이신 예수께서 우리를 구원하기 위하여 이 땅에 오셔서 우리 죄를 위하여 십자가를 지시고 사망 권세를 이기시고 부활하셨는데 어찌하여 이 고난으로 가득한 역사를 계속하시는가, 입니다. 특별히 우리가 읽은 예루살렘의 멸망 전에 믿는 자들에 대한 말씀도 "이 모든 일 전에 내 이름으로 말미암아 너희에게 손을 대어 박해하며 회당과 옥에 넘겨 주며 임금들과 집권자들 앞에 끌어 가려니와"(12절)라고 해서 믿는 자들의 현실도 고난으로 가득 찰 것을 예언하고 계십니다.

우리는 하나님의 전적인 은혜와 능력으로 허락된 구원을 받았음에도 이렇게 고단한 현실을 견뎌야 한다는 것이 의아스럽습니다. 그리고 싫습니다. 본문 말씀에 따르면 예루살렘의 멸망은 종말의 시작입니다. 주님이 다시 오시는 날까지의 전체 역사에 대한 개관이 비관적이었던 그 일을 시작으로, 예루살렘의 멸망이 이제 그 서막의 휘장을 열어젖히는 것입니다. 난리와 난리의 소문, 박해와 슬픔과 비극의 역사가 예루살렘의 멸망에서 시작되는 셈입니다.

물론 마태복음은 이 기간이 다만 비관적인 것만은 아니라고 이야기합니다. "이 천국 복음이 모든 민족에게 증언되기 위하여 온 세상에 전파되리니 그제야 끝이 오리라"(마 24:14)라고 하여 종말의 시기가 다만 비극적인 것이 아니라 복음이 전파되어야 하는, 참으로 은혜의 시대다, 하는 것을 증언하고 있습니다. 그러나 누가복음은 그것까지 다 비관적인 분위기 속에 담아 우리에게 가르치고 있습니다. 이사야 9장에 가면, 메시아가 오시고 하나님의 통치의 승리를 선언하시는 일과 고난에 찬 현실을 이렇게 묶고 있습니다.

전에 고통 받던 자들에게는 흑암이 없으리로다 옛적에는 여호와께서 스불론 땅과 납달리 땅이 멸시를 당하게 하셨더니 후에는 해변 길과 요단 저쪽 이방의 갈릴리를 영화롭게 하셨느니라 흑암에 행하던 백성이 큰 빛을 보고 사망의 그늘진 땅에 거주하던 자에게 빛이 비치도다 주께서 이 나라를 창성하게 하시며 그 즐거움을 더하게 하셨으므로 추수하는 즐거움과 탈취물을 나눌 때의 즐거움 같이 그들이 주 앞에서 즐거워하오니 이는 그들이 무겁게 멘 멍에와 그들의 어깨의 채찍과 그 압제자의 막대기를 주께서 꺾으시되 미디안의 날과 같이 하셨음이니이다 어지러이 싸우는 군인들의 신과 피 묻은 겉옷이 불에 섶 같이 살라지리니 이는 한 아기가 우리에게 났고 한 아들을 우리에게 주신 바 되었는데 그의 어깨에는 정사를 메었고 그의 이름은 기묘자라, 모사라, 전능하신 하나님이라, 영존하시는 아버지라, 평강의 왕이라 할 것임이라 그 정사와 평강의 더함이 무궁하며 또 다윗의 왕좌와 그의 나라에 군림하여 그 나라를 굳게 세우고 지금 이후로 영원히 정의와 공의로 그것을 보존하실 것이라 만군의 여호와의 열심이 이를 이루시리라 (사 9:1-7)

예수 그리스도를 보내어 이 난리와 혼란과 재난의 땅에 하나님의 거룩한 왕국을 세우며 정의와 공평, 평화와 행복을 허락하시겠다고 약속하십니다. 그리고 그 일은 하나님의 의지로 즉 '만군의 여호와의 열심'(사 37:32)이 이룰 것이라고 못 박아 놓았습니다. 그럼에도 불구하고 이사야 9장 17절에 가면 무서운 진노의 손을 이야기하고 있습니다.

> 이 백성이 모두 경건하지 아니하며 악을 행하며 모든 입으로 망령되이 말하니 그러므로 주께서 그들의 장정들을 기뻐하지 아니하시며 그들의 고아와 과부를 긍휼히 여기지 아니하시리라 그럴지라도 여호와의 진노가 돌아서지 아니하며 그의 손이 여전히 펴져 있으리라 (사 9:17)

그들을 징벌하고 나서도 여전히 진노가 계속되리라, 이런 강화법입니다.

> 대저 악행은 불 타오르는 것 같으니 곧 찔레와 가시를 삼키며 빽빽한 수풀을 살라 연기가 위로 올라가게 함과 같은 것이라 만군의 여호와의 진노로 말미암아 이 땅이 불타리니 백성은 불에 섶과 같을 것이라 사람이 자기의 형제를 아끼지 아니하며 오른쪽으로 움킬지라도 주리고 왼쪽으로 먹을지라도 배부르지 못하여 각각 자기 팔의 고기를 먹을 것이며 므낫세는 에브라임을, 에브라임은 므낫세를 먹을 것이요 또 그들이 합하여 유다를 치리라 그럴지라도 여호와의 진노가 돌아서지 아니하며 그의 손이 여전히 펴져 있으리라 (사 9:18-21)

무시무시한 경고입니다. 이사야는 유다 말기에 등장한 하나님의 선지자입니다. 남 왕조 유다가 하나님을 제대로 섬기지 않고 배신하여 자기 멋대로 사는 데 대한 하나님의 징벌을 예언한 선지자입니다. 너희는 망할 것이다, 너희 나라는 하나도 남김없이 망할 것이다, 그러나 내가 내 아들을 보내어 하나님 나라를 완성하리라, 하신 하나님의 진노와 심판의 예언 속에 등장하는 것입니다. '너희들이 잘못했지만 결국 내 아들을 보내어 너희를 정결케 하며 은혜로 구원할 것이다. 그러나 처음에 예언했던 하나님의 진노는 여전히 계속되리라' 이렇게 되는 셈입니다.

이사야 11장에도 동일한 내용이 나옵니다. '이새의 줄기에서 한 싹이 나며.' 이새는 다윗의 아버지입니다. 그러니까 다윗이 가지는 왕권의 상징성, 영원한 통치, 의로운 통치는 메시아에 대한 예표가 되기 때문에 메시아의 탄생에 대한 예언은 늘 다윗과 연결됩니다.

이새의 줄기에서 한 싹이 나며 그 뿌리에서 한 가지가 나서 결실할 것이요 그의 위에 여호와의 영 곧 지혜와 총명의 영이요 모략과 재능의 영이요 지식과 여호와를 경외하는 영이 강림하시리니 그가 여호와를 경외함으로 즐거움을 삼을 것이며 그의 눈에 보이는 대로 심판하지 아니하며 그의 귀에 들리는 대로 판단하지 아니하며 공의로 가난한 자를 심판하며 정직으로 세상의 겸손한 자를 판단할 것이며 그의 입의 막대기로 세상을 치며 그의 입술의 기운으로 악인을 죽일 것이며 공의로 그의 허리띠를 삼으며 성실로 그의 몸의 띠를 삼으리라

(사 11:1-5)

다윗 왕권으로 예표된 메시아의 정체성, 메시아의 사역, 메시아를 통한 하나님의 약속을 보여 줍니다. 그리하여 메시아를 통한 하나님의 통치가 완성됐을 때가 6절 이하에 나옵니다.

> 그 때에 이리가 어린 양과 함께 살며 표범이 어린 염소와 함께 누우며 송아지와 어린 사자와 살진 짐승이 함께 있어 어린 아이에게 끌리며 암소와 곰이 함께 먹으며 그것들의 새끼가 함께 엎드리며 사자가 소처럼 풀을 먹을 것이며 젖 먹는 아이가 독사의 구멍에서 장난하며 젖 뗀 어린 아이가 독사의 굴에 손을 넣을 것이라 내 거룩한 산 모든 곳에서 해 됨도 없고 상함도 없을 것이니 이는 물이 바다를 덮음 같이 여호와를 아는 지식이 세상에 충만할 것임이니라 (사 11:6-9)

영원한 나라와 의로운 통치의 본질

여호와를 아는 지식의 충만, 이것이 메시아가 와서 이룰 그 영원한 나라, 하나님의 의로운 통치의 나라에서 가장 본질적 내용이 됩니다. 이것을 앞에 있는 9장과 이렇게 엮을 수 있습니다. 이스라엘의 잘못을 징벌하시는 하나님, 그들의 잘못을 용서하지 않으시는 하나님은 그들을 근거로 삼지 않고 하나님의 의로우심과 자비하심과 신실하심을 근거로 하여 그의 나라를 세울 것입니다. 그가 그 아들을 보냄으로써 그 의지와 그 약속의 신실성을 우리에게 증거로 삼고 있으며 그의 나라는 결국 이루어질 것입니다.

　그러나 다만 이를 위하여 하나님의 은혜와 능력이 그의 나라를 환경적인 차원에서 천국으로 만들어 사람들을 그곳에 옮겨 놓는 것이 아닙니다. 그 나라는 환경적이기보다 하나님의 통치를 받는 자들의 항복, 여호와를 아는 지식의 충만함으로 채워질 나라이기 때문에, 심판이나 하나님의 진노라는 것은, 하나님이 주시는 구원과 약속된 영원한 나라의 백성들을 향하여 적당한 타협으로 그 수를 채우지는 않겠다는 하나님의 선언입니다.

　이것이 예수님이 오셔서 우리를 위하여 십자가에 죽으시는 죽음과 그 사망의 권세를 깨고 부활한 권세와 능력에도 불구하고, 그렇게 부른 그의 백성에게 주님이 다시 오시는 날까지의 기간으로 기회를 주시는 이유가 됩니다. 세상의 헛된 것과 거짓된 것과 하나님이 누구신지를 함께 놓고 경험하고 생각하고 선택하고 후회하고 실패하고 돌아서는 시간을 주어, 하나님은 하나님의 백성에 대하여 자신이 다만 소원이나 들어주고 필요나 채워 주는 수단으로 격하되는 것을 참지 않겠다고 말씀하시는 것입니다.

　선지자들이 활동했던 구약의 남북 왕조 시대에 이스라엘과 유다의 가장 큰 범죄는 우상 숭배였습니다. 우상 숭배는 하나님을 믿어야 하는 백성들이 하나님이 아닌 것을 믿었다는 이분법적인 문제가 아닙니다. 우상이란 결국 자기가 만든 신을 소유하는 것을 말합니다. 그러나 그렇게 자기가 만든 신, 인간이 자기가 원하는 것으로 제한한 정도의 그런 신을 하나님은 허락하지 않겠다고 하십니다. 이것이 곧 하나님의 진노가 여전한, 그리고 종말이라는 시대에 우리에게 풀도록 허락된 문제입니다.

요한복음 14장 6절에 의하면 '내가 곧 길이요 진리요 생명이니 나로 말미암지 않고는 아버지께로 올 자가 없느니라'라는 예수 그리스도로 말미암는 기독교 신앙의 배타성이 선언됩니다. 예수 그리스도의 유일성이 확인됩니다. 여러 개 중의 하나가 아닙니다. 하나뿐이라는 것입니다. 인간이 선택해야 하는 하나님이 아닙니다. 하나님의 부름에 응해야 하는 기독교 신앙은, 하나님이 인간의 모든 것으로 충분하다는 것입니다. 하나님이 그렇게 하시겠다는 것입니다. 우리가 소원하고 필요로 하는 정도로 타협하는 하나님이 아닙니다. 하나님이 목적하시고 뜻하시는 것으로 우리가 채워져야 하기 때문입니다. 선택의 차이가 아니라 수준의 차이입니다.

우리가 현실적으로 하는 이야기가 있습니다. '하나님, 저는 욕심내는 것이 아니라 남들에게 손가락질 받지 않고 꾸지 않고 꾸어 주는 자가 되는 정도를 원합니다. 하나님, 제가 원하는 것은 이렇게 겸손한 기도입니다.' 하지만 하나님은 그것과 타협하지 않겠다는 것입니다. 난 그 정도의 하나님이 아니다, 이 세상이 가지는 현실적 위협, 현실적 필요뿐 아니라 인간이 육체를 가지고서 그 이상 저항할 수 없는 죽음, 고통, 배반, 비극이라는 것을 넘어서는 항복을 원한다, 그리고 내가 너를 인도하고 너에게 나를 알리고 너에게 요구하겠다, 그것이 종말입니다. 모든 신자가 사는 인생입니다. 골로새서 1장 18절입니다.

그는 몸인 교회의 머리시라 그가 근본이시요 죽은 자들 가운데서 먼저 나신 이시니 이는 친히 만물의 으뜸이 되려 하심이요 아버지께서는 모든 충만으로 예수 안에 거하게 하시고 그의 십자가의 피로 화평을 이루사 만물 곧 땅에 있는 것들이나 하늘에 있는 것들이 그로 말미암아 자기와 화목하게 되기를 기뻐하심이라 전에 악한 행실로 멀리 떠나 마음으로 원수가 되었던 너희를 이제는 그의 육체의 죽음으로 말미암아 화목하게 하사 너희를 거룩하고 흠 없고 책망할 것이 없는 자로 그 앞에 세우고자 하셨으니 만일 너희가 믿음에 거하고 터 위에 굳게 서서 너희 들은 바 복음의 소망에서 흔들리지 아니하면 그리하리라 이 복음은 천하 만민에게 전파된 바요 나 바울은 이 복음의 일꾼이 되었노라 (골 1:18-23)

이 복음은 무엇과 다릅니까? 이 복음은 율법과 다릅니다. 잘잘못을 기준으로 하여 섬기는 하나님이 아니라, 예수 그리스도를 보내어 확인시키신 하나님에 대한 믿음에 관한 것입니다. 구약을 꼭 그렇게 이분법으로 대조할 수는 없지만, 구약에서 설명하는 율법으로 대표된 하나님은 어쨌든 도덕성과 윤리성에 관한 것이고 종교성에 관한 것이었습니다. 그러나 신약에 드러난 율법의 진정한 의미는 예수 안에서 그 진면목이 드러납니다. 하나님이 우리에게 믿음을 요구하신다는 것입니다. 믿음을 요구한다는 것은 인격과 인격 사이의 가장 고급한 관계를 원하신다는 의미입니다.

우리의 종말 현실과 부르심

오늘날을 보십시오. 현대 사회에 만연한 세속적 결함은 이런 덕목들이 사라진 것입니다. 신의라는 것이 사라졌고 믿음이라는 것이 사라졌습니다. 오직 이해관계와 실용성 이외에 아무것도 없는 사회가 되었습니다. 이것은 부끄러운 것입니다. 인간이란 언제나 잘잘못으로 다룰 수 있는 존재가 아닙니다. 언제나 유용성으로 다룰 수 있는 존재가 아닙니다. 만일 그래야 한다면 인생에 아무런 낙이 없을 것입니다. 누구를 좋아한다는 것, 누구를 사랑한다는 것은 다른 무엇으로도 대신할 수 없는 고급한 것입니다. 그것은 옳고 그른 것이나 능력을 가지고 채울 수 없는 것입니다.

결혼할 때 제일 재미있는 일은 이겁니다. 남녀가 서로 개인적인 교제가 없을 때에는 소개를 받습니다. 그러면 모든 조건으로도 만족하는 법이 없습니다. 일류 대학을 나오고 눈이 왕방울만 하고 쌍꺼풀이 있고 귀가 부처 같고 유학을 갔다 오고, 하는 조건으로도 말입니다. 조건으로는 항복이 되지 않는데, 어느 날 이유 없이 누구에게 넘어갑니다. 모든 것이 다 괜찮습니다. 3년밖에 못 산다고 해도 상관이 없습니다. 애를 낳을 수 없는 유전적 이유가 있다 하더라도 상관없습니다. 처갓집이 어려우면 내가 다 먹여 살릴 거야, 하고 어떤 조건이든 괜찮습니다. 물론 삶은 힘들어집니다.

그러나 우리는 거기서 문득 인간의 고급한 내용을 보게 됩니다. 하나님이 그것을 요구하십니다. 예수는 무엇입니까? 하나님이 당신을 우리와 동일한 조건 속에 넣어 우리를 만나 주신 사건입니다. 우리를 만나기 위하여 기꺼이 찾아온 자리인 것입니다.

월남전 때 반전 영화가 많이 만들어졌는데 그중 하나가 〈디어 헌터〉(The Deer Hunter, 1978)라는 영화입니다. 로버트 드 니로(Robert De

Niro, 1943-)가 주인공을 맡았는데 친구랑 같이 월남전에 참전했다가 전쟁에 아무런 의미가 없다는 것을 깨닫습니다. 주인공은 제대하고 사회에서 잘 사는데, 월남에 함께 갔던 가장 친한 친구가 행방불명됩니다. 베트남에서 없어진 것입니다. 그래서 그 친구를 찾기 위하여 애를 쓰고 쓰다가 간신히 단서가 생깁니다.

월남에 찾아가서 수소문해 보니까 친구는 거의 정신 이상자가 되어 러시안룰렛을 하는 사람이 되었습니다. 리볼버 권총에 총알 하나만 넣은 탄창을 끼워 돌린 다음에 돈을 걸고 서로 자기 머리를 쏘는 게임입니다. 언제 실탄이 나올지 모릅니다. 먼저 죽는 쪽이 지는 것입니다. 그걸 하고 있는 겁니다. 주인공이 가서 돌아가자고 하니 이 친구가 못 돌아가겠다고 합니다. 월남전 때 본 인간과 정치와 세상과 모든 것에 대한 환멸과 혼돈이 한 인격을 황폐화시킨 것입니다. 살 이유가 없습니다. 가장 극단적인 상황에 자기를 집어넣는 것으로밖에는 하루도 버틸 힘이 없는 것입니다. 그래서 러시안룰렛을 하고 있는 것입니다. 주인공은 옆에 있는 도박꾼들을 다 치우고 그와 마주 앉습니다. "나를 봐! 나! 돌아가자고." "너 누구야. 필요 없어." 그러고는 자기를 쏩니다. 아마 친구가 죽어 버렸던 것으로 기억이 납니다.

하나님은 거기까지 찾아오십니다. 그래도 항복하지 않겠습니까? 예수 그리스도의 오심입니다. 그 한 번의 사건으로 우리에게 돌아서라고 하지 않습니다. 그렇게 시작했습니다. 그래서 마침내 우리에게 인생을 줍니다. 역사를 줍니다. 세상의 위협과 힘과 그것으로 인하여 받는 현실의 고통 속에서 하나님은 당신의 약속과 그 약속을 지키시는 신실함을 내놓으십니다. 우리와 동등한 조건으로서 우리 인생 앞에 놓아두십니다. 그리하여 우리로 하여금 인생 속에서 결정하고 생각하고 고민하고 후회할 시간을 줍니다.

하나님은 다만 우리의 필요에 응하고 우리의 소원을 만족시켜 주시는 분이 아닙니다. 우리가 하나님에게 적당히 타협하자고 하는 것을 거부하신다는 것입니다. 예루살렘을 멸망시키시는 것같이 말입니다. 교회가 커지고 세력을 얻고 정치권과 사회에서 지위를 가져 하나님을 증언하게 하지 않으십니다.

우리 모두가 기도하기만 하면 병이 낫고 일이 잘되는 것으로, '봐라!' 이렇게 안 하십니다. 그것으로 할 수 있는 것보다 더 큰 것, 목숨을 거는 것을 원하십니다. 기꺼이 수모를 함께 당할 수 있는 자리, 믿음과 사랑의 자리로 부르십니다. 이것이 성경이 말하는 종말과 예루살렘의 멸망과 믿는 자들이 받을 박해입니다. 그것은 하나님이 우리에게 요구하시는 가장 깊고 영광된 자리로의 부르심이며 대접입니다.

우리에게 평생에 걸친 예수 믿는 어려움을 각오하고 세상과 맞서야 하는 싸움을 기꺼이 일찍 결단하여 쓸모 있는 자가 되라는 이야기가 아닙니다. 우리는 유용해지라고 부름을 받는 것이 아닙니다. 전 생애를 실패하는 한이 있어도, 마지막에는 세상을 버리고 하나님을 택하는 자리로 우리를 인도하기 위하여 하나님이 우리의 못난 것과 어리석은 것과 배신과 후회와 절망과 자폭을 견디고 기다리십니다. '견뎌, 더 견뎌. 기다리고 또 기다려' 해도 우리가 여전히 혈기 가운데 우왕좌왕하면, '그건 아니다. 그건 아니다' 하십니다. 우리는 '그렇다면 이제 저 약 먹고 죽습니다' 합니다. '먹어라. 뛰어내려라. 다시 살려낼 테니 한 번 더 해보자.' 이렇게 가는 것이 신자 된 자의 인생입니다.

이것이 우리가 살고 있는 종말입니다. 하나님이 일하시는 시간들입니다. 무섭게 요구하시는 하나님의 진심과 그 진노의 손이 기회입니다. 하나님의 부르심 앞에 정당하게 생각하고 고민하고 반응하는 인생이 되기를 바랍니다.

기도

하나님 아버지, 은혜를 감사합니다. 하나님의 일하심은 여전하시며 그 아들을 내어 주신 바로 그 사랑으로 지금도 일하고 계심을 확인합니다. 그러니 우리도 정신 차리고 깨어 있어 하나님의 일하심 앞에 자신을 세우게 하여 주시옵소서. 헛되고 거짓된 것에서 벗어나 세상을 이기고 하나님이 부르시는 영광과 자랑의 인생을 살게 하옵소서. 하나님을 아버지라 부르는 인생을 넉넉히 살아갈 믿음을 주시옵소서. 예수님 이름으로 기도합니다. 아멘.

55

세상과 맞서는 사람

34 너희는 스스로 조심하라 그렇지 않으면 방탕함과 술취함과 생활의 염려로 마음이 둔하여지고 뜻밖에 그 날이 덫과 같이 너희에게 임하리라 35 이 날은 온 지구상에 거하는 모든 사람에게 임하리라 36 이러므로 너희는 장차 올 이 모든 일을 능히 피하고 인자 앞에 서도록 항상 기도하며 깨어 있으라 하시니라 (눅 21:34-36)

술 취함과 성령 충만

이제 죽음을 앞두신 예수님이 부활하시고 승천하실 그의 사역을 이 땅에서 마무리하시며 종말에 대한 것을 제자들에게 가르치십니다.

종말이란 예수님이 초림하시고 십자가에서 승리하시고 다시 오시는 그날까지의 기간이기도 하고, 다시 오실 때 끝맺을 역사와 하나님의 약속의 결국이기도 합니다. 예수님이 가르치시는 모든 내용은 그런 의미에서 우리가 제자도라고 일컫는 바 제자들을 가르치시고 준비시킨 것들로서 예수님이 안 계신 세상에서 하나님의 자녀로 사는 법입니다. 그것은 방법이라기보다 내용이고 원리이고 어떤 시각이고 믿음에 관한 것입니다.

세상은 스스로 천국을 만들 수 없다는 것을 예수님은 여러 가지로 보이셨습니다. 전쟁, 자연재해 같은 것들이 세상은 영원하지 않다는 것을 우리에게 깨우쳐 줄 것이다, 그리고 현실 세계 속에서 천국을 만들 수 있다고 말하는 거짓 메시아들이 나올 것이다, 그러나 실제로 주님의 다시 오심은 복음이 천하 만민에게 전파되고 그 복음으로 부른 모든 사람들의 증언과 완성 속에서 이루어질 것이라고 말씀하시는 대목입니다.

우리는 성경이 약속하지 않은 기대를 가져서는 안 됩니다. 우리의 믿음에 대하여 보상한다든가 세상이 우리 사정을 봐줄 것이라고 기대해서는 안 됩니다. 이 세상은 예수님에게 그리했던 것처럼 우리에게도 그리할 것입니다. 우리는 여전히 힘을 갖고 있는 세상의 위협과 시험과 도전과 권력 앞에서 오직 믿음을 가지고 서야 합니다. 그 일이 우리에게는, 이 세상이 보이는 것으로 보이는 것을 만드는 법칙과 원리보다 큰 하나님의 기적, 창조, 부활의 권능인 줄 알고 그에 맞서야 하는 것입니다.

본문 말씀에 있는 것같이 '스스로 조심하라'는 말은 이 세상은 나아지지 않는다, 예수 믿는 자들과 타협하지 않는다, 우리가 원하는 것을 세상은 만들어 줄 수 없다, 그렇기 때문에 방탕함과 술 취함에서 벗어나라, 36절에 있는 바와 같이 '항상 기도하며 깨어 있으라'라고 가르치는 것입니다. 이것은 에베소서 5장에서 아주 두드러진 사도 바울의 가르침이 됩니다. "술 취하지 말라 이는 방탕한 것이니 오직 성령으로 충만함을 받으라"(엡 5:18).

본문 말씀과 일치하는 가르침입니다. 신자들은 성령 충만에 대해 초월적인 신의 임재와 개입으로 현실에서 당하는 어려움과 장애물과 부족함을 해결해 주는 것이라고 잘못 생각합니다. 그런 하나님의 임재와 개입이 없다는 말이 아니라, 성령 충만에는 이중적인 뜻이 있습니다. 하나님이 직접 찾아오시는 충만과 격려와 확신이 있는 것은 사실이지만, 에베소서 5장 18절에서 보는 성령 충만은 술 취하는 것과 대조를 이룹니다.

술 취하는 것은 방탕한 것으로 되어 있습니다. 허비하는 것, 낭비하는 것입니다. 허비하고 낭비하는 것은 자기의 책임과 자기의 인생에 대하여 생각하고 고민하고 결정하지 않고 세상에 다 맡겨 버리는 것, 시간을 흘려보내는 것을 말합니다.

술에 취하면 필름이 끊어집니다. 생각 없는 시간을 보내게 됩니다. 그러지 말라는 것입니다. 즉, 세상이 흘러가는 데다가 나를 떠넘겨서 생각 없이 흘러가지 말라는 겁니다. 세월을 아껴라, 깨어 있으라는 뜻은 이 세상이 흘러가는 데다가 너를 맡겨서는 안 된다, 너희는 세상과 맞서는 사람이다, 너희를 부르신 하나님의 뜻과 하나님의 약속에 근거해서 책임 있게 분별하고 자리를 지켜라, 이런 뜻입니다. 그래서 이 말은 에베소서 5장 6절 "누구든지 헛된 말로 너희를 속이지 못하게 하라 이로 말미암아 하나님의 진노가 불순종의 아들들에게 임하나니"라는 것과 일치합니다. '헛된 말로 너희를 속이는 일'은 우리가 세상을 살면서 늘 직면하는 것입니다. 보이는 것이 전부다, 이겨야 한다, 냉혹해져라, 교활해져라, 이기고 봐야 된다, 가진 것이 힘이다, 여기에 맞서야 합니다.

　우리가 자녀를 기를 때에 예수를 믿으면서도 하는 말은 이것입니다. '너 그렇게 살아서 어떻게 하려고 그래.' 게으르거나 책임을 다하지 않는 데는 이 말을 써도 좋지만, 현실에서 순진하고 정직한 것까지 나무라게 됩니다. '시험을 실력으로만 보면 어떻게 하냐, 시력도 좋아야지. 하나님이 눈을 괜히 두 개 주었겠냐? 하나는 네 거 보고 하나는 옆 사람 거 봐야지.' 현실의 무서움을 알기 때문에 현실을 견디기 위해서 그러는 것입니다. 이것이 세상의 속임수입니다. 세상의 유혹입니다.

세상 원리와 연속되지 않는 하나님 나라

하나님 나라는 세상이 만들어 내는 것이 아니기 때문에 세상의 원리와 연속되지 않습니다. 그곳은 정의와 평화의 나라입니다. 하나님이 통치하시는 나라이고, 하나님이 보상하시고, 하나님의 것으로 채우시는 나라입니다. 하나님을 아는 지식이 충만한 나라입니다. 우리는 그 나라의 사람으로 지금을 살도록 보냄을 받고 있습니다. 보이는 주님이 떠나가시고, 죽음을 이기시고 승리하신 주님은 우리의 현실에서 부재중이십니다. 대신 성령님을 보내십니다. 성령님은 우리 안에 거하시지만, 육신을 입으신 예수님처럼 우리 앞에 존재하지 않습니다.

우리는 믿음과 약속으로 무장된 채 보이는 것이 전부인 것 같은 현실을 살아야 합니다. 과거와 현재가 역사의 운명을 만들어 낸다는 것이 아니라 하나님의 약속, 하나님의 뜻이 이루어질 것이라는 종말론적 믿음을 가지고 죽음을 이기시는 예수 그리스도의 부활로 확인한 신앙을 가지고 현실을 살아야 합니다. 하나님의 약속인 종말에 현실을 붙들어 매어 오늘을 살아야 합니다. 그것이 신자들이 깨어 있어야 하고 분별해야 하고 성령 충만해야 한다는 말씀의 진정한 의미입니다.

그런즉 너희가 어떻게 행할지를 자세히 주의하여 지혜 없는 자 같이 하지 말고 오직 지혜 있는 자 같이 하여 세월을 아끼라 때가 악하니라 (엡 5:15-16)

세월을 아끼라는 말이 무슨 뜻입니까? 이 세월은 무한정 흘러가는 것이 아니다, 방향 없이 흘러가는 것이 아니고 하나님의 뜻으로 붙잡힌 바 되어 그 결과로 갈 것이다, 너희가 살아생전에 너희 인생과 현실과 오늘을 착실히 살아 종말에 이르러야지, 떠넘기고 생각 없이 흘려보내면 안 된다, 그래서 술 취하지 말고, 다음 절인 17절에서는 어리석은 자가 되지 말라고 하는 것입니다. 그래서 19절로 이어집니다.

> 시와 찬송과 신령한 노래들로 서로 화답하며 너희의 마음으로 주께 노래하며 찬송하며 범사에 우리 주 예수 그리스도의 이름으로 항상 아버지 하나님께 감사하며 그리스도를 경외함으로 피차 복종하라
> (엡 5:19-21)

여기서 감사는 하나님의 뜻으로 부름을 받고 승리와 영광의 자리로 부름받았다는 것을 아는 신자의 운명에 대한 감사입니다. 현실을 하나님의 자녀로 살게 된 것에 대한 감사입니다. 그러면 복종은 왜 나왔을까요? 복종은 현실 때문에 나옵니다. 현실의 도전과 고단함을 수용하라는 뜻입니다.

마태복음 6장을 봅시다. 마태복음 6장 33절에는 유명한 성경 구절이 나옵니다. "그런즉 너희는 먼저 그의 나라와 그의 의를 구하라 그리하면 이 모든 것을 너희에게 더하시리라." 사람들이 가끔 잘못 이해하는 구절 중 하나입니다. 그의 나라와 그의 의를 구하면 모든 것이 넉넉한 보상을 받을 것이라는 말씀은 간단하지 않습니다.

왜냐하면 34절에서 이렇게 연결되기 때문입니다. "그러므로 내일 일을 위하여 염려하지 말라 내일 일은 내일이 염려할 것이요 한 날의 괴로움은 그 날로 족하니라"(마 6:34). 한 날의 괴로움은 그 날로 족하니라, 이것은 무슨 뜻일까요? 우리는 오늘이라는 현실을 종말적 시각에서 봅니다. 하나님의 뜻과 목적과 완성을 바라보며 오늘을 삽니다. 믿음으로 삽니다. 세상은 예수 그리스도께 그리한 것처럼 우리에게도

그리합니다. 현실이 얼마나 무서운가? 예수를 믿는 것은 왜 소용이 없는가? 이런 것들이 매일 찾아와 우리를 위협합니다.

우리는 약속은 멀고 현실은 가까운 하루하루를 살아야 합니다. 그래서 우리 신앙은 늘 시험을 받습니다. 우리 신앙이 시험받는 것은 오늘이라는 날이 연기되거나 취소되지 않기 때문입니다. 과거에 아무리 큰 자랑과 기적이 있었을지라도 그것이 오늘을 대신해 주지는 않습니다. 그것은 과거일 뿐입니다. 세상은 여전히 힘을 가지고 우리를 공격하고 우리는 그 현실의 무서움 앞에 섭니다. 오늘이 영원할 것 같은 시험 앞에 서서 하나님의 사람으로 책임을 져야 하는 도전을 해야 합니다.

하나님은 도대체 뭘 하시려는 것일까요? 성경의 요구는 무엇일까요? 우리는 예수를 믿는 것으로 세상의 힘을 물리치되 예수님이 부활하여 승리하신 것처럼 세상을 꺾기를 바랍니다. 세상이 다만 세상의 힘으로 자랑하는 것에 우리는 기도와 믿음으로 더 큰 힘을 가지고 맞서고자 합니다. 더 놀라운 보상을 가져다가 세상에게 우리가 가진 것이 진정한 것이라고, 하나님이 우리를 현실로 부르신 것은 이것 때문이라고 주장합니다.

그러나 성경의 가르침은, 세상이 자기가 가진 모든 것으로 우리에게 도전하여 멸망, 거짓됨, 헛됨으로 우리를 몰아가는 것 앞에서 타협하지도 말고 도망가지도 말라는 것입니다. 그래서 당하는 현실적인 세상의 공격을 감수하고 믿는 자로서 자리를 지키는 것으로 세상 앞에 증거하라고 합니다. 세상이 가진 것이 진정한 것이 아니라 내가 가진 것이 진정한 것이며 그것이 세상이 가진 힘보다 크다는 것을 보이라고 요구하고 있습니다. 그것은 우리에게 어렵고 또 싫은 것입니다.

신자가 싸울 상대는 자신

한 드라마에서 어떤 며느리가 하루 동안 아주 고생한 장면이 나왔습니다. 쌍둥이 아들이 있는데 학교에서 돌아와 집 안을 난장판으로 만듭니다. 엄마가 잠깐 자리를 비웠다가 방에 들어와 보니까 다 뒤집어 놓은 겁니다. 엄마가 화가 나서 넌 누굴 닮았냐고 합니다. 정신이 있냐? 손들고 벌 받아.""엄마 그게 아니라 형이.""조용히 해." 그런데 그때 시어머니가 들어오다가 그걸 본 겁니다.

할머니가 되어 보면 아는데 며느리나 아들이 손주를 야단치는 것을 듣기가 싫습니다. 가슴이 아프거든요. "애야, 너 애들을 왜 그리 야단치냐.""어머니, 그게 아니고.""너는 어떻게 시어머니한테 꼬박꼬박 말대답이냐.""아니, 어머니 그게.""너희 부모는 도대체 너한테 뭘 가르쳤냐." 완전히 뒤집어집니다.

성질이 나는데 전화가 옵니다. 남편이 밖에서 먹을 것 좀 빨리 갖다 달랍니다. 지금 그거 가져다줄 여유가 없는데, 어쨌든 마무리하고 좀 늦게 가게 됩니다. 그런데 남편은 또, 남들 보는 앞에서 아내에게 뭐 갖고 오라고 전화했는데 아내가 늦게 오니까 자존심도 상하고 짜증이 나서 고함을 지릅니다. "뭐 하느라고 이거 하나 갖고 오는데 그렇게 오래 걸려!" 그래서 완전히 폭발합니다. "에이 쌍, 내가 이 고생하려고 공부한 줄 알아!" 하소연할 데가 없습니다. 치매에 걸려 요양하고 있는 어머니를 찾아갑니다. "엄마, 나야." "누구세요?" "엄마, 죽지만 말아 줘. 살아만 있어 줘. 내 말 못 알아들어도 좋아. 엄마, 미안해." 그러고 밤늦게까지 알아듣지도 못하는 엄마에게 하소연하다가 집에 돌아갈 마음은 없지만 가서 확 죽을 수도 없고 갈 데도 없어서 집에 돌아갑니다.

집에서 난리가 났습니다. 아니, 이놈의 여편네가 언제 나갔는데 밤이 늦도록 연락 하나 없고, 아들, 손자, 시어머니가 다 뿔따구가 나 있는데 며느리가 휑 들어옵니다. 며느리는 간신히 참고 들어왔는데 남자 셋과 여자 하나가 '뭐 하다 이제 오는 거야'라고 합니다. 돌겠습니까, 안 돌겠습니까?

이 드라마를 보다 처음부터 끝까지 배꼽을 잡고 웃었습니다. 왜 웃었을까요? 나이 든 사람들은 다 웃습니다. 인생은 그런 거야, 그렇게 견디는 거야, 화도 내고 울기도 하고 섭섭해하고 그렇게 웬수를 이기는 거야, 그렇게 이기는 건 뭘까요? 해결되지 않고 합의가 이루어지지 않는데 무엇으로 그 높은 담을 넘어왔을까요? 화가 나고 돌게 되었을 때 왜 뛰어내리지 않았을까요? 무엇이 다시 집으로 이끌었을까요? 거기에 하나님의 손길이 있습니다.

정신을 차려야 기도가 나오는 겁니다. 정신이 없을 때는 기도도 나오지 않습니다. 그때는 술을 먹지 않고도 정신이 없습니다. 내가 왜 여기 와 앉아 있는지 돌아보고 놀라는 일들이 있습니다. 그때 무엇이 나를 붙잡았겠습니까? 하나님이 인류를 구원하려 하시며 우리에게 복을 주려 하시며 우리를 불쌍히 여기시기 때문에 우리를 붙잡아 주신 것입니다.

종말은 궁극적으로 하나님의 선하심과 자비하심과 의지가 그 기조와 바탕을 이루는 것이지, 잘잘못의 문제가 종말의 첫 번째 원리는 아닙니다. 우리 모두에게 하나님을 증언하라는 것입니다. 매일의 도전 앞에서, 반복되는 위협 앞에서, 답이 없는 현실 앞에서 도망가지 말라는 것입니다. 쩔쩔매십시오. 비명을 지르십시오. 누가 해 주고 편들어 준다고 해서 우리 인생을 그가 대신 살아 줄 수는 없습니다.

신앙인에게 가장 큰 책임은 무엇입니까? 자기 인생을 감수하는 것입니다. 오해와 낙담과 비난과 불평과 의심과 불안과 두려움과 자폭을 감수하는 것입니다. 죽을 것같이 참는 것입니다. 넉넉하게 참는 것이 아닙니다. 그게 하루하루 쌓여 하나님이 약속하시고 목적하시는 자리로 우리를 데려간다는 믿음으로 포기하지 않는 것입니다. 그것이 가장 큰 것입니다.

일본 사람들은 역사상 가장 훌륭한 리더로 세 사람을 꼽습니다. 오다 노부나가(織田信長), 도요토미 히데요시(豊臣秀吉), 그리고 도쿠가와 이에야스(德川家康)입니다. 이 세 사람을 최고의 리더로 뽑는데, 모이면 이런 이야기를 한답니다. 누구를 최고로 치는가? 오다 노부나가는 천재이고 도요토미 히데요시는 지혜자로 지략이 뛰어난 사람이고 도쿠가와 이에야스는 인내가 강한 사람이다, 사람마다 누가 최고인지에 대한 의견이 다릅니다. 이제 이 리더들 가운데 누가 제일 뛰어난 영웅인가 하는 데까지 넓혀 논의를 했다고 합니다. '최고의 영웅이 누구인가!' 그런데 누가 이런 말을 했습니다. '결국 최고의 영웅은 졸병들이 아닐까?'

놀라운 이야기입니다. 어떻게 졸병이 영웅이 될까요? '위인들은 자기의 위신과 욕심을 위하여 인생을 걸었지만, 졸병들은 농사짓다 말고 붙잡혀 와서 돌격 앞으로! 그러면 폭탄과 총알 사이를 뛰어가야 하는 거 아니냐. 이겨 봤자 술 한잔 먹는 것이고, 아니면 죽는데, 무엇을 위해서 부름받았는지도 모르고, 왜 해야 하는지도 모르는 전쟁에서 다만 장수가 '돌격 앞으로!' 하는 한 마디에 뛰어나간 그 사람들이 진정한 영웅이 아니냐?' 여기에 깊은 의미가 있습니다.

신앙생활의 영웅이 되는 것은 바울이 되거나 모세가 되는 것을 말하지 않습니다. 각자의 자리에서 인생을, 그리고 오늘을 날마다 직면해야 하는 것입니다. '너희는 먼저 그의 나라와 그의 의를 구하라 그리하면 이 모든 것을 너희에게 더하시리라'(마 6:33). 그 모든 것은 일용할 양식보다 더 큰 것입니다. "그러므로 내일 일을 위하여 염려하지 말라 내일 일은 내일이 염려할 것이요 한 날의 괴로움은 그 날로 족하니라"(마 6:34).

가장 용감한 것은 도망가지 않는 것입니다. 가장 능력 있는 것은 자기 자리를 지키는 것입니다. 세상은 보란 듯한 인생과 존재가 되어야 한다고 우리를 속입니다. 이겨야 하는 것은 상대가 아니라 자신입니다. 두려움과 비겁함과 참지 못하는 것을 믿음으로 극복해야 합니다.

우리는 예수 그리스도의 부활을 보았고 그가 보내신 성령 하나님의 임재 속에서 사는 존재들입니다. 우리를 이 자리까지 인도하고 붙들어 예수 믿는 것을 포기하지 못하게 한 힘이 있다는 것을 기억하십시오. 하나님은 쉬지 않으십니다. 우리가 한 것에 대해 보상하는 정도가 아니라 우리의 인생과 존재와 오늘 속에 함께하시는 하나님입니다. 그런 인도를 받는 우리의 존재와 현실을 기억해 신자 된 인생을 책임 있게 감당하기 바랍니다.

기도

하나님 아버지, 은혜를 감사합니다. 하나님의 자녀로 사는 영광과 명예를 얻었습니다. 예수 그리스도 안에 있는 죽음을 이기시는 하나님의 승리도 보았습니다. 무엇이 더 필요하겠습니까? 힘을 주시어 충성하게 하옵소서. 우리의 자리를 지키는 자들이 되게 하여 주시옵소서. 그리하여 세상이 우리를 보고 저 사람들은 세상을 내용으로도 목적으로도 이유로도 살지 않고 다른 것으로 살고 있다는 것을 알게 하사 우리의 인생을 복되게 하시옵소서. 예수님 이름으로 기도합니다. 아멘.

56

배신에 자신을 맡기시다

———

1 유월절이라 하는 무교절이 다가오매 2 대제사장들과 서기관들이 예수를 무슨 방도로 죽일까 궁리하니 이는 그들이 백성을 두려워함이더라 3 열둘 중의 하나인 가룟인이라 부르는 유다에게 사탄이 들어가니 4 이에 유다가 대제사장들과 성전 경비대장들에게 가서 예수를 넘겨 줄 방도를 의논하매 5 그들이 기뻐하여 돈을 주기로 언약하는지라 6 유다가 허락하고 예수를 무리가 없을 때에 넘겨 줄 기회를 찾더라

(눅 22:1-6)

사랑으로 인한 예수의 죽음

본문 말씀에서 보듯이 예수님은 당시 정치 종교 지도자들에게 원한을 샀고, 그들이 예수를 죽음으로 몰 방법들을 찾고 있는 중에 제자인 가룟 유다의 배신으로 예수님은 잡혀가셔서 불공정한 재판과 판결을 받고, 가장 치욕적으로 십자가에 죽으시게 됩니다.

제자로서 늘 예수님 곁에서 많은 기적을 보고 가르침을 받았음에도 불구하고 유다는 왜 배신을 했을까? 이것은 우리에게 참으로 궁금한 일 중의 하나입니다. 그러나 본문 말씀에서 우리가 상고하려는 것은 배신에 관한 것이 아니고, 이 배신에 예수님이 자신을 맡기셨다는 점입니다. 유다가 배신하여 떠나 예수를 팔아넘겼는데, 예수님은 무엇 때문에 그 배신에 자신의 운명을 맡겼을까, 하는 것이 우리에게는 참으로 수수께끼 같고, 이해가 안 가며, 놀라운 부분입니다.

우리의 상상과 경험으로 생각해 보면 가룟 유다의 배신은 사실 이해가 갑니다. 우리가 늘 하는 것이기 때문입니다. 우리는 평생을 약속했다가도 못 지키고 실망하고 돌아서는 일이 많은 현실을 살고 있습니다. 유다도 그 많은 기적을 보았지만 무엇인가 섭섭하고 화가 났겠죠. 우리가 다 알 수는 없지만 예수를 믿게 된 우리 입장에서 유다를 일방적으로 매도하기란 간단치 않습니다. 우리가 인간에 대해서 다 알지 못하는 탓입니다. 인간은 배신을 합니다. 배신하는 가장 큰 이유는 스스로를 지킬 힘이 없기 때문입니다. 인간은 의존적입니다.

우리가 세상을 겁내는 것은 세상이 변덕스럽기 때문입니다. 세상은 자기 말을 안 들으면 죽일 것같이 굴고, 들어도 보상해 주지 않습니다. 더 놀라운 것은 세상이 보상해 주는 것은 답이 아니라는 사실입니다. 우리가 무엇인가에 의존해야 하는 한계를 지닌 존재라는 사실을 확인하면, 우리는 필요에 의해 이쪽에 몸을 담았다, 저쪽에 의지했다, 할 수밖에 없습니다. 불행한 것은 우리가 아무도 의지할 수 없다는 현실을 깨닫는 데 평생이 걸린다는 사실입니다. 그런데 예수님은 어찌 이런 인간에게 자신을 맡기셨을까요? 안 맡기셔도 되잖습니까? 요한복음 15장에 가면 이 일에 대한 성경의 답이 나옵니다. 13절입니다.

사람이 친구를 위하여 자기 목숨을 버리면 이보다 더 큰 사랑이 없나니 너희는 내가 명하는 대로 행하면 곧 나의 친구라 이제부터는 너희를 종이라 하지 아니하리니 종은 주인이 하는 것을 알지 못함이라 너희를 친구라 하였노니 내가 내 아버지께 들은 것을 다 너희에게 알게 하였음이라 (요 15:13-15)

예수님은 자기 제자들을 향하여 친구라고 합니다. 가룟 유다도 포함된 것입니다. 우리 현실 속에서 친구란 내 편을 들어주는 사람입니다. 예수님이 표현한 친구란 그를 위해서라면 나를 다 맡겨도 좋다는 의미입니다. 친구란 내가 나보다 더 존중하고 귀하게 여기는 존재입니다. 우리가 생각하는 친구란 나에게 도움이 되고, 내가 필요할 때 내 편이 되어 주고 내 마음에 들게 해 주는 내 편입니다. 그러나 성경에서는 이렇게 이야기하지 않습니다. 그 사실을 가룟 유다의 배신에서 봅니다. 예수님은 가룟 유다의 배신과 음모와 그로 인해 일어나는 왜곡과 억울함과 고통과 수치와 비참함을 감수하십니다.

우리는 성경에 나온 이런 예수님의 대우, 우리를 향하여 가지시는 친구 된 의리에 대하여 마땅히 놀라야 합니다. 우리는 그것을 만들 수 없고 이 세상에서 그런 대상을 찾을 수 없기 때문에 더더욱 그렇습니다. 우리가 기독교 신앙에서 사랑이라는 말을 할 때마다 그 사랑이 바로 친구를 근거로 한 믿음의 대상, 나보다 나은 대상을 향한 진심이라는 것을 놓쳐서는 안 됩니다.

성경이 말하는 복음은 이렇게 되어 있습니다. "하나님이 세상을 이처럼 사랑하사 독생자를 주셨으니 이는 그를 믿는 자마다 멸망하지 않고 영생을 얻게 하려 하심이라"(요 3:16). 세상을 사랑했다는 것은 말도 안 되게 놀라운 것입니다. "빛이 어둠에 비치되 어둠이 깨닫지 못하더라"(요 1:5). 주께서 자기 백성에게 왔으되 자기 백성이 주를 영접하지 않았습니다. 하나님은 그런 세상을 사랑하십니다. 배신한 유다를 존중하시며 친구라 하십니다.

우리에게 사랑이란 대단히 애매한 말이 되어 버렸습니다. 소원하는 것, 아주 열심히 탐내는 것이 되었습니다. 사랑이 다른 모든 단어보다 뛰어난 단어가 되는 이유는 조건을 요구하지 않는 소원이기 때문입니다. 그것이 사랑입니다. 그러나 우리에게 사랑은 내 욕심을 채워 주는 소원이 되어 버렸습니다. 성경에서 사랑이라고 이야기할 때는 하나님이 우리를 자격과 조건 없이 소원하신다는 뜻입니다. 친구 사이에서 그렇듯이 말입니다. 친구라는 것이 신의로 맺어진다는 것은 조건과 자격을 넘어 상대방을 향한 기쁨을 의미합니다. 그런 것 없이 친구는 존재할 수 없으며 사랑도 존재할 수 없습니다.

우리는 지난 300년 동안 계몽주의의 영향 아래에 있습니다. 합리적이고 인과율적인 사고, 그 위에 실용성이 더해진 각박한 세상 속에서 살고 있습니다. 이해와 납득, 확인, 합의, 모든 것이 합리성으로 요구되는 사회에 살고 있습니다. 이치와 명분이 모든 것의 힘이 되자, 인격과 인격 사이의 관계까지 규율하여 자격과 조건을 묻지 않는 믿음과 사랑은 설 자리를 잃었습니다.

친구란 무조건 편을 드는 겁니다. 여기서 편을 든다는 것은 상대방을 소원하는 것입니다. 사랑이 그렇듯이 말입니다. 그것이 예수님이 보이시는 태도입니다. 그 신의를 지키며, 그 사랑 때문에 당신이 망하는 길을 기꺼이 가는 것입니다.

덕목의 가치는 공동체 안에서 드러남

구약 성경에는 이스라엘 백성의 실패가 자세히 나옵니다. 이스라엘이 국가를 형성하고 하나님의 통치를 국가적, 사회적 질서와 윤리와 믿음으로 요구받던 시대에 이스라엘 백성이 저질렀던 가장 큰 죄악은 우상 숭배였습니다.

우상 숭배에 대한 하나님의 반응은 참으로 감정적입니다. "너희가 나 외에 다른 신을 두는 것이 나는 싫다." 따지는 것이 아니라 분노하십니다. 우리는 화를 내는 것보다 조목조목 이치를 따지는 것이 더 강하고 냉정하고 분명하다고 생각합니다.

그러나 앞에서 말씀드린 바와 같이 성경에서 하나님이 이 문제에 화를 내신 것은 하나님이 이스라엘 백성, 우리 모든 하나님의 자녀들에게 우리와 당신과의 관계가 다만 이치, 명분, 당위에 묶여 있는 것이 아니라고 이야기하는 것입니다.

부부는 서로가 서로에 대해서 전적인 책임과 권리를 가집니다. 그래서 부부는 서로에 대해서 거부권을 가지고 있습니다. 어떤 거부권입니까? "여보, 나 그거 싫어." "왜?" "싫다니까." 계속 '왜?'라고 하면 같이 못 사는 겁니다. 이유가 없는 것입니다. 싫으면 끝입니다. 말이 안 되는 이야기를 하는 것이 아니라 부부란 어떤 관계와도 다른 것입니다. 하나님이 이스라엘 백성에게 그렇게 화를 내시는 것입니다. '나는 싫다.' 너희가 나 외에 다른 신을 가지는 것도 싫고, 너희가 나에게 너희의 전 인격과 생애를 바치지 않는 것도 난 싫다, 너희가 아무리 모든 것을 잘해도 너희 마음을 다 주지 않으면 난 싫다, 이렇게 화를 내십니다. 그러느니 차라리 너희를 죽여 버리겠다, 무슨 말인지 아시죠? 당신, 내 청혼을 받아 주지 않으면 나는 당신을 죽여 버릴 거야, 이것과 똑같은 겁니다. '당신을 얻지 못한다면 나도 살지 않을 거야'의 다른 표현입니다. 무시무시한 표현입니다.

그것은 구약에서만 적용되는 것이 아니라 신약에서도 적용됩니다. 꼭 명심하십시오. 너희가 전심을 기울여 나를 사랑하지 않으면 죽여 버릴 거야, 입니다. 나는 이미 너희를 위해 죽었다, 예수님이 그렇게 당신을 바쳤기 때문에 할 수 있는 경고입니다. 빌립보서 2장을 봅시다.

그러므로 그리스도 안에 무슨 권면이나 사랑의 무슨 위로나 성령의 무슨 교제나 긍휼이나 자비가 있거든 마음을 같이하여 같은 사랑을 가지고 뜻을 합하며 한마음을 품어 아무 일에든지 다툼이나 허영으로 하지 말고 오직 겸손한 마음으로 각각 자기보다 남을 낮게 여기고 각각 자기 일을 돌볼뿐더러 또한 각각 다른 사람들의 일을 돌보아 나의 기쁨을 충만하게 하라 (빌 2:1-4)

무슨 말일까요? 그리스도 안에 권면이나 사랑의 위로나 교제나 긍휼이나 자비가 있을 때 꼭 명심해야 할 것은 서로 간의 관계를 우선하고 그 맥락 속에서 이 일들을 해야 한다는 말입니다. 다만 일 자체가 가치를 가지기 때문에 하지는 말라, 기도가 옳고, 구제가 옳고, 사랑이 옳다는 덕목, 명분, 헌신과 진심 그 자체가 가치를 가지는 것이 아니다, 이것은 믿음의 공동체 속에서 서로를 존중하는 하나님의 사랑과 거기서 요구받는 믿음이라는 근거 위에 자리를 잡아야 한다는 말입니다. 네가 말하는 사랑이, 네가 말하는 기도가, 네가 말하는 진심이 누구를 누르는 것이고, 누구를 밀어내는 것이어서는 안 된다, 이런 뜻입니다. 그것은 상대방을 위해서만 사용되어야 합니다. 그렇게 예수님을 소개합니다.

너희 안에 이 마음을 품으라 곧 그리스도 예수의 마음이니 그는 근본 하나님의 본체시나 하나님과 동등됨을 취할 것으로 여기지 아니하시고 오히려 자기를 비워 종의 형체를 가지사 사람들과 같이 되셨고 사람의 모양으로 나타나사 자기를 낮추시고 죽기까지 복종하셨으니 곧 십자가에 죽으심이라 (빌 2:5-8)

그리스도의 수난과 우리의 마음 자세

예수 그리스도의 성육신과 수난의 가장 중요한 내용은 자신을 비우고 낮추신 것입니다. 복종하신 것입니다. 자기의 존재가 자기에게 있지 않고 자기가 사랑하고 믿는 대상에게 묶여 있다고 이야기합니다. 상대방의 요구와 상대방의 결정에 자신을 맡기는 비움, 낮춤, 종 됨을 받으시되, 어디까집니까? 십자가에 죽기까지 복종하셨습니다. 말씀 그대로입니다.

가룟 유다의 배신, 호시탐탐 노리던 제사장들과 서기관들의 소원, 억울한 누명, 무지한 백성, 무책임한 빌라도, 이 모두가 엮여져 예수가 십자가에 처형됩니다. 그것을 다 받으십니다. 감정적으로 생각하자는 이야기가 아닙니다. 십자가형이 얼마나 고통스러웠는가, 예수님이 얼마나 억울해하셨는가, 그걸 보고 눈물을 흘리는 것이 기독교 신앙의 본래 목적이지 않습니다.

하나님이 우리에게 누구이시며 우리에게 무엇을 원하시는지에 대하여 하나님이 직접 먼저 구체적 증거를 시행하시는 것입니다. 하나님이 우리를 찾아오시고 사랑하셔서 우리의 결정과 우리의 변덕과 우리의 비겁함에 당신을 내어 주십니다. 그것이 하나님의 뜻입니다. 우리가 그를 죽였습니다. 그래서 우리는 이제 당연한 선택을 해야 합니다.

살아 보면 세상은 끝없이 우리를 시험하고 위협합니다. 내 말을 듣지 않으면 너는 죽는다, 이것이 세상이 하는 시험이고 유혹입니다. 말을 들으려면 비겁해져야 합니다. 세상의 말을 듣지 않으면 죽어야 하고, 세상의 말을 들으면 더러워지거나 비겁해져야 합니다. 살면서 그것을 배웁니다. 세상에서 지면 어떻게 바보가 되고 피해자가 되는지를 경험하게 됩니다. 이기면 얼마나 허무한지를 배우게 됩니다. 거기에 하나님이 그 아들을 보내어 우리 앞에 세웁니다. 죽어서도 영광된 인격을 증언하십니다. 우리 같은 것들을 위하여 죽는 하나님, 여기에 우리가 놀라는 것입니다.

하나님이 우리를 부르심과 우리의 신앙에 대하여 우리가 감격하는 이유가 여기에 있습니다. 죽어도 좋은 것입니다. 이 세상에서 승리자가 되느니 예수와 함께 기꺼이 십자가에 처형당하겠습니다. 그것이 인간의 명예입니다. 예수를 믿으면 죽어서 천국에 가는 그런 보상의 차원보다 더 깊은 것입니다. 이런 인간의 참된 영광과 하나님의 자비와 사랑과 하나님이 요구하시는 믿음의 세계라는 것 때문에 가고 싶은 나라입니다. 그 나라를 앞당겨서 지금 살 수 있기에 나는 신자가 되겠다고 선언하는 것이며 고백하는 것이고 기도하는 것입니다.

이 부름에 응하십시오. 다른 선택은 없습니다. 예수를 믿으면 세상이 줄 수 없는 것을 준다는 것이 바로 이 이야기입니다. 현실적인 혜택이나 고통에서의 면제는 없습니다. 하나님이 세상을 사랑하고 계시기 때문입니다. 세상이 아직도 그를 반대하고 그를 팔아먹는데도 당신을 내어 주고 있는 시간이기 때문에 우리의 보상은 연기되고 있습니다. 하나님의 그 내어 주심에 동참하겠습니까? 그것이 얼마나 영광된 것인지 이해하십니까? 그것을 이해하고 순종하는 것을 신앙생활이라고 힙니다. 우리가 그 인생을 살도록 부름을 받았습니다.

멋진 인생 사십시오. 세상에 지지 마십시오. 자격 없고, 못났다는 것 때문에 자신을 내어 주지 마십시오. 하나님이 우리를 기어코 사랑하시고 이기게 하신다는 믿음을 붙잡고, 우리의 변덕과 비겁함과 두려움과 막막함을 뛰어넘으십시오. 넘어지면 일어나고 실수하면 회개하고, 세상 앞에 하나님의 사람으로서 자기 자리를 지키고 일어서겠다고 약속하는 말씀이기를 바랍니다.

기도

하나님 아버지, 은혜를 감사합니다. 하나님의 자녀로 사는 것은 복된 것입니다. 명예로운 것입니다. 영광된 것입니다. 세상에는 하나님과 짝할 것이 없습니다. 이 헛되고 거짓된, 더럽고 비겁한 세상에서 하나님의 자녀로 사는 영광된 인생을 부여받은 줄 알고 믿음과 충성을 약속합니다. 붙들어 주시옵소서. 우리가 존재하고 살고 행동하고 결정하는 모든 일에 하나님을 모신 자로서 세상과 다른 증언과 충격과 자랑을 지닐 수 있도록 축복하여 주시옵소서. 예수님 이름으로 기도합니다. 아멘.

57

우리의 죽음에 따라 들어오시다

———

7 유월절 양을 잡을 무교절날이 이른지라 8 예수께서 베드로와 요한을
보내시며 이르시되 가서 우리를 위하여 유월절을 준비하여 우리로 먹
게 하라 9 여짜오되 어디서 준비하기를 원하시나이까 10 이르시되 보
라 너희가 성내로 들어가면 물 한 동이를 가지고 가는 사람을 만나리니
그가 들어가는 집으로 따라 들어가서 11 그 집 주인에게 이르되 선생님
이 네게 하는 말씀이 내가 내 제자들과 함께 유월절을 먹을 객실이 어
디 있느냐 하시더라 하라 12 그리하면 그가 자리를 마련한 큰 다락방을
보이리니 거기서 준비하라 하시니 13 그들이 나가 그 하신 말씀대로 만
나 유월절을 준비하니라 14 때가 이르매 예수께서 사도들과 함께 앉으
사 15 이르시되 내가 고난을 받기 전에 너희와 함께 이 유월설 먹기를
원하고 원하였노라 16 내가 너희에게 이르노니 이 유월절이 하나님의
나라에서 이루기까지 다시 먹지 아니하리라 하시고 17 이에 잔을 받으

사 감사 기도하시고 이르시되 이것을 갖다가 너희끼리 나누라 18 내가 너희에게 이르노니 내가 이제부터 하나님의 나라가 임할 때까지 포도나무에서 난 것을 다시 마시지 아니하리라 하시고 19 또 떡을 가져 감사 기도하시고 떼어 그들에게 주시며 이르시되 이것은 너희를 위하여 주는 내 몸이라 너희가 이를 행하여 나를 기념하라 하시고 20 저녁 먹은 후에 잔도 그와 같이 하여 이르시되 이 잔은 내 피로 세우는 새 언약이니 곧 너희를 위하여 붓는 것이라 (눅 22:7-20)

약속의 성취로 오신 예수님

예수님은 잡히시던 밤에 마지막 유월절을 제자들과 함께 보내십니다. 본문 말씀에 기록된 대로 15절을 보면 '내가 고난을 받기 전에 너희와 함께 이 유월절 먹기를 원하고 원하였노라'라고 말씀하십니다.

유월절은 옛날 이스라엘 백성이 애굽의 노예가 되었다가 하나님이 모세를 보내어 해방하실 때에 바로의 완강한 저항을 분쇄한 마지막 재앙과 연결된 절기입니다. 애굽에 있는 모든 장자들을 죽일 때 이스라엘 백성은 양을 잡아 그 피를 문지방과 문설주에 발라 그 심판의 손, 곧 하나님의 사자들로부터 죽임을 면하였습니다. 그래서 유월절(逾越節), 영어로는 '패스오버(Passover)'라고 하는 절기가 유래되었습니다.

이스라엘 백성은 이 유월절을 해마다 가장 큰 명절로 지키고 하나님이 드디어 이스라엘 백성에게 자유와 해방을 주심을, 그들을 하나님의 백성으로 불러 주심을 기념합니다. 이 일을 예수님은 당신의 죽으심과 묶으십니다. 유월절의 진정한 의미와 궁극적 목적이 예수 안에서 성취되는 것, 예수의 죽음이 그런 의미의 결정이라고 말씀하십니다. 구약 성경 예레미야 31장을 보면 바로 그런 약속이 31절 이하에 소개됩니다.

> 여호와의 말씀이니라 보라 날이 이르리니 내가 이스라엘 집과 유다 집에 새 언약을 맺으리라 이 언약은 내가 그들의 조상들의 손을 잡고 애굽 땅에서 인도하여 내던 날에 맺은 것과 같지 아니할 것은 내가 그들의 남편이 되었어도 그들이 내 언약을 깨뜨렸음이라 여호와의 말씀이니라 그러나 그 날 후에 내가 이스라엘 집과 맺을 언약은 이러하니 곧 내가 나의 법을 그들의 속에 두며 그들의 마음에 기록하여 나는 그들의 하나님이 되고 그들은 내 백성이 될 것이라 여호와의 말씀이니라 (렘 31:31-33)

새 언약을 주시는 말씀인데, 이스라엘 백성은 유월절로 기념되는 하나님의 구원의 큰 날에 하나님의 인도하심과 특별한 보호 속에 있었음에도 불구하고 하나님을 섬기는 일에 실패합니다. 하나님이 이 실패한 이스라엘에게 너희가 실패했지만, '너희는 내 백성이 되고 나는 너희의 하나님이 되리라'라고 한 이 언약은 내가 결단코 취소하지 않겠다, 이 약속을 이루고야 말겠다, 그래서 내가 이 약속을 이루기 위하여 이제는 외적 지원과 보호보다 더한 내적 개입을 하겠다, 니희 마음을 고치겠다, 너희 생각을 바꾸어 놓겠다고 하는 약속입니다.

그래서 본문에서도 예수님이 당신의 죽으심을 유월절과 엮으면서 이렇게 말씀하십니다. "저녁 먹은 후에 잔도 그와 같이 하여 이르시되 이 잔은 내 피로 세우는 새 언약이니 곧 너희를 위하여 붓는 것이라"(눅 22:20). 이것이 예레미야서에 약속된 새 언약의 성취인 것을 가르칩니다.

예수의 죽음은 하나님이 우리를 위하여 하신 일에 대한 역사적 증거이고 우리가 보고 듣고 생각하고 결정할 문제이기도 하지만, 그 전에 예수의 죽음에 대해 이스라엘 백성의 실패로 드러난 사실에서 돌아보아야 할 것이 있습니다. 예수의 죽음은, 우리의 선택, 의지, 응답, 노력이 모자라고 부족할지라도 깨어질 수 없는 하나님의 영원한 약속의 성취를 말하고 있다는 것입니다. 실패할 수 없는 하나님의 언약의 결정이었습니다. 나는 너희의 하나님이 되고 너희는 내 백성이 될 것이라, 이 약속을 어떻게 예수 안에서 이루셨는지 확인해야만 하는 것입니다.

우리 모두가 예수를 믿고 교회에 자발적으로 나온 것임에도 불구하고, 실제로는 그 전에 하나님이 우리 마음과 생각에 어떻게 개입하셨는지, 그것이 예수 안에서 어떻게 역사적으로 구체적 증거가 되었는지 확인할 필요가 있습니다. 하나님은 어떻게 우리 마음과 생각에 개입하셨을까요? 예수 안에서 이루신 새 언약과 성취는 예수의 십자가와 부활로 이미 이루신 것이 역사적 사실인데, 오늘 우리에게는 이것이 어떻게 이해되고 있을까요? 예수님이 포도나무 비유를 가르치는 요한복음 15장을 봅시다.

나는 포도나무요 너희는 가지라 그가 내 안에, 내가 그 안에 거하면 사람이 열매를 많이 맺나니 나를 떠나서는 너희가 아무 것도 할 수 없음이라 사람이 내 안에 거하지 아니하면 가지처럼 밖에 버려져 마르나니 사람들이 그것을 모아다가 불에 던져 사르느니라 너희가 내 안에 거하고 내 말이 너희 안에 거하면 무엇이든지 원하는 대로 구하라 그리하면 이루리라 너희가 열매를 많이 맺으면 내 아버지께서 영광을 받으실 것이요 너희는 내 제자가 되리라 아버지께서 나를 사랑하신 것 같이 나도 너희를 사랑하였으니 나의 사랑 안에 거하라 내가 아버지의 계명을 지켜 그의 사랑 안에 거하는 것 같이 너희도 내 계명을 지키면 내 사랑 안에 거하리라 내가 이것을 너희에게 이름은 내 기쁨이 너희 안에 있어 너희 기쁨을 충만하게 하려 함이라 내 계명은 곧 내가 너희를 사랑한 것 같이 너희도 서로 사랑하라 하는 이것이니라 (요 15:5-12)

신비한 연합

만만치 않은 말씀이 한꺼번에 주어지고 있습니다. 비유의 내용은 우리가 이해하는 데 어려움이 없습니다. 포도나무 가지가 나무에 붙어 있지 않으면 아무 쓸모가 없습니다. 붙어 있으면 그것은 포도나무입니다. 포도나무와 가지는 분리될 수도 없고 구별될 수도 없습니다. 나무의 모든 생명을 가지가 공급받아 나무의 열매가 가지에 달리는 것입니다. 그 가지가 나무 자체는 아니지만 나무에 붙어 있음으로써 포도나무 가지일 수 있는 것입니다.

예수님이 우리에게 "그러니 너희도 내 안에 거하라" 하십니다. "내 아버지 안에 거하는 것같이 너희도 내 안에 거하라." 그 안에 거하려면 계명을 지켜야 된다고 합니다. 계명을 지킨다, 이렇게 나오면 조건과 자격으로 생각되지 않습니까? 가지가 매일 나무에 붙어 있는 방법은 무엇일까요? 일부러 도망만 안 가면 됩니다. 스스로 도망갈 수도 없지만 도망만 가지 않으면 됩니다. 가지가 단식 투쟁만 하지 않으면 됩니다. 나무에 붙어 있는 것입니다.

계명을 지키는 것을 가지가 나무에 붙어 있는 조건과 자격으로 제시하는 것이 아니라, 하나의 축복과 특권으로 제시하는 것입니다. 가지는 나무에 붙어 나무에 속한 것을 자기 것으로 가지는 법이라고 말씀하는 것입니다. 조건이나 자격이나 강요가 아니라 사랑이라고 표현하는 것입니다. '내 사랑 안에 거하라.' '계명을 지켜라'와 '사랑하라'가 같이 나오고, 나무에 붙어 있는 연합이 사랑과 복종으로 요구됩니다.

우리가 이해하는 세상 속에서의 이 세 단어는 사뭇 다릅니다. 연합, 순종, 사랑은 다 다릅니다. 그러나 지금 성경에서는 이 단어를 하나로 취급하고 있습니다. 어떻게 하나가 될 수 있습니까? 에베소서 5장에 가면 이것들이 하나 된 것을 우리에게 소개합니다. 5장 22절을 보면 부부에 대하여 이런 명령이 주어집니다.

아내들이여 자기 남편에게 복종하기를 주께 하듯 하라 이는 남편이 아내의 머리 됨이 그리스도께서 교회의 머리 됨과 같음이니 그가 바로 몸의 구주시니라 그러므로 교회가 그리스도에게 하듯 아내들도 범사에 자기 남편에게 복종할지니라 (엡 5:22-24)

여성들이 싫어하는 성경 구절입니다. 복종이라는 단어를 오해하기 때문입니다. 이 복종은 뒤에 나오는 남편에게 요구하는 사랑과 똑같은 의미입니다. 지금 요한복음 15장에서 본 바와 같이 '계명을 지켜라'와 '사랑하라'는 하나이며, 가지에 몸이 붙어 있는 것은 너의 축복이며 특권이며 영광이라, 하는 말의 다른 표현입니다. 이해를 돕기 위해 이렇게 설명해 보겠습니다.

연애하던 시절로 잠깐 돌아갑시다. 지금 연애하고 있으면 훨씬 이해가 잘될 것입니다. 연애할 때는 상대방에게 기꺼이 종이 되려고 합니다. 상대방이 필요한 것을 나에게 시켜 주기를 바라는 겁니다. 내가 상대방에게 가치가 있고 도움이 되고 기쁨이 되고 싶은 것입니다. 사랑을 하면 군림하는 것이 아니라 기꺼이 종이 되려고 합니다. 사랑을 하면 자꾸 선물을 합니다. 선물을 해서 환심을 사려는 것이 아닙니다. 상대가 받아 주는 게 영광입니다. 받아 주면 내가 상대방에게 영접되는 것이고 안 받아 주면 거절되는 것입니다. 값어치의 문제가 아닙니다. 헌금이 그렇습니다.

헌금이란 예배의 한 행위입니다. 우리의 진심을 하나님이 받아 주시는 것이 내는 자에게 영광이 되는 것입니다. 그런데 한국 교회가 너무 돈으로 치달리는 바람에 우리 교회 예배에서는 헌금 순서가 빠졌습니다. 이제 와서 보니까 중요한 것을 빠트렸다는 생각이 듭니다. 사랑하는 사이에 진심을 주고받는 것은 매우 중요한 행위입니다. 배를 째고 심장을 꺼내서 '식기 전에 드시죠' 이런 것은 멋없는 것입니다. 멋지게 장미 한 송이, 열 송이 이렇게 주어야 맞는 것이었습니다. 신앙 행위에 대해서 성경이 우리에게 요구하는 것을 다시 한번 깊이 생각해 볼 필요가 있습니다.

이처럼 아내가 남편에게 복종하는 것은 그것이 아내의 영광이기 때문입니다. 무엇과 비교할 수 있습니까? 교회가 그리스도에게 하듯 예수를 믿는 것이 우리에게 축복이며 자랑인 것과 같습니다. 그럼 남편더러 아내에게 복종하라, 아내더러 남편을 사랑하라, 그러면 어떻습니까? 동일한 것입니다. '아내들아 남편을 사랑하라. 주를 사랑하듯이 그리하라.' 25절의 남편들 몫을 봅시다. "남편들아 아내 사랑하기를 그리스도께서 교회를 사랑하시고 그 교회를 위하여 자신을 주심 같이 하라"(엡 5:25). 사랑이란 말만 하는 것이 아니고 예수께서 그리하신 것 같이 모욕과 수치와 고통을 당하고 당신의 목숨을 바치는 것입니다.

정상적인 남편이라면 그렇게 가정을 섬깁니다. 직장 생활이란 만만치 않습니다. 모욕을 참아야 하고 억울함을 참아야 하고 끝없는 인내와 한숨이 필요한 것입니다. 그것을 집에 와서 가족에게 분풀이하는 사람은 비겁한 사람입니다. "당신 요새 술 좀 자주 하는 거 같은데 무슨 걱정거리가 있어?" 하면 "아니야. 상사가 생일이라고 한턱 냈어" 이렇게 말하는 것입니다. "오늘 죽을까 내일 죽을까 고민 중이야" 이렇게 말하는 건 멋없는 사람입니다. 이것은 사랑하는 것이 무엇인지 모르는 것입니다. 걱정거리를 아내에게 떠미는 사람은 사랑이라는 걸 모르는 것입니다. 사랑할 자격이 없습니다.

여기에 바로 복종이라는 단어가 사랑과 동등한 내용과 의미로 등장하는 것입니다. 그래서 31절에 가면 이렇게 마무리됩니다. "그러므로 사람이 부모를 떠나 그의 아내와 합하여 그 둘이 한 육체가 될지니 이 비밀이 크도다 나는 그리스도와 교회에 대하여 말하노라"(엡 5:31-

32). 여기 비밀이라고 번역된 단어는 신비입니다.

이 신비가 크도다, 부부라는 연합은 같은 편 정도가 아니라 어찌나 신비한지 물리적인 연합도 아니고 화학적인 연합도 아니다, 그것은 사랑이라는 단어와 순종이라는 단어로밖에는 설명할 수 없는 하나 됨이라는 것입니다. 그 하나 됨은 그리스도와 교회로 가장 크게 증거 되었습니다.

그리스도께서 교회를 위하여 죽으시고 교회를 자기 몸으로 부르 십니다. 성경에는 예수를 믿어 하나님의 백성이 된 자들을 부르는 호 칭이 대표적으로 세 개 나옵니다. 성도는 구별된 자라는 뜻입니다. 세 상에 속하지 않고 하나님에게 속했다고 할 때 성도(聖徒)라고 하며 거 룩할 성(聖)자를 씁니다. 이것은 윤리성과 도덕성을 따지는 것이 아닙 니다. 어디에, 누구에 속했냐고 이야기할 때 성도라고 합니다. 신자(信 者)라고 이야기할 때는 믿는다, 라는 고백을 기준으로 했을 때입니다.

그의 운명과 실존이 예수와 묶여 있다는 것을 이야기할 때는 교회 (教會)라고 합니다. 중요한 표현입니다. 나의 운명과 실존이 예수와 묶 여 있다고 자신을 이해하는 호칭이 바로 교회입니다.

사랑의 슬픔과 고통

우리는 예수와 묶여 있습니다. 교회는 그의 몸이니 만물 안에서 만물 을 충만케 하시는 자의 충만입니다. 예수를 머리로, 우리를 몸으로 비 유하는데, 그것은 분리할 수 없다는 뜻입니다. 그렇게 연합되어 있습니다. 이것이 예수님이 죽으심으로 성취한 새 언약의 본질이며 진실입니다. 로마서 6장으로 가 봅시다.

> 무릇 그리스도 예수와 합하여 세례를 받은 우리는 그의 죽으심과 합하여 세례를 받은 줄을 알지 못하느냐 그러므로 우리가 그의 죽으심과 합하여 세례를 받음으로 그와 함께 장사되었나니 이는 아버지의 영광으로 말미암아 그리스도를 죽은 자 가운데서 살리심과 같이 우리로 또한 새 생명 가운데서 행하게 하려 함이라 만일 우리가 그의 죽으심과 같은 모양으로 연합한 자가 되었으면 또한 그의 부활과 같은 모양으로 연합한 자도 되리라 (롬 6:3-5)

세례란 무엇입니까? 죽음을 표시하는 것입니다. 우리는 다 죽을 존재입니다. 우리의 운명은 죽음이라는 운명에서 벗어나지 못합니다. 세례로 우리는 예수와 함께 죽은 자입니다. 무엇이 다를까요. 세례란 원형으로 이야기하면 침례가 맞습니다. 물속에 들어갔다 나오는 예식입니다. 물속에 들어갔다 나오는 건 죽었다는 뜻입니다. 물속에 들어가면 다 죽습니다. 우리는 그 의미를 상징화해서 세례로 예식을 축소했습니다. 그러나 개념은 똑같습니다.

세례란 예수와 함께 죽었다는 것입니다. 지금 내가 사는 것은, 나는 원래 죽은 존재인데 예수와 함께 죽었기 때문에 예수의 부활에도 묶여 지금 살아 있다는 겁니다. 지금 살아 있는 나는 예수와 함께 묶여 있는 나이지, 혼자 살던 나는 그때 죽었다는 겁니다. 죽음을 통과해서 죽음으로 끝날 존재가 예수의 부활에 묶여서 살아 있는 존재가 되었다, 이것이 예수의 이름으로 세례를 받는다는 뜻입니다. 우리 자신으로는 죽을 수밖에 없는 존재가 예수와 묶여 예수의 부활에 참여한 자로, 예수의 부활에 묶여서 예수와 연합하였기에 지금의 존재는 예수 안에 살아 있는 존재입니다.

그런데 우리를 그렇게 만들기 위하여 예수가 우리의 죽음의 자리에 따라 들어오는 것입니다. 이것이 사랑입니다. 이 연합에는 다만 예수와 묶이는 기계적인 방법이 동원되는 것이 아니라 예수가 우리를 당신과 묶기 위하여 죽음의 자리에 따라 들어온 사랑이 있는 것입니다. 우리 마음대로 우리가 죽음의 자리로 갈 수밖에 없는 자리에 예수가 당신을 낮추서서 우리를 따라오시는 순종이 있습니다. 빌립보서 2장 5절 이하에 나오는 예수 그리스도에 대한 성경의 놀라운 선언입니다.

> 그는 근본 하나님의 본체시나 하나님과 동등됨을 취할 것으로 여기지 아니하시고 오히려 자기를 비워 종의 형체를 가지사 사람들과 같이 되셨고 사람의 모양으로 나타나사 자기를 낮추시고 죽기까지 복종하셨으니 곧 십자가에 죽으심이라 (빌 2:6-8)

비우고 낮추고 순종하여 죽으십니다. 우리에게 다 순종하십니다. 우리의 죄악, 우리의 못남, 우리의 한계, 우리의 죽음에 기꺼이 따라 들어오시는 겁니다. 그는 근본 하나님과 본체시나 동등됨을 취할 것으로 여기지 않았습니다. 영광으로 군림하고 자랑하고 뽐내지 않고 자기를 낮춰서 우리를 위하여 순종하고 우리에게 당신을 바치는 것을 더 큰 영광으로 선택하셨답니다. 지극한 사랑입니다. 이것이 예수의 죽음입니다.

우리는 이 일로 인하여 예수를 믿게 된 자입니다. 하나님이 우리 안에 들어오셔서 우리와 당신을 묶어 우리의 영혼을 부활시킵니다. 모든 믿는 자들이 시작은 자기가 믿는 걸로 시작했겠지만 사실은 속에서부터 무언가가 작동한 것입니다. 이렇게 사는 게 인생의 전부는 아닌데, 이건 아닌데, 라는 자각이 생기고 뭐라고 말할 수 없는 그것이 우리를 교회로 인도합니다.

그 시기에 우리가 할 수 있는 확인이란, 뭔지 모르지만 눈에는 보이는 것, 그러나 분명하거나 충분하지 않은 것에 대한 갈등입니다. 그래서 의심하고 반대합니다. 잘 믿는다고 여겨지는 사람을 붙잡고 자꾸 기독교 신앙에 대해 비꼬아 질문합니다. '주일을 안 지키면 벌 받아?'부터 시작해서 '헌금을 안 내면 저주받아? 많이 내면 복 받아?' '아니, 예수 믿는 사람이 왜 그 꼴이야?' 여러 가지에 부딪칩니다. 답을 해 준다고 답이 되는 질문이 아닙니다. 못살겠다는 것입니다. 질문해 보면 신통한 답이 나오지도 않습니다. 하지만 우리가 신통한 답을 못 들어서 예수 믿는 건 아무것도 아닌가 보다, 하고 돌이키기에는 우리를 붙잡는 손이 있는 것입니다. 이리 갈까, 저리 갈까, 차라리 돌아갈까? 이때를 소위 환장(換腸)의 시기라고 합니다. 속이 상하는 겁니다. 누군가 멋있는 표본이 하나 있으면 좋겠는데 그런 사람이 없습니다. 그런 사람은 없고, 다 틀린 것 같고 다 엉터리 같습니다. 내가 멋있게 하고 싶은데 그러기에는 또 어렵습니다.

그러니까 늘 불만인 채 교회에 와서 째려보다 갑니다. 안 나오자니 속이 불편하고 나와 있자니 마음이 불편하고 예수를 어떻게 믿어야 하는지 모릅니다. 중요한 것은 하나님이 이 기간을 우리의 평생에 걸쳐서 허락한다는 사실입니다. 하나님은 우리에게 억지로 강요하지 않으십니다. 조급해하지 않으십니다. 시간을 통해 하나님의 신실하심과 자비로우심과 깊음과 높음을 우리에게 확인시키십니다. 참으로 놀랍습니다.

우리 모두가 이 시기에 가장 혼동하는 것은 빨리 잘 믿어 쓸모 있어야겠다는 것인데, 아닙니다. 하나님은 우리 자신을 목적하고 있지, 우리가 빨리 회개해서 하나님에게 도움이 되기를 원하지 않으십니다. 도움이 되는 사람도 없습니다. 인생 속에서 하나님을 더 깊이 만나십시오. 우리가 만나는 모든 현실에서 세상과 비교할 수 없는 하나님을 만나십시오. 마음껏 의심하고 마음껏 거부하십시오. 마음껏 방황하고 마음껏 떠십시오. 하나님의 넓으심과 높으심과 깊으심을 만나십시오. 눈에 보이는 세상의 위협과 시험에 정면으로 부닥치십시오. 그 시험에 자신을 맡기기도 하고 거절도 하십시오.

세상의 목적은 단 하나입니다. 하나님 없이 살자는 것입니다. 하나님 없이 사는 것과 하나님 안에 사는 것의 비교를 일생에 걸쳐서 확인하고 우리의 전 인격을 걸고 하나님이 준 기회를 활용하십시오. 더 깊고 더 넓고 더 놀랍게 되는 데 얼마나 걸릴지는 각자가 다 다릅니다. 그런 갈등과 회의 속에서 만나는 모임이 교회입니다. 교회는 완벽하지 않습니다. 각자의 상처와 의심과 불만 가운데 하나로 묶여 있는 것입니다. 사랑이란 그런 것입니다.

사랑이란 붙잡아 가두는 것이 아닙니다. 사랑은 항복을 받아 내는 기다림입니다. 많은 눈물과 한숨 없이 사랑할 수는 없습니다. 하나님은 그리하십니다. 그 아들을 주십니다. 놀랍지 않습니까? 그가 와서 인생을 사십니다. 무한이 유한 속에 갇히고 인간의 손에 의한 역사 속에 당신을 맡기십니다. 음모와 배신과 억울함과 치욕에 순종하십니다. 세상이 할 수 있는 모든 것, 가장 비겁하고 가장 더럽고 가장 최후의 결정인 죽음까지 감수하셔서 하나님이 누구신가를 보이십니다. 부활입니다.

부활이란 죽음으로부터의 승리입니다. 우리의 절망과 가장 가치 없고 가장 못난 것에서 만들어 내시는 부활, 그것이 기독교의 가장 큰 신비입니다. 그 신비에 부름을 받아 우리가 몸부림치고 있는 것이 현입니다. 하나님이 이것을 우리 안에 시작하신 줄 알고, 그 약속을 예수 안에서 성취하신 것을 알아 인생을 더 깊이 있게 해석하고 생각하여 깊어지는 신앙이 되기를 바랍니다.

기도

하나님 아버지, 은혜를 감사합니다. 하나님의 사랑은 우리가 측량할 수 없습니다. 하나님이 우리를 사랑하여 우리의 죽음에 따라 들어오셨다는 사실에 대하여 우리는 항복합니다. 그리고 하나님이 우리에게 사랑을 요구하신다는 사실 앞에 우리는 또 한번 항복합니다. 사랑을 베푸셨으니, 요구하셨으니 저희도 할 수 있도록 인도하여 주시옵소서. 예수님 이름으로 기도합니다. 아멘.

58

나는 섬기는 자로 너희 중에 있노라

24 또 그들 사이에 그 중 누가 크냐 하는 다툼이 난지라 25 예수께서 이르시되 이방인의 임금들은 그들을 주관하며 그 집권자들은 은인이라 칭함을 받으나 26 너희는 그렇지 않을지니 너희 중에 큰 자는 젊은 자와 같고 다스리는 자는 섬기는 자와 같을지니라 27 앉아서 먹는 자가 크냐 섬기는 자가 크냐 앉아서 먹는 자가 아니냐 그러나 나는 섬기는 자로 너희 중에 있노라 28 너희는 나의 모든 시험 중에 항상 나와 함께한 자들인즉 29 내 아버지께서 나라를 내게 맡기신 것 같이 나도 너희에게 맡겨 30 너희로 내 나라에 있어 내 상에서 먹고 마시며 또는 보좌에 앉아 이스라엘 열두 지파를 다스리게 하려 하노라 (눅 22:24-30)

섬김의 길, 환난

누가복음 22장에는 예수님의 제자들이 마지막 만찬 자리에서 '누가 크냐. 누가 더 잘났냐. 누구의 공이 더 크냐'를 가지고 다툼이 있었다고 기록되어 있습니다. 예수님은 이 세상에서의 가치 판단과 하나님 나라의 기준은 다르다고 합니다. 이 세상에서는 큰 자들이 다스리지만 하나님 나라에서는 그들이 섬기는 자라고 말씀하십니다.

　기독교 역사상 교회의 가장 큰 오해는 기독교가 진리와 생명을 갖고 있기 때문에 마땅히 힘을 가져야 한다고 생각하는 것입니다. 우리 본성이 그렇게 생각하지만, 그것에 불을 붙인 사람은 콘스탄틴 대제(Constantine the Great, 306-337)입니다. 그 결과 기독교가 정치 권력을 갖는 중세가 열렸습니다. 오늘날까지도 모든 믿는 사람들은 선한 의도에서 그리고 진심과 헌신의 차원에서 승리주의자가 되려고 합니다. 내가 더 잘되어 영향력이 있는 자리에서 진리와 생명을 나누는 것이 주를 위하는 길이라 생각합니다. 이 문제에 대한 성경의 답은 본문 말씀에서 보듯 우리 생각과 차이가 납니다. 로마서 5장에 가면 이 문제에 대한 사도 바울의 가르침이 있습니다.

　　그러므로 우리가 믿음으로 의롭다 하심을 받았으니 우리 주 예수 그리스도로 말미암아 하나님과 화평을 누리자 또한 그로 말미암아 우리가 믿음으로 서 있는 이 은혜에 들어감을 얻었으며 하나님의 영광을 바라고 즐거워하느니라 다만 이뿐 아니라 우리가 환난 중에도 즐거워하나니 이는 환난은 인내를, 인내는 연단을, 연단은 소망을 이루

는 줄 앎이로다 (롬 5:1-4)

1절과 2절은 기독교인의 현실을 설명합니다. 기독교인은 예수를 믿어 하나님과 화목하고 그의 자녀로 구원 얻은 자이면서 그 구원의 완성인 하나님의 영광을 약속받은 자입니다. 그러나 그 약속과 현실 사이에는 환난이 있다고 이야기합니다. 지금은 환난 속에 있습니다. 그리고 그 속에서 인내와 연단을 통하여 소망을 이룰 것입니다. 이 소망은 하나님의 영광으로 표현된 구원의 궁극적인 승리의 자리입니다. 그러나 우리에게는 왜 꼭 환난이 필요한가 하는 의문이 생깁니다. 우리는 예수를 믿고 난 다음에 환난이 아니라 힘을 가져야 한다고 생각합니다. 그래서 모두가 소원하지만 그렇지 않은 현실에 대해 당황하는 것이 신앙의 큰 문제입니다. 그러나 하나님이 현실 속에서 권력을 주지 않고 환난을 주는 이유가 있습니다. 출애굽 사건이 대표적인 예가 됩니다.

모세를 보내어 하나님의 권능으로 해방된 이스라엘이 약속의 땅으로 가기 위해 홍해를 건너 광야 길에 들어섰을 때 먹을 것을 달라는 백성의 요구에 하나님이 만나를 주십니다. 사십 년을 그렇게 하셨습니다. 신명기 8장에 따르면 사십 년의 광야 생활을 통해 '사람이 떡으로만 살 것이 아니요 하나님의 입으로부터 나오는 모든 말씀으로 살 것이라'를 알게 했다고 합니다. 여기서 떡은 권력을 유지하는 힘입니다.

성경에서는 예수 그리스도를 길과 진리와 생명이라고 표현합니다. 예수는 자신의 존재와 능력과 근거를 스스로 갖고 계시는 분입니다. 그는 길을 만들고 진리를 만들고 생명을 만들어 내는 창조주이십니다. 그러나 우리는 아닙니다. 인간이 가지는 오해는, 바른 생각과 옳은 의도를 갖고 있고 필요한 것을 행할 수 있는 에너지를 곧 떡이라고 생각하는 점입니다. 그러나 광야에서 사십 년 생활을 하는 동안에 인간에게 떡을 주었더니 그 힘으로 거룩하거나 옳게 된 것이 아니라 싸움만 했습니다. 인간은 에너지만 필요한 것이 아니라 영적인 또는 도덕적인 거룩함에 하나님의 도움을 필요로 하기 때문입니다. 인간은 자기 스스로 거룩한 것을 만들어 낼 능력이 없다는 것이 밝혀집니다. 그것이 사람이 떡으로만 사는 것이 아니라는 말씀의 중요한 교훈이며 사건이었습니다.

로마서 5장에서도 환난이 우리를 기다리는 가장 큰 이유가 있다고 합니다. 마틴 로이드 존스(David Martyn Lloyd Jones, 1899-1981) 목사의 해설에 따르면, 인간은 환난을 만나면 그리스도의 필요성을 새삼스럽게 다시 확인한다고 설명하는데, 참으로 적절한 표현입니다. 그리스도인에게 핵심은 은혜입니다. 은혜가 필요하다는 것은 우리에게 그것이 없기 때문입니다. 우리에게는 길도 진리도 생명도 지혜도 그 무엇도 없습니다. 그것은 다 그리스도를 통해서만 허락받을 수 있습니다. 그것이 환난이 하는 일입니다. 은혜가 필요 없는 인간에게 권력이 주어져서는 안 됩니다. 길도 진리도 생명도 분별도 거룩함도 없는데 힘만 갖고 있으면 큰일 납니다. 자기도 망하고 다른 사람도 망하게 할 것입니다. 이런 차원에서 환난은 우리에게 매우 중요합니다. 또한 본문 말씀에서 환난은 우리에게 섬김의 길을 걷게 하는 하나님의 방법이라고까지 합니다.

왜 환난이 섬김의 길을 걷게 하는 방법입니까? 우리가 섬기는 방법은 누구를 도와주고 격려하는 것입니다. 그렇게 하려면 먼저 가져야 합니다. 가져야 나누어 줄 수 있습니다. 내가 건강해야 누구를 돌볼 수 있고 여유가 있어야 나누어 주는 것입니다. 이것이 우리가 가지는 섬김의 기본적 필요인데, 성경은 환난을 당하는 것이 섬기는 길이라고 합니다. 고린도후서 4장을 보면 쉽게 이해할 수 있을 것입니다. "우리는 우리를 전파하는 것이 아니라 오직 그리스도 예수의 주 되신 것과 또 예수를 위하여 우리가 너희의 종 된 것을 전파함이라"(고후 4:5). 사도 바울이 자신의 사역과 신자 된 책임을 설명하고 이해하는 부분입니다. 우리는 우리를 전파하는 것이 아니라, 그리스도 예수의 주 되신 것과 내가 주를 모신 사람으로 너희 종이 되었다는 것을 전파하고 있다고 합니다. 종이란 섬기는 자의 신분입니다. 섬기는 것은 종이 되는 것입니다. 그것은 자기가 계획하고 목적하는 것이 아닌, 부림을 당하는 길입니다. 그것이 섬기는 것입니다.

우리는 예수를 증거하기 위해 기꺼이 섬길 수 있습니다. 그러나 섬기고 있으니 내가 증언하는 말을 들으라고 하면 안 됩니다. 종이지만 주인에게 '내가 종 된 것은 너보다 못해서가 아니라 영생을 위해 기꺼이 종 된 것이니 내 말을 들으라'고 이야기하는 것이 전혀 아닙니다. 종이 된다는 것은 상대방을 조작하거나 강요할 힘을 가지지 않는 것입니다. 이 일은 누가 누구를 조작하거나 강요해서 결과하는 것이 아니기 때문입니다.

예수를 위하여 항상 죽음에 넘겨짐

고린도후서 4장 6절을 봅시다.

> 어두운 데에 빛이 비치라 말씀하셨던 그 하나님께서 예수 그리스도
> 의 얼굴에 있는 하나님의 영광을 아는 빛을 우리 마음에 비추셨느니
> 라 (고후 4:6)

기독교 신앙은 즉, 예수가 누군지 알고 섬기는 것은 창조의 능력으로 주어진 것입니다. 어두운 데에 빛이 비치라 말씀하신 하나님이 우리에게 알게 하신 창조의 결과입니다. 내가 나를 낮추고 섬김과 겸손으로 당신을 납득시키겠다고 종이 된 것이 아닙니다. 하나님이 우리를 종으로 부르셔서 이 일을 하시겠다고 하여 하나님만이 하시는 일에 우리를 동참시키시는 것입니다. 우리는 종 된 순종을 하고 있는 것에 불과하고 종이라는 이름으로 인해 우리가 겸손과 진심으로 하나님에 대해 납득시킨다는 뜻이 결코 아니라는 것입니다. 그것은 우리가 할 수 있는 일이 아닙니다. 그러나 하나님이 이 일에 우리를 섬기는 자로 부르시는 것이 하나님의 통치이며 하나님이 기뻐하시는 방법이라는 사실에 우리는 항복하고 순종하는 것입니다. 이것이 섬김입니다.

이해가 쉽지 않지만 이것이 기독교 신자의 현실입니다. 우리는 우리가 원치 않는 인생을 살고 있습니다. 우리가 원치 않는 인생이란 무엇일까요? 예수 믿고 우리는 세상이 요구하는 윤리, 도덕보다 더 나은 고급한 목적에 대해 항복하고자 결심했습니다. 그리고 그것이 온

천하 만물의 주인이신 하나님의 거룩하심과 복 주심에 관한 것이라면, 우리 인생이 보다 쓸모 있어야 한다고 생각하는 것은 너무나 당연한 이치입니다. 그러나 하나님은 우리를 세상에서 영향력이나 지위를 갖도록 부르지 않고 섬기는 자로 부릅니다. 그것은 예수가 가신 길이고 모든 신자에게 요구하는 길입니다.

종이란 그렇습니다. 일관된 일이 없습니다. 자기가 어떤 형편에 처하고 어떤 일을 맡을지 모릅니다. 일관된 생각과 목적과 내용은 주인의 몫이고 하인은 그때마다 불려 가 일을 토막토막 합니다. 매일매일이 주인에게 붙잡혀 있지, 자기 꿈이 실현될 여지가 전혀 없습니다. 주인이 언제 부르든지 깨어 일어나야 합니다. 이것이 신자의 현실입니다. 모두 당황합니다. 내가 뭘 잘못했을까? 그런 생각으로 자책합니다. 그래서 대부분의 경우 인간이 가지는 가장 본성적인 방법인 무속 신앙을 동원해서 빕니다. 금식하거나 철야해서 일 년 봉급를 몽땅 바칠 테니 취직 시켜 달라고 비는 방법을 씁니다. 진심이고 간절합니다. 그러나 기독교적이지는 않습니다.

종 되었다는 것은 종이라는 이름으로 신비한 효과와 기능을 맡고 있다는 것이 아니라 6절에 있듯이 결과는 오직 하나님의 손에만 있다고 한 다음에, 이렇게 이야기합니다. "우리가 이 보배를 질그릇에 가졌으니 이는 심히 큰 능력은 하나님께 있고 우리에게 있지 아니함을 알게 하려 함이라"(고후 4:7). 보배를 질그릇에 가집니다. 질그릇은 볼품없고 별것 아닌 물건입니다. 그래서 우리 육체를 가리키기도 하고 우리 일상을 가리키기도 합니다. 하나님이 우리의 별것 아닌 육체에 그의 보배를 담으시고 우리의 볼품없는 일상 속에 그 보배를 감추십니다. 보배를 가져서 우리 일상이 특별해질 것이라고 생각하지 말기 바랍니다. 우리 일상은 이렇게 주어집니다.

우리가 사방으로 욱여쌈을 당하여도 싸이지 아니하며 답답한 일을 당하여도 낙심하지 아니하며 박해를 받아도 버린 바 되지 아니하며 거꾸러뜨림을 당하여도 망하지 아니하고 우리가 항상 예수의 죽음을 몸에 짊어짐은 예수의 생명이 또한 우리 몸에 나타나게 하려 함이라 (고후 4:8-10)

8절 이하에 이야기한 대로 사방으로 욱여쌈을 당하고, 답답한 일을 당하고, 박해를 받고, 거꾸러뜨림을 당하고, 예수의 죽음을 몸에 짊어집니다. '예수의 죽음을 몸에 짊어진다'는 것은 세상은 예수를 죽였던 그때와 똑같이 예수 믿는 자들을 죽이려 덤비는 속에서 보호받지 못하는 현실을 산다는 것입니다. 우리는 다 답답한 인생을 삽니다. 예수를 믿어서 남 보란 듯한 것이 없습니다. 그러나 실제로 우리는 버림받은 자도 아니고 망하는 자도 아니고 죽는 자가 아니라 죽음 속에서 생명이 나타나는 하나님의 일하심에 동참하는 신비한 길을 걷고 있는 하나님의 자녀라고 이야기합니다.

우리 살아 있는 자가 항상 예수를 위하여 죽음에 넘겨짐은 예수의 생명이 또한 우리 죽을 육체에 나타나게 하려 함이라 그런즉 사망은 우리 안에서 역사하고 생명은 너희 안에서 역사하느니라 (고후 4:11-12)

'항상'입니다. 항상 예수를 위하여 죽음에 넘겨집니다. 시편 88편을 보십시오. '하나님, 좋은 말로 할 때 빨리 구원해 주십시오. 죽은 다음에는 소용없습니다. 나 오늘 살고 관둘 건데 알아서 하십시오. 살아 있어야 찬송도 하는 법이지 죽은 다음에 은혜를 베푼들 무슨 소용이 있습니까?' 이렇게 나옵니다. 신자의 인생은 너무 힘들어서 정말 하나님 앞에 못할 말까지 하게 만드는 것이 현실입니다. 그러나 그 속에서 섬기라는 것입니다. 그 속에서 하나님은 일하십니다. 예수를 믿었더니 차별화되고 선심 쓰는 것과 다릅니다. 이런 신자의 인생을 고린도후서 6장에서는 다음과 같이 소개합니다.

> 우리가 이 직분이 비방을 받지 않게 하려고 무엇에든지 아무에게도 거리끼지 않게 하고 오직 모든 일에 하나님의 일꾼으로 자천하여 많이 견디는 것과 환난과 궁핍과 고난과 매 맞음과 갇힘과 난동과 수고로움과 자지 못함과 먹지 못함 가운데서도 깨끗함과 지식과 오래 참음과 자비함과 성령의 감화와 거짓이 없는 사랑과 진리의 말씀과 하나님의 능력으로 의의 무기를 좌우에 가지고 (고후 6:3-7)

무시무시한 표현이 연속되는데 우리 현실과 비슷하지 않습니까? '많이 견디는 것, 환난, 궁핍, 고난, 매 맞음, 갇힘, 난동, 수고, 자지 못함과 먹지 못함.' 끝에 있는 두 개는 저에게 해당되는 것인데, 자지 못함과 먹지 못함 가운데서도 이렇게 싸워야 합니다.

영광과 욕됨으로 그러했으며 악한 이름과 아름다운 이름으로 그러했느니라 우리는 속이는 자 같으나 참되고 무명한 자 같으나 유명한 자요 죽은 자 같으나 보라 우리가 살아 있고 징계를 받는 자 같으나 죽임을 당하지 아니하고 근심하는 자 같으나 항상 기뻐하고 가난한 자 같으나 많은 사람을 부요하게 하고 아무 것도 없는 자 같으나 모든 것을 가진 자로다 (고후 6:8-10)

이것이 환난입니다. 환난은 부정적인 표현이지만, 긍정적으로는 누가복음 22장에서 보는 바와 같이 섬기는 자로 부름받는 것입니다. 우리는 하나님의 종이 되어 기꺼이 하나님의 뜻에 순종할 뿐만 아니라, 예수를 몰라본 세상과 우리를 몰라보는 이웃들 앞에 섬기는 자로 보냄받는 인생을 살게 된 것입니다.

부활의 권능과 고난에 참여함

기독교 신앙에 대한 이해가 깊지 않으면, 지위와 힘이 없는 인생을 신앙이 없는 인생이라고 생각합니다. 그런데 오히려 힘 있는 인생에는 가장 중요한, 하나님이 일하시는 창조의 능력과 베푸시는 은혜가 설 자리가 없습니다. 우리가 늘 은혜를 구하며 기도하는 것은 올바른 길에 보냄을 받고 있다는 표입니다. 빌립보서 3장에 가면 사도 바울은 이 문제에 대해 좀 더 긍정적으로 분명한 가치를 소개합니다.

내가 그리스도와 그 부활의 권능과 그 고난에 참여함을 알고자 하여 그의 죽으심을 본받아 어떻게 해서든지 죽은 자 가운데서 부활에 이르려 하노니 내가 이미 얻었다 함도 아니요 온전히 이루었다 함도 아니라 오직 내가 그리스도 예수께 잡힌 바 된 그것을 잡으려고 달려가노라 형제들아 나는 아직 내가 잡은 줄로 여기지 아니하고 오직 한 일 즉 뒤에 있는 것은 잊어버리고 앞에 있는 것을 잡으려고 푯대를 향하여 그리스도 예수 안에서 하나님이 위에서 부르신 부름의 상을 위하여 달려가노라 (빌 3:10-14)

만만치 않은 내용입니다. 사도 바울이 말했던 것처럼 우리도 그리스도께서 우리를 위하여 고난 받으시고 죽으시고 부활하여 승리하신 것을 압니다. 모든 신자는 그리스도의 부활의 승리로 인해 얻어진 열매들입니다. 예수께서 우리를 위해 죽으시고 죽을 수밖에 없는 존재를 예수 그리스도의 부활 능력에 동참시켜 주는 것이 구원이라는 것을 압니다. 그래서 신자들의 신앙생활은 부활의 승리를 근거로 출발합니다. 그러나 바울이 말하는 바는 고난이 있었고 그다음에 부활이 있었다는 것입니다. 그는 부활의 열매로 출발한 자이지만 고난으로 돌아가겠다는 것입니다. 왜냐하면, 예수 그리스도 안에서 부활은 모든 죄인들을 향한 하나님의 은혜와 구원의 승리이며 결과이지만, 그것을 하나님의 뜻대로 다 이루기 위한 역사의 종말은 아직 연기되고 있기 때문입니다.

오고 오는 세대에 하나님이 심판하시는 그날까지는 그리스도께서 부활의 승리를 모든 죄인들에게 허락하시기 위해 고난을 주고 계십니다. 예수를 알지 못하고, 믿지 못하는 자들을 찾아가는 시간으로 역사의 현실을 주고 계십니다. 바울이 그 길에 들어섰고 우리도 그 길에 들어서 있는 것입니다.

부활 승리를 가진 자이지만 그것을 모두에게 나누기 위하여 그리스도의 고난에 동참한 자입니다. 그러므로 바울은 자기가 하는 것은 부활을 만드는 일이 아니라는 것입니다. 이루어진 부활에 참여하지 못한 자를 위해 그리스도의 고난에 보내진 것이므로 모든 고난에 있는 자들에게, 보내진 인생이라는 것을 이해하듯이 살라고 가르치는 것입니다. 그들을 어떻게 부활 승리로 묶을지는 하나님 손에만 달려 있습니다. 우리가 아는 것은 부활의 승리를 가진 자이기 때문에 고난의 자리에 찾아 들어갈 수 있는 신자가 되었고 순종할 수 있게 된 것이지, 내가 부활을 만들어 내는 사람은 아니라는 것입니다. 하나님이 나를 부활 생명이 필요한 자에게 보내고 있습니다.

바울은 예수가 누구인지 모르지만 그의 종으로 들어갑니다. 그를 바꾸어 놓는 것은 창조의 역사, 부활의 능력밖에 없습니다. 그것은 하나님이 하실 일입니다. 우리도 그 순종의 길에 있습니다. 그래서 신자의 인생에는 성취가 없습니다. 어떤 꿈과 목적을 가지고 시작해서 이만큼 이루었다고 돌아볼 것이 없다는 것입니다. '뒤에 있는 것은 잊어버리고'라는 말은 하나님이 나를 보낸 그 자리에 사람들을 만나는 때가 있다는 것입니다. 내가 만났을 때 부활의 열매가 맺힌 것이 아니라, 내가 지나가고 그 결과가 언제 어떤 식으로 주어지는지를 보지 못한 채 하나님이 나를 부르신 인생에 순종하여 나의 인생을 걸어 오늘은 이 경우, 내일은 저 경우, 이렇게 모든 경우 앞에 부름받는 것입니다.

고린도후서 4장과 6장에서 본 바와 같이 욱여쌈을 당하고 영광과 욕됨의 길을 걸어서 '나 이만큼 했다'가 아니라 그때 부르신 것은 그때 순종한 것이고, 오늘은 오늘의 부름에 순종하고, 내일은 내일의 부름에 순종하여 나를 보내시는 그 장소, 그 경우에서 하나님의 종으로, 이웃의 종으로 내 자리를 지키겠노라, 푯대를 향하여 뒤에 있는 것을 잊어버리고 하나님이 위에서 부르신 부름의 상을 위하여 좇아가는 것입니다. 그것이 영광된 길입니다. 하나님이 그 아들을 이 길에 보내셨기에 우리가 여기에 있는 것입니다. 성자 하나님이 먼저 걸으신 길입니다. 빌립보서 3장 17절을 보면 '형제들아 너희는 함께 나를 본받으라'라고 합니다. 여기서 말하는 본받으라는 말은 종교적, 도덕적 모범이 아닙니다. 내가 보내는 대로, 내가 부르는 대로 얼마나 구체적으로 순종했는가를 보라는 뜻입니다. 그것을 다음 말씀에서 간취할 수 있습니다. "내가 여러 번 너희에게 말하였거니와 이제도 눈물을 흘리며 말하노니 여러 사람들이 그리스도의 십자가의 원수로 행하느니라"(빌 3:18). 그리스도의 십자가의 원수로 행한다는 것은 그리스도가 가신 길과 다른 길을 가면서 잘못한 줄을 모르는 것을 말합니다. 말로만 믿는다는 것입니다. 그러나 바울은 그리스도를 따라 고난의 길을 걷습니다. 고린도후서 11장을 보겠습니다.

유대인들에게 사십에서 하나 감한 매를 다섯 번 맞았으며 세 번 태장으로 맞고 한 번 돌로 맞고 세 번 파선하고 일 주야를 깊은 바다에서 지냈으며 여러 번 여행하면서 강의 위험과 강도의 위험과 동족의 위험과 이방인의 위험과 시내의 위험과 광야의 위험과 바다의 위험과 거짓 형제 중의 위험을 당하고 또 수고하며 애쓰고 여러 번 자지 못

하고 주리며 목마르고 여러 번 굶고 춥고 헐벗었노라 (고후 11 : 24-27)

이것은 얼마나 고생했는가에 대한 바울의 넋두리가 아니라 그 모든 길을 실제로 걸었다는 것입니다. 이것이 우리의 인생입니다. 신자 된 우리 모두에게 준 영광된 섬김의 길이며 환난의 인생입니다. 거기에 하나님이 보배를 질그릇에 감추어 놓고 계십니다.

인생의 고단함에 대해 신앙적인 무지로 넘어짐이 없기를 바랍니다. 하나님의 부르심은 기이합니다. 별거 아닌 순종과 우리의 인생을 열심히 사는 자리에서 하나님이 놀라운 기적을 이루신다는 것을 기억하고 감추어진 길, 오해받는 길로 가는 것을 기꺼이 감수하십시오. 세상에서는 높은 자가 휘두르고 살고, 강요하고 살고, 누리고 살지만, 신자는 섬기고 살고, 지고 산다는 의미로 주께서 걸으신 길과 하나님의 의로우심과 선하심, 복되신 축복을 기억하는 삶과 신앙이 되기를 바랍니다.

기도

하나님 아버지, 은혜를 감사합니다. 하나님이 우리를 부르시고 우리에게 알게 하시고 순종하게 하시오니 우리가 현실을 걸을 만한 믿음도 주시옵소서. 우리에게 붙들어 살게 하신 이 질그릇의 일생을 기꺼이 살게 하옵소서. 주의 십자가를 기억하고 부활의 승리와 반전을 우리 인생에 담아내는 귀한 승리의 길, 충성과 순종의 길을 가게 하여 주시옵소서. 예수님 이름으로 기도합니다. 아멘.

59

시험 앞에 놓인 믿음

———

31 시몬아, 시몬아, 보라 사탄이 너희를 밀 까부르듯 하려고 요구하였으나 32 그러나 내가 너를 위하여 네 믿음이 떨어지지 않기를 기도하였노니 너는 돌이킨 후에 네 형제를 굳게 하라 33 그가 말하되 주여 내가 주와 함께 옥에도, 죽는 데에도 가기를 각오하였나이다 34 이르시되 베드로야 내가 네게 말하노니 오늘 닭 울기 전에 네가 세 번 나를 모른다고 부인하리라 하시니라 (눅 22:31-34)

용서받은 죄인이란 말의 뜻

본문 말씀은 베드로의 부인에 관한 예수님의 경고입니다. 베드로는 예수님의 고난과 잡히심에 대하여 진심으로 충성을 서약합니다. 다른 복음서에 의하면 죽는 자리까지 또는 '다른 사람은 다 주를 버릴지라도'라고 자신의 충성과 진심을 서약했지만 우리가 잘 아는 대로 베드로는 이날 밤 세 번이나 예수님을 부인하게 됩니다.

베드로의 부인은 그 앞에 있었던 유다의 배신과 비교됩니다. "그러나 보라 나를 파는 자의 손이 나와 함께 상 위에 있도다 인자는 이미 작정된 대로 가거니와 그를 파는 그 사람에게는 화가 있으리로다 하시니"(눅 22:21-22).

유다는 예수를 배신하여 팔고 나중에 자책감을 이기지 못하여 자살합니다. 베드로도 유다보다 나을 것이 없습니다. 세 번 부인하는데 그 부인하는 정도가 매우 심합니다. 자신이 예수와 한패인 것을 심하게 저주하고 부인합니다. 그러나 주께서는 베드로의 부인으로 베드로의 운명이 결정되지 않고 그가 돌이키실 것을 약속하십니다. "너는 돌이킨 후에 네 형제를 굳게 하라"라는 당부의 말씀을 주시고, 우리가 잘 아는 대로 베드로에게 부활하신 예수님이 실제로 나타나사 그를 다시 사도로 회복시킵니다.

이 둘은 왜 이렇게 차이가 날까요? 우리한테 큰 관심사일 수밖에 없습니다. 유다와 베드로의 결과와 관련하여 누구는 유다가 되고 누구는 베드로가 되는가에 대해서 성경에는 설명이 없습니다. 이 말씀만 있습니다. '너희는 용서받은 유다다.' 이렇게 우리에게 이야기하는 것입니다. 유다가 있고 베드로가 있는 것이 아니라 우리는 전부 유다인데, 어떤 유다들은 제 갈 길로 갔고 어떤 유다들은 용서를 받아서 베드로가 됐다, 그렇게 이야기하는 것입니다. 그러니까 교회 구성원이나 신앙인이라면 용서받은 죄인인 줄 알아야 합니다. 용서받은 죄인이라는 것을 이해하기란 만만치 않습니다. 용서를 받았으니 이제부터는 옛날과 다르게 살자, 보통은 이렇게 이해하는데, 틀린 말은 아닙니다. 그렇지만 거기에는 용서받은 죄인을 이해하는 데 중요한 결함이 있습니다. 로마서 6장 3절입니다.

> 무릇 그리스도 예수와 합하여 세례를 받은 우리는 그의 죽으심과 합하여 세례를 받은 줄을 알지 못하느냐 그러므로 우리가 그의 죽으심과 합하여 세례를 받음으로 그와 함께 장사되었나니 이는 아버지의 영광으로 말미암아 그리스도를 죽은 자 가운데서 살리심과 같이 우리로 또한 새 생명 가운데서 행하게 하려 함이라 (롬 6:3-4)

새 생명 가운데서 행하게 하려고 예수께서 오시고 죽으셨답니다. 그러니까 우리가 받은 용서는, 잘할 수 있었는데 실패한 자를 용서하여 기회를 다시 한번 주는 것이 아닙니다. 예수로 말미암은 용서는 유다를 베드로로 바꿔 놓는 용서랍니다. 여기가 어렵습니다. 한번 실패하고 용서를 받았으니 다시는 같은 죄를 짓지 말고 헌신하고 충성하자는 게 아니라는 것입니다. 베드로가 보여 주는 것은 진심과 헌신과 충성에 대한 새로운 기회가 아니라 너는 유다가 아니고 베드로다, 이렇게 이야기하는 것이고 이것이 바로 새 생명입니다.

앞에서 다루었던 고린도후서 4장이 본문 말씀을 이해하는 데 다시 필요합니다. 고린도후서 4장 5절입니다. "우리는 우리를 전파하는 것이 아니라 오직 그리스도 예수의 주 되신 것과 또 예수를 위하여 우리가 너희의 종 된 것을 전파함이라"(고후 4:5). 성경에서 말하는 섬김이란 어떤 것인가를 이야기하면서 고린도후서 4장 5절을 다루었습니다. 우리는 우리가 누구인가를 전하지 않습니다. 우리가 옛날과 어떻게 달라졌는가? 실패했던 옛날이 아니라 성공하여 충성하는가? 다시 기회를 가진 사람으로서 충성으로 부름을 받은 것인가? 하는 정도의 사람이 아니라는 말입니다. 예수 그리스도가 누구인가에 대한 이해로 말미암아 내가 나를 주인으로 생각했던 자리로부터 예수 그리스도에 의해서 부름을 받고 보냄을 받는 순종의 삶을 사는 사람으로 이해하는 것입니다.

고린도후서 4장 5절에서 '그리스도 예수의 주 되신 것과 예수를 위하여 우리가 너희의 종 된 것을 전파함이라'라고 이야기합니다. '우리가 너희의 종이 되었다'는 것은 봉사하고 섬기기 위함이라고 앞에서 이해했습니다. 그러나 그것보다 더 나아가서 종이란 자기 인생을 자기가 정하지 않는, 주께서 가라고 하는 자리에 가는 자인 것입니다. 그 자리가 유다들만 있는 곳에 보냄을 받는, 그래서 그 유다들이 주를 죽였듯이 우리를 죽이려고 덤비고 자기네가 왕인 줄 아는 그런 자리에 가는 것이 곧 종 된 것입니다.

용서받은 유다가 용서가 필요한 줄 모르는 유다들 속으로 들어가는 것입니다. 그들이 우리가 섬기는 예수에게 그랬듯이, 우리에게 반대하고 힘을 쓰고 우리를 죽이려고 덤벼드는 그런 자리입니다.

용서가 무엇인지, 은혜와 구원이 무엇인지 모르는 자들 속에 용서받은 죄인으로 보냄을 받았습니다. 우리는 그들과 인생을 이해하는 원리에서 본질적으로 다른 존재로 보냄을 받고 있다는 것입니다. 이것이 용서받은 유다라는 말이 가지는 깊은 뜻입니다.

빌립보서 1장을 보면 이해를 돕는 표현이 나옵니다. 20절입니다. 사도 바울의 자신에 대한 이해와 자신의 사명과 존재에 대한 이해입니다. "나의 간절한 기대와 소망을 따라 아무 일에든지 부끄러워하지 아니하고 지금도 전과 같이 온전히 담대하여 살든지 죽든지 내 몸에서 그리스도가 존귀하게 되게 하려 하나니 이는 내게 사는 것이 그리스도니 죽는 것도 유익함이라"(빌 1:20-21).

삶과 죽음의 공존

인간에게 사는 것과 죽는 것은 묶을 수 없는, 상반되는, 극단적으로 다른 것입니다. 같이 병존할 수 없고 타협할 수 없는 것입니다. 사는 것은 승리이고 죽는 것은 패배이며, 사는 것은 존재의 확인이고 죽는 것은 존재의 파멸입니다. 사는 것과 죽는 것은 한자리에 있을 수 없습니다. 그런데 사도 바울에게는 그게 묶여 있습니다. 그리스도 때문에 그렇답니다. 그리스도께서 살라고 하면 사는 것이 의미 있는 것이고 그리스도께서 죽으라고 하면 죽는 것이 의미 있는 것이라고 그는 이해합니다.

삶과 죽음이 우리에게는 동등한 가치로 함께 공존할 수 없는 상황

임에도 불구하고 바울이 이 둘을 공동의 의미와 가치로 감수할 수 있
다고 하는 이유는, 예수 그리스도라는 주인에 의하여 모든 경우와 상
태와 현실의 가치가 결정된다고 이해하기 때문입니다. 그 이후의 이
야기를 보면 조금 더 분명하게 알게 됩니다.

> 그러나 만일 육신으로 사는 이것이 내 일의 열매일진대 무엇을 택해
> 야 할는지 나는 알지 못하노라 내가 그 둘 사이에 끼었으니 차라리
> 세상을 떠나서 그리스도와 함께 있는 것이 훨씬 더 좋은 일이라 그렇
> 게 하고 싶으나 내가 육신으로 있는 것이 너희를 위하여 더 유익하리
> 라 내가 살 것과 너희 믿음의 진보와 기쁨을 위하여 너희 무리와 함
> 께 거할 이것을 확실히 아노니 내가 다시 너희와 같이 있음으로 그리
> 스도 예수 안에서 너희 자랑이 나로 말미암아 풍성하게 하려 함이라
> (빌 1:22-26)

바울의 고백은 우리가 이해할 수 있는 표현입니다. 내가 살아야 하나,
죽어야 하나, 일종의 고민 속에 있는데, 죽는 것이 훨씬 좋다, 왜냐하
면 사는 것은 고통이니까 죽어서 빨리 주를 만나 끝장을 보고 평안을
누리고 싶다, 그러나 너희를 위하여는 살고 싶다, 라는 것입니다. '너
희를 위하여는 살고 싶다'는 것에 대해 앞에 있는 이야기를 빼먹으면
안 됩니다. 살아 있어야만 쓸모 있고 죽으면 그만이라고 여기는 차원
에서는 도무지 이해할 수 없는 마음입니다.

당연히 사는 것이 고통스러우니까 죽는 것이 훨씬 나은데, 너희를
위하여 살겠다는 것은 고통을 연장하겠다는 뜻입니다. 내가 내 인생

의 고통을 너희를 위하여 기꺼이 연장하마, 그리하여 너희의 자랑이 풍성하게 되기를 원한다, 라는 것입니다. 어떤 자랑입니까? 고린도후서 4장에서 본 바와 같이 우리는 더 이상 우리 인생의 주인이 자신이 아니라 예수 그리스도께 스스로를 바친 자로서 그의 방법, 그의 지혜, 그의 뜻을 따라 순종하는 자라는 것입니다.

용서가 왜 필요한지 알지 못하는 유다들 안에 용서를 받은 유다로서 들어가 그들의 무지와 불신앙으로 벌어지는 모든 것을 감수하는 삶을 사는 것입니다. 그것이 순종이며 신자의 삶이라는 것입니다. 그것이 모든 신자에게 요구되는 현실인데, 너희로 하여금 나를 보고 깨닫게 하려는 것이다, 너희가 받는 고난과 어려움은 다만 실패이거나 너희의 잘못 때문에 생기는 일이 아니라, 주께서 일하시는 기적과 은혜의 손길로 너희가 살고 있다는 것을 깨닫게 하기 위하여 내가 기꺼이 고난의 인생을 연장하는 것이다, 그렇게 이야기하는 것입니다. 시편 105편을 봅시다. 이런 식으로 신앙생활을 이해하라고 하면 누가 예수를 믿겠습니까. 만만치 않은 내용입니다. 그러나 여기에 하나님의 지혜와 능력이 감춰져 있다고 성경은 말합니다.

그가 또 그 땅에 기근이 들게 하사 그들이 의지하고 있는 양식을 다 끊으셨도다 그가 한 사람을 앞서 보내셨음이여 요셉이 종으로 팔렸도다 그의 발은 차꼬를 차고 그의 몸은 쇠사슬에 매였으니 곧 여호와의 말씀이 응할 때까지라 그의 말씀이 그를 단련하였도다(시 105:16-19).

요셉은 형들에게 미움을 받아 종으로 팔리고 애굽에 팔려 남의 집에서 종으로 살다가 무고를 당하여 감옥에 갇히고, 나중에 풀려나서 애굽의 총리가 된 사람입니다. 총리가 되어 온 세상을 구하고 자기 가족을 구하게 되었다고 대부분 알고 있습니다. 그리고 그런 결과를 이해하기 위하여 원인을 만듭니다. 요셉은 믿음의 사람이었다, 인내의 사람이었다, 비전의 사람이었다, 감옥 속에서도 믿음을 놓지 않았다, 이런 내용들은 우리가 만든 이야기입니다. 성경은 그와 반대로 이야기합니다.

한 사람을 앞서 보냈는데, 그는 애굽에 종으로 팔려 간 것입니다. 그리고 그는 감옥에 갇혀서 발은 차꼬에 상하고 족쇄에 물려 있고 몸은 쇠사슬에 매였습니다. 하나님의 말씀이 응하기 위하여 하나님의 말씀이 성취될 때까지 그를 묶어 놓았다는 겁니다. 하나님의 뜻이 이루어질 때까지 요셉이 나서서 판을 깨지 못하게 그를 묶어 놓고 일하셨다는 뜻입니다. 언뜻 이해가 안 갑니다.

우리 인생이 그렇지 않습니까? 예수를 믿었으니 한 인생으로서 보람이 있고 성취가 있고 자랑이 있고 그래야 하는 것 아닙니까? 우리의 인생이 별 볼일 없다는 것까지는 수긍하겠는데, 예수를 믿어 내가 나를 위해 사는 것이 아니라 나라와 민족과 세상과 하나님의 공의와 정의와 평화와 은혜와 그 베푸시는 기적을 위해서 살기로 결심했는데도 우리의 인생이 묶여 있는 것은 이해가 안 됩니다. 조건과 환경으로만 묶여 있는 것이 아니라 내면적으로도 그렇습니다. 요셉은 발이 족쇄에 묶이고 몸이 쇠사슬에 묶였는데, 여기서 '몸'이라는 말의 원어는 '혼'입니다. 혼비백산한 것입니다. 넋이 빠져 있었다는 뜻입니다.

주일에 교회에 오면 표정 좋은 사람이 거의 없습니다. 왜 그렇습니까? 예수를 믿었는데도 넋이 빠지는 현실 속에 있기 때문입니다. 정상입니다. 우리는 우리가 하나님 앞에 쓸모 있어야 한다고 생각합니다. 한번 실패했지만 용서를 받았으니 다시는 실패하지 아니하리라고 무장하고, 기대해야 한다고 생각하는 것입니다. 하나님은 그렇게 일하지 않으신다는데도 우리가 우기고 있습니다.

하나님은 우리를 용서받은 유다로, 용서의 필요를 모르는 세상 속에 보내셨는데, 우리는 그들이 왜 그러는지 알고 있습니다. 그들은 자기가 자기의 주인이라고 여기기 때문입니다. 자기의 소원과 기대와 자랑을 위하여 그 조건들에 매달려 있지만, 우리는 그러지 않습니다. 우리는 그리스도 예수 안에 있는 하나님의 은혜의 필요성을 알고, 유다에서 베드로로 바뀐 사람들입니다. 우리는 우리를 지키고 증명하고 남기기 위하여 세상적인 조건이 필요하지 않다는 것을 아는 사람들입니다. 오직 하나님에게 의존하는 사람들이므로 세상의 것으로 모든 것을 채울 수 있다고 믿는 세상 속에서는 그저 밀린 자로, 패배자로 존재할 것입니다.

그러나 세상 사람들, 즉 용서의 필요를 모르는 유다들이 은 삼십 냥을 받아 쥐는 것이 전부인 것같이 사는 데에서 우리는 우리의 고난과 억울함과 갈등과 어려움을 기꺼이 받으며 살기로 하는 것으로 차별화됩니다. 그것이 예수를 믿는다는 뜻입니다. 하나님이 이 길을 가게 하셨으니 하나님이 결과를 책임지신다, 어떻게 하시는지는 모르지만 이미 예수를 보내신 것으로 나는 족하나, 너 이상 필요한 것은 없다, 이것이 신자의 생애인 것입니다. 요셉 이야기는 이스라엘 역사를 간략히 회고함으로써 이스라엘 백성에게 하나님의 일하심을 증언합니다.

그래서 1절에 이렇게 나옵니다.

여호와께 감사하고 그의 이름을 불러 아뢰며 그가 하는 일을 만민 중에 알게 할지어다 그에게 노래하며 그를 찬양하며 그의 모든 기이한 일들을 말할지어다 그의 거룩한 이름을 자랑하라 여호와를 구하는 자들은 마음이 즐거울지로다 여호와와 그의 능력을 구할지어다 그의 얼굴을 항상 구할지어다 그의 종 아브라함의 후손 곧 택하신 야곱의 자손 너희는 그가 행하신 기적과 그의 이적과 그의 입의 판단을 기억할지어다 (시 105 : 1-6)

'이스라엘아, 하나님의 일하심의 기이함을 보라.' 이스라엘 백성의 역사는 순탄치 않습니다. 늘 배반과 실패가 반복되는 역사입니다. 그 속에서 하나님이 어떻게 일하셨더냐? 하나님이 너희 도움을 받아서 일하셨더냐? 너희 성공으로 증언하셨더냐? 너희의 실패와 못남 속에서 하나님이 무엇을 만드셨는가 보라, 기이한 일, 그의 판단, 그의 지혜와 능력, 분별을 증언하고 있습니다. "그는 여호와 우리 하나님이시라 그의 판단이 온 땅에 있도다"(시 105:7).

여호와 우리 하나님은 그 아들 예수를 보내신 우리 아버지시라, 그가 우리 인생과 세상을 그 손으로 개입하사 은혜를 베푸시고 인도하시고 보호하시고 그의 백성과 함께하고 계시도다, 이렇게 고백할 수 있습니다. "그는 그의 언약 곧 천대에 걸쳐 명령하신 말씀을 영원히 기억하셨으니"(시 105:8). 하나님이 그 약속을 어떻게 성실하고 신실하게 이행하고 성취하고 계신지, 이렇게 간단히 이야기합니다.

이것은 아브라함과 맺은 언약이고 이삭에게 하신 맹세이며 야곱에게 세우신 율례 곧 이스라엘에게 하신 영원한 언약이라 이르시기를 내가 가나안 땅을 네게 주어 너희에게 할당된 소유가 되게 하리라 하셨도다 그 때에 그들의 사람 수가 적어 그 땅의 나그네가 되었고 이 족속에게서 저 족속에게로, 이 나라에서 다른 민족에게로 떠돌아다녔도다 그러나 그는 사람이 그들을 억압하는 것을 용납하지 아니하시고 그들로 말미암아 왕들을 꾸짖어 이르시기를 나의 기름 부은 자를 손대지 말며 나의 선지자들을 해하지 말라 하셨도다 (시 105:9-15)

기이한 하나님의 지혜와 능력

아브라함은 고향 친척 아비 집을 떠나 가나안 땅에 들어와 객이 됩니다. 그는 나그네였고, 이삭도 유리하는 자였고, 야곱도 방랑하는 인생을 삽니다. 그들의 기업은 없습니다. 나그네, 유리하는 자, 유랑자로 살면 붙박이들에게 괄시를 받는 법입니다. 이리 치이고 저리 치이는 인생을 사는 것이 이스라엘 족장들의 생애입니다. 그러나 여기서 분명히 밝히듯이 하나님이 '나의 기름 부은 자를 손대지 말며 나의 선지자들을 해하지 말라'라고 말씀하셨습니다.

그리고 아까 이야기한 요셉 이야기가 시작됩니다. 그가 또 땅에 기근을 주시었다, 유리하고 방랑자고 억울한 객이고 고단한 인생을 사는 중에 기근을 또 보내사 엎친 데 덮친 격으로, 그가 택하신 백성의 인생에 고단함과 고통과 괴로움을 더하셨다, 그리고 요셉을 붙들어 매서 꼼짝도 못하게, 넋이 빠지게 해 놓고 하나님은 일을 하십니다. 무슨 일을 하십니까? 온 세상을 구하고 요셉의 가족을 구합니다. 이것이 우리의 신자 된 정체성입니다. 이해해야 할 신앙 현실입니다. 물론 특별하게 쓰임받는 사람들이 있습니다. 모세가 있고 다윗이 있고 엘리야가 있습니다. 그러나 이 사람들을 보면 그들이 그렇게 해서 인생이 형통했다는 증인으로는 등장하지 않습니다.

모세는 하나님 앞에 부름을 받기까지 애굽의 왕자로 컸는데 자기 정체성을 알고 자기 민족의 편을 들었다가 쫓겨 가서 미디안 광야에서 사십 년을 보냅니다. 요셉이 쇠사슬에 매여 넋이 빠졌다면, 모세는 광야에서 사십 년 동안 그 영혼이 말라 버립니다. 여든이 되었을 때 하나님이 모세를 부르십니다. 모세는 당연히 반발합니다. 여태까지 뭐하고 계시다가 이제 와서 부르십니까? 모세의 반발 속에는 그렇게 허망하게 지나간 사십 년에 대한 울분이 있습니다. 납득 못할 불만이 있습니다.

다윗은 골리앗을 쳐부수고 얼마나 오랫동안 피난살이를 해야 했는지 모릅니다. 사울에게 쫓겨 늘 도망을 다니다 더 이상 피할 데가 없어 적국으로까지 도망갑니다. 한번은 적국에서 그가 집을 비우고 있는 사이에 아말렉 족속이 쳐들어와서 재산과 부녀자들을 홀딱 잡아갑니다. 돌아온 다윗과 그의 부하들이 현실을 보고 망연자실해서 더 이상 울 기운이 없을 때까지 울었다고 성경은 기록하고 있습니다. 더 이상 울 기운이 없을 때까지 울었다, 그 속에서 하나님이 일하신다는 것을 믿습니까? 자신의 아들을 보내어 십자가에 못 박아 배신과 음모와 왜곡과 억울함 속에 그를 맡겨 놓으시는 지혜와 기이한 능력 속에서 하나님이 그의 영광과 모두의 승리를 일궈 내신다는 것을 믿습니까? 그렇다면 우리는 우리 인생에 대해서 다르게 생각하기 시작해야합니다. 사도 바울은 디모데전서 1장에서 자신의 정체성과 사역을 이렇게 이해합니다.

> 나를 능하게 하신 그리스도 예수 우리 주께 내가 감사함은 나를 충성되이 여겨 내게 직분을 맡기심이니 내가 전에는 비방자요 박해자요 폭행자였으나 도리어 긍휼을 입은 것은 내가 믿지 아니할 때에 알지 못하고 행하였음이라 우리 주의 은혜가 그리스도 예수 안에 있는 믿음과 사랑과 함께 넘치도록 풍성하였도다 미쁘다 모든 사람이 받을 만한 이 말이여 그리스도 예수께서 죄인을 구원하시려고 세상에 임하셨다 하였도다 죄인 중에 내가 괴수니라 그러나 내가 긍휼을 입은 까닭은 예수 그리스도께서 내게 먼저 일체 오래 참으심을 보이사 후에 주를 믿어 영생 얻는 자들에게 본이 되게 하려 하심이라 (딤전 1:12-16)

바울이 깨닫는 그의 사역은 무엇입니까? 하나님은 용서하시는 분, 새롭게 부활 능력을 부여하시는 분이라는 것을 자신을 통해 증언하기 위하여 자신이 죄인의 괴수로 부름을 받았다는 것을 압니다. 용서받은 유다, 용서가 필요한 존재, 우리가 우리의 주인이 되어서는 사망으로 이를 수밖에 없는 상태인 우리를 하나님이 그 아들 안으로 불러 승리로 끝나게 하는 자리로 부르셨습니다.

그렇게 하나님이 은혜로 불러 준 자, 그래서 더 이상 내가 나를 위하여 살지 않고 예수 그리스도를 주로 섬겨 그를 보내신 아버지의 자녀로, 그의 지혜와 능력을 따라 보내시고 맡기시는 모든 형편에 대하여 순종하고 항복하여 바보가 되기로 하는 길을 기꺼이 가겠노라, 그렇게 걷는 나를 본 자는 모두 용서를 받았으니 나도 물론 받을 것을 알게 되리라, 하며 자기의 사명을 쓰고 있습니다. 그래서 17절 결론이 이것입니다. "영원하신 왕 곧 썩지 아니하고 보이지 아니하고 홀로 하나이신 하나님께 존귀와 영광이 영원무궁하도록 있을지어다 아멘." 이것이 신자 된 정체성이며 힘이며, 하나님이 일하시는 방법과 현실이라는 것을 이해하지 못한다면 신자의 인생은 늘 넋이 빠져 있게 마련입니다.

안다고 해서 고통이 경감되는 것은 아니지만, 믿음을 제대로 이해한다면, 우리 인생이 명예롭고 영광된 인생이며 하나님이 인도하시는 능력의 자리라는 것을 알 것입니다. 그 기쁨으로 세상의 유혹과 위협 앞에서 승리할 것입니다. 이런 인생으로 부름받은 줄 아는 순종이 있기를 바랍니다.

기도

하나님 아버지, 은혜를 감사합니다. 하나님을 아버지로 모시고 예수를 믿는 믿음 안에서 우리 삶이 쓰이고 있고, 우리가 그 부름에 순종하여 이 위대한 길을 갈 수 있게 되었으니 감사합니다. 이 세상의 유혹과 시험 앞에서 우리의 자랑과 믿음을 놓치는 일이 없도록 붙들어 주시고 세상으로 하여금 우리가 누구인지 우리에게 베풀어진 은혜와 용서가 무엇인지를 알게 하시는 하나님의 은혜와 기적이 더 많이 일어나도록, 오늘도 우리 마음을 지키사 우리 인생을 오직 예수 그리스도 안에서 하나님께 붙들어 맨 인생인 줄 알게 하시고, 충성과 인내로 승리하는 인생이 되도록 축복하여 주시옵소서. 예수님 이름으로 기도합니다. 아멘.

60

하나님의 동역자로 부름받은 존재

35 그들에게 이르시되 내가 너희를 전대와 배낭과 신발도 없이 보내었을 때에 부족한 것이 있더냐 이르되 없었나이다 36 이르시되 이제는 전대 있는 자는 가질 것이요 배낭도 그리하고 검 없는 자는 겉옷을 팔아 살지어다 37 내가 너희에게 말하노니 기록된 바 그는 불법자의 동류로 여김을 받았다 한 말이 내게 이루어져야 하리니 내게 관한 일이 이루어져 감이니라 38 그들이 여짜오되 주여 보소서 여기 검 둘이 있나이다 대답하시되 족하다 하시니라 (눅 22:35-38)

복음의 은혜와 순종의 길

예수님이 이제 머지않아 죽으실 것이고 그의 제자들을 통하여 재기(再起)하실 것입니다. 누가복음 9장과 10장에서는 예수님이 처음 열두 제자들을 보내고 또 칠십인 전도단을 보낼 때, 두 벌 옷을 가질 필요가 없고 준비할 것이 없다고 하셨습니다.

그런데 본문 말씀에 있는 것같이 '내가 너희를 전대와 배낭과 신발도 없이 보내었을 때에 부족한 것이 있더냐 이르되 없었나이다 그러나 이제는 준비하라'라고 말씀하셨습니다. 이 준비는 주께서 제자들과 함께 살면서 보이신 하나님 나라와 그 복음에 대한 책임이 예수로부터 그 제자들에게 넘겨짐을 말합니다.

> 내 아버지께서 나라를 내게 맡기신 것 같이 나도 너희에게 맡겨 너희로 내 나라에 있어 내 상에서 먹고 마시며 또는 보좌에 앉아 이스라엘 열두 지파를 다스리게 하려 하노라 (눅 22:29-30)

내 나라를 너희에게 맡기는 이 일에 중요한 조건으로, 너희는 나의 모든 시험 중에 항상 나와 함께한 자들이었다고 합니다. 그게 무엇인지, 어떻게 해야 하는지를 본 자들이기 때문에 맡긴 것입니다. 그것은 27절에서 보듯이 "앉아서 먹는 자가 크냐 섬기는 자가 크냐 앉아서 먹는 자가 아니냐 그러나 나는 섬기는 자로 너희 중에 있노라"라고 하신 말씀과 같습니다.

예수님은 세상 사람들처럼 힘이나 권력으로 일하지 않으십니다.

섬기는 자로 그의 생애를 하나님의 뜻에 순종하며 인간들의 반응을 감내하면서 십자가의 죽으심까지 걸어가시는 것입니다. 그리고 그 일을 부활로 완성하시고 승리하셔서 주께서 이루실 일들이 제자들에게 맡겨지고 이어서 우리에게까지 오는 것입니다. 우리는 이 기독교 복음 또는 기독교 신앙의 본질적 내용을 간략하게 정리할 수 있습니다. 예수님이 우리를 구원하기 위하여 이 땅에 오셔서 고난 받으시고 우리를 대신하여 죽으시고 부활하시고 그리하여 우리에게 은혜로운 복음과 영생의 증거를 맡기셨다, 그러므로 이 은혜를 받은 우리가 그 은혜에 보답하는 삶을 사는 것이 신자의 마땅한 도리이다, 이것이 기독교 신앙의 간략하고 분명한 요약입니다.

그럼에도 불구하고 이 문제는 설명이 조금 더 필요합니다. 하나님이 우리에게 은혜를 베푸셨고 우리가 그 은혜에 보답하는 인생을 살도록 부름을 받았으면 그렇게 살도록 하나님이 힘을 좀 더 주셔야 맞습니다. 은혜를 이해하고 감사하고 충성을 약속하는데도 그 은혜에 보답하는 삶을 살기에는 부족한 여러 현실 문제들이 있습니다. 인생이 뜻대로 풀리지 않습니다. 그 이유는 이 문제가, 기독교가 본질로 삼고 있는 복음과 은혜에 관해 설명하는 만큼 중요하지만 그 설명과 이해를 놓친 탓으로 보입니다. 하나님이 우리에게 은혜를 베푸셨으니 그 은혜에 보답해야 한다는 이 설명만으로는 현실을 다 설명하기에 부족합니다. 어떻게 부족한지 더 따져 봅시다.

은혜와 책임에 관한 욥기의 교훈

욥기를 보면 하나님이 천상 회의에서 천군 천사들과 함께 모였는데, 사탄이 들어오는 장면이 나옵니다. 사탄은 하나님이 하는 일에 대적하는 자로, 하나님이 다스리는 세상과 인간들에 대하여 고소하는 자입니다.

하나님이 사탄에게 물으십니다. "너 뭐하다 왔느냐?" "여기저기 둘러보다 왔습니다." "넌 왜 그 모양이냐? 욥을 봐라!" 이렇게 일이 시작되는 것입니다. "아니, 하나님이 잘해 주니까 욥이 편들지, 잘해 주지 않으면 편들겠습니까?" 이것이 사탄의 항의입니다. "그래, 내가 보상해 주지 않으면 욥이 나를 믿지 않고 예배하지 않는다고? 정말 그런지 한번 해 볼까?" 그렇게 됐습니다.

그래서 욥을 놓고 하나님과 사탄 사이에 내기가 붙었습니다. 조금 극화한 표현입니다. 욥은 억울하게 됐습니다. 아무것도 모르는 상태에서 하루아침에 재산을 다 잃고 가족을 다 잃고 몸에 병이 들어 죽을 지경이 됩니다. 욥은 하나님을 보상 없이 섬기느냐, 보상이 있어야만 섬기느냐, 하는 문제 때문에 고난을 받습니다. 욥은 인내하여 보상이 없을 때에도 믿음을 포기하지 않았다, 단순히 그렇지는 않습니다.

우리가 살아오면서 배웠듯이 인간은 이해관계를 떠나고 보상이 없는 개념에 매달릴 만큼 훌륭하지 않습니다. 기계가 아닌 것입니다. 그렇다면 인간은 이해라는 측면 없이 반응하지 않는 일종의 짐승에 불과한 것인가? 하고 인간을 낮춰 부르라는 이야기가 아닙니다. 욥기가 바로 그 문제를 다루고 있습니다. 욥은 시험에 들자, 즉 사탄이 지적

한 것같이 보상을 제거당하자 괴로워합니다. 그 괴로움 속에서 중요한 질문에 직면하게 됩니다. 욥기 7장에 가면 욥기에서 가장 중요한 내용이라고 할 수 있는 고백이 나옵니다. 17절입니다.

사람이 무엇이기에 주께서 그를 크게 만드사 그에게 마음을 두시고 아침마다 권징하시며 순간마다 단련하시나이까 주께서 내게서 눈을 돌이키지 아니하시며 내가 침을 삼킬 동안도 나를 놓지 아니하시기를 어느 때까지 하시리이까 사람을 감찰하시는 이여 내가 범죄하였던들 주께 무슨 해가 되오리이까 어찌하여 나를 당신의 과녁으로 삼으셔서 내게 무거운 짐이 되게 하셨나이까 주께서 어찌하여 내 허물을 사하여 주지 아니하시며 내 죄악을 제거하여 버리지 아니하시나이까 내가 이제 흙에 누우리니 주께서 나를 애써 찾으실지라도 내가 남아 있지 아니하리이다 (욥 7:17-21)

'하나님, 저 때문에 뭘 그렇게 거북해하십니까? 저로 인해서 뭐하러 마음을 쓰십니까? 제가 그렇게 대단합니까? 제가 꼭 하나님 편을 들어야 시원하시겠습니까? 저 같은 게 뭐라고 저한테 신경을 쓰십니까? 제가 그냥 죽어 버리겠습니다. 서로 편한 게 좋지 않습니까?' 욥의 고백 속에는 이런 반어법이 들어 있는 것입니다. 하나님은 홀로 만족하지 않으시고 그의 형상으로 지은 인간들과 어떤 내용을 공유하시겠답니다. 희한하지 않습니까?

인간이 무엇이기에 하나님이 그토록 신경을 쓰십니까? 그러니까 욥기의 중요한 주제는 인간이 아무 조건 없이 하나님을 믿고 경배할 수 있는가에 대한 싸움이 아니라 하나님이 하나님 되시는 명예를 인간에게 내맡겼다는 것에 대한 싸움입니다. 내가 한 인간의 항복을 받아 낼 수 없다면 나는 하나님이기를 중단하겠다, 이런 싸움을 거는 것입니다. 보상으로써 하는 항복이 아니라 보상보다 더 깊은 것으로 내가 욥을 항복시키지 못한다면, 나는 하나님으로서 내 명예와 자존심을 지켜 내지 못할 것이다, 하는 싸움을 거는 것이 욥기의 시작인 것입니다.

그래서 이 싸움의 끝을 보면 욥기의 마지막은 기대와 다르게 나타납니다. 세 친구와 엘리후까지 등장하여 네 사람과 욥의 논쟁을 다 지나서 마지막에 하나님이 욥에게 나타나서 주시는 결론은 무엇입니까? 너, 왜 그러느냐? 이건 이거고 저건 저거다, 그렇게 안 하십니다. 전혀 다른 답을 제시하십니다. 욥을 데리고 창조 세계를 보이십니다. '너 우박 창고를 보았느냐? 세상의 기초를 놓을 때 너는 어디 있었느냐? 하마의 힘이 어디서 나오는지 아느냐? 악어가 먹을 때 왜 우는지 아느냐?' 너는 그들과 다르다, 너는 내 손님이고 내 식구이고 나와 함께 이들을 관찰하고 관리하고 책임져야 할 자이다, 나와 동등한 관리자이다, 라는 답을 내리는 것입니다. 그래서 욥은 비로소 귀로만 듣던 하나님을 눈으로 보는 것입니다. 하나님은 우리에게 당신을 맡기실 만큼 우리를 귀하게 지으신 분이시다, 그 대접에 걸맞게 인간은 모든 것에 대한 답을 갖게 되는 것입니다.

예수를 믿고 은혜와 복음에 책임을 진다는 것은, 하나의 감동과 명분과 사명과 책임에 관한 문제가 아니라, 하나님이 우리에게 은혜를 베풀고 복음을 허락하셨다는 것이 하나님이 우리를 누구로 인정하고 하나님이 나에게 누구신가에 관한 것이며 그것으로 인하여 우리 생애와 존재가 다른 보상, 다른 이해관계와 비교할 수 없는 답으로서의 인생과 존재가 되도록 부름을 받았다는 것을 아는 것입니다. 요한복음 17장 18절을 보겠습니다.

아버지께서 나를 세상에 보내신 것 같이 나도 그들을 세상에 보내었고 또 그들을 위하여 내가 나를 거룩하게 하오니 이는 그들도 진리로 거룩함을 얻게 하려 함이니이다 내가 비옵는 것은 이 사람들만 위함이 아니요 또 그들의 말로 말미암아 나를 믿는 사람들도 위함이니 아버지여, 아버지께서 내 안에, 내가 아버지 안에 있는 것 같이 그들도 다 하나가 되어 우리 안에 있게 하사 세상으로 아버지께서 나를 보내신 것을 믿게 하옵소서 (요 17:18-21)

누가복음 22장 본문 말씀이 그것이었습니다. '아버지께서 나라를 내게 맡기신 것같이 나도 너희에게 맡기는데 이제 준비 해라. 옷도 준비하고 배낭도 준비하고 신발도 준비하고 검도 준비해라.' 무슨 뜻일까요? '아버지께서 나를 보내신 것같이'란 무슨 뜻일까요? 아버지께서 예수를 보내신 것은 아버지가 가지신 모든 목적과 소원을 아들에게 다 넘겨준 것입니다. 아들이 어떻게 하든지 그것은 아버지의 손을 떠나 아들의 몫이 됩니다. 그래서 아버지의 뜻을 이루기 위하여 보내진 곳에서 져야 할 책임을 성자 예수께서 지고 있는데, 그 길은 성육신의 길이며 고난의 길이며 십자가에 달려 죽는 길입니다.

그런 예수께서도 이렇게 기도하실 수밖에 없었습니다. '아버지여 만일 할 만하시거든 이 잔을 내게서 지나가게 하옵소서 그러나 나의 원대로 마시고 아버지의 원대로 하옵소서'(마 26:39) 그것은 예수의 결정인 것입니다. 그것은 예수님이 걸어온 그 길, 자신이 걸어야 할 길인데, 인간들에 의하여 조작될 수 있는 길을 걸어야만 했던 것입니다. 우리에게도 그 순종은 자기 선택인 것입니다.

하나님의 동역자로 부름받은 존재

이미 확인했던 바와 같이 예수님은 자살하러 오신 것이 아닙니다. 인간들에 의하여 배신과 음모와 조작과 폭력 앞에 죽으시는 길을 가신 겁니다. 우리가 죽인 것입니다. 당신의 생애가 인간들이 좌우할 수 있는 길 속으로 보내지는 것을 조용히 받아들이셨습니다. 아버지가 그 아들에게 전권을 위임하므로 예수께서 그것을 받아 낼 수도 있고 거부할 수도 있는 길을 끝까지 가신 것입니다.

베드로가 검을 꺼내어 말고의 귀를 베자, 내가 아버지께 구하여 열두 영도 더 되는 천사를 보낼 수 있는 줄 네가 알지 못하느냐고 하셨습니다. 그렇게 할 수 있는데 안 하셨습니다. 아버지께서 모든 선택을 그 아들에게 위임하셔서 그 아들이 하는 것에 모두 맡기셨고, 그 아들은 아버지의 뜻을 이루기 위하여 아버지가 요구한, 인간의 죄악 된 환경 속에 들어와 아버지의 뜻을 이루어야 하는 고난의 길을 온전히 감당하셨습니다. 우리 또한 그렇게 보냄을 받는 것입니다. 하지만 은혜를 받고 감격하여 이 기쁜 소식을 전하고 사명과 책임의 성실한 인생을 사는 것은 너무 명분에 치우쳐 보입니다. 그보다 훨씬 구체적으로 보아야 할 것입니다. 우리가 걸어가는 세상은 어떤 때는 거부할 수도 있고, 어떤 때는 감당할 수도 있는 인생길입니다. 예수께서 아버지의 뜻을 따라 당신의 선택권을 가지고 우리의 반응 속을 걸어가신 것처럼 우리도 보냄을 받고 있는 것입니다.

우리는 억울하고 고통스럽고 참담하고 왜곡될 수 있는 길을 걷기에, 그것을 우리가 감수할 수도 있고 감수하지 못할 수도 있는 인생을 살게 됩니다. 신앙인으로서 늘 승리해야 하고 늘 옳아야 하고 늘 분명해야 한다고 하지만, 우리에게 닥친 모든 일에 대하여 어떤 경우에는 그렇지 못할 때도 있습니다. 뒤집을 때도 있고 다시 회개할 때도 있는 길을 걷는 것입니다. 어느 때든지 우리는 아버지께서 예수님에게 전권을 주신 것같이 주께서 우리에게도 전권을 주신다는 것을 기억해야 합니다.

오늘은 다행히 충성했습니다. 그러나 오늘 충성했다고 해서 다음날 충성이 늘 이어지지 않더라는 것을 경험합니다. 오늘 어쩌다 마지막에 뒤집어졌다고 해 봅시다. 그럴 때마다 우리는 명분적으로 생각하곤 합니다. 밤낮 이렇게 했다가 무너지는 것을 반복한다고 말입니다. 하지만 우리의 순정과 배신을 돌아볼 때마다 아버지께서 아들을 보내신 것, 성육신의 길을 기억해야 합니다. 그렇게 살아야 우리는 우리의 배신에 대하여 얼마나 가슴 아파해야 하는지, 그리고 이 싸움을 이기기 위하여 우리가 어떻게 자신을 죽여야 하는지를 더 깨닫게 되는 것입니다. 우리의 부족함을 자책하고 씻어 내는 것이 전부가 아닙니다. 우리가 그런 존재임에도 불구하고 하나님이 그 존재에 십자가의 길을 기꺼이 남김없이 다 담아 주었다는 사실에 대하여 놀라야 하는 것입니다.

우리는 얼마나 어리석고 미련하고 못난 존재들입니까. 예수가 맡았던 모든 것을, 다시 우리에게 맡겨 놓은 인생을 사는 자라는 것을 알아야 합니다. 우리가 노력하고 애쓰고 반성하고 회개하고 다시 꿇어 엎드리고 또 뒤집어지는 것이 우리 인생에 담겨 있는 현실임을 깨달아야 비로소 우리는 우리의 인생을 납득하게 됩니다.

그렇지 않고 그저 명분에 올라서면 우리는 신자의 길을 중단할 수밖에 없습니다. 이 신비를 기억한다면 하나님이 우리의 배신 속에서도 일하시고 우리의 비겁함 속에서도 일하신다는 사실을 깨닫게 될 것입니다. 우리의 보잘것없는 존재와 인생 속에 얼마나 귀한 것을 맡겨 놓으셨는가를 깨닫게 될 것입니다. 그러면 우리는 분발할 수밖에 없습니다.

요한계시록 2장과 3장에는 일곱 교회에 보내는 편지가 나옵니다. 그 편지의 내용을 종합하면 이렇습니다. 처음 사랑을 회복하라, 죽도록 충성하라, 우상을 섬기지 마라, 금같이 단련된 믿음을 가져라, 이런 것들입니다. 사랑, 충성 같은 것은 단지 개념이 아닙니다. 누구에 대한 것이냐 하는 문제입니다. 기독교 신앙은 도덕이나 관념이 아닙니다. 예수에 대한 것입니다. 그리고 예수에 대한 것은 구체화되어야 합니다. 불로 단련한 금을 사서 부요하게 되어야 합니다. 삶을 바쳐야 합니다. 삶을 바친다고 할 때, 우리는 자꾸 명분화해서 완벽해야만 바칠 수 있다고 생각하지만, 아닙니다. 우리의 못난 것을 다 아십니다. 비겁하고, 변명하고, 도망하고, 고함지르고, 핑계 대고, 책임을 뒤집어씌우고, 비난하고, ….

하지만 인생이 소중한 줄 알아야 합니다. 하나님이 중단 없이 예수의 성육신과 십자가를 맡겨 놓으신 생애며 존재인 것입니다. 신자로서 사는 것은 그래서 명예로운 것입니다. 예수님이 베드로에게 교회를 약속하시면서 '내가 이 반석 위에 내 교회를 세우리니 음부의 권세가 이기지 못하리라 내가 천국 열쇠를 네게 주리니 네가 땅에서 무엇이든지 매면 하늘에서도 매일 것이요 네가 땅에서 무엇이든지 풀면 하늘에서도 풀리리라'(마 16:18-19)라고 말씀하십니다. 굉장합니다. 우리가 해야 하는 것입니다. 하나님이 그렇게 우리에게 맡기고 보고 계십니다.

우리는 마치 욥 같습니다. 욥은 무엇 때문에 아우성을 쳤습니까? 내가 무엇이기에 이런 고단한 인생을 주십니까? 내가 뭘 잘못했습니까, 하는 것이었습니다. 지금 우리는 한 걸음 더 가 있습니다. 내가 뭐 별거 있다고 중요한 일을 맡기십니까? 내 인생은 이렇게 보잘것없는데 어떻게 그렇게 중요하고 큰일을 하라고 하십니까? 욥의 비명과 똑같습니다. 너는 나의 분신이다, 성경이 말하는 인간은 그것입니다. 성령이 내주하시고 그 아들을 보내시며 천지를 지으신 하나님이 함께 온 피조물을 다스리자고 만들어 세운 하나님의 형상입니다.

사소하고 보잘것없고 자책하는 우리의 존재와 인생에 하나님이 귀한 것을 맡기시고 하나님의 동역자로 부르신다는 걸 기억하십시오. 명분, 성취, 자랑, 힘으로도 평가해 낼 수 없는 하나님의 자녀라는 신분이 갖는 영광과 명예를 이해해야 합니다. 그것으로 인생을 사십시오. 보잘것없고 하찮은 것에서 하나님이 기적을 이루시는 줄 아는 믿음과 사랑이 신자에게 최고의 힘과 명예와 자랑인 것을 기억하는 인생이 되기로 하십시오.

기도

하나님 아버지, 은혜를 감사합니다. 하나님의 자녀라는 이름은 무시무시한 것입니다. 그것은 복되고 영광스럽고 놀랍고 신비로운 것입니다. 하나님이 오병이어의 기적을 이루듯이, 무에서 유를 창조하듯이, 죽음에서 생명을 만들어 내듯이 우리 인생에 하나님의 모든 것을 맡기셨다고 합니다. 이 믿음을 가지고 인생을 살게 하옵소서. 우리 눈에도 만족스럽지 않은 우리 존재와 일상 속에서 하나님이 창조와 부활의 역사를 이루시는 줄 아는 믿음을 가지고 각자가 자기 자리에서 감사하며 충성하고 그 영광과 자랑으로 살아 승리하는 신자들이 되게 하여 주시옵소서. 예수님 이름으로 기도합니다. 아멘.

61

깊은 기도

39 예수께서 나가사 습관을 따라 감람 산에 가시매 제자들도 따라갔더니 40 그 곳에 이르러 그들에게 이르시되 유혹에 빠지지 않게 기도하라 하시고 41 그들을 떠나 돌 던질 만큼 가서 무릎을 꿇고 기도하여 42 이르시되 아버지여 만일 아버지의 뜻이거든 이 잔을 내게서 옮기시옵소서 그러나 내 원대로 마시옵고 아버지의 원대로 되기를 원하나이다 하시니 43 천사가 하늘로부터 예수께 나타나 힘을 더하더라 44 예수께서 힘쓰고 애써 더욱 간절히 기도하시니 땀이 땅에 떨어지는 핏방울 같이 되더라 45 기도 후에 일어나 제자들에게 가서 슬픔으로 인하여 잠든 것을 보시고 46 이르시되 어찌하여 자느냐 시험에 들지 않게 일어나 기도하라 하시니라 (눅 22:39-46)

아버지 뜻대로 하소서

예수께서 감람산에 가서서 아버지 앞에 마지막 기도를 하십니다. 누가복음에 나온 표현으로는 '만일 아버지의 뜻이거든 이 잔을 내게서 옮기시옵소서'입니다. 마태복음의 기록을 봅시다.

> 조금 나아가사 얼굴을 땅에 대시고 엎드려 기도하여 이르시되 내 아버지여 만일 할 만하시거든 이 잔을 내게서 지나가게 하옵소서 하시고 (마 26:39)

표현이 좀 다르지만 내용은 같습니다. 예수님이 아버지 앞에 당신의 소원을 아뢰는 장면입니다. 쉽게 이야기하자면, '조금 쉽게 하시면 안 되겠습니까?' 하는 표현입니다. 그러나 곧 '내 뜻대로 마옵시고 아버지의 뜻대로 하옵소서'로 결론을 맺습니다.

예수님이 이 기도를 한 것은 무슨 뜻일까요? 어차피 아버지의 뜻대로 순종할 것인데, '할 만하시거든 이 잔을 내게서 지나가게 하옵소서'라는 것은 곧 그것이 기도의 권리라는 것입니다. 어차피 아버지의 뜻이 이루어질 것이라면 기도의 가치가 무엇인가, 라고 물을 수 있는데 예수님의 기도가 그걸 가르칩니다.

나중에 예수를 잡으러 온 무리가 검을 빼 들고 들어오자 베드로가 한 병사의 귀를 벴습니다. 예수님이 말씀하시기를 "내가 아버지께 구하여 지금 열두 영도 더 되는 천사를 아버지께서 보내실 수 있는 것을 네가 모르냐"라고 꾸짖으십니다. 그 말 속에는 예수님이 원하시면 아버지께서 예수를 십자가 못 박지 않고 적들을 물리쳐서 이 잔을 비켜 가게 하실 수 있음을 말하고 있습니다. 십자가를 안 지는 다른 방법으로 하나님은 뭐든지 하실 수 있습니다. 그러나 십자가를 지는 방법이 아버지의 뜻이었고 예수께서 거기에 승복하십니다. 그러니까 아버지의 뜻은 결정되어 있고, 그 방법이 고정되어 있음을 우리는 믿지 않은 것입니다. 예수님은 그 뜻을 다소 인간된 마음으로, 어려움을 겪어야 하는 마음으로 아버지께 타협을 요구했다가 결국 아버지께 다 넘겼습니다. 이 기도에는 분명히 아버지의 뜻이 이루어질 것이지만 기도하는 자에 따라 하나님이 얼마든지 그 방법을 바꿀 수 있다는 것이 암시되어 있습니다.

그럼에도 불구하고 예수께서 아버지의 뜻을 따르는 것은 아버지의 뜻이 무엇인지 너무나 명백하기 때문에 거기에 모든 권리를 넘기고 순종한다는 것인데, 이는 그렇게 간단한 것이 아닙니다. 왜냐하면 예수님은 십자가에서 "나의 하나님, 나의 하나님, 어찌하여 나를 버리시나이까"라고 부르짖음으로써 아버지의 뜻을 따르기로 했지만, 다 알지 못하는 길을 가게 됐다는 것을 여실히 보여 주고 있기 때문입니다.

우리는 기독교 신앙이 하나님에게 순종하며 항복하는 것이라고 알고 있지만 그 과정은 우리 생각보다 깊다는 것을 놓칩니다. 그래서 우리의 신앙적 항복이 우리가 알고 있는 것들로 제한될 때가 너무나 많습니다. 우리가 알고 있는 것이란 당위성, 명분, 도덕성, 대의 같은 것입니다. 하나님이 거기에 잡혀 있는 분이라고 생각하면 안 됩니다. 하나님은 그것보다 크실 뿐만 아니라 그 뜻을 이루는 방법도 우리의 기대와 다릅니다. 내 인생과 존재 속에서 하나님이 아버지가 되셔서 나의 인생을 아버지의 뜻으로 부르시는 과정에서 밀고 당김이 있다고 합니다.

그럼 예수의 항복은 무엇입니까? 전적으로 내가 알고 있는 길, 내가 감당할 수 있는 길보다, 지금 내가 기도드리는 아버지가 더 깊고 놀랍고 신뢰할 만하기에 그분에게 다 넘기는 것입니다. 그 신뢰 속에서는 사실 모르는 것들이 많이 있습니다. 아버지께서 요구하는 것이 내가 이해하는 것보다 더 커서 내가 감당할 수 없을 것 같지만 아버지가 늘 옳으시고 선하시니 다 내놓는 것입니다.

우리는 기도가 어차피 아는 일에 대한 항복이라 생각하지만, 성경은 전혀 모르는 일에 대한 항복이라고 합니다. 우리가 기도에 대해서 분노하는 것은 '그렇게 기도했는데도 이렇게 하시깁니까?' 하는 것입니다. 우리가 하는 식으로 해 봅시다. 아버지 뜻대로 하겠습니다, 하고 십자가에 달리자, 맡겼더니 결국 이겁니까? 이렇게 되는 것입니다. 이해하십니까?

우리의 맡김은 어떤 요구입니다. '나의 모든 이기심과 내 편함을 포기했으니 알아서 하십시오'라는 것입니다. 우리는 하나님이 선하시고 전능하시다는 것을 온전히 믿고 맡기지 못합니다. 그게 우리의 기도를 방해합니다. 그러나 내가 아는 길 말고, 내가 할 수 있는 일 말고, 아버지 손에 모든 것을 넘겨야 합니다. 이 간격을 뛰어넘는 것이 기도입니다. 왜 그렇습니까? 기도해서 성취하고 응답받는 모든 것은 결국 내가 필요로 한 것들입니다. 그러나 건강, 성공, 자랑으로 답이 되지 않는다는 것을, 하나님 앞에 엎드릴 때 강하게 배웁니다.

하나님은 현실에서 인간의 자존심을 채워 주고 그의 소원을 들어 주는 존재보다 훨씬 큽니다. 이것이 우리가 인생에서 확인하고 성경을 읽어 확인하는 사실입니다. 그러나 살아 보면 세상은 성경이 말하는 답을 이루지 못합니다. "원수를 사랑하라!" 불가능한 일입니다. 우리는 다른 이에게만 이 말을 실천하라고 요구합니다. 사랑해, 사랑해, 하다가 자기한테 걸리면 눈에 눈, 이에는 이로 변합니다. 아버지여, 이 죄를 절대 넘기지 마시고 꼭 보복해 주시옵소서, 그러고는 보복해도 만족이 없는 자신을 발견합니다. 그때야 비로소 보복하고 쟁취하고 승리하고 자랑하는 것으로 만족되지 않는 자신의 존재를 깨우칩니다. 하나님을 아버지라고 부르는 자로서, 기도를 허락받은 자로서 자신을 깨닫는 것입니다. 하나님, 저는 제가 요구하는 것으로도 만족할 수 없는 불쌍한 존재입니다. 이제 그 답은 당신께 있을 수밖에 없습니다. 이렇게 넘어가는 자리인 것입니다.

깊은 기도의 경지

요한복음 16장에 가면 이런 놀라운 기도에 대한 성경의 약속이 있는데 이 이해를 기초로 해야 합니다. 요한복음 16장 20절입니다.

내가 진실로 진실로 너희에게 이르노니 너희는 곡하고 애통하겠으나 세상은 기뻐하리라 너희는 근심하겠으나 너희 근심이 도리어 기쁨이 되리라 여자가 해산하게 되면 그때가 이르렀으므로 근심하나 아기를 낳으면 세상에 사람 난 기쁨으로 말미암아 그 고통을 다시 기

억하지 아니하느니라 지금은 너희가 근심하나 내가 다시 너희를 보
리니 너희 마음이 기쁠 것이요 너희 기쁨을 빼앗을 자가 없으리라
그 날에는 너희가 아무것도 내게 묻지 아니하리라 내가 진실로 진실
로 너희에게 이르노니 너희가 무엇이든지 아버지께 구하는 것을 내
이름으로 주시리라 지금까지는 너희가 내 이름으로 아무것도 구하
지 아니하였으나 구하라 그리하면 받으리니 너희 기쁨이 충만하리
라 (요 16:20-24)

왜 예수의 이름으로 기도하는 것입니까? 예수의 순종, 예수의 신뢰가
기도를 성립시킨다는 것입니다. 나에게 최고의 기대치, 내가 바라는
최고의 소원보다 큰 것을 주시려는 아버지를 이해하고, 믿고, 순종한
예수를 증거로 하여 기도가 허락되었다는 것입니다.

　나에게 필요한 것, 내가 소원하는 것, 내가 욕심내는 것을 보상받
는 것이 기도가 아니다, 자기 마음이 원하고 자기 소원이 이루어지는
것이 예수의 기도가 아니었고 예수의 수난이 아니었다, 네 소원이 네
필요를 채우는 것 이상으로 넘어간 적이 있느냐? 아버지의 뜻이 네게
이루어지도록 기도해라, 그것이 무엇인지 나를 보고 알 것이다, 그날
에 너희가 나에게 아무것도 묻지 아니하리라, 그 길을 걸어 부활하셔
서 승리하신 예수를 보자, 이것은 우리가 가고 우리가 얻고 우리가 차
지하고 싶었던 것과는 도무지 비교가 되지 않는 것들이잖습니까?

　신앙생활을 하면, 매일매일 급박하게 몰아대는 현실 속에서 우리
의 모든 필요가 채워지고 감사 기도로 하루를 마치게 된 적이 얼마나
있습니까? 도망치고 또 도망치며 벌떡이는 심장을 안고 가쁜 숨을 몰

아쉬면서 간신히 잠자리에 드는 것이 하루하루 아닙니까? 우리가 알고 있는 평안과 행복이란 숨차지 않은 하루에 불과합니다.

그렇게 숨차지 않은 날들이 며칠 지나면 뭔가 쉽습니다. 결국 우리가 밤낮 사냥감같이 쫓기는 존재에 불과하단 말인가? 무엇 때문에 고민하며 무엇 때문에 도망가며 무엇 때문에 피난처를 찾아 헤맨단 말인가 하는 생각이 들어야 옳습니다. 그것이 하나님이 세상 속에서 우리에게 직면하게 하시는 그의 손길입니다. 하나님 앞에 돌아오게 하는 것입니다. 내 앞으로 오라, 예수 이름으로 구하라, 그가 무엇을 결과시켰는가를 보라, 이것이 기도입니다.

진정한 기도는 간절한 데에 있는 것이 아닙니다. 우리의 간절함은 치성보다 더 큰 정성에 불과합니다. 성경이 말하는 간절함은 우리가 아무리 간을 쥐어짜도 만들어 낼 수 없는 것을 주시옵소서, 하는 것입니다. 간을 졸여도 나오지 않는 것, 모든 인류가 합심하여 노력하고 온 역사를 통틀어도 만들 수 없는 것입니다. 진정한 인간성의 회복, 하나님 형상의 회복, 하나님의 선하심과 거룩하심으로의 부름이 가지는 진정한 만족과 감사로 불러 주시옵소서, 이것이 간절한 기도입니다.

그러니까 이 깊은 기도의 경지에 와서 하나님 앞에 서게 되면 기도는 막막할 수밖에 없습니다. 진정한 기도의 현상은 무엇입니까? 기도했는데도 평화가 오지 않는 것입니다. 내가 모르는 길에 나를 내놓아야 하기 때문입니다. "나의 하나님, 나의 하나님, 어찌하여 나를 버리시나이까"가 줄줄이 좇아 나오는 것이 진정한 기도이며 신앙생활인 것입니다. 자랑스러운 길입니다. 어느 곳에서도 만들 수 없는 길이며 진정한 인간이 되는 길입니다. 하나님을 아버지라고 부르는 영광을 확인하고 누리는 길입니다. 이것을 무엇과 바꾸시겠습니까?

우리는 스데반의 죽음을 잘 알고 있습니다. 스데반을 베드로와 대조해 볼 필요가 있습니다. 베드로가 오순절 이후에 한번 설교하자 하루에 삼천 명이나 회개합니다. "형제들아, 우리가 어찌할꼬." 그래서 우리는 다 베드로를 좋아합니다. 앞에서는 잘못했지만 뒤에는 훌륭하게 된 사람입니다. 스데반은 베드로보다 훨씬 훌륭하게 묘사되어 있습니다. 그는 초대 교회 집사로 성령이 충만하고 지혜가 충만한 사람입니다. 뭐가 더 필요하겠습니까? 그는 긴 설교를 합니다. 그런데 아무도 회개하지 않고 다 이를 갈고 오히려 돌을 들어 그를 쳐 죽입니다. 그가 돌을 맞으면서 한 기도가 있습니다. '주여 이 죄를 그들에게 돌리지 마옵소서 이 말을 하고 자니라'(행 7:60). 이것이 스데반의 순교입니다. 그래서 바울이 태어납니다.

바울은 스데반을 죽인 현장의 책임자라고 할 수 있습니다. 그는 스데반을 죽인 이후에 예수 믿는 자들을 더 잡아 가두고 자기가 믿는 식의 신앙을 지켜 내고자 기세가 등등합니다. 그는 살기가 등등하여 배신자들을 처리하려고 다메섹으로 가다가 예수를 만납니다. "사울아, 사울아, 네가 어찌하여 나를 핍박하느냐"라는 소리를 듣고 엎어집니다. 그 후 회개하고 돌아섭니다. 이름을 사울에서 바울로 바꿉니다. '큰 자'라는 뜻에서 '작은 자'라는 뜻으로 이름을 바꾸어 평생 하나님의 종으로 살아갑니다. 기독교 역사상 가장 훌륭한 하나님의 종이 됩니다. 그가 스데반을 죽인 후입니다.

그러나 스데반은, 자신이 죽으면 바울이 나온다는 것을 모르고 있습니다. 서로 적으로 서 있습니다. 선동하고 반대하는 무리의 괴수로 사울이 서 있고, 스데반은 주를 위한 증인, 신앙을 지키는 자로 서서 그 박해를 고스란히 받아 죽습니다. 사울이 스데반의 죽음을 통하여 훌륭한 사람이 될 거라고는 아무도 생각하지 못했습니다. 아무도 이해하지 못하고 예상하지 못했습니다. 그 둘은 함께 묶을 수 없는, 서로 반대편에 서 있던 사람들입니다. 희한하게도 하나님은 바울을 부르시되 스데반의 죽음 위에 세우십니다. 그것이 기독교 신앙이며 기도입니다. 그것이 현실을 사는 신자가 겪는 실존입니다.

기도를 들으시는 아버지를 기억하라

우리 식으로 각색해 봅시다. 사울이 스데반을 죽이러 왔다가 설교를 듣고 뭔가 이상하다고 생각합니다. 돌을 던지려는 자기편들을 잠깐 생각해 보는 것입니다. 그리고 돌아가더니 밤에 몰래 스데반을 찾아옵니다. "내가 뭔가 미심쩍은 것이 있는데, 말씀하신 것들이 사실이란 말입니까?" 스데반은 예수가 누구이고 그가 왜 죽었고 그가 살아난 것이 성경적으로 어떻게 옳은가를 이야기합니다. "아, 이거 내가 아무래도 잘못 알고 여기까지 온 듯 싶습니다. 한 번 더 오겠습니다." 6개월이 지나자 사울이 점점 더 변하더니 드디어 회심하여 하나님의 훌륭한 종으로 헌신합니다. 죽이려면 죽여라, 하며 머리를 깎고 스데반의 제자가 됩니다.

　이것이 우리가 하는 기도입니다. 우리 눈앞에 무엇이 진전되려면 상승 계단이 있어야 할 것 아닙니까. 목적지에 가지는 못해도 내가 바라보는 그 지점까지 연속으로 잇는 중간 단계가 있어야 하는데 하나님은 오히려 반대로 끌고 가십니다. 살아 있어야 뭐라도 할 것 아닙니까? 그런데 그냥 죽고 말아 버립니다. 그게 기도입니다. 죽으러 가는 것입니다. '내 뜻대로 마옵시고 아버지의 뜻대로 하옵소서.'

아버지의 뜻은 구체적으로 나와 있지 않습니다. 성경 전체에 그 방향만 있습니다. 원수를 사랑하라, 너를 저주하는 자를 위하여 기도하라, 오른편 뺨을 맞으면 왼편 뺨을 대라, 이것은 하루아침에 되지 않습니다. 그러나 그 방향은 압니다. 막막합니다. 우리를 낭떠러지로 끌고 가고 급류 속에 몰아넣습니다. 반대로 가면 순풍일 텐데 역풍의 길을 가는 겁니다. 그게 기도입니다. 매일 기도하러 하나님 앞에 가십시오.

무엇 때문에 갑니까? 내 현실 때문에 갑니다. 아픈 것, 위기, 고통, 걱정, 이것이 나를 하나님 앞으로 몰고 갑니다. 왜 그렇습니까? 풀 방법이 없기 때문입니다. 그런데 풀려고 들어갔다가 더 큰 내용을 만나게 됩니다. '오늘 하루 더 사는 게 네 소원의 끝이냐? 오늘 하루 면하면 내일은 어떻게 할래?'라는 질문 앞에 서는 것입니다. 그것이 기도입니다. 하루도 버티기 힘든 오늘의 문제를 가지고 그 문제를 해결하고자 기도를 드리다가 영생을 향한 하나님의 뜻 앞에 서게 됩니다. 오늘 하루의 필요, 오늘 하루의 보상을 접고 하나님의 약속 앞에 나를 바치는 것, 그것이 기도입니다.

그럼 하나님이 다음 날부터 그 큰 약속의 상승선에 태워 주십니까? 그러지 않으시고 스데반을 죽이듯이, 예수를 십자가에 매달 듯이, 우리 인생을 죽음으로 모십니다. 당연히 놀라게 됩니다. 그리고 예수가 없다면 우리는 기도할 증거가 없고 이 모든 일에 다른 아무 증거가 없어 견딜 수 없음을 알게 됩니다. 예수는 이 기적의 장본인이며 증거이며 살아 있는 역사입니다. 모든 신자가 하나님 앞에서 자신의 뜻을 접고 하나님에게 자신을 내어 줄 수 있는 우리의 증인이며 보호자입니다. 그것이 기도이며 신앙생활입니다. 고린도전서 2장을 보면 이 일은 기도에만 있는 것이 아닙니다. 사도 바울은 고린도교회에 전도하던 모습을 이렇게 회상합니다.

형제들아 내가 너희에게 나아가 하나님의 증거를 전할 때에 말과 지혜의 아름다운 것으로 아니하였나니 내가 너희 중에서 예수 그리스도와 그가 십자가에 못 박히신 것 외에는 아무 것도 알지 아니하기로 작정하였음이라 내가 너희 가운데 거할 때에 약하고 두려워하고 심히 떨었노라 내 말과 내 전도함이 설득력 있는 지혜의 말로 하지 아니하고 다만 성령의 나타나심과 능력으로 하여 너희 믿음이 사람의 지혜에 있지 아니하고 다만 하나님의 능력에 있게 하려 하였노라
(고전 2:1-5)

쉬운 답을 하자면 간단합니다. 특히 설교하거나 전도할 때는 오직 성령을 입어야 한다, 이렇게 말하면 간단합니다. 그러나 그렇게 간단한 것이 얼마나 대단한 내용인지 자세히 이해할 필요가 있습니다. 바울의 말은 이겁니다. 논리적으로 감동적으로 한 영혼을 깨울 방법은 없다, 나는 하나님이 쓰는 손길이라는 걸 알고 있다, 그러니 나에게 맡기신 일을 하지만 그것은 내가 할 수 있는 일이 아니라는 걸 알고 어느 곳에 가든지 나는 늘 자신 없이 했다, 그겁니다. 자신 없이 했다는

것은 약간 역설입니다.

전에 한 청년에게 찬양 집회에 오라는 초대를 받았습니다. 저는 여러 번 다른 데서 찬양 집회에 대해 비평했던 사람인데 초대를 받은 겁니다. 그래서 나는 거기에 맞지도 않고 아직 이해도 안 되는 사람인데 왜 나를 초대했는가를 물었습니다. 그러자 그 책임자는 젊은이들에게 어른을 한번 보여 주고 싶다고 말했습니다. 그 말을 듣자 가슴이 확 막혔습니다. 한 석 달 전에 초대를 받았는데 세 달 내내 그 고민을 했습니다. 어른 노릇은 어떻게 하는 것인가?

고함지르고 돌아다니는 것은 잘하는데 어른 노릇은 어떻게 해야 하는가? 많이 걱정하고 준비해서 그날 갔더니 큰 교회에 젊은이들만 삼천 명이 모였습니다. 굉장했습니다. 전문 찬양팀이 나와서 찬양을 인도하고, 무엇보다 놀란 것은 제가 별로 칭찬하지 않던 그 모습 속에 진정성이 배어 있음을 본 것입니다. 그래서 가슴이 더 꽉 막혔습니다. 잘 못하고 있어야 욕이라도 해서 실력 발휘를 할 텐데 말입니다. 그렇다고 잘한다고 하자니 마음에 안 들기도 하였습니다. 어떻게 해야 하는가? 한 삼십 분 앉아서 쭉 지켜보는데 그들은 벌써 두 시간 전에 와서 열심인 겁니다. 큰일이었습니다. 어떻게 하나 하고 말입니다. 그때 이 구절이 떠올랐습니다. "내가 너희 중에서 예수 그리스도와 그가 십자가에 못 박히신 것 외에는 아무 것도 알지 아니하기로 작정하였음이라"(고전 2:2).

잘하려 하지도 말고 뭐라 그러지도 말고 하나님이 일하신다는 것을 기억하자, 바울이 베스도 총독 앞에 섰을 때나 자기를 따르려고 관심을 갖고 오는 시민들 앞에서나 동일하게 늘 십자가를 증거하는 것

외에 자기가 더 할 수 있는 것이 없다는 것을 알고서 분노하지도 않았고 또 쉽게 미혹하지도 않았습니다. 참으로 내가 하는 것이 아니고 나에게 권리와 결정권이 있는 것이 아니다, 하고 하나님이 하심을 알고 늘 떨며 살았던 것입니다. 우리도 그렇게 하루를 살아야 합니다.

두려워하고 떨며 살아야 합니다. 도망가고 겁먹으라는 이야기가 아니라 하나님이 어떻게 일하실지 모른다는 사실 때문에 우리는 하루를 소중하게, 성실하게 책임져야 하며 자만하지 않아야 합니다. 이렇게 말로만 하면 쉽지만 살아 보면 그게 얼마나 아슬아슬하고 어려운 길인지 잘 알지 않습니까?

얼마나 조마조마한 길로 여기까지 왔습니까? 하나님이 무엇을 하신답니다. 우리가 모르는 누가 있습니다. 바울이 있다는 것입니다. 스데반은 전혀 모르고 죽어 버렸습니다. 우리 인생 속에 많은 바울이 있고 기적이 생겨 하나님의 뜻이 이루어지고 모두가 함께 할렐루야를 외치도록 하실 것입니다. 예수 그리스도의 부활 앞에 더 이상 물을 것이 없고, 아버지가 하시는 일은 정말 놀랍구나, 하는 항복으로 우리를 인도하실 것입니다. 이것이 기독교입니다.

우리가 무릎 꿇고 기도할 때마다 부르는 그 간절한 이름이 하나님 아버지 아닙니까? 그 이름의 크기와 능력을 기억하는 우리의 기도와 신앙이기를 바랍니다.

기도

하나님 아버지, 은혜를 감사합니다. 하나님을 아버지라 부르는 것이 얼마나 큰 것인가를 기억합니다. 그래서 우리가 고통스러워하고 별것 아닌 걸로 취급하는 우리의 하루가 얼마나 굉장한 날인지를 기억하기로 합니다. 힘을 다하여 우리에게 주어진 하루의 길을 하나님의 능력과 지혜로 걷게 하시옵소서. 예수님 이름으로 기도합니다. 아멘.

62

열매로 드러나는 정체

———

47 말씀하실 때에 한 무리가 오는데 열둘 중의 하나인 유다라 하는 자가 그들을 앞장서 와서 48 예수께 입을 맞추려고 가까이 하는지라 예수께서 이르시되 유다야 네가 입맞춤으로 인자를 파느냐 하시니 49 그의 주위 사람들이 그 된 일을 보고 여짜오되 주여 우리가 칼로 치리이까 하고 50 그 중의 한 사람이 대제사장의 종을 쳐 그 오른쪽 귀를 떨어뜨린지라 51 예수께서 일러 이르시되 이것까지 참으라 하시고 그 귀를 만져 낫게 하시더라 52 예수께서 그 잡으러 온 대제사장들과 성전의 경비대장들과 장로들에게 이르시되 너희가 강도를 잡는 것 같이 검과 몽치를 가지고 나왔느냐 53 내가 날마다 너희와 함께 성전에 있을 때에 내게 손을 대지 아니하였도다 그러나 이제는 너희 때요 어둠의 권세로다 하시더라 (눅 22:47-53)

열매로 드러나는 정체

이제 예수님은 잡히십니다. 잡으러 온 사람들은 무장을 하고 왔습니다. 예수님은 잡힐 이유가 없고, 제자들은 가만히 있을 수 없으니까 제자 중 하나가 예수를 잡으러 온 무장 경비원의 귀를 칼로 베었습니다. 그러자 예수님이 이것까지 참으라, 하신 후에 잡혀가시는 장면입니다.

우리가 인생을 살면서 억울한 일을 당하거나, 부당한 경우에 처했을 때에 신앙인으로 어떻게 반응해야 하는가에 대한 문제와 직결됩니다. 예수님은 그냥 잡혀가셨습니다. 모든 경우에 이것이 우리의 답이 될까요? 그건 대답하기가 어렵습니다. 굉장히 어려운 문제이기 때문입니다. 그러나 예수님의 잡히심 속에는 그 잡히심이 무엇을 의미하는가, 라는 더 근본적인 가르침이 있습니다. 우리가 이 세상을 살면서 하는 가장 흔한 이해는 '목적은 수단을 정당화한다'라는 것입니다. 옳은 일을 위해서라면 힘으로, 조금 옳지 않는 방법이라도 쓸 수밖에 없다, 이것이 현실입니다. 그것이 어디까지 옳은지, 또는 잘못됐다면 얼마큼 잘못된 것인지, 판단하기 어려울 때가 있습니다.

예수님은 메시아로 오셨고, 당시 사회나 모든 사람들에게 해를 끼친 적이 없습니다. 정치 권력이나 사회적인 일에서나 또는 개인 간의 관계에서 늘 은혜를 베푸시고 복을 나눠 주셨지, 한 번도 해를 끼치지 않으셨습니다. 그럼에도 불구하고 잡혀가십니다. 제자 중 하나인 유다가 그를 팔았고, 예수님은 정치적으로 적대 행위를 한 적이 없음에도 불구하고 당시 권력자들이 자기를 해치기로 하는 결정에 순종하십니다. 그걸 막은 제자의 행동을 두고 "이것까지 참으라"라고 말하신 것이 전부입니다.

누가복음 6장에 가면, 이 문제에 대한 성경의 가르침이 예수님의 직접적인 가르침으로 소개되어 있습니다. 누가복음 6장 46절입니다.

> 너희는 나를 불러 주여 주여 하면서도 어찌하여 내가 말하는 것을 행하지 아니하느냐 내게 나아와 내 말을 듣고 행하는 자마다 누구와 같은 것을 너희에게 보이리라 집을 짓되 깊이 파고 주추를 반석 위에 놓은 사람과 같으니 큰 물이 나서 탁류가 그 집에 부딪치되 잘 지었기 때문에 능히 요동하지 못하게 하였거니와 듣고 행하지 아니하는 자는 주추 없이 흙 위에 집 지은 사람과 같으니 탁류가 부딪치매 집이 곧 무너져 파괴됨이 심하니라 하시니라 (눅 6:46-49)

반석 위에 지은 집과 모래 위에 지은 집의 유명한 비유입니다. 둘 다 집을 지었다는 면에서는 같습니다. 하나는 반석 위에 지었고, 다른 하나는 모래 위에 지었으므로 집이 문제가 아니라 기초 때문에 결과가 다르게 나타난다는 비유입니다. 그러나 시작하는 말씀은 분명히 "너희는 나를 불러 주여 주여 하면서도 어찌하여 내가 말하는 것을 행하지 아니하느냐"(눅 6:46)라고 하십니다. 이것은 이해하고 납득한 것과 실천한 것의 분리를 지적하는 것입니다.

이 비유는 우리를 매우 당황하게 하는 비유 중의 하나입니다. 잘 짓고, 또 말씀 위에 짓자, 기초도 튼튼히 하고 짓기도 잘짓자, 이렇게 말하는 것은 쉬운데 실제로 해 보면 만만치 않기 때문입니다. 이 비유가 더 잘 소개된 마태복음 7장을 봅시다. 마태복음 7장에서는 이 비유를 이해하기 좋게 조금 더 잘 설명되어 있습니다.

> 거짓 선지자들을 삼가라 양의 옷을 입고 너희에게 나아오나 속에는 노략질하는 이리라 그들의 열매로 그들을 알지니 가시나무에서 포도를, 또는 엉겅퀴에서 무화과를 따겠느냐 이와 같이 좋은 나무마다 아름다운 열매를 맺고 못된 나무가 나쁜 열매를 맺나니 좋은 나무가 나쁜 열매를 맺을 수 없고 못된 나무가 아름다운 열매를 맺을 수 없느니라 아름다운 열매를 맺지 아니하는 나무마다 찍혀 불에 던져지느니라 이러므로 그들의 열매로 그들을 알리라 (마 7:15-20)

분명한 설명입니다. 열매는 나무의 결실입니다. 나무가 열심을 부려서 열매를 맺는 것이 아니고 그 나무의 나무 된 표가 열매로 나타납니다. 그래서 열매를 보면 무슨 나무인지를 안다고 합니다. 그런데 20절에서 "이러므로 그들의 열매로 그들을 알리라"라고 하고, 21절에서는 "나더러 주여 주여 하는 자마다 다 천국에 들어갈 것이 아니요 다만 하늘에 계신 내 아버지의 뜻대로 행하는 자라야 들어가리라"(마 7:21)라고 합니다. '뜻대로 행하는 자'입니까? '행하는 자'입니까? 뜻을 알기만 하고 갖고만 있는 것이 아니라 그 '뜻대로' 행해야 한다는 것입니까? '행함'에 관한 말씀이 아니라는 것이 다음 절인 22절 이하에 나타납니다.

그 날에 많은 사람이 나더러 이르되 주여 주여 우리가 주의 이름으로 선지자 노릇 하며 주의 이름으로 귀신을 쫓아 내며 주의 이름으로 많은 권능을 행하지 아니하였나이까 하리니 그 때에 내가 그들에게 밝히 말하되 내가 너희를 도무지 알지 못하니 불법을 행하는 자들아 내게서 떠나가라 하리라 (마 7:22-23)

행함이 있었느냐, 없었느냐가 아니라 제대로 된 것을 행했느냐, 불법을 행했느냐, 라고 판정하실 것이라고 합니다. 그리고 그 유명한 비유, 반석 위에 지은 집과 모래 위에 지은 집이 나옵니다. 이 문제를 조금 더 잘 이해할 수 있도록 요한복음 15장을 봅시다. 요한복음 15장을 보면 지금 이야기한 '말을 듣고 행하지 아니하는 자'라는 지적이 도대체 무슨 뜻인지, 왜 그것이 나무와 열매의 비유로 연결되었는지 조금 더 분명해집니다. 요한복음 15장 1절부터 봅시다.

나는 참포도나무요 내 아버지는 농부라 무릇 내게 붙어 있어 열매를 맺지 아니하는 가지는 아버지께서 그것을 제거해 버리시고 무릇 열매를 맺는 가지는 더 열매를 맺게 하려 하여 그것을 깨끗하게 하시느니라 너희는 내가 일러준 말로 이미 깨끗하여졌으니 내 안에 거하라 나도 너희 안에 거하리라 가지가 포도나무에 붙어 있지 아니하면 스스로 열매를 맺을 수 없음 같이 너희도 내 안에 있지 아니하면 그러하리라 나는 포도나무요 너희는 가지라 그가 내 안에, 내가 그 안에 거하면 사람이 열매를 많이 맺나니 나를 떠나서는 너희가 아무 것도 할 수 없음이라 사람이 내 안에 거하지 아니하면 가지처럼 밖에 버려져 마르나니 사람들이 그것을 모아다가 불에 던져 사르느니라 너희가 내 안에 거하고 내 말이 너희 안에 거하면 무엇이든지 원하는 대로 구하라 그리하면 이루리라 너희가 열매를 많이 맺으면 내 아버지께서 영광을 받으실 것이요 너희는 내 제자가 되리라 아버지께서 나를 사랑하신 것 같이 나도 너희를 사랑하였으니 나의 사랑 안에 거하라 내가 아버지의 계명을 지켜 그의 사랑 안에 거하는 것 같이 너희도 내 계명을 지키면 내 사랑 안에 거하리라 (요 15:1-10)

나는 포도나무이고 너희는 가지다, 너희가 맺는 열매는 내가 누구냐에 관한 열매다, 내가 포도나무이기 때문에 너희가 맺는 열매는 포도일 수밖에 없다, 그것이 열리려면 너희 가지들이 내 안에 있어야 한다, 나무에 붙어 있어야 한다, 그래야 열매가 나오는 법이다, 내가 아버지의 계명을 지켜 아버지 안에 거하는 것같이 너희도 내 계명을 지켜 내 안에 거하라, 이것이 열매와 나무의 비유입니다. '내 말을 듣고 행하라'라는 것의 비유입니다.

예수님이 잡히시게 되었을 때 잡으러 온 자들에게 잘못이 있다는 사실은 그들이 칼을 들고 온 데서 더 분명해졌습니다. 너희는 억지를 쓰고 힘으로 너희 뜻을 관철하기 위하여 죄 없는 자를 잡으러 오는 방법밖에는 할 수 있는 것이 없는 자들이다, 너희가 누구인지가 이 행위에서 드러나고 있다, 내가 메시아요, 하나님의 뜻을 이루러 온 자인 것은 억울한 상황에서도 드러난다, 목숨의 위협을 받는 경우에도 나의 결정과 반응 속에 나를 보내신 하나님이 증거되는 것으로 내가 누구인지가 보이는 것이다, 아버지 뜻에 의한 열매와 너희 욕심의 열매를 비교해 보아라, 무엇을 명분으로 걸든, 무엇을 이유로 걸든, 행하는 방법이 네가 누구인지를 나타낸다, 분명해지지 않습니까?

순종의 핵심인 자신

지금 우리가 사는 사회를 보십시오. 정치판이 어디까지 왔느냐는 비난할 문제도, 정죄할 문제도 아닙니다. 우리나라는 해방되어 지금까지 살아오는 동안 이런 저런 경우를 겪어서 여기까지 왔습니다. 여러 경험을 통해 세상에 답이 없다는 것이 분명해졌습니다. 권위와 권력이 묶여 있었던 시대는 다수의 의견이 답으로 채택되지 않고, 많은 사람의 억울함과 고통으로 소수가 만족하는 사회였습니다.

다수가 만족하는 사회를 만들자며 중구난방으로 나오자 기준이나 질서를 세울 권위가 무너져 버렸습니다. 눈먼 표를 가져가는 데에 급급한 정치가들이 나타나며 정체를 드러냅니다. 시비를 걸자는 것이 아닙니다. 그들이 얼마나 도덕성이 없는가, 얼마나 이기적인가가 아니라, 모든 사람을 만족시켜 권력을 가지려는 것 외에는 그들에게 다른 아무 생각이 없다는 것이 드러납니다. 무엇을 말하든 드러나는 모습이 그 사람의 본질입니다. 행복, 자유 등 좋은 말을 갖다 걸어도 본인들이 하는 행위 속에서 그가 누군지 드러납니다.

우리는 정의, 이상, 이런 말들을 많이 씁니다. 이것이 기독교 안에 들어오면 언제나 신앙, 사랑이 됩니다. 그것을 위하여 성질을 부리면 모래 위에 지은 집이라는 겁니다. 가시나무더라, 하는 것입니다. 그가 옳으면, 그가 주의 말씀에 기초한 자이면, 반응이나 결정을 요구받았을 때, 예수 믿는 사람으로서 가진 특성이 나타난다, 즉 성경이 누차 강조하는, 서로 사랑하라는 말씀이 그의 행동을 결정하는 기준이 된다는 것입니다. 요한복음 15장의 가르침은 이렇게 연결됩니다. 10절부터 다시 연결해서 봅시다.

> 내가 아버지의 계명을 지켜 그의 사랑 안에 거하는 것 같이 너희도 내 계명을 지키면 내 사랑 안에 거하리라 내가 이것을 너희에게 이름은 내 기쁨이 너희 안에 있어 너희 기쁨을 충만하게 하려 함이라 내 계명은 곧 내가 너희를 사랑한 것 같이 너희도 서로 사랑하라 하는 이것이니라 (요 15 : 10-12)

주의 뜻을 지키는 것이 기쁨이며 유일한 답인가, 하는 것입니다. 우리가 신앙을 논할 때도, 하나님 앞에 은혜를 구할 때도 그것이 나의 욕심에 불과하면 곧 무너집니다. 사랑으로 가지 않고, 뜻을 관철하기 위한 강제력으로 나옵니다. 뜻을 관철하기 위한 강제력으로 옳은 말씀을 칼로 사용합니다. 옳은 말이 문제가 아니라, 옳은 말을 주의 마음과 뜻 안에서 가지고 있느냐의 문제입니다. 그러니까 경우마다 다릅니다. 스스로 인생을 살면서 늘 도전받고 시험받으면서 자신을 알게 됩니다. 하나님 앞에 늘 이렇게 구합니다. '아버지 뜻대로 살겠습니다. 순종하겠습니다. 그러니 이것만은 이루어 주십시오. 안 이뤄 주시면 국물도 없습니다.'

여기가 바로 우리의 무엇과 무엇이 합쳐지는지 모르는 장소인 것입니다. 경계입니다. 우리가 살면서 제일 많이 하는 실수는 무엇입니까? 예수의 오심과 인류가 예수 없이 사는 모습 사이의 불안한 경계 아닙니까? 나의 만족을 위하여 옆 사람을 잡아야 하는 자리로부터 옆 사람을 위하여 내가 죽는 자리로 바뀌는 것인데 이쪽을 무엇이라고 합니까? 내 기쁨이 너희 안에 있어 너희 기쁨을 충만하게 하기 위하여 내가 왔고, 이것이 답이라는 것입니다. 이어 13절을 봅시다. "사람이 친구를 위하여 자기 목숨을 버리면 이보다 더 큰 사랑이 없나니 너희는 내가 명하는 대로 행하면 곧 나의 친구라"(요 15:13-14).

명하는 것을 듣지만 말고 행하라는 것이 아닙니다. 실천의 유무를 따지는 것이 아닙니다. 나는 포도나무요 너희는 가지라, 내 안에 거하라, 내게 붙어 있어라, 네가 포도나무 가지인 것을 너희 열매로, 너희 본질로, 너희 정체로, 너희 자랑으로 삼으라, 이것입니다. 만만치 않습니다. 우리는 이렇게 못 삽니다. 단 하나의 답만 있습니다. 성질을 부리고 살면 답이 없다는 사실을 통과해야만 여기로 올 수 있습니다.

자기를 버리면 끝인데 어떻게 사람이 이기적이지 않을 수 있습니까? 내가 어떻게 없어집니까? 내가 욕심을 부리고 잘못했을 때는 그렇다 치더라도 내가 사심이 없을 때는 어떻게 그렇게 할 수 있습니까? 이것을 이루기 위하여 나를 잡지 않고 다른 사람을 잡는다면 문제입니다. 왜 이렇게 안 하냐고 남에게 다그치게 됩니다.

자기를 잡아야 합니다. 예수께서 그렇게 죽으시는 겁니다. 그것이 유일한 답입니다. 우리 모두에게 유일한 답이 있습니다. 진정한 평화, 진정한 행복, 진정한 삶이 있습니다. 우리는 이 문제에서 끝까지 속습니다. 로마서 12장에 가면 성경에 이런 교훈이 나오는 이유를 이제 충분히 이해하게 됩니다.

너희를 박해하는 자를 축복하라 축복하고 저주하지 말라 즐거워하
는 자들과 함께 즐거워하고 우는 자들과 함께 울라 서로 마음을 같
이하며 높은 데 마음을 두지 말고 도리어 낮은 데 처하며 스스로 지
혜 있는 체 하지 말라 (롬 12:14-16)

포도나무 가지로 열매를 맺으라

우리는 프로 야구만 해도 내 편이 지면 슬프고, 이긴 편이 원망스럽습
니다. 그런데 뭐라고 되어 있습니까? "즐거워하는 자들과 함께 즐거
워하고 우는 자들과 함께 울라." 이겨서 좋아하는 사람들과 같이 웃
고, 져서 슬퍼하는 사람들과 함께 슬퍼하십시오! 그러면 양쪽에서 돌
을 던질 것입니다. 그러나 우리는 깊은 문제를 다루는 것입니다.

잘난 척하지 마라, 네가 이상을 갖고 있고, 원대한 대의를 갖고 있
다고 모두가 네게 무릎 꿇으리라고 생각하지 마라, 스스로 지혜 있는
체하지 마라, 아버지께 맡기라, 아버지만이 이 문제에 답을 주실 수
있고, 우리에게 열매를 주실 수 있는 분이다, 생명과 영광과 승리를
주실 수 있는 분이다, 그러니 아무에게도 악을 악으로 갚지 마라, 그
악한 것을 심판하고 정죄하고 보복하는 것으로 네 열매가 맺히지 않
는다, 너는 나한테 붙어 있어라, 저 가시나무가 찌르니 저 가시를 다
잘라 달라 하지 말고 그냥 놔두고 와서 포도나무에 붙어 네 가지에 포
도가 무성히 열리게 하라, "할 수 있거든 너희로서는 모든 사람과 더
불어 화목하라"(롬 12:18). 이 말은 아무래도 좋다는 게 아닙니다. 싸우

는 것으로는 답을 얻을 수 없다는 것입니다.

'내 사랑하는 자들아 너희가 친히 원수를 갚지 말고 하나님의 진노하심에 맡기라'(롬 12:19 상). 이 말을 원수한테 하면 안 됩니다. 이건 말로 하는 것이 아니고 읽고 넘어가는 것입니다. '원수 갚는 것이 내게 있으니 내가 갚으리라고 주께서 말씀하시니라'(롬 12:19 하).

'네 원수가 주리거든 먹이고 목마르거든 마시게 하라'(롬 12:20 상). 어렵습니다. '그리함으로 네가 숯불을 그 머리에 쌓아 놓으리라'(롬 12:20 하). "악에게 지지 말고 선으로 악을 이기라"(롬 12:21). 이 말을 오해하지 마십시오. 선한 일을 하면 상대방이 항복한다는 말이 아닙니다. 너는 네 갈 길을 가라, 네 열매를 맺어라, 악을 정죄하느라고 네 길을 포기하는 시험에 빠지지 말라, 이겁니다. 이해하십니까?

만만치 않습니다. 여기에 답이 있습니다. 옳다고 할때 자기가 정말 옳은가를 확인해 보십시오. 나의 옳음을 확인하기 위해서 나의 옳음을 주류로 만들어, 내가 편하기 위해서 사람을 잡고 있지는 않는지 보십시오. 자기 자신이 무기를 쓰고 있는가 보십시오. 감수하는가, 강요하는가, 전쟁을 일으키는가, 무릎을 꿇어 기도하고 있는가를 보십시오. 성경이 가르치는 가장 중요한 물음입니다. 갈라디아서 5장을 보면 이렇게 구체적으로 또 가르칩니다.

내가 이르노니 너희는 성령을 따라 행하라 그리하면 육체의 욕심을 이루지 아니하리라 육체의 소욕은 성령을 거스르고 성령은 육체를 거스르나니 이 둘이 서로 대적함으로 너희가 원하는 것을 하지 못하게 하려 함이라 너희가 만일 성령의 인도하시는 바가 되면 율법 아래에 있지 아니하리라 육체의 일은 분명하니 곧 음행과 더러운 것과 호색과 우상 숭배와 주술과 원수 맺는 것과 분쟁과 시기와 분냄과 당 짓는 것과 분열함과 이단과 투기와 술 취함과 방탕함과 또 그와 같은 것들이라 (갈 5:16-21 상)

옳은 일을 하고 있는데 육체의 일이 열매로 맺히거든 모래 위에 지은 집이더라는 겁니다. 내가 집을 지었는데 모래 위에 세운 집이더라는 것입니다. 우리가 잘 아는 성령의 열매는 이렇습니다. '오직 성령의 열매는 사랑과 희락과 화평과 오래 참음과 자비와 양선과 충성과 온유와 절제니'(갈 5:22-23 상).

내 안에서 생기는 열매입니다. 그러므로 이렇게 말하면 큰 잘못입니다. '우리 교회는 사랑이 없어.' 이렇게 말하는 사람에게 사랑이 없는 것입니다. 사랑을 하면 별 게 다 예쁩니다. 사랑 없는 교회조차 사랑스럽습니다. 성령의 열매는 다 자신입니다. 앞에 나온 육체의 열매는 다 싸우자는 것입니다.

자기 자신의 신자 된 특권을, 신자 된 복을 놓치지 마십시오. 우리는 이것을 전부 정치에 갖다 대고 있습니다. 사회에 갖다 대고 있습니다. 정치가나 사회가 할 수 없습니다. 만일 그들이 할 수 있다면 우리는 기도하지 않아도 될 것입니다. 그러나 이건 아니라는 겁니다. 우리나라가 잘되고 사회가 잘되는 것은 우리 모두가 해야 하는 기도입니다. 나 편하자고 하는 기도가 아니라, 우리만이 할 수 있는 기도이기 때문입니다.

우리가 속한 이웃 앞에서 진정한 답이 예수에게만 있다는 것을 알게 해야 하고, 보여야 하고, 또 기도해야 합니다. 기도하고 나서 그 책임이 면제되었다며 난 할 것 다 했다고 욕하고, 비난하고, 떳떳해해서는 안 됩니다.

그렇게 기도하는 자가, 가장 큰 복, 곧 성령의 열매가 맺히는 사람이 되어야 합니다. 세상 앞에서 예수님이 그리하셨던 것처럼 우리도 고난과 오해를 받을 수 있습니다. 세상이 다 변화되어 우리끼리 예수를 믿지 않아도 되는 세상을 기대하십니까? 그런 시대는 없습니다. 골로새서 3장을 봅시다. 이 말씀이 왜 있나 곰곰이 생각하기 바랍니다.

그러므로 너희는 하나님이 택하사 거룩하고 사랑 받는 자처럼 긍휼과 자비와 겸손과 온유와 오래 참음을 옷 입고 누가 누구에게 불만이 있거든 서로 용납하여 피차 용서하되 주께서 너희를 용서하신 것 같이 너희도 그리하고 이 모든 것 위에 사랑을 더하라 이는 온전하게 매는 띠니라 그리스도의 평강이 너희 마음을 주장하게 하라 너희는 평강을 위하여 한 몸으로 부르심을 받았나니 너희는 또한 감사하는 자가 되라 (골 3:12-15)

이것을 외쳐서 상대방에게 강요하는 무기로 삼지 말고, 스스로 그렇게 살라는 말입니다. 우리는 포도나무에 붙은 가지라는 것입니다. 거기서 나오는 내용으로 우리의 열매를 맺으라는 말입니다. 이것 자체를 명분으로 이야기하는 사람은 신앙을 모르는 겁니다. 단순히 사랑, 감사, 평안을 이야기하는 것이 아닙니다. 16절을 봅시다.

그리스도의 말씀이 너희 속에 풍성히 거하여 모든 지혜로 피차 가르치며 권면하고 시와 찬송과 신령한 노래를 부르며 감사하는 마음으로 하나님을 찬양하고 또 무엇을 하든지 말에나 일에나 다 주 예수의 이름으로 하고 그를 힘입어 하나님 아버지께 감사하라 (골 3:16-17)

'무엇을 하든지'입니다. 모든 일에, 이 포도나무에 붙은 가지로서 포도나무로부터 주는 것으로 집을 짓는 자인가를 보라는 말입니다. 이것을 명분으로 걸어 실제로는 자기 주장과 어떤 부흥을 상대방에게 강요하는 것으로 집을 짓는 것을 주추 없이 모래 위에 짓는 집이라고 말하고 있습니다. 우리 각자를 위하여 주신 하나님의 말씀입니다. 예수님이 우리 모두를 위하여 죽으러 오셨고 우리에게 구원을 주셨습니다. 하나님의 자녀가 되는 복과 명예와 진정한 답을 주셨습니다.

타인을 위하여 쓰기 전에 자신을 위해 쓰십시오. 신앙이 무엇인가를 본인이 누리지 못하면 우리는 아무것도 할 수 없습니다. 우리가 이미 고백한 그 복을 우리 생애에 누리십시오. 위대한 하나님의 자녀라는 이름에 걸맞은 인생을 살아 내는 삶이 되십시오.

기도

하나님 아버지, 은혜를 감사합니다. 하나님, 우리 믿음은 얼마나 빈약한지요. 그토록 풍성하게 수신 은혜를 우리는 나 허비하고 늘 흘리고 다니고 있는 것 같습니다. 우리 자신과 인생에 풍성하게 허락한 하나님의 자녀라는 복된 이름을, 명예를, 자랑을, 그 위대함을 이제는 놓치지 말도록 붙들어 주시옵소서. 그리하여 우리 자신이 행복하고, 예수를 믿는다는 고백이 가지는 자랑을 누리는 자 되게 하사 세상으로 하여금 우리를 보고, 우리가 가진 것을 보고 주 앞에 나아와 무릎 꿇는 일을 허락하여 주시옵소서. 예수님 이름으로 기도합니다. 아멘.

63

주께서 돌이켜 베드로를 보시다

———

54 예수를 잡아 끌고 대제사장의 집으로 들어갈새 베드로가 멀찍이 따라가니라 55 사람들이 뜰 가운데 불을 피우고 함께 앉았는지라 베드로도 그 가운데 앉았더니 56 한 여종이 베드로의 불빛을 향하여 앉은 것을 보고 주목하여 이르되 이 사람도 그와 함께 있었느니라 하니 57 베드로가 부인하여 이르되 이 여자여 내가 그를 알지 못하노라 하더라 58 조금 후에 다른 사람이 보고 이르되 너도 그 도당이라 하거늘 베드로가 이르되 이 사람아 나는 아니로라 하더라 59 한 시간쯤 있다가 또 한 사람이 장담하여 이르되 이는 갈릴리 사람이니 참으로 그와 함께 있었느니라 60 베드로가 이르되 이 사람아 나는 네가 하는 말을 알지 못하노라고 아직 말하고 있을 때에 닭이 곧 울더라 61 주께서 돌이켜 베드로를 보시니 베드로가 주의 말씀 곧 오늘 닭 울기 전에 네가 세 번 나를 부인하리라 하심이 생각나서 62 밖에 나가서 심히 통곡하니라 (눅 22:54-62)

베드로의 부인과 예수님의 돌보심

본문 말씀은 베드로가 예수님의 제자임을 세 번 부인한 이야기입니다. 예수님이 잡혀가시고 제자들 중에 그래도 가장 의리가 있었던 베드로가 그 뒤를 따라가고 있습니다. 예수님은 필경 죽음의 길로 갈 것이 눈에 분명한데, 그 위험 앞에 베드로도 아무런 대책이 없습니다. 조심조심 뒤를 좇다가 사람들이 자기를 알아보자 결국 예수의 죽으심에 동참할 용기는 없었기에 아니라고 잡아떼고, 예수님이 예언한 대로 그날 닭이 울기 전에 그만 예수님을 세 번 부인하고 맙니다. "주께서 돌이켜 베드로를 보시니 베드로가 주의 말씀 곧 오늘 닭 울기 전에 네가 세 번 나를 부인하리라 하심이 생각나서 밖에 나가서 심히 통곡하니라"(눅 22:61-62). 이렇게 되어 있습니다. 굉장히 극적입니다. 그러나 우리는 '비겁한 베드로, 불쌍한 예수님'이라고 하면서 그냥 덮어 버리곤 합니다. 그러나 조금만 더 생각해 보십시오. 예수님은 베드로가 부인할 줄 아셨습니다. 베드로는 장담했습니다. "다 주를 버릴지라도 나만은 주와 함께 죽는 자리에도, 옥에도 가겠습니다." 그런데 예수님이 "시몬아, 네가 오늘 닭 울기 전에 세 번 나를 부인하리라" 하신 말씀대로 된 것입니다. 그러면 예수의 돌아봄은 무슨 뜻이겠습니까? 그럴 줄 아셨다는 게 무슨 뜻이죠? 베드로가 부인할 줄 아셨다는 것이 다일까요? 그렇지 않습니다.

누가복음 22장 24절 이하에는, 예수가 잡히시던 밤 저녁 식사 시간에 일어났던 일들이 기록되어 있습니다. 제자들 사이에 그중 누가 더 크냐 하는 다툼이 있었습니다. 누가 더 주께 쓸모 있냐, 누구 공이 더 크냐, 하는 그런 다툼으로 보이는데 예수님은 내가 만드는 나라에서는 큰 자가 섬기는 자라고 말씀하십니다. 그러면서 이렇게 이어집니다. "너희는 나의 모든 시험 중에 항상 나와 함께 한 자들인즉 내 아버지께서 나라를 내게 맡기신 것 같이 나도 너희에게 맡겨"(눅 22:28-29).

'나의 모든 시험'이란 무엇입니까? 큰 자가 다스리는 권력을 쥐는 나라가 아니라 큰 자가 오히려 섬기는 자로서 하나님의 나라를 세우는 일로 인해 세상에서 받는 고난을 말합니다. "그걸 너희가 봤으니 아버지가 나라를 내게 맡기신 것같이 나도 너희에게 맡기노라." 그러면서 31절에 보면 "시몬아 시몬아, 보라 사탄이 너희를 밀 까부르듯 하려고 요구하였으나"(눅 22:31)라고 말합니다. 어떤 요구입니까? 시험입니다. 하나님 나라를 세우는 하나님의 뜻, 곧 주께서 걸으신 길을 뒤따라가는 것은 지난(至難)한 일입니다. 그리고 이해할 수 없는 길입니다. 그러니 밀 까부르듯 하죠.

신앙생활을 해 보면, 모두가 경험하는 것입니다. 소원은 있는데 이뤄지지 않습니다. 정말 바람에 밀이 까불리듯이 그렇게 우리는 힘이 없습니다. 그런데 바로 32절에 보듯이 "그러나 내가 너를 위하여 네 믿음이 떨어지지 않기를 기도하였노니 너는 돌이킨 후에 네 형제를 굳게 하라"(눅 22:32)라고 하십니다. 그러자 "그가 말하되 주여 내가 주와 함께 옥에도, 죽는 데에도 가기를 각오하였나이다 이르시되 베드로야 내가 네게 말하노니 오늘 닭 울기 전에 네가 세 번 나를 모른다고 부인하리라 하시니라"(눅 22:33-34) 이렇게 되어 있습니다.

그러니까 예수의 돌아봄은 베드로의 부인에 대한 실망, 배신, 분노, 비난이 아닙니다. 그런 게 아니고, 앞에 있는 말씀과 연결해 보면, "내가 너 부인할 줄 알았다. 그러나 내가 네게 말했듯이, 내가 회복시킬 것이다. 여기가 끝이 아니다. 절망하지 마라. 너는 너가 세 번 부인한 것이 네 선택과 책임의 전부이며 그것이 네 운명과 네 사역의 끝이라고 생각하겠지만 그렇지 않다. 내가 너를 돌이키리라. 그러니 자폭하지 마라. 지금의 네 절망이 끝이 아니라는 것을 기억하라"라는 것입니다.

세 번이나 부인한 베드로에게 죽음의 자리로 끌려가는 예수께서 돌아보시고 "내가 죽으러 가고 있지만 죽음으로 끝나지 않는다. 이 약속은 유효하다"라고 말하는 것입니다. 이중적입니다. 베드로의 결정과 실패가 베드로에게 끝이 아닌 것은 베드로가 자기 운명을 자기만의 힘으로 결정하는 것이 아니기 때문인데, 그것이 아니기 위해서는 예수의 예언이 유효해야 합니다. 그런데 돌이킬 기회와 소망을 주는 예수는 죽으러 갑니다. 그러니 그 죽음도 끝이 아니라는 단서가 붙어야 합니다. 우리는 예수의 부활을 알고 있으니까 그게 무슨 말인지 알 수 있습니다. 이 세상 최고의 권력은 죽음입니다. 그러나 기독교 신앙은 그 죽음을 반전할 수 있다고 말합니다. 우리는 기독교 신앙 속에서 베드로의 부인이 갖는 의미를 줄곧 오해하곤 합니다. 기독교 신앙에서 '기독(基督)'이란 그리스도의 한자 표기입니다. 예수 그리스도입니다. 유대인들은 아직도 국가적으로 구약에 근거한 하나님을 믿습니다. 우리는 그 하나님을 믿되 예수를 근거로 하여 믿습니다. 그것이 기독교와 유대교의 차이입니다.

조금 더 진행해 보면 유대교와 기독교의 차이를 더 분명히 알게 되는데, 우리가 알고 있는 기독교의 진정한 의미를 이해하는 것부터 시작해야 합니다. 어떤 의미입니까? 성경은 이 세상 모든 것을 하나님이 만드셨다고 합니다. 이 창조란 없던 것을 존재하게 하는 것을 말하는데, 단순히 없었던 물건을 만든 것만이 아니라 거기에 의미를 부여하고, 목적과 가치와 질서를 두는 모든 것을 가리켜서 이야기하는 것입니다. 그것이 창조입니다.

하나님은 세상을 만드셨고 그것은 보기에 기뻐할 만한 것이었습니다. 다만 물건만 있는 것으로 무슨 기쁨이 되겠습니까? 그런데 그 물건들이 내적 가치를 지닌 아름다운 작품이었다는 이야기입니다. 그리고 거기에 타락이 들어옵니다. 하나님이 만드신 작품 중에 가장 중요한 주인공인 인류가 하나님을 배반합니다. 타락이 들어와서 하나님의 작품은 심각하게 훼손되고 왜곡되고 부패합니다. 이것을 회복하기 위하여 구원이 허락됩니다. 창조가 있고, 타락이 있고, 구원이 있습니다. 그리고 이 구원을 우리는 부활이라고 부릅니다.

이 부활이 예수로 말미암아 허락되었다는 것 때문에 우리가 예수를 믿는다고 고백하며 우리의 믿음을 정리합니다. 그런데 우리는 이 부활을 줄곧 오해합니다. 완벽한 창조를 훼손한 인류의 죄와 그 잘못들을 정화하고 지워 버려 원상회복하는 것을 구원이라고 여깁니다. 유대교 식으로 보자면 창조에서 타락으로 가는 문제는 창조에 속하고, 하나님에게 순종할 것인가의 문제는 타락에 속하며, 하나님으로부터 이탈할 것인지는 율법으로 분리됩니다. 그래서 유대교에서는 율법을 지킨 자와 지키지 않은 자, 즉 상벌을 받는 것으로 끝이 나는 것입니다.

그러나 기독교는 예수로 인하여 회복이 있습니다. 회복이 있다는 것은 잘못에 대한 용서가 있다는 뜻인데, 유대교 식으로 이야기하면 용서는 없습니다. 잘잘못으로 끝입니다. 기독교에는 용서가 있는데, 용서할 바에는 창조 후에 일어난 타락을 쓰레기통에 다 쓸어 담아 버리고 새로 만들면 더 쉽지 않겠습니까? 라는 생각이 들긴 합니다. 용서, 구원, 회복이라는 것이 단지 창조에서 훼손되고 부패한 것을 골라내고 정리하고 원상 복귀하는 것이라면, 예수님이 인간으로 오셔서 땀 흘리시고, 우시고, 근심하시고, 붙잡혀 모욕을 당하시고, 고통당하시고, 억울하게 십자가에 죽으실 필요가 전혀 없습니다.

잘못한 것을 씻어 내는 것이 용서며 구원이며 회복이라면 말입니다. 구원이, 하나님이 타락을 깨끗이 지워 버리고 더러움을 씻어 내는 것에 불과하다면, 그렇게 복잡할 필요가 없습니다.

부활 신앙의 신비

현실적으로 이야기해 봐도, 최소한 부모가 잘 믿는 집의 아이들은 죄 없이 태어나야 맞습니다. 그렇지 않습니까? 그런 의미에서 베드로의 부인을 알고 계시는 예수께서 부인할 일을 미리 막아 주지 않고, 그 일을 분명하게 집어서 '내 말이 맞지' 하고 이야기하시는 것은 왜 그렇습니까? 그것이 끝이 아니고 회복이 있고 소망이 있다고 말씀하실 수 있다면, 그 부끄러운 일이 안 일어나게 하는 것이 쉽지, 무엇 때문에 사건이 벌어지게 두고 또 생색을 내시는가 하는 것입니다. 이렇게 표현하는 게 죄송하지만 사실이 그렇지 않습니까. 왜 그렇게 하실까요? 여기에 성육신의 신비가 있습니다.

성육신의 신비란 성자 하나님이 인간의 모습으로 오시는 것입니다. 인간의 모습으로 온다는 것은, 인간이 비록 피조물이고, 한계에 속한 존재이지만 가치가 있다는 것을 의미합니다. 어떤 가치입니까? 하나님이 세상을 창조하실 때 인간에게 준 가장 큰 영광은 하나님의 형상대로 만들어졌다는 것이었습니다. 그것은 독립된 인격이었습니다. 독립된 인격이란, 인간은 하나님의 부속품이 아니라는 의미입니다. 부속품이 아니라는 것은 하나님이 왼쪽으로 돌면 우리도 함께 돌아가는 그의 일부가 아니라, 독립된 결정권을 가진 자유를 부여받은 존재라는 것입니다. 인간의 자유란, 그 선택과 결정이 무한대로 허락되어서 우리를 지은 하나님을 감히 배반할 수 있을 정도의 것입니다.

그러나 인류는 곧 자기가 가진 자유가 권리인 동시에 책임이라는 것을 알게 됩니다. 선택의 권리, 결정의 권리와 함께 자기가 한 결정에 대한 책임을 져야 합니다. 그래서 보게 되는 것이 무엇입니까? 망가진 세상입니다. 우리의 선택이 우리에게 절망을 안겨 주었다는 것을 알게 됩니다.

인간에게 희망이 없다는 것은 우리 인류 역사 내내 고백되어 온 선조들의 증언이며 유산입니다. 낙이 없습니다. 희망이 없습니다. 그런데 성경이 이야기하는 구원은 바로 그 잘못된 선택, 책임질 수 없는 결과를 지워 버리는 것만을 의미하지 않고, 그 선택과 권리를 하나님이 수용하셔서 창조와 타락을 묶어 부활의 세계를 만드시겠다는 것이 예수를 보내어 약속하는 영원한 하나님의 나라인 것입니다. 물론 어렵습니다. 우리의 본성상, 우리는 잘못한 것은 뽑아 버려야 하고 지워야 하고 혹은 그에 상응하는 대가를 치러야 한다고 알고 있습니다.

그러나 성경은 그렇게 간단하게 이야기하지 않습니다.

베드로의 부인에서 보듯이 그게 없었던 것만 못하지 않는가, 라고 이야기하지 않고 그 부끄러운 일이 있어야 한다고 이야기하는 셈입니다. 이해를 돕기 위해 예를 하나 들겠습니다. 제 경험상 가장 친한 친구는 대부분 동창입니다. 중학교나 고등학교 친구들이 제일 가까운 친구가 되는데 이유는 단 하나입니다. 묶여 있어서 그렇습니다. 일 년 동안 한 반에 묶여 있어서 모두가 가진 죄성으로 안 싸워 본 친구가 없습니다. 모두가 싸웠지만 안 볼 수 없습니다. 다음 날 또 학교에 가야 하고, 다시 묶여야 하니까 미운 정이 듭니다. 사람은 고운 정만으로는 못 삽니다. 왜 그렇습니까? 늘 고울 수 없다는 것을 우리가 알기 때문입니다. 미운 정은 이런 겁니다.

고등학교 동창들을 만나면 가까워서 마음껏 이야기합니다. 속 이야기를 다 하니까 서로 반갑습니다. 친밀하고 긴밀한 우호적 관계에서 주를 이루는 내용은 "너 고등학교 때 지랄 맞았던 것 알아?" 이겁니다. "내가 뭘?" "너 시험공부 하나도 안하고 안 보인다고 뒤에서 연필로 자꾸 쿡쿡 찌르는 바람에 나 여기 척추 옆에 연필로 찔렸던 거 너 기억나?" "그랬나?" 이거 지금 싸우자고 하는 이야기입니까? 아니죠. "너 아직도 그렇게 산다며?" "야, 고등학교 때 하던 게 지금 와서 바뀌겠냐?" 막 웃습니다.

"아, 이거 나라가 걱정됩니다. 이러다가 우리나라 큰일 나겠습니다. 우리 같이 기도 좀 할까요?"라는 대화와는 사뭇 다릅니다. 그런데 이런 대화가 이 동창들끼리 하는 못난 대화보다 더 낫지는 않습니다. 수준에서는 더 높겠지만 관계에서는 그렇지 않습니다. 잘난 대화만

하는 관계는 깊을 수 없습니다. 나라를 위한 기도를 하고 나서, 오래 같이 있을 수는 없습니다. 있는 힘껏 발꿈치를 들고 최선을 다해서 했던 것이니 빨리 흩어져서 넥타이 풀고 쉬어야 합니다. 그런데 고등학교 동창은 애초부터 넥타이는 허리띠로 묶고 나온 사이입니다. 겁날 것이 하나도 없습니다. 이 관계는 뭘까요? 신비하지 않습니까. 잘한 것이 없는데 맺어진, 무엇으로도 바꿀 수 없는 그 긴밀한 관계는 대체 뭘까요? 그 따뜻함과 무한한 우호적 관용은 도대체 무엇이 만들어 낸 것일까요?

기독교 신앙이 바로 그런 것입니다. 우리의 잘못을 지워 버리지 않고, 그 잘못이 오히려 주 앞에서 "너 그때 그랬단다." "맞아요. 주님, 저 그랬어요." "그런데 내가 여러 번 말했는데 …." "그랬죠. 주님은 늘 그러시잖아요. 그런데 제가 못 알아들었죠. 주님, 식사나 하세요." 제가 막말한 것이 아닙니다. 이게 기독교의 신비입니다. 이게 바로 부활 신앙입니다. 그렇다고 또 버릇없어지면 안 됩니다. 무책임하라는 이야기도 아닙니다. 마음에 희망을 가지라는 것입니다. 고린도후서 5장 13절입니다. 제 설교가 여기 사도 바울의 표현과 같습니다.

우리가 만일 미쳤어도 하나님을 위한 것이요 정신이 온전하여도 너희를 위한 것이니 그리스도의 사랑이 우리를 강권하시는도다 우리가 생각하건대 한 사람이 모든 사람을 대신하여 죽었은즉 모든 사람이 죽은 것이라 그가 모든 사람을 대신하여 죽으심은 살아 있는 자들로 하여금 다시는 그들 자신을 위하여 살지 않고 오직 그들을 대신하여 죽었다가 다시 살아나신 이를 위하여 살게 하려 함이라 (고후 5:13-15)

쉽게 이해하면 안 됩니다. 도덕성이 아닙니다. 이타적 희생과 헌신을 하나의 덕목으로 요구하는 것이 아닙니다. 예수를 믿고 이제는 이기심을 버리고 남을 위해 쓸모 있는 헌신과 봉사의 생애를 살자는, 그런 이야기가 아닙니다. 기독교는 그렇게 간단한 도덕과 윤리를 강요하는 것이 아닙니다.

이런 이야기입니다. 인류는 타락하여 자신이 살기 위하여 남을 죽일 수밖에 없었다, 그러나 아무리 남을 죽여도 자기가 살지 못하더라, 남의 것을 아무리 빼앗아 와도 만족이 없더라, 그런데 예수로 말미암아 남의 것을 뺏기만 하고 자기를 위하여 남을 해치기만 했던 그 자리에서 우리 잘못을 우리에게 갚으라고 하지 않고, 예수가 희생물이 되사 우리 죄를 멈추게 하셨다, 나는 죽일 만큼 죽였다, 예수를 죽임으로 내가 죽일 사람을 다 죽였고, 나 스스로도 죽였다, 그래서 나는 더 이상 죽일 게 남아 있지 않다, 예수가 나를 위하여 죽으시고 기꺼이 나를 너에게 주노라, 네가 필요한 만큼 나를 죽여라, 네가 필요한 만큼 나를 먹어라, 해서 나는 이제 더 이상 내가 살기 위해 남의 것을 뺏을 필요가 없고 남을 죽일 필요가 없게 되었다, 이제 내가 죽이던 것을 놓고, 주님으로 만족하고 타인을 위하여 내가 죽을 수 있게 되었다, 이런 이야기입니다.

죽이고 죽이고 죽이는 일에서, 주님이 우리의 죽임에 당신을 내어 주어 무한대의 살인을, 무한대의 약탈을 친히 당하심으로 우리의 탐욕과 이기심을 멈추게 하십니다. 더 이상 죽일 수 없을 정도의 죽임을 예수의 죽음으로 끝내시는 겁니다. 그리하여 우리가 자신을 위해 기울인 모든 노력을 주의 죽음에 같이 묶습니다. 이제 우리는 죽이는 일에 더 이상 여력이 없습니다. 더 이상 나를 위하여 누구를 죽이거나 내가 죽는 일에 끝장을 냅니다.

주를 죽임으로 이 일은 끝이 났습니다, 라고 항복하게 하므로 예수 그리스도의 죽음이 가져오는 새로운 세상을 여는 겁니다. 부활입니다. 더 이상 죽을 필요도, 죽일 필요도 없는 상태, 우리의 못난 것으로는 채워지지 않았던 것을 채움받는, 예수 그리스도 안에 있는 새 세상을 만납니다. 부활 세상입니다.

창조를 훼손한 죄를 갚아야 하고 씻어야 하는 것을 넘어서는 일이 발생합니다. 그 잘못들로 인하여 오히려 알게 되는 것이 있습니다. 나를 나로 채우지 않고 예수로 채워 나도 살고 이웃도 사는 삶이 있음을 보게 됩니다. 이 세상에서 우리가 저지른 일들이 절대 잊히지 않는 범법, 전과, 죄악으로 남아 있지만 더 이상 그것은 죄가 죄 된 열매를 맺는 것이 아니라는 말입니다. 주 앞에 자기를 항복하고 예수 그리스도로 인하여 열린 세상에 기꺼이 참여하게 되는 겁니다.

'내가 죄인 중에 괴수'라는 것은 영원무궁토록 없어질 수 없는 우리의 전과입니다. 그러나 그것이 나를 하나님의 모든 부르심에 응하게 하고, 예수의 뒤를 좇아 나 자신을 십자가에 못 박을 수 있는 나로 만들어 내는 것입니다. 그게 부활 생명입니다. 그래서 고린도후서 5장 16절 이하에서는 앞에서 한 이야기를 이렇게 끌고 갑니다.

그러므로 우리가 이제부터는 어떤 사람도 육신을 따라 알지 아니하노라 비록 우리가 그리스도도 육신을 따라 알았으나 이제부터는 그같이 알지 아니하노라 그런즉 누구든지 그리스도 안에 있으면 새로운 피조

물이라 이전 것은 지나갔으니 보라 새 것이 되었도다 (고후 5:16-17)

하나님의 자녀 된 자랑과 복

옛날의 나는 없어지고 새로운 내가 되었다, 이런 간단한 이야기가 아닙니다. 잊히지 않는 과거가 있습니까? 베드로의 부인같이, 사도 바울이 스데반을 죽인 것같이 우리의 죄는 없앨 수 없는 과거입니다. 그것은 우리가 행한 것이요, 돌이킬 수 없는 역사입니다.

그러나 그것들이 하나의 치욕이나 전과로 남아 있는 것이 아니라 하나님은 그것을 통하여 부활 생명 속에서 창조와 타락을 묶어서 부활의 세계를 만듭니다. 네가 고집불통이었느냐? 네가 무식했느냐? 네가 해서는 안 되는 잘못을 했느냐? 그러나 그 각각의 잘못을 가지고도 그리스도 예수 안에서 새로운 생명과 거룩과 선을 하나님이 만들어 주신단다, 이렇게 말하는 것입니다. 로마서 14장에서는 이렇게 이야기합니다.

우리 중에 누구든지 자기를 위하여 사는 자가 없고 자기를 위하여 죽는 자도 없도다 우리가 살아도 주를 위하여 살고 죽어도 주를 위하여 죽나니 그러므로 사나 죽으나 우리가 주의 것이로다 이를 위하여 그리스도께서 죽었다가 다시 살아나셨으니 곧 죽은 자와 산 자의 주가 되려 하심이라 (롬 14:7-9)

우리가 우리를 위하여 살지 않고 주를 위하여 산다는 것은 방금 설명 했습니다. '주를 위하여 나를 희생한다'가 아닙니다. 못난 나이지만 내가 나를 보호하기 위해서, 나의 못난 자유를 사용하지 않고 예수에게 나를 맡기는 것입니다. 그것이 나를 살게 하고 남을 살게 하는 일이며 우리의 자유와 권리를 제대로 사용하는 것입니다. 그리하여 우리가 만들어 내는 모든 것에 예수의 부활 생명이 주어지기를 바라는 것입니다. 우리가 만드는 모든 무지와 게으름과 고집과 오해를 하나님이 사용하여 기적으로 결과하여 주시기를 바라는 것이므로 남을 비난하지 않습니다. '누구든지 그리스도 안에 있으면 새로운 피조물이라 이전 것은 지나갔으니 보라 새 것이 되었도다.' 사람은 원래 똑같은 그 사람인데 그 사람이 하는 행위가 그 사람 혼자 정한 것이 아니라, 부활 생명에 붙들려 하나님이 일하시는 열매로 쓰일 것입니다. 예수를 믿고 나면 모두 내 마음에 들고 한마음과 한뜻이 되는 것이 아니라, 여전히 서로 고집을 부리고 여전히 마음에 안 들지만 하나님이 그 사람을 쓰신다고 하셨으니 우리는 지켜볼 수밖에 없는 것입니다. 비난하지 않기로 합니다. 정죄하지 않기로 합니다.

각자 자기의 존재와 자유를, 우리에게 기꺼운 항복을 받아 내신 예수께 맡기는 것입니다. 그것이 기독교의 부활 생명입니다. 우리는 우리가 잘못한 문제뿐 아니라 한계에 부딪힌 모든 문제에 대해서도 그리합니다. 가진 것 없고, 능력 없고, 건강하지 않고, 힘없고, 억울하고, 오해받고, 기회가 없는 그 모든 것을 묶어 예수의 부활의 신비에 맡깁니다. 그것이 예수를 믿는다는 뜻입니다.

기독교는 유대교와 크게 다릅니다. 우리의 운명을, 우리의 존재를,

우리가 소원하는 것보다 더 큰 기적을 하나님이 예수 안에서 이루시겠다는 것이 기독교입니다. 하나님이 예수를 보내셨고, 예수는 참 인생을 사셨고, 우리 손에 의해 죽으셨고, 실제로 죽음에 처했고, 고난과 치욕을 받으셨고, 그리고 부활하십니다. 죽음으로만 만들어 낼 수 있는 기적을 만드십니다. 우리 생각에 죽음으로는 결코 만들어 낼 수 없는 것을 죽음으로 만드십니다. 신앙이 좋으려면 더 좋은 조건과 더 좋은 점수를 얻어야만 된다고 생각하는 것이 우리 인생인데, 그것과 가장 먼 우리의 현실과 실제 속에서 그 일을 이루었다, 라고 말하는 것이 예수 그리스도의 죽음과 부활이라는 말입니다. 얼마나 감사한 일입니까?

이런 게 공부 잘한 사람들의 특징입니다. "선생님, 시험 문제 좀 어렵게 내주세요." 나쁜 사람들입니다. 신앙생활에서 시험 문제가 쉬운 것이 싫으면, 기독교를 이해하지 못하는 것입니다. 인간의 한계를 모르는 것입니다. 우리는 베드로와 함께 심하게 울어야 합니다. 그래야 예수를 믿는다는 말이 가지는 희망과 낙관과 자랑을 알게 됩니다. 그것이 기독교입니다.

우리의 불평은 우리의 자리가 우리의 소원과 기대와는 너무 멀다는 데 있습니다. 조건에서, 자격에서 말입니다. 그러나 그렇지 않습니다. 최악의 조건에서도 하나님은 최상의 결과를 만드십니다. 일부러 최악의 조건에 가라는 것은 아닙니다. 우리는 일부러 갈 필요 없이 언제나, 늘, 항상, 최악입니다. 그럼에도 불구하고 하나님은 그것을 우리의 자유와 권리로 주시고, 거기서 승리와 영광을 만들어 내십니다.

참으로 할렐루야라는 찬송이 맞습니다. 그러니 가슴을 펴고, 주눅

들지 말고, 그렇다고 잘난 척은 하지 말고, 믿음 안에서 가진 당당함으로 우리의 존재를 귀히 여기십시오. 하나님이 죽음에서 예수를 부활시키셨습니다. 나의 인생과 존재가 최악의 상황일지라도 부활의 승리를 주실 것이라고 믿고, 예수를 믿는다는 그 말에 내가 포함되지 않는다면 그 고백은 헛된 것임을 기억하고, 예수를 믿는 명예와 권리를 지키는 인생이 되기를 바랍니다.

기도

하나님 아버지, 은혜를 감사합니다. 하나님의 자녀가 되는 것은 놀라운 것입니다. 그것은 하나님의 자녀로 모든 자랑과 복을 가지는 것이요, 또한 자유와 책임을 마음껏 누리는 것입니다. 그리고 그 어떤 것도, 합력하여 선을 이루시는 하나님의 부활 생명과 능력에서 우리를 꺾을 수 없습니다. 이 믿음으로 예수를 믿는 기쁨을 빼앗기지 않고 사는 당당하고 자랑스러운 인생들이 되도록 축복하여 주시옵소서. 예수님 이름으로 기도합니다. 아멘.

64

죄인의 모습으로 서시다

———

63 지키는 사람들이 예수를 희롱하고 때리며 64 그의 눈을 가리고 물어 이르되 선지자 노릇 하라 너를 친 자가 누구냐 하고 65 이 외에도 많은 말로 욕하더라 66 날이 새매 백성의 장로들 곧 대제사장들과 서기관들이 모여서 예수를 그 공회로 끌어들여 67 이르되 네가 그리스도이거든 우리에게 말하라 대답하시되 내가 말할지라도 너희가 믿지 아니할 것이요 68 내가 물어도 너희가 대답하지 아니할 것이니라 69 그러나 이제부터는 인자가 하나님의 권능의 우편에 앉아 있으리라 하시니 70 다 이르되 그러면 네가 하나님의 아들이냐 대답하시되 너희들이 내가 그라고 말하고 있느니라 71 그들이 이르되 어찌 더 증거를 요구하리요 우리가 친히 그 입에서 들었노라 하더라 (눅 22:63-71)

인과율을 넘어선 하나님

예수님이 대제사장들과 서기관들에 의하여 공회로 끌려가 심문을 받습니다. 거기서 매우 기가 막힌 질문을 만납니다. 네가 메시아가 맞느냐, 하는 질문입니다.

그들이 검을 들고 와서 잡아간 예수 아닙니까? 그리고는 묻기를 '네가 예수가 맞느냐?' 합니다. 그게 궁금했으면 칼을 들고 와서 잡아가지는 않았겠죠. 그런데 칼을 들고 와서 잡아가 놓고는 하는 말이 네가 메시아가 맞느냐, 하나님의 아들이 맞느냐, 합니다. 예수님이 그렇다, 라고 대답하시자 그러면 됐다, 하고 죽이는 겁니다. 그들의 말과 행동은 전혀 맞지 않습니다. 그런데 바로 이 문제에서 우리가 기독교 신앙을 성경이 이야기하는 것과 다르게 이해하고 있다는 것을 점검해 볼 수 있습니다.

우리라면 그러지 않았을 것이다, 라고 생각하는 것입니다. 예수님이 메시아일지도 모르니까 조심조심 물어봐서 메시아라고 확인되면, 무릎 꿇고 구원을 요청했을 것이다, 저 바보 같은 나쁜 놈들, 대제사장들과 서기관들이니까 저랬지, 유대인들은 바보 같은 놈들, 나쁜 놈들이다, 하는 것입니다. 중세 내내 유대인들은 괄시를 받습니다.

셰익스피어의 《베니스의 상인》에도 유대인 샤일록이 나옵니다. 중세에 지은 큰 성당들을 보면 아름답게 조각해 놓은 것 속의 모습 유대인들을 모욕하는 조각이 들어가 있습니다. 유내인을 개, 돼지같이 취급하여 희롱하고 놀리는 겁니다. 그래서 지금까지도 유대인이라고 하면 서구권에서는 일단 멸시하고, 수상하게 여기고, 인종적으로 경멸합니다.

앞에서 베드로의 배신에 대해 살펴보았다시피 그가 예수를 세 번째로 부인하고 닭이 울자, 그를 돌아본 예수님은 어떻게 하셨습니까? 베드로를 원망하거나 경멸하거나 정죄하지 않았습니다. 마찬가지로 오늘도 예수님은 이 일에 대하여 대제사장과 서기관들이 당시 백성의 종교 지도자로서 얼마나 할 수 없는 일을 했는가를 증거 삼아 정죄하지 않으십니다. 예수님은 이 일을 그저 담담히 받고 있습니다. 담담히 받고 있다는 것은 참고 있다는 의미가 아닙니다.

예수님은 빌라도와 정치 지도자들 앞에 섰을 때도 담담하게 이야기합니다. 예수님은 다시 살아날 것이고 권능의 우편에 앉으실 분입니다. 그런 분이 본문 말씀에 나오는 것과 같이 희롱과 매 맞음, 조롱과 모욕을 감수하고 계십니다. 성경이 하고 싶은 이야기는 무엇일까요?

우리는 사실 기독교가 은혜의 종교, 십자가의 종교라고 이야기하면서도 결국은 옳고 그른 것으로 갑니다. 옳고 그른 것, 그러니까 마음껏 유대인들을 조롱하고, 마음껏 불신자들을 정죄하고, 그렇게 해서 자기가 예수 믿은 것을 옳고 그른 차원에서만 구별합니다. 나는 옳은 것을 선택했다는 것을 주장하지만 십자가는 그 사람들을 위해서도 있는 것입니다. 베드로의 돌이킴을 약속했던 것과 동일하게 대제사장과 서기관들의 돌이킴과 구원을 위하여 예수는 이 모욕을 당하고 있습니다.

여기가 늘 오해되는 부분입니다. 로마서 4장을 봅시다. 기독교 신앙을 대표하는 단어는 믿음과 사랑인데, 여기에 또 은혜를 덧붙일 수 있습니다. 믿음, 은혜, 사랑, 이것이 기독교를 대표하는 단어들인데 믿음을 이렇게 설명합니다.

아브라함이나 그 후손에게 세상의 상속자가 되리라고 하신 언약은 율법으로 말미암은 것이 아니요 오직 믿음의 의로 말미암은 것이니라 만일 율법에 속한 자들이 상속자이면 믿음은 헛것이 되고 약속은 파기되었느니라 율법은 진노를 이루게 하나니 율법이 없는 곳에는 범법도 없느니라 그러므로 상속자가 되는 그것이 은혜에 속하기 위하여 믿음으로 되나니 이는 그 약속을 그 모든 후손에게 굳게 하려 하심이라 율법에 속한 자에게 뿐만 아니라 아브라함의 믿음에 속한 자에게도 그러하니 아브라함은 우리 모든 사람의 조상이라 (롬 4:13-16)

우리는 기독교 신앙의 가장 중요한 성립 조건이 믿음이라는 걸 알고 있습니다. 예수를 믿어야 합니다. 믿음을 가져야 신자로서의 실천이 가능합니다. 믿음이, 약속된 모든 것을 소유하는 성경적 방법입니다. 믿음을 설명할 때 늘 등장하는 대표적 인물은 아브라함입니다.

아브라함은 믿음의 조상이 됩니다. '아브라함이 하나님을 믿으매 이를 그의 의로 여기셨다'라는 말씀 때문에 믿음이 방법처럼 되어 결국 그가 의롭다 하심을 받았다, 라고 사용되기도 합니다. 또한 그가 의로웠기 때문에 하나님을 믿었다, 그가 하나님을 믿으므로 의로운 자라는 게 증명되었다고 역으로 자주 사용되기도 합니다.

그런데 아브라함을 동원해서 하나님이 하시고 싶은 이야기가 있습니다. 17절을 이어서 봅니다. "기록된 바 내가 너를 많은 민족의 조상으로 세웠다 하심과 같으니 그가 믿은 바 하나님은 죽은 자를 살리시며 없는 것을 있는 것으로 부르시는 이시니라"(롬 4:17). 그가 믿은 하나님은 창조의 하나님, 부활의 하나님입니다. 인과율을 넘어선 하나님입니다. 아브라함을 부르신 것은 아브라함을 복의 근원으로 삼아 아브라함에게 많은 후손을 주겠다고 부르신 것입니다. 하나님이 인류에게 복을 주겠다고 하신 부름입니다.

아브라함이 남달라서 그를 통하여 이 일을 하신다는 것이 아닙니다. 아브라함은 자식이 없고, 자기 기업도 없기 때문에 본토 친척 아비 집을 떠나 나그네가 되었습니다. 하나님이 아브라함을 불러서 복을 주시는데 그를 부르신 가장 큰 이유는 아브라함이 만든 후손, 아브라함이 성취한 결과 때문이 아니라, 하나님이 하시려는 것을 분명히 보이기 위하여, 그것에서 가장 거리가 먼 사람을 부른 것입니다.

관계의 중요성과 정상화

아브라함이 믿은 하나님은 무에서 유를 창조하는 하나님이시며, 죽은 자를 살리는 하나님이십니다. 아브라함이 믿음의 조상이 될 수 있었던 것은 하나님이 기대에 못 미치는 자를 불러 주셨기 때문입니다. 베드로의 배신과 부인의 결과도 그렇습니다. 베드로가 한 행위로 결과가 주어지지 않고 하나님이 채우신 결과입니다. 베드로가 할 수 있는 것은 부인과 배신밖에 없었지만, 하나님이 당신의 백성으로 삼은 자들에게는 각자가 만들 수 없는 것을 하나님이 주시려고 그 아들을 보내셨다, 이런 뜻입니다. 마찬가지로 아브라함을 부르신 것은 그가 만들 수 없는 것을 하나님이 만들려고 한다는 것의 구체적인 역사의 증거이자, 하나님의 성실한 일하심이었습니다.

아브라함을 부름으로써 하나님은 이 약속, 없는 것에서 있는 것을 만드시며, 죽은 자를 살리시는 일을 공식적으로 시작했다, 역사적으로 그 증거를 우리에게 보이셨다, 이런 뜻입니다. 그래서 아브라함에게 요구하신 믿음은, 너와 나의 관계는 잘잘못에 따라 책임지는 관계가 아니라, 내가 너를 내 백성으로 부르고 나는 네 하나님이 되겠다, 라는 뜻의 관계적 부름인 것입니다. 믿음이라는 단어가 쓰임으로써 우리는 행함과 달리 인격과 인격의 관계성 속에 서게 되는데, 아브라함이 하나님을 믿어 의롭다 함을 받았다는 것은 하나님이 아브라함을 불러 당신과의 관계를 정상화했다는 뜻입니다. 그 정상화란 가치나 자격에 관한 것이 아니라 말 그대로 인격적으로 성립되는 관계를 정상화했다는 뜻입니다.

아브라함은 하나님 앞에 하나도 내어놓을 것이 없습니다. 하나님만이 주실 수 있는 것을 받을 뿐인데 이 관계를 하나님이 아브라함을 대표자로 삼아 우리에게 역사적 증거로 남기셨고 그 일의 핵심 된 증거를 예수 안에서 성취하십니다. 이것이 아브라함이 하나님을 믿어 얻은 믿음의 의입니다. 우리는 여기서 내가 아무것도 아니라는 것을 받아들이기가 어렵습니다. 권리와 자격을 가지는 것으로써 자신을 확보하려고 하기 때문입니다. 그러나 기독교 신앙이 이야기하는 것은 관계성입니다. 하나님에게 내가 누구냐는 것입니다.

저는 그림을 잘 볼 줄 모릅니다. 유명한 그림이다, 비싼 그림이다, 그러면 그렇구나, 하지, 잘 모르겠습니다. 옛날 것은 그래도 보기가 좀 낫습니다. 렘브란트나 루벤스나 미켈란젤로 쪽은 좀 괜찮고, 인상파까지는 알겠는데, 그다음부터는 뭔지 통 모르겠습니다.

저희 집에 아주 소중한 그림이 하나 있습니다. 거실 벽에 걸려 있는데 손녀딸이 그린 그림입니다. 어느 날 네모를 그렸습니다. 크레용으로 네모를 그리는데 삐뚤어지게 그렸습니다. 어느 날에는 그 네모 안에 동그라미를 여섯 개나 그렸습니다. 그걸 제가 잘라서 액자에 넣는데, 왜일까요? 예술성? 그런 건 당연히 없습니다. 손녀딸이 그렸기 때문입니다. 왜 그렸는지, 뭘 그렸는지는 서로 모릅니다. 그런데 그 그림을 보면 제 손녀딸이 거기 딱 있는 겁니다. 그 의미를 아시겠습니까?

누가 이해관계에서 얼마큼 중요한 인물이고 사회적으로 얼마나 중요한 사람인가 하는 것보다, 보면 가슴이 녹아내리고 좋아서 입이 귀에 걸리는 그런 사람이 되는 것이 더 큽니다. 그게 전부는 아니지만, 가치나 자격이나 위대함보다도 인간이 한 인간으로서의 가치를 놓치는 것은 비극입니다. 하나님은 지금 우리를 그렇게 부르고 있습니다. 그런데 우리는 이 말을 다 이해하지 못합니다.

우리가 잘못하여 하나님을 떠났음에도 불구하고 하나님이 우리를 사랑해서 찾아오사 당신과의 관계를 정상화하십니다. 죽음의 자리까지입니다. 그토록 쫓아오시는 바람에 하나님은 우리에게 수모를, 받을 수 없는 고난을 받으셨습니다.

이게 십자가 사건에서 가장 중요한 점입니다. 예수를 불러 모욕하고 때리며 심문하여 죽을 죄 이외의 다른 아무것도 찾으려고 하지 않는 자를 위하여, 하나님이 그들과의 관계를 정상화하기 위하여, 자신을 낮추어 죄인의 모습으로 끌려와 죽음을 당하셨습니다.

그분의 부활의 능력으로 아브라함을 불렀듯이 사람들을 찾아오신 것입니다. 아브라함을 불렀다는 게 무엇입니까? 그는 아무 생각도 없고 하나님도 모르고 관심도 없는데 하나님이 찾아와 끌어안으신, 바로 그 하나님의 의지, 하나님의 열심, 하나님의 사랑, 하나님의 하나님 되시는 의가 그 일을 행하신 것입니다. 예수를 죽인 자들, 부인한 자들, 팔아먹은 자들, 처형한 자들, 그들이 다 아브라함이다, 그렇게 이야기하는 중입니다.

그중에 우리는 끼어 있지 않다고 생각하십니까? 아브라함은 대제사장과 서기관과 다른 줄에 서 있다고 생각하십니까? 우리는 아브라함의 후손이니까 자격에서 명문(名門)이라 생각하십니까? 생각해 봅시다. 예수님의 죽음이 왜 있는 것입니까?

로마서 4장 18절을 봅시다. "아브라함이 바랄 수 없는 중에 바라고 믿었으니 이는 네 후손이 이같으리라 하신 말씀대로 많은 민족의 조상이 되게 하려 하심이라." 아브라함이 믿었다는 말 때문에 이것이 자꾸 하나의 조건과 자격이 되는데, 이렇게 풀어서 읽겠습니다. "아브라함이 상상도 하지 않고 생각도 없는 중에 붙들려 붙잡혀 왔으니 이는 네 후손이 이와 같으리라 하신 말씀대로 많은 민족의 조상이 되게 하려 하심이라" 이런 뜻입니다.

바랄 수 없는 중에 바랐다는 것은, 하나님이 아브라함을 붙들어 와서, 하나님의 목적과 약속에 붙잡혀 그가 할 수 없이 많은 민족과 조상의 아버지가 되었다는 것입니다. 그게 아브라함입니다. 아브라함에게 한 이 약속을 구체적으로 가능케 하는 주인공으로 예수께서 오십니다. 예수 안에서 모든 사람이 아브라함으로, 하나님이 아브라함을 부른 그 부름을 받게 됩니다. 예수께서 모든 사람을 부르기 위하여 아브라함을 갈대아 우르에서 꺼내듯이, 예수께서 모든 죄인들을 죽음의 자리까지 찾아와 붙잡아 끌어내는 것이 예수의 성육신이며 죽으심입니다. 다음에 이렇게 이어집니다.

> 그가 백 세나 되어 자기 몸이 죽은 것 같고 사라의 태가 죽은 것 같음을 알고도 믿음이 약하여지지 아니하고 믿음이 없어 하나님의 약속을 의심하지 않고 믿음으로 견고하여져서 하나님께 영광을 돌리며 약속하신 그것을 또한 능히 이루실 줄을 확신하였으니 그러므로 그것이 그에게 의로 여겨졌느니라 (롬 4:19-22)

강권하시는 그리스도의 사랑

물론 아브라함은 나중에 믿음이 점점 깊어집니다. 그런데 근본적으로는 그가 바랄 수 없고 이룰 수 없는 약속 속에 있다는 걸 알았지만, 하나님이 붙잡고 놓아주지 않아서 믿음을 지킬 수밖에 없었다는 것입니다. 이런 식으로 표현하면 다 싫어합니다. 우리가 은혜를 입었다는 사실과 그 은혜가 무엇인지를 놓쳤기 때문입니다. 베드로의 부인과 배신이 회복될 수 있고 대제사장과 서기관의 무지와 죄악이 회복될 수 있다는 것을 이해하지 못하면, 기독교는 은혜와 십자가가 필요 없는 종교가 됩니다. 그러면 남는 것은 윤리밖에 없습니다. 잘난 사람들의 집단밖에 남지 않는데, 그러면 용서와 은혜가 없어집니다. 눈이 번들번들해집니다. 육식 동물같이 됩니다. 누구를 잡아서 배를 채우듯,

종교로 누구를 잡아서 확인하는 것밖에 되지 않습니다.

이렇게 되면 우리는 하나님의 자녀가 될 수 없습니다. 자기가 잘난 사실를 증거하는 사람에 불과하다는 것이 얼마나 큰 비극인지 아시겠습니까? 예수를 믿는다고 하면서 종교라는 이름으로 다시 생존 경쟁, 가치 경쟁을 한다는 것이 무엇인지 아십니까? 쓸모없는 것으로 치장해야 하고, 아무와도 화해할 수 없고, 관계를 나눌 수 없고, 모두가 모두에게 두려운 경쟁자에 불과한 삶을 살 수밖에 없는 것입니다. 기독교를 제대로 이해하면, 안심, 평화, 감사가 있음을 압니다. 하나님, 저를 당신의 자녀로 부르신다는 말입니까? 저는 그 쪽을 택하겠습니다. 하나님 앞에 얼마나 쓸모 있느냐 하는 점에서 저는 무엇도 제대로 할 줄 모릅니다, 이런 고백을 하는 것이 기독교의 신앙 고백입니다.

고린도후서 5장 13절부터 보겠습니다. '우리가 만일 미쳤어도 하나님을 위한 것이요 정신이 온전하여도 너희를 위한 것이니 그리스도의 사랑이 우리를 강권하시는도다'(고후 5:13-14 상). 그리스도의 사랑이 우리를 강권합니다. 옳고 그른 문제가 아니라, 하나님이 우리를 사랑하사 그 아들을 보내고 우리를 구원하고 당신의 자녀로 삼으셨습니다. 그 사랑이 기독교의 이유이고, 근거이며, 목적입니다. 그래서 사도 바울은 하나님의 사랑의 강권이라는 사실 앞에 복종하는 것입니다. 예수가 누구인지, 사도 바울이 전하는 복음이 무엇인지 모르는 자들 앞에 예수가 섰던 것같이, 그들 앞에 서는 삶을 살 수 있게 되는 것입니다.

그런데 우리는 바로 이 문제에서 보상을 요구합니다. 내가 예수를 잘 믿고 충성했으니 보상해 주십시오. 하나님 앞에 보상을 요구하는 이유는 나는 저 사람들과 다르다, 이겁니다. '세상 사람들은 자기를 위하여 살지만 나는 하나님을 위하여 살았으니 보상해 주십시오.' 바울의 이야기는 '그리스도의 사랑이 우리를 강권하시는도다'인데, 이런 짧은 글에 요약된 것같이 그 사랑의 부름을 받았으므로 그 사랑을 누리며 그 사랑을 전하는 것이 나의 자랑이요, 상급이라고 이야기하는 것입니다. 하나님이 나를 사랑한다고 합니다. 놀랍지 않습니까? 사랑하면 압니다. 사랑하면 아무것도 억울하지 않습니다.

예수님은 그렇게 대제사장과 서기관들 앞에 서 있습니다. 아무 말도 하지 않습니다. "네가 메시아냐?" "그렇다." "네가 하나님의 아들이냐?" "그렇다." "그렇다면 더 이상 물어볼 것 없으니 죽여라." 그래서 죽으십니다. 그 하나님의 찾아오심, 우리를 향한 하나님의 뜻을 아시겠습니까? 고린도후서 5장 15절입니다. "그가 모든 사람을 대신하여 죽으심은 살아 있는 자들로 하여금 다시는 그들 자신을 위하여 살지 않고 오직 그들을 대신하여 죽었다가 다시 살아나신 이를 위하여 살게 하려 함이라."

이타적으로 변한다는 것이 아닙니다. 자기밖에 사랑할 줄 모르다가 이웃을 사랑할 수 있게 됩니다. 하나님이 우리를 사랑하심으로 하나님이 누구신가를 증명하기로 했다는 고마운 말씀입니다. 율법을 주심으로 하나님이 도덕성을 가지고 있음을 증명하는 것이 구약이라면, 십자가로 인하여 하나님이 우리에게 사랑하는 아버지가 되기를 기뻐하셨음을 보이는 것이 신약입니다. 하나님이 도덕성을 가지신다는 것은 중요합니다.

한 걸음 더 나아가 하나님이 우리를 사랑하셔서 모든 것을 포용하시겠답니다. 용서하며 덮고 사랑하고 새롭게 하시겠다고 합니다. 그게 십자가입니다. 십자가를 다만 천국에 들어가는 표지처럼 생각해서 그 표현이 지니는 내용을 피상적으로 사용하면 안 됩니다. 하나님의 복 주심과 기뻐하심으로 부르는 방법, 그게 십자가입니다.

그래서 예수님은 여기에 서 있습니다. 요한복음 1장에 가면, 무시무시한 말씀이 있습니다. "말씀이 육신이 되어 우리 가운데 거하시매 우리가 그의 영광을 보니 아버지의 독생자의 영광이요 은혜와 진리가 충만하더라"(요 1:14). 성자 하나님이 우리 가운데 함께 거하시는데 그 영광이 은혜와 진리로 충만하다고 합니다.

이 말씀을 이해하기 위해 누가복음 22장에 있는 말씀을 기억해 봅시다. 63절부터 봅시다. "지키는 사람들이 예수를 희롱하고 때리며 그의 눈을 가리고 물어 이르되 선지자 노릇 하라 너를 친 자가 누구냐 하고 이 외에도 많은 말로 욕하더라"(눅 22:63-65). 말씀이 육신이 되어 바로 이 자리에 거하시매 우리가 그의 영광을 보니 아버지의 독생자의 영광이요 은혜와 진리가 충만하더라, 예수가 어디에 오시는 겁니까? 바보들 속에, 무지한 자들 속에, 무엇이 진리이고 생명인지 모르는 자들 속에, 하나님을 찾지 않고 자기를 위하여 모두를 죽이는 일밖에 할 줄 모르는 자들 속에 오십니다.

우리 같은 인생에 말씀이 육신이 되어 오셔서 우리 가운데 거하십니다. 모든 신자들이 골치 아파하는 현실이 어디입니까? 내가 누구인지 모르고 하나님이 누구인지 모르고 내가 믿는 것이 무엇인지 모르고 자기 하나를 위하여 모두를 해치며 예수를 믿는 것 때문에 더 큰소리치는 그런 자리가 아닌가요? "네가 메시아냐?" "그렇다." "네가 하나님의 아들이냐?" "그렇다." 이렇게 들어앉으시는 예수처럼 우리가 보냄을 받고 있다는 것을 모르면 신앙생활을 할 수 없습니다.

이것이 기독교 신앙입니다. 이것이 어떤 영광인지, 어떤 보상인지를 알지 못하면 대체할 수 있는 다른 인생과 운명과 가치와 보상은 없습니다. 예수를 믿는다는 것을 제대로 이해하고 그 보상에 항복하지 못하면, 현실에서만 괴로운 것이 아니라 하나님과의 관계에서도 괴로울 수밖에 없습니다. 세상이 나를 대적하는 것도 이해할 수 없고, 하나님이 나의 기도에 응답하지 않는 것도 이해할 수 없습니다.

그러나 이 사실을 제대로 이해하면, 세상이 그런 것도 이해가 되고, 우리의 억울함도 기꺼이 감당할 수 있게 됩니다. 그 길로 우리가 부르심을 입었습니다. 아브라함은 우리 모든 믿는 자의 조상입니다. 거기에 우리 이름이 예수 안에서 함께 기록되어 있습니다. 승리하십시오. 싸움에서 지지 마십시오. 핑계 대지 마십시오. 위대한 신자의 길을 걷는 인생이 되십시오.

기도

하나님 아버지, 은혜를 감사합니다. 하나님의 자녀로 사는 영광과 기쁨을 확인합니다. 우리는 하나님의 사랑을 받는 자입니다. 그 외에 무슨 답이 더 필요하겠습니까? 우리를 위하여 우리에게 찾아오시는 하나님입니다. 우리 인생을 바쳐 하나님께 순종하는 것이 우리가 할 수 있는 유일한 사랑이요, 반응이요, 책임이요, 영광입니다. 이 명예와 위대함을 예수 안에서 허락받았으니 십자가를 지는 길에 우리 인생을 바치도록 붙들어 승리케 하여 주시옵소서. 예수님 이름으로 기도합니다. 아멘.

65

예수님의 침묵

---

1 무리가 다 일어나 예수를 빌라도에게 끌고 가서 2 고발하여 이르되 우리가 이 사람을 보매 우리 백성을 미혹하고 가이사에게 세금 바치는 것을 금하며 자칭 왕 그리스도라 하더이다 하니 3 빌라도가 예수께 물어 이르되 네가 유대인의 왕이냐 대답하여 이르시되 네 말이 옳도다 4 빌라도가 대제사장들과 무리에게 이르되 내가 보니 이 사람에게 죄가 없도다 하니 5 무리가 더욱 강하게 말하되 그가 온 유대에서 가르치고 갈릴리에서부터 시작하여 여기까지 와서 백성을 소동하게 하나이다 6 빌라도가 듣고 그가 갈릴리 사람이냐 물어 7 헤롯의 관할에 속한 줄을 알고 헤롯에게 보내니 그 때에 헤롯이 예루살렘에 있더라 8 헤롯이 예수를 보고 매우 기뻐하니 이는 그의 소문을 들었으므로 보고자 한 지 오래였고 또한 무엇이나 이적 행하심을 볼까 바랐던 연고러라 9 여러 말로 물으나 아무 말도 대답하지 아니하시니 10 대제사장들과 서기

관들이 서서 힘써 고발하더라 11 헤롯이 그 군인들과 함께 예수를 업신여기며 희롱하고 빛난 옷을 입혀 빌라도에게 도로 보내니 12 헤롯과 빌라도가 전에는 원수였으나 당일에 서로 친구가 되니라 (눅 23:1-12)

예수께서 보이신 침묵의 의미

이제 예수님은 빌라도에게 넘겨집니다. 왜냐하면 유대는 당시 로마의 속국이었기 때문에 사형을 선고하고 집행할 권한이 없었기 때문입니다. 그것은 로마 행정 기관에만 있는 권리이기 때문에 대제사장들은 예수를 빌라도에게 넘겨 그의 사형을 요구합니다.

빌라도는 예수에 대하여 "당신이 유대인의 왕이 맞냐"라고 묻고 예수님은 그렇다고 대답합니다. 빌라도는 그에게 죄가 없다고 판단하고 "도대체 죄가 없으니 풀어 주자"라고 했지만, 대제사장들과 합세한 무리들은 예수를 죽여야 한다고 강변합니다. 그가 갈릴리 사람이라는 말을 듣자 빌라도는 이 문제에 대한 책임을 면하기 위하여 그를 헤롯에게 보냅니다. 예수님이 태어날 때 있었던 유대의 왕 헤롯은 헤롯 대왕(Herod the Great)이라고 불리는 사람입니다. 여기에 등장하는 헤롯(Herod Antipas)은 그의 아들입니다.

헤롯은 로마로부터 유대의 통치권을 인정받지만, 그가 죽은 다음의 아들들은 아버지의 통치 영역을 그대로 다 물려받지 못하고 통치 영역이 분할되어서 분봉 왕 노릇을 합니다. 지금 여기 등장하는 헤롯 안티파스는 정확하지 않지만 우리의 이해를 돕자면 도지사 쯤으로 권력이 축소된 상태에 있었습니다. 그래도 어쨌든 그는 유대의 왕으로 지위를 갖고 있었고, 빌라도는 로마에서 유대 총독으로 와 있는 사람입니다. 적지 않는 정치적 갈등이 있었던 것으로 전해지고 있습니다.

유대 민족은 특별한 민족의식을 가지고 있었고, 하나님을 믿지 않는 로마, 하나님을 모르는 로마의 속국이 된 것을 참지 못하여 늘 반란을 준비하는 나라였습니다. 당시 통치자로 와 있던 빌라도는 넉넉한 군사력을 갖추지 못했습니다. 치안을 유지하는 정도의 군사밖에 가지지 못해서 늘 불안한 자리를 지키고 있었고, 빌라도와 헤롯 사이에는 적지 않은 견해 차이가 상존하여 서로 부딪히고 있었으나, 예수를 넘겨주는 이 문제로 친해졌다고 성경은 증언합니다.

빌라도와 헤롯은 예수를 앞에 세우고 자기네들의 권력으로는 다룰 수 없는 하나님을 무례하게 조롱합니다. 헤롯이 특히 그랬는데, 11절에 "헤롯이 그 군인들과 함께 예수를 업신여기며 희롱하고 빛난 옷을 입혀 빌라도에게 도로 보내니"(눅 23:11)라고 서술합니다. 우리는 이미 앞의 22장 63절 이하에서도 보았습니다. "지키는 사람들이 예수를 희롱하고 때리며 그의 눈을 가리고 물어 이르되 선지자 노릇 하라 너를 친 자가 누구냐 하고 이 외에도 많은 말로 욕하더라"(눅 22:63-65). 이 모든 일에 예수님은 침묵하시는데 가장 돋보이는 장면입니다.

침묵한다는 것은 무엇일까요? 우리는 누가복음 22장 24절에서 잡히시던 밤에 예수님이 제자들에게 자신의 사역과 가르쳐야 할 핵심에 대하여 교훈을 주신 사실을 기억해야 합니다.

또 그들 사이에 그 중 누가 크냐 하는 다툼이 난지라 예수께서 이르시되 이방인의 임금들은 그들을 주관하며 그 집권자들은 은인이라 칭함을 받으나 너희는 그렇지 않을지니 너희 중에 큰 자는 젊은 자와 같고 다스리는 자는 섬기는 자와 같을지니라 앉아서 먹는 자가 크냐 섬기는 자가 크냐 앉아서 먹는 자가 아니냐 그러나 나는 섬기는 자로 너희 중에 있노라 너희는 나의 모든 시험 중에 항상 나와 함께 한 자들인즉 내 아버지께서 나라를 내게 맡기신 것 같이 나도 너희에게 맡겨 너희로 내 나라에 있어 내 상에서 먹고 마시며 또는 보좌에 앉아 이스라엘 열두 지파를 다스리게 하려 하노라 (눅 22:24-30)

내 나라는 섬기는 나라다, 너희는 나와 함께 있으면서 내가 항상 어떤 시험 앞에 있었음을 보지 않았느냐, 그러므로 아버지께서 나라를 내게 맡긴 것같이 나도 너희에게 맡기노라, 그리고 하신 말씀 그대로 세상 권세를 쥔 이들의 모욕적이고 왜곡되고 무지하고 거친 대접 앞에 서십니다.

예수의 이런 서 있음은, 이 세상이 하나님을 거부하는 자리에 선 것으로서 하나님에 대한 순종의 표시이며 하나님 없이 사는 곳에 보이신 하나님의 임재입니다. 그리고 그것을 침묵으로 싸매십니다. 순종과 하나님의 임재를 침묵으로 싸맵니다. 침묵으로 싼다는 것은 무엇일까요?

이 자리에서 우리에게 기회를 준다면, 우리는 얼마든지 할 말이 많을 것입니다. 너희 앞에 선 사람이 누군지 아느냐? 너희가 하는 짓이 무엇인지 아느냐? 우리는 얼마든지 고함을 지르고, 그들의 죄악과 무지를 지적할 수 있고, 예수를 위하여 얼마든지 변명할 수 있을 것입니다. 그 모든 것을 예수님은 안 하시는 것입니다. 안 한다는 것은 어떤 뜻일까요?

우리가 인생을 살면서 누구에게 무슨 말을 할 때는 대개 부탁하는 말이거나 아니면 충고하는 말입니다. 부탁하는 말은 다 이해하니까 접어 두고, 충고하는 말을 생각해 봅시다. 충고하는 가장 큰 이유는 무엇입니까? 상대방이 틀린 것 때문에 내게 짐이 되어서 그렇습니다. 우리는 상대방을 위하여 진심 어린 충고를 하지 못합니다. 상대가 짐이 되기 때문입니다. 나와 관계있는 사람이 잘못을 하면 그가 저지른 일에 대한 짐을 대부분 그 사람이 지겠지만, 나도 얼마간 나누어 져야만 합니다. 그 파편이 나에게 튑니다. 그래서 우리는 고함을 지르는 겁니다. 그러지 말라고 말입니다.

거기서 하나 더 들어가면, 그가 저지르는 일로 인하여 함께 엮일 나에 대한 평가, 불이익, 이런 것들을 사전에 차단하려는 것입니다. 나는 너와 같은 부류가 아니다, 이건 너 혼자 짊어져라, 나는 너한테 분명히 경고했다, 하지 말라고 그랬다, 이제부터 일어나는 일은 네가 백 퍼센트 책임을 져라, 이게 바로 화를 내는 것입니다. 화내는 여러 가지 방법 중에 교묘하게 많이 쓰는 것이 우는 것입니다. 운다는 것은 무엇입니까? 진심을 전하고 전하고 전해서 분명한 증거를 남기는 겁니다. 울었다, 나는 내 할 일을 다했다, 그것입니다. 조금 더 가면 어떻게 합니까? 삭발합니다. 그리고 나는 내 할 일을 다했다, 하지 말라고 분명히 그랬다, 자, 내 머리를 봐라, 합니다. 거기서 하나 더 가면 혈서를 씁니다. 그래서 어떻게 하자는 겁니까? 져야 하는 짐의 백 퍼센트를 다 상대에게 떠넘기는 것입니다.

예수님이 지금 그것을 달리 행하시는 겁니다. 너희들, 잘못하는 거다, 너희들은 내가 누군지 모른단 말이냐? 이렇게 이야기해서 주께서 져야 하는 짐의 책임을 그들에게 떠넘기지 않으시고 당신이 져야 하는 짐으로 다 수용하십니다. 그들의 모욕과 조롱을 판단하지도 반박하지도 않으시고, 이건 내가 가야 하는 길, 내가 감수해야 하는 일이라며 수용하시는 것입니다. 이것이 예수의 침묵입니다.

스포츠에서는 어려운 시합을 앞두고 이런 일이 많았습니다. 우리가 강팀인 스페인하고 축구를 해야 한다고 하면 선수들이 삭발을 해서 책임을 면하려고 했습니다. 우리는 우리가 할 것을 다했다는 의미입니다. 축구 선수는 삭발을 할 게 아니라 골을 넣어야 합니다. 그런데 골을 넣어서 이길 자신이 없으니까 삭발을 합니다.

예수님은 이렇게 도망가지 않으셨습니다. 예수님은 자신이 걸어야 할 길을 마땅히 걸어야 할 길로, 죽임을 당해야 할 길로 알고 가셨다는 말입니다. 이것은 우리에게 어떤 의미가 됩니까? 예수님에 대한 연민, 예수님에 대한 감탄을 드러낼 것이 아니라, 하나님이 우리를 사랑하시고 우리를 구원하시는 하나님의 방법으로 예수를 십자가에 죽이셨다는 것을 기억하라는 것입니다. 다시 말해, 그의 십자가로 구원을 받은 자들의 존재와 인생을 바로 깨달으라는 것입니다. 예수가 걸으신 길로써 우리에게 요구하는 것이 신자 된 인생이라는 것입니다. 고린도후서 12장을 봅시다.

십자가에 대한 오해

여러 계시를 받은 것이 지극히 크므로 너무 자만하지 않게 하시려고
내 육체에 가시 곧 사탄의 사자를 주셨으니 이는 나를 쳐서 너무 자
만하지 않게 하려 하심이라 이것이 내게서 떠나가게 하기 위하여 내
가 세 번 주께 간구하였더니 나에게 이르시기를 내 은혜가 네게 족
하도다 이는 내 능력이 약한 데서 온전하여짐이라 하신지라 그러므
로 도리어 크게 기뻐함으로 나의 여러 약한 것들에 대하여 자랑하리
니 이는 그리스도의 능력이 내게 머물게 하려 함이라 (고후 12:7-9)

괴이한 말씀입니다. 바울이 하나님 앞에 세 번이나 기도한 것은 복음
을 전하는 데에 너무 치명적인 약점을 안고 있었기 때문입니다. 성경
에 '내 몸에 시험하는 것이 있다'라고 표현한 걸 보면, 뭔가 치명적인,
그의 복음 사역에 분명히 장애가 되는 무엇이 있었던 것 같습니다. 복
음을 전하고, 중요한 말씀을 전해야 하는데 그것이 늘 방해가 되었을
것입니다.

우리는 예수를 믿고 나면, 예수님이 우리를 위하여 십자가를 졌다
는 것이 무엇인지를 거의 오해합니다. 내가 예수를 믿었으니 세상이
주는 것보다 더 큰 것으로 하나님이 나에게 보상해 줄 것이라는 기대
를 하게 됩니다. 예수를 믿었으니 세상 앞에서 세상이 만들 수 있는 것
보다 더 큰 것을 만들 수 있게 해달라고 합니다.

예를 들면 세상이 못 고치는 병을 고친다든가, 세상이 주지 못하는
평안을 준다든가, 하는 것으로 내가 증명받기를 바랍니다. 세상보다

더 큰 진리와 영생을 믿고 있는데 세상이 주는 것만큼도 보상이 없다는 것이 신자에게는 늘 불만입니다. 내가 예수를 믿는다는 것을 세상 사람들로부터 확인받을 방법이 없습니다. 예수를 믿는데 왜 더 힘든가? 이 말에 신앙인으로서 자존심이 상하고, 신앙을 지키는 것도 괴롭습니다.

그래서 하나님에게 이 책임을 떠넘기기 위해 철야기도나 금식을 합니다. 앞에서 이야기한, 혈서 쓰고 머리 깎는 것과 같은 방법입니다. 나는 내 할 일을 다했으니 이걸로 보상이 되지 않으면 하나님 책임입니다, 이렇게 갑니다. 사도 바울은 그런 면에서 그에게 있었던 장애물을 하나님이 제거해 주기를 바라면서 그로써 하나님의 하나님 되심이 자신과 자신의 증거를 통하여 더 잘 나타나기를 사심 없이 구하고 있습니다. 그런데도 대답은 천만뜻밖에 '내 은혜가 네게 족하도다! 너에게 줄 것을 다 주었다'입니다. 기절할 것 같습니다. 하지만 사도 바울은 알아듣습니다. '그러므로 도리어 크게 기뻐함으로 나의 여러 약한 것들에 대하여 자랑하리니 이는 그리스도의 능력이 내게 머물게 하려 함이라'(고후 12:9 하). 감수하라는 겁니다. '너 예수 믿는데 왜 그 꼴이냐?'를 감수하라는 겁니다. 너 예수 믿는 것 맞냐? 하나님이 너에게 영생을 주시고 복을 주신다는 게 맞냐? 그런데 왜 그 꼴이냐? 이것이 십자가라고 합니다.

이 부분을 이해하지 못하면, 우리의 신앙 현실은 하나님이 나를 위하여 그 아들도 아끼지 않았는데 왜 그것보다 쉬운 걸 안 주시는가, 라는 불만뿐일 것입니다. 예수께서 걸으신 길이 곧 영광의 길이며, 우리에게 모든 것을 주신 길이며, 복된 길이라는 것을 이해하지 못하게 되어 신앙 현실이 억울해집니다. 고린도전서 2장에 가면 이 문제에 대해 아주 깊이 이해할 수 있는 바울의 다른 고백이 나옵니다.

형제들아 내가 너희에게 나아가 하나님의 증거를 전할 때에 말과 지혜의 아름다운 것으로 아니하였나니 내가 너희 중에서 예수 그리스도와 그가 십자가에 못 박히신 것 외에는 아무 것도 알지 아니하기로 작정하였음이라 내가 너희 가운데 거할 때에 약하고 두려워하고 심히 떨었노라 내 말과 내 전도함이 설득력 있는 지혜의 말로 하지 아니하고 다만 성령의 나타나심과 능력으로 하여 너희 믿음이 사람의 지혜에 있지 아니하고 다만 하나님의 능력에 있게 하려 하였노라
(고전 2:1-5)

예수님이 걸으신 순종의 길

고린도교회는 독특한 교회였습니다. 지금 지명으로 이야기하면, 그리스에 있던 교회입니다. 서양 정신은 두 개의 산맥으로 형성되어 있는데 하나는 헬레니즘이고, 하나는 헤브라이즘입니다. 인본주의와 신본주의라는 두 산맥을 가지고 있습니다. 인본주의는 인간 정신의 위대함을 높이는 것으로서 발원지는 그리스입니다. 그곳에는 많은 신들이 있었습니다. 우리도 아는 제우스, 아폴로, 비너스 능 많습니다. 그 신들은 인간보다 힘만 더 있을 뿐입니다. 초월적 능력을 갖고 있지만, 그 속성과 성품에 있어서는 인간과 비슷합니다. 어쨌든 힘을 가지고

있습니다. 그리스 신화에서 신의 사자는 신과 인간의 중간쯤 되는 지위를 가지고 있습니다.

그런데 고린도교회 교인들이 보니까 사도 바울은 이런 모든 신보다 더 뛰어난, 진정한 신의 사자라고 하는데, 이 신의 사자가 신과 자기들 사이에 있지 않고, 신과 고린도교회의 아래에 있는 것입니다. 이것이 고린도교회와 바울의 뿌리 깊은 갈등이 됩니다. 바울이 신의 사자가 맞는가? 고린도교회의 도전에 사도 바울은 늘 직면합니다.

그래서 그걸 뿌리로 둔 채 이 말을 합니다. 내가 너희에게 복음을 전할 때 얼마나 걱정했는지 아느냐, 나는 사람이 이해할 수 있는 것을 전하는 것이 아니다, 그 말입니다. 내가 전하는 것은 교육이나 철학이나 이념이나 도덕이 아니다, 그것은 하나님만이 하실 수 있는, 영혼을 살리는 창조와 생명과 진리에 속한 것으로 하나님만이 결과할 수 있는 일에 내가 일꾼으로 보냄을 받은 것이었다, 그래서 내가 마치 내 사상을 이야기하는 것처럼 너희가 오해할까 두려웠다, 혹은 너희가 내 말을 듣고도 이 복음의 비밀스러운 신비를 놓치고 하나의 개념으로 받아들일까 얼마나 걱정했는지 모른다, 이것이 고린도전서 2장입니다. 그래서 바울은 어떻게 했습니까? 나는 너희 가운데 거할 때 예수 그리스도와 그의 십자가만 기억했다, 힘으로 항복시키지 않고 하나님이 하시는 창조와 부활의 권능이 나타나기를 바라는 순종으로 너희 앞에 가서 섰다, 내 힘으로 너희를 어찌 할 수 없기에 떨리고 두려웠지만 하나님이 하신다는 사실로 나는 어디에 보냄을 받든지 담대하게 갈 수 있었다, 라고 합니다.

우리는 신자 된 인생을 사는 동안 예수 그리스도의 뒤를 좇아야 합니다. 입 다물고 순종해야 합니다. 하나님이 억울한 자리, 말이 안 되는 자리로 우리를 몰아넣으실 것인데 그것은 절대 손해 보는 자리가 아니며, 부족한 자리도 아니며 외면당하는 자리도 아니랍니다. 왜냐하면 하나님이 우리를 통하여 하시려는 일들은 하나님의 권능으로만 하실 수 있는 신적 축복, 신적 능력, 신적 목적이기 때문입니다. 내가 가진 것으로 무엇을 만들어야 하는 것이 아니라, 내가 가진 것으로 만들 수 없는 것을 만들어 내기 위하여 하나님이 나를 보내신 것을 알기 때문에 나는 기꺼이 입 다물고 순종할 수 있다는 것입니다.

내가 최선을 다한다는 표를 혈서로 써서 증명할 필요가 없습니다. 내가 감수해야 하는 인생이며 그것이 내 존재라고 이야기하는 것입니다. 예수를 믿는다는 것은 신비한 것입니다. 우리 생각과 다른 하나님이 우리의 능력과 다른 능력을 만들어 내시는 것입니다. 주께서 그 길을 걸으셔서 우리라는 결과를 만드셨습니다. 우리가 왜 예수를 믿었는지, 어떻게 예수를 믿었는지 우리는 다 다르고 다 이해하지 못합니다. 그러나 예수가 누군지 아는 사람이 되는 것만은 분명한 현실입니다.

하나님이 나를 인도한 것같이 나의 인생을 쓰시되 하나님의 기적과 능력으로 쓰시겠다고 합니다. 순종하라고 합니다. 혈서 쓰지 말고, 죽으라고 하십니다. 혈서 써서 죽음을 면제받으려고 하지 마십시오. 이것이 신자가 사는 인생입니다. 막막하고 불만인 우리의 능력과 지위와 현실이 바로 우리가 하나님을 알고 하나님에게 기도하며 살 수 있는 길이 됐습니다.

믿기 전에 우리에게 주어진 조건과 믿은 다음에 우리가 받은 조건에서, 예수를 아는가, 모르는가 외에 달라진 것은 하나도 없습니다. 나 밖에 몰랐던 인생에서, 세상이 전부였던 인생에서, 예수가 누군지, 하나님이 어떻게 일하시는지, 예수 안에서 우리에게 주시는 것이 무엇인지를 아는 인생이 되는 것 이외에 실제로 기독교 신자에게 주어지는 다른 것은 없습니다.

이제 우리는 인생에서 하나님의 일하심을 누리는 자가 된 것입니다. 하나님이 어떻게 일하시는지 보자, 무엇을 만드시는지 보자, 하나님이 어떤 기적을 이루고 계시는지 보자, 예수님이 잡혀가시고 헤롯과 빌라도 앞에서 모욕을 당할 때 그가 하나님인 줄, 메시아인 줄, 기적을 이루기 위하여 순종하러 오신 분인 줄 그 누가 알았겠는가? 이 동일한 길을 모든 신자가 걷는 것입니다.

"우리가 알거니와 하나님을 사랑하는 자 곧 그의 뜻대로 부르심을 입은 자들에게는 모든 것이 합력하여 선을 이루느니라"(롬 8:28). 놀라운 선언입니다. 우리가 볼 때 별것 아닌 것 같은 것을 가지고도 하나님이 합력하여 선을 이루십니다.

우리가 할 수 있는 것보다 더 큰 것을 하라는 것이 아닙니다. 내가 아닌 사람이 되라고 하는 것도 아닙니다. 멋있고 완벽하라는 게 아닙니다. 믿음을 가지십시오. 실제로 순종하십시오. 한숨과 눈물 속을 걸으십시오. 하나님이 우리의 인생을 복되게 하시고 기적을 이루시는 줄 알게 될 것입니다.

만일 그렇지 않다면 항의하십시오. 예수님이 걸으신 길은 거짓말입니다, 라고 말입니다. 예수님이 십자가를 졌다는 것을 저에게 확인시켜 주십시오, 라고 요구하십시오. 결국에는 우리 생애에 창조와 부활의 기적을 넉넉히 누리게 될 것입니다.

기도

하나님 아버지, 은혜를 감사합니다. 우리는 하나님의 자녀이며 예수 그리스도의 뒤를 좇는 자로서 우리 인생이 복된 것임을 확인합니다. 예수님의 침묵이 순종이며 승리로 가는 길인 것을 기억합니다. 우리 인생이 부족할 것 없는 하나님의 은혜 속에 있는 것에도 항복합니다. 이제는 우리 인생을 주 앞에 바쳐 하나님의 일하심을 믿고 우리의 현실을 감수하기로 합니다. 그 길을 걸어가기로 합니다. 믿음을 갖고 지켜보기로 합니다. 하나님의 자녀 된 복을 깨닫게 하시고, 순종하는 복을 허락하여 주시옵소서. 예수님 이름으로 기도합니다. 아멘.

66

하나님은 말없이 일하고 계시다

63 지키는 사람들이 예수를 희롱하고 때리며 64 그의 눈을 가리고 물어 이르되 선지자 노릇 하라 너를 친 자가 누구냐 하고 65 이 외에도 많은 말로 욕하더라 66 날이 새매 백성의 장로들 곧 대제사장들과 서기관들이 모여서 예수를 그 공회로 끌어들여 67 이르되 네가 그리스도이거든 우리에게 말하라 대답하시되 내가 말할지라도 너희가 믿지 아니할 것이요 68 내가 물어도 너희가 대답하지 아니할 것이니라 69 그러나 이제부터는 인자가 하나님의 권능의 우편에 앉아 있으리라 하시니 70 다 이르되 그러면 네가 하나님의 아들이냐 대답하시되 너희들이 내가 그라고 말하고 있느니라 71 그들이 이르되 어찌 더 증거를 요구하리요 우리가 친히 그 입에서 들었노라 하더라 (눅 22:63-71)

십자가 수모의 참뜻

예수님이 잡혀서 정당한 재판이 아닌 억울한 심문을 거쳐 죽게 되시는 과정을 누가복음을 통하여 보고 있습니다. 예수님이 이 과정을 어떻게 대응하고 계시는가 하는 것은 깊이 생각해야 할 대목이기 때문에 누가는 이 사실을 매우 절제된 표현으로, 다른 군더더기를 첨가하지 않고 사실만을 매우 냉정하게 기록하고 있습니다. 내용 자체가 매우 충격적이기 때문입니다.

예수님은 십자가 죽으심의 과정에서 제자인 유다에게 배반을 당합니다. 그리고 베드로가 세 번에 걸쳐 예수를 저주하며 부인한 그 배신을 경험합니다. 그리고 붙들려 잡혀간 곳에서 치욕을 당하십니다. "지키는 사람들이 예수를 희롱하고 때리며 그의 눈을 가리고 물어 이르되 선지자 노릇 하라 너를 친 자가 누구냐 하고 이 외에도 많은 말로 욕하더라"(눅 22:63-65). 이처럼 심한 모욕을 당하고 폭력 아래 방치되어 있습니다. 그리고 날이 새자 백성의 장로들 곧 대제사장들과 서기관들이 모여서 예수를 공회로 불러들여 그에게 네가 그리스도인지 묻습니다. 기가 막힌 질문입니다. 메시아, 즉 구원자가 맞냐고 묻습니다.

만일 그것이 정말 관심사였으면 이렇게 대접하고, 이렇게 질문할 수는 없는 것 아닙니까? 자세히 살펴봤더니 메시아가 아니더래도, 일단은 대접하고 사실일 경우를 대비해 예우했어야 옳은데 그렇게 안 했습니다. 그러니 이 질문은 자기네들의 적개심과 불안감을 제거하기 위한 최종 확인에 불과했던 것입니다.

그리고 23장에 오면, 무리가 일어나 예수를 빌라도에게 끌고 갑니다. 본문 말씀에 있는 바와 같이 빌라도는 내가 예수를 심문해 보니 죽일 만한 사유가 되지 않는다고 하면서 "그러므로 때려서 놓겠노라"(눅 23:16)라고 합니다. 사형에 해당하는 어떤 죄도 찾을 수 없으니 그저 소동을 일으켰다는 정도로 때려서 놓겠다고 합니다. 그러자 '무리가 일제히 소리 질러 이르되 이 사람을 없이하고 바라바를 우리에게 놓아 주소서'라고 합니다. 바라바는 실제로 사형에 처해야 할 중죄인이었습니다. 그러나 이 무리들은 예수를 죽이고 바라바를 놓아 달라고 합니다.

이 무리는 예수님이 예루살렘에 입성할 때 나와서 요란을 떤 그 무리입니다. 이 사건에서 우리가 놀라는 이유는 무엇입니까? 여기에 등장한 자들은 못났고, 우리는 그렇지 않은 것같이 생각하기 때문입니다. 이런 이유로 중세 기독교는 유대인들을 괄시한 것과 같습니다. 그건 유대인들이 실수한 것이지 인류 전체가 실수한 것은 아니라고 생각한다는 점에서 말입니다.

유대인들을 괄시함으로 자기네들은 아니라고 변명하고 기만한 것같이 성경을 읽을 때마다 대부분의 사람들은 대제사장들, 제자들, 무리들, 빌라도, 헤롯 등만 악당으로 몰고 우리는 여기에 전혀 관계가 없는 것같이 여깁니다. 여기서 누가가 초점을 두는 것은 이 모든 폭거에 부당한 피해자인 예수님이 실제로 하나님의 아들이시며, 지금이라도 천군을 부르실 수 있는 권세자라는 사실입니다.

그러나 예수님이 이걸 다 기꺼이 감수하시는데, 이게 도대체 무슨 의미냐는 것입니다. 하나님이 왜 이 일을 원하셨고, 성자 하나님은 어찌 이 일에 기꺼이 동의하셔서 순종하여 인간으로 오시고 이 폭력과 무지와 하나님에 대한 거역과 패악을 말없이 감수하고 계시는가 하는 것입니다.

우리는 다른 것은 다 집어치우고라도 하나는 확실하게 알 수 있습니다. 하나님의 구원과 공의와 거룩하심은 인간의 신실함이나 정당한 반응에 근거하고 있지 않다는 것입니다. 그 말이 우리에게 어떤 의미였는지를 깊이 묵상하십시오.

하나님은 쓸 만하고, 돌아볼 만하고, 보상해 줘야 할 사람들을 위하여 온 것이 아님을 누가는 너무나 생생하게, 아무 해설도 붙이지 않고 사실만을 열거하여 우리 앞에 증거로 제시합니다. 부끄러워하라는 말 아닙니다. 우리는 부끄러워할 근거가 없습니다. 예수만 죽이지 않았어도 괜찮았을 인류였다든가, 미리 알았더라면 그러지 않았을 거라든가 하는 식으로 이야기하는 것은 죄인이라는 것이 무엇인지 모르는 것입니다.

화목의 죽음

요한복음 1장에 나오듯이 예수께서 생명의 빛으로 어두움에 찾아오시는데 어두움이 그를 알지 못합니다. 이는 너무나 당연합니다. 어두움은 빛을 알 리가 없습니다. 우리가 처한 자리, 운명, 현실, 그 모든 것에 대하여 하나님 자신이 가지는 성품으로 은혜와 자비와 긍휼과 용서를 넘어서는 사랑과 거룩과 영광과 명예를 우리에게 주기 위하여 그의 사랑과 능력을 동원하시는 것입니다. 그가 은혜와 능력을 동원하고 있는 것은, 자신의 처지를 모르는 우리, 자기가 하는 일을 알지 못하는 우리를 끌어안기 위하여 우리의 배신, 모욕, 폭력, 비겁함과 더러움에 기꺼이 당신을 내주시는 것입니다. 이 말을 감정적으로 이해하지 마십시오.

울고 싶으면 집에 가서 우십시오. 울어 버리면 그저 다 눈물이 되고 맙니다. 눈물로 넘어가지 말고, 생각하라는 말입니다. 인간이 뭔가, 죄가 뭔가, 가장 중요하게 하나님은 어떤 분인가? 생각해야 합니다. 기도에 응답하셔서, 복 주셔서, 병을 낫게 하셔서, 우리나라를 강대국으로 만들어 주셔서 하나님인 것이 아닙니다.

하나님이 원하는 자에게 당신을 내어 주사 그들과 화목하시며, 그들에게 사랑을 원하시며, 진심을 얻어 내기 위하여 최악의 반응과 무지와 더러움과 모욕을 감수하신다는 사실 앞에 다른 것들은 다 다음 문제가 되는 것입니다. 기독교의 유일한, 짝할 수 없고, 비교할 수 없고, 놀랄 수밖에 없는 진실의 본체가 여기 있는 것입니다. 로마서 5장 1절입니다.

그러므로 우리가 믿음으로 의롭다 하심을 받았으니 우리 주 예수 그리스도로 말미암아 하나님과 화평을 누리자 또한 그로 말미암아 우리가 믿음으로 서 있는 이 은혜에 들어감을 얻었으며 하나님의 영광을 바라고 즐거워하느니라 다만 이뿐 아니라 우리가 환난 중에도 즐거워하나니 이는 환난은 인내를, 인내는 연단을, 연단은 소망을 이루는 줄 앎이로다 소망이 우리를 부끄럽게 하지 아니함은 우리에게 주신 성령으로 말미암아 하나님의 사랑이 우리 마음에 부은 바 됨이니 우리가 아직 연약할 때에 기약대로 그리스도께서 경건하지 않은 자를 위하여 죽으셨도다 의인을 위하여 죽는 자가 쉽지 않고 선인을 위하여 용감히 죽는 자가 혹 있거니와 우리가 아직 죄인 되었을 때에 그리스도께서 우리를 위하여 죽으심으로 하나님께서 우리에 대한 자기의 사랑을 확증하셨느니라 그러면 이제 우리가 그의 피로 말미암아 의롭다 하심을 받았으니 더욱 그로 말미암아 진노하심에서 구원을 받을 것이니 곧 우리가 원수 되었을 때에 그의 아들의 죽으심으로 말미암아 하나님과 화목하게 되었은즉 화목하게 된 자로서는 더욱 그의 살아나심으로 말미암아 구원을 받을 것이니라 그뿐 아니라 이제 우리로 화목하게 하신 우리 주 예수 그리스도로 말미암아 하나님 안에서 또한 즐거워하느니라 (롬 5:1-11)

여기 나오는 중요한 내용을 이렇게 요약해 봅시다. 하나님은 우리와 화목하기 위하여, 아니 성경에 나온 더 적극적인 표현으로 하면, 우리를 사랑하고 우리에게 복 주기 위하여 우리와 화목하기로 하십니다. 우리는 하나님과 화목하려는 의사나 소원, 그에 대한 이해나 깨달음이 없으므로, 하나님이 먼저 우리와 화목하기 위하여 당신을 내어 주십니다. 그리하여 로마서 5장의 표현은 그의 피로 인하여 우리가 화목하게 되었다는 이야기입니다. 그의 죽으심으로 말미암아 화목하게 되었다고 합니다. 그 아들을 주어 화목하게 했는데, 죽으심으로 만든 화목이라면, 그의 살아나심으로는 얼마나 더 놀랍겠느냐? 그것이 골자입니다.

로마서 4장 25절을 보면, "예수는 우리가 범죄한 것 때문에 내줌이 되고 또한 우리를 의롭다 하시기 위하여 살아나셨느니라"라고 합니다. 그가 죽으심으로 하나님과 나를 화목시켰다면, 화해시켰다면, 부활하시어 살아 계시면서 하시는 일로는 얼마나 더 큰일이 일어나겠느냐! 이것이 기독교인의 현실입니다. 그 현실 속에 환난이 있습니다. 5장 3절에 보듯이 '다만 이뿐 아니라 우리가 환난 중에도 즐거워하나니'라고 합니다. 이 환난은 하나님이 하시는 일이 일어날 것 같지 않은 환경을 말합니다.

예수님이 십자가에 죽어 가는 것이 하나님과 우리의 화목일 거라고는 아무도 예상하지 못했습니다. 왜입니까? 예수에게 모든 책임을 물었던 것입니다. 그를 죽인 이유가 무엇입니까? 너는 메시아라고 해 놓고 아무런 결과도 이루지 못했다, 우리의 필요에 아무런 답을 주지 못했다, 너는 우리를 괜히 설레게 하고 기대하게 하고 놀라게 했을지 몰라도, 진정한 문제를 해결하지는 못했다, 그것입니다.

뭘 못했다는 것입니까? 로마로부터의 해방, 유대인이라는 특별한 민족이 기대하고 있는 것, 하나님으로부터 왔다는 증거들을 내놓지 못했다고 불평했습니다. 그러나 사실 그때 하나님은 유대인을 포함하여 모든 인류를 자기의 품안에 끌어안기 위하여 그 아들을 내어 주시는 중이었습니다. 그 일이 여기 있는 가룟 유다와 베드로와 당시의 병사들과 장로들과 빌라도와 헤롯과 무리들 모두에게 무슨 재미가 있었겠습니까? 그래서 예수를 못 박고 차라리 바라바를 놓아주라고 이야기한 것입니다. '차라리'라는 말이 무엇인지 아십니까? 예수를 살리려거든 차라리 바라바를 놓아주라, 그러니까 예수는 바라바만도 못하다는 것입니다. 예수가 바라바보다 흉악해서가 아니라 예수에게 더 큰 기대를 걸었기 때문입니다. 그 환난의 시간, 부정의 시간, 환멸의 시간, 배신의 시간, 물거품의 시간이 실제로는 하나님이 우리와 화해하시는 시간이었던 것입니다.

아들을 아끼지 않고 주신 아버지

지금도 마찬가지입니다. 그의 죽음이 하나님과 우리를 화목하게 하는 일이었다면, 부활하사 하늘 보좌 우편에 앉아 우리를 위하여 기도하시는 예수께서 어찌 죽음으로 이루신 일보다 덜하고 계시겠느냐? 라는 것입니다. 우리 모두가 원망하는 것을 환난에 대입해 봅시다. 아픈 것, 인생이 고달픈 것, 자식 문제로 어려운 것, 세상 정치가 불의하게 돌아가는 것, 환율이 올라가는 경제 문제, 뭘 갖다 붙이겠습니까? 우리가 부정하고 비명을 지르고 거부하고 이럴 수 없다고 한탄하는 모든 것 속에서 실제로 하나님은 일하고 계신다는 것입니다. 우리의 못난 점은 그때나 지금이나 믿음이 없다는 것입니다. 십자가에 예수를 못 박자고 떠들고 분을 토하며 본인들의 섭섭함과 허탈함과 배신감을 채울 희생양을 필요로 했던 폭력이 인류 역사 속에서 언제나 반복되고 있습니다. 부끄럽게도 신자들 속에서 여전히 반복되고 있습니다.

　하나님이 일하고 계신다는 것을 아무도 믿지 않습니다. 그래서 우리는 자꾸 싸웁니다. 무엇을 어떻게 하자는 게 아니라 불편하고 억울하고 분한 것입니다. 하나님은 뭐하고 계시는가? 싶은 것입니다. 하나님은 일하고 계십니다. 우리가 믿음이 없고, 이해하지 못하고, 무지한 소리를 하고 있을 때 하나님은 말없이 일하고 계십니다. 예수님이 그리하신 것처럼 말입니다. 말없이 떠밀리고 떠밀려 가십니다. 변명하지 않고, 도망가지 않고, 보복하지 않고, 물러서지 않고, 사람들이 떠미는 속으로 걸어 들어가 죽음의 자리까지 가시는 것입니다. 그렇게 하나님은 지금도 일하고 계십니다.

> 의인을 위하여 죽는 자가 쉽지 않고 선인을 위하여 용감히 죽는 자가 혹 있거니와 우리가 아직 죄인 되었을 때에 그리스도께서 우리를 위하여 죽으심으로 하나님께서 우리에 대한 자기의 사랑을 확증하셨느니라 (롬 5:7-8)

우리는 원하지도 않았고, 알지도 못했으며, 무엇을 빌어야 하는지도 몰랐습니다. 하나님이 당신의 선하심과 의로우심과 자비하심과 긍휼하심과 사랑과 거룩하심에 의한, 오직 당신에 근거한 모든 선한 것으로 이 일을 하셨습니다. 우리 평생에 그리하실 것이며 우리 운명을 그의 능력과 선함으로 붙들고 계십니다. 그래서 로마서 4장 17절에 중요한 역사적 사실, 아브라함의 경우를 예로 든 이유가 여기에서 좀 더 분명해집니다.

> 기록된 바 내가 너를 많은 민족의 조상으로 세웠다 하심과 같으니 그가 믿은 바 하나님은 죽은 자를 살리시며 없는 것을 있는 것으로 부르시는 이시니라 아브라함이 바랄 수 없는 중에 바라고 믿었으니

이는 네 후손이 이같으리라 하신 말씀대로 많은 민족의 조상이 되게
하려 하심이라 (롬 4:17-18)

아브라함이 바랄 수 없는 중에 바랐다는 말이 무슨 뜻일까요? 십자가
현장의 모습입니다. 거기 서 있었던 어느 누구도 예수님이 누군지, 그
의 죽으심이 무엇인지, 그가 가져오실 것이 무엇인지 몰랐습니다. 메
시아를 기다리고 있지만 하나님이 지금 일하고 계시는지 아무도 모
르고 있습니다. 아브라함이 바랄 수 없는 중에 바란 것은, 그에게 자
식이 없는데 하나님이 그에게 열방의 아비가 되게 하신다는 사실이
었습니다. 자식을 하나 두고 죽는 것이 아니라 후손이 많은 나라가 되
게 한다는 것입니다. 많은 민족의 아버지가 될 거라고 합니다. 바랄
수 없는 일입니다. 바랄 수 없는 중에 큰일이 일어납니다.

아브라함이 뭘 알았다든가 뭘 이해했다든가 하는 것이 아닙니다.
하나님이 아브라함에게 이 일을 인과 법칙이 아닌, 하나님의 능력에
의한, 하나님이 하시겠다는 것이 원인이 되는 믿음의 법칙을 허락하
셨습니다. 어떤 하나님이기에 그러신 것입니까? 그는 죽은 자를 살리
시며 없는 자를 있는 것같이 부르신 분이십니다. 죽음을 역전하여 생
명을 세우십니다. 없는 것을 창조하실 수 있는 분입니다.

우리가 이해하고 알고 있는 단계를 거쳐서 결과에 오르는 인생, 그
것을 넘어서는 정도에서도 하나님은 일하신다는 것입니다. 그런 법칙
이 무효하다는 것이 아닙니다. 기독교 신앙의 영역에서 그런 법직은
가장 아래에 있다는 것입니다. 그것보다 높은 법칙이 있습니다. 기적
이 있고, 용서가 있고, 사랑이 있고, 하나님의 의지가 있습니다. 다만

법칙이 있는 세계, 다만 능력 경쟁의 세계가 아니라 통치자 하나님의 깊으신 뜻이라는 거룩한 의지가 최우선의 통치 원리인 세계입니다. 그래서 로마서 8장 31절은 우리에게 그것을 반복해서 강조합니다.

> 그런즉 이 일에 대하여 우리가 무슨 말 하리요 만일 하나님이 우리를 위하시면 누가 우리를 대적하리요 자기 아들을 아끼지 아니하시고 우리 모든 사람을 위하여 내주신 이가 어찌 그 아들과 함께 모든 것을 우리에게 주시지 아니하겠느냐 (롬 8:31-32)

하나님이 우리를 편들면 누가 그것을 막을 수 있단 말이냐, 하나님이 우리를 편드는 것이 그 아들을 십자가에 못 박으신 역사적 사실로 증명되었다면, 하나님이 그 아들을 주었는데 아낄 것이 뭐가 있단 말이냐! 기독교 신앙을 설명하는 데 이보다 분명한 표현은 없을 것입니다.

우리에게 하나님이 누구시냐? 자기 아들을 아끼지 않고 주시는 아버지시다, 우리는 누구냐? 하나님이 자기 아들을 주어 구원하고 복 주어 영광과 명예로 관 씌우기를 기뻐하시는 사랑의 대상이다, 우리의 인생은 뭐냐? 그 일을 이루시는 하나님의 신비한 길이다, 그러므로 우리는 믿음으로 우리 인생의 모든 환난을 담대히 헤쳐 나가노라! 우리가 죽으면 끝난다거나 싸움에서 지면 그것으로 실패하는 것이 아닌 줄 안다고 고백하고, 그것을 자기 인생으로 이해해야 합니다.

우리의 현실이 하나님의 신비한 길이며 방법인 줄로 깨달을 뿐만 아니라, 우리의 신앙이 인생을 살아가는 실제적인 힘이 되길 바랍니다.

기도

하나님 아버지, 은혜를 감사합니다. 하나님이 누구신지를 알았으면 이제 분명한 항복과 순종을 바치게 하여 주시옵소서. 세상이 우리에게 못난 일들을 행하는 것은 그들이 하나님을 알지 못함이요, 세상은 진실도 가치도 승리도 영광도 내어 줄 수 없는 빈약한 곳이기 때문입니다. 모든 복된 것이 하나님 앞에 있으면 하나님이 우리를 인도하시는 길이 십자가의 길과 방불한 하나님의 놀라운 신비와 기적과 능력의 길인 줄 아는 믿음으로, 이제 우리가 그 길을 당당히 걸어가는 구체적 순종이 있게 하옵소서. 그런 우리 인생이 되게 하여 주시옵소서. 예수님 이름으로 기도합니다. 아멘.

67

예수님의 십자가 처형

———

26 그들이 예수를 끌고 갈 때에 시몬이라는 구레네 사람이 시골에서 오는 것을 붙들어 그에게 십자가를 지워 예수를 따르게 하더라 27 또 백성과 및 그를 위하여 가슴을 치며 슬피 우는 여자의 큰 무리가 따라오는지라 28 예수께서 돌이켜 그들을 향하여 이르시되 예루살렘의 딸들아 나를 위하여 울지 말고 너희와 너희 자녀를 위하여 울라 29 보라 날이 이르면 사람이 말하기를 잉태하지 못하는 이와 해산하지 못한 배와 먹이지 못한 젖이 복이 있다 하리라 30 그 때에 사람이 산들을 대하여 우리 위에 무너지라 하며 작은 산들을 대하여 우리를 덮으라 하리라 31 푸른 나무에도 이같이 하거든 마른 나무에는 어떻게 되리요 하시니라 32 또 다른 두 행악자도 사형을 받게 되어 예수와 함께 끌려 가니라 33 해골이라 하는 곳에 이르러 거기서 예수를 십자가에 못 박고 두 행악자도 그렇게 하니 하나는 우편에, 하나는 좌편에 있더라 34 이에 예

수께서 이르시되 아버지 저들을 사하여 주옵소서 자기들이 하는 것을 알지 못함이니이다 하시더라 그들이 그의 옷을 나눠 제비 뽑을새 35 백성은 서서 구경하는데 관리들은 비웃어 이르되 저가 남을 구원하였으니 만일 하나님이 택하신 자 그리스도이면 자신도 구원할지어다 하고 36 군인들도 희롱하면서 나아와 신 포도주를 주며 37 이르되 네가 만일 유대인의 왕이면 네가 너를 구원하라 하더라 38 그의 위에 이는 유대인의 왕이라 쓴 패가 있더라 39 달린 행악자 중 하나는 비방하여 이르되 네가 그리스도가 아니냐 너와 우리를 구원하라 하되 40 하나는 그 사람을 꾸짖어 이르되 네가 동일한 정죄를 받고서도 하나님을 두려워하지 아니하느냐 41 우리는 우리가 행한 일에 상당한 보응을 받는 것이니 이에 당연하거니와 이 사람이 행한 것은 옳지 않은 것이 없느니라 하고 42 이르되 예수여 당신의 나라에 임하실 때에 나를 기억하소서 하니 43 예수께서 이르시되 내가 진실로 네게 이르노니 오늘 네가 나와 함께 낙원에 있으리라 하시니라 (눅 23:26-43)

십자가 위에서 받은 조롱

본문 말씀은 예수님의 십자가 처형 장면입니다. 앞서 살펴본 바와 같이 누가는 이 사건을 매우 냉정하게 다루고 있습니다. 자신의 감정이나 주장을 거의 넣지 않고 사실을 기록함으로써 우리로 하여금 진실에 직면하게 하여 책임 문제를 생각하게 하는 것으로 보입니다. 예수님의 죽음에서 중요한 부분 중 하나는 예수님에 대한 조롱입니다. 35

절입니다.

> 백성은 서서 구경하는데 관리들은 비웃어 이르되 저가 남을 구원하였으니 만일 하나님이 택하신 자 그리스도이면 자신도 구원할지어다 하고 군인들도 희롱하면서 나아와 신 포도주를 주며 이르되 네가 만일 유대인의 왕이면 네가 너를 구원하라 하더라 (눅 23:35-37)

이어 39절을 보면, 같이 십자가 처형을 받은 죄인 중 하나가 말합니다. "달린 행악자 중 하나는 비방하여 이르되 네가 그리스도가 아니냐 너와 우리를 구원하라 하되"(눅 23:39)라고 역시 조롱합니다.

그렇게 모두가 예수의 죽음을 조롱하고 비방합니다. 예수가 누구인지, 예수의 죽음이 무엇인지 전혀 이해하지 못하고 있습니다. 예수님이 어떻게 응답하시는지 봅시다. 28절에 보듯이 예수께서 돌이켜 그들을 향하여 말씀하십니다. '예루살렘의 딸들아 나를 위하여 울지 말고 너희와 너희 자녀를 위하여 울라'(눅 23:28).

그는 패배자로 서 있지 않습니다. 십자가 처형 사건에서 특별히 두드러지는 것은 모두의 실망입니다. 예수님에게 걸었던 기대, 그들이 확인했던 기적들로 인한 기대가 무너진 데 대한 실망이 분노로 표출되는 것입니다. 이것이 가장 컸습니다. 예수님은 묵묵히 자신의 사역을 계속하고 계십니다. 죽을 때가 되어도 포기하지 않았다는 뜻이 아니고 죽음까지도 그 사역의 일부라는 것입니다. 그는 패배자가 아니었습니다.

34절을 봅시다. '이에 예수께서 이르시되 아버지 저들을 사하여 주옵소서 자기들이 하는 것을 알지 못함이니이다'(눅 23:34 상). 그리고 43절에 주 앞에 영생을 구한 강도에 대하여 말씀하십니다. "예수께서 이르시되 내가 진실로 네게 이르노니 오늘 네가 나와 함께 낙원에 있으리라 하시니라"(눅 23:43).

앞에서 말했다시피 이 대조를 너무 감동적으로 보면 안 됩니다. 감정적으로 보면 이천 년 기독교 역사에서 내내 그래 왔던 반유대적 정서, 즉 유대인들은 바보! 이렇게 되기 때문입니다. 나 같으면 안 그랬다, 이렇게 되면 누가의 의도를 전혀 이해하지 못하는 것입니다. 하나님이 무엇을 하시려고 하는지를 전혀 알지 못하게 됩니다.

하나님이 누구신지를 아는 것이 믿음

조금 더 진행해 보면 알겠지만, 누가복음은 24장으로 끝나고 다음은 요한복음입니다. 요한복음의 시작 부분이 본문 말씀의 사건에 대한 이해를 도와줍니다.

태초에 말씀이 계시니라 이 말씀이 하나님과 함께 계셨으니 이 말씀은 곧 하나님이시니라 그가 태초에 하나님과 함께 계셨고 만물이 그로 말미암아 지은 바 되었으니 지은 것이 하나도 그가 없이는 된 것이 없느니라 그 안에 생명이 있었으니 이 생명은 사람들의 빛이라 빛이 어둠에 비치되 어둠이 깨닫지 못하더라 하나님께로부터 보내심을 받은 사람이 있으니 그의 이름은 요한이라 그가 증언하러 왔으니 곧 빛에 대하여 증언하고 모든 사람이 자기로 말미암아 믿게 하려 함이라 그는 이 빛이 아니요 이 빛에 대하여 증언하러 온 자라 참 빛 곧 세상에 와서 각 사람에게 비추는 빛이 있었나니 그가 세상에 계셨으며 세상은 그로 말미암아 지은 바 되었으되 세상이 그를 알지 못하였고 자기 땅에 오매 자기 백성이 영접하지 아니하였으나 (요 1:1-11)

인류의 죄인 됨, 죄로 인한 죽음이라는 것은 하나님을 모르는 것입니다. 빛을 모른다는 것은 맹인이라는 뜻이고, 하나님을 모른다는 것은 죽어 있다는 뜻입니다. 죽어 있으면 감각도 경험도 이해도 없는 것인데, 그처럼 우리는 지금 죽어 있는 것입니다. 거기에 하나님이 오시는 것입니다. 생명을 불어넣으시고 하나님의 백성으로 다시 만들기 위하여 오셔서 죽음이라는 자리까지도 감수하시는 것입니다. 이 구별과 연결을 이해하지 못하면 기독교를 이해할 수 없습니다. 12절입니다. "영접하는 자 곧 그 이름을 믿는 자들에게는 하나님의 자녀가 되는 권세를 주셨으니 이는 혈통으로나 육정으로나 사람의 뜻으로 나지 아니하고 오직 하나님께로부터 난 자들이니라"(요 1:12-13).

그러니까 믿음도 은혜라는 이야기입니다. 구원을 얻고 보니까 알게 된 것이지 알아서 구원을 얻는 것이 아니라는 말씀입니다. 유명한 14절 말씀입니다. "말씀이 육신이 되어 우리 가운데 거하시매 우리가 그의 영광을 보니 아버지의 독생자의 영광이요 은혜와 진리가 충만하더라"(요 1:14).

무슨 뜻일까요? 은혜와 진리가 충만한데 못 알아보겠느냐? 이런 말은 아닙니다. 우리의 무지, 무감각, 패역함, 불순종, 그 모든 것을 고치시고 회복하시고 스스로 자멸의 길을 택하여 죽어 버린 예수님, 우리를 살리기 위하여 무한정의 은혜와 진리를 베풀러 오시는 하나님이라는 뜻입니다.

이 십자가 처형 사건을 볼 때 우리가 잘못 강조하여 "왜 몰랐어? 뭐 하고 있어?"라고 우리의 회개를 촉구하는 것에 치우치게 되면, 마치 하나님이 우리가 알아볼 수 있는 일을 하신 것으로 십자가 사건을 약화할 수 있습니다. 그것보다 더한 것입니다. 하나님이 무엇을 하시든 우리는 본다고 아는 존재가 아닙니다. 하나님은 우리를 다시 살려 놓으시려고 오신 것입니다. 다시 살아나기까지 우리는 예수님의 죽음이, 예수님의 오심이 무엇인지 알 수 없습니다. 그러니까 회개란 내가 죄인이었습니다, 내가 바보였습니다, 내가 죄를 짓고 있습니다를 이야기하는 것이 아니라, 하나님이 누구신가에 대한 이해와 깨달음이 오는 것입니다.

일상 속에서 쉬운 예를 찾으면 이겁니다. 애를 데리고 어디에 갔다가 그만 애를 잃어버렸다고 해 봅시다. 애가 울기도 하고 울지 못하기도 하면서 부모를 찾아 헤매다가 만나면 막 엉엉 웁니다. 자기가 바보 짓을 했다는 것을 알고 우는 게 아니라 안심이 되어서 우는 겁니다.

회개란, 언제나 하나님이 우리 아버지시고 내가 하나님의 자녀인데 그것을 놓치고 살다 이제야 만난 서러움입니다. 이상하게도 기쁨이면서 서러움인 것입니다. 자책이면서 원망인 회개의 눈물이 쏟아지는 겁니다. 그래서 성경은 언제나 우리가 누구인지를 이야기하는 것보다 하나님이 누구신지를 우선해서 이야기합니다. 구약을 형성하는 가장 큰 내용은 출애굽 사건입니다. 신명기 4장 32절부터 봅시다.

네가 있기 전 하나님이 사람을 세상에 창조하신 날부터 지금까지 지나간 날을 상고하여 보라 하늘 이 끝에서 저 끝까지 이런 큰 일이 있었느냐 이런 일을 들은 적이 있었느냐 어떤 국민이 불 가운데에서 말씀하시는 하나님의 음성을 너처럼 듣고 생존하였느냐 어떤 신이 와서 시험과 이적과 기사와 전쟁과 강한 손과 편 팔과 크게 두려운 일로 한 민족을 다른 민족에게서 인도하여 낸 일이 있느냐 이는 다 너희의 하나님 여호와께서 애굽에서 너희를 위하여 너희의 목전에서 행하신 일이라 이것을 네게 나타내심은 여호와는 하나님이시요 그 외에는 다른 신이 없음을 네게 알게 하려 하심이니라 여호와께서 너를 교훈하시려고 하늘에서부터 그의 음성을 네게 듣게 하시며 땅에서는 그의 큰 불을 네게 보이시고 네가 불 가운데서 나오는 그의 말씀을 듣게 하셨느니라 여호와께서 네 조상들을 사랑하신 고로 그 후손인 너를 택하시고 큰 권능으로 친히 인도하여 애굽에서 나오게 하시며 너보다 강대한 여러 민족을 네 앞에서 쫓아내고 너를 그들의 땅으로 인도하여 들여서 그것을 네게 기업으로 주려 하심이 오늘과 같으니라 그런즉 너는 오늘 위로 하늘에나 아래로 땅에 오직 여호와는 하나님이시요 다른 신이 없는 줄을 알아 명심하고 오늘 내가 네게 명령하는 여호와의 규례와 명령을 지키라 너와 네 후손이 복을 받아 네 하나님 여호와께서 네게 주시는 땅에서 한 없이 오래 살리라 (신 4:32-40)

하나님 없는 곳에서도 인간은 종교성을 가집니다. 스스로 종교를 만들어 내는데, 하나님을 만나기 전에 인간이 만든 종교는 다 무속 신앙입니다. 무속 신앙이란 믿고 경배하는 대상이 있는 것이 아니라 소원과 치성으로 자신을 격려하고 안심시키는 종교를 말합니다. 이 종교의 가장 큰 특징은 주인이 대상이 아니라 자기 자신이 대상이라는 것입니다. 자신의 종교심, 즉 자신의 정성과 윤리가 핵심이 됩니다. 그것으로 종교를 유지하고 보상을 요구합니다. 또 한국 무속 신앙의 표현인 '비나이다, 비나이다, 천지신명께 비나이다'에서 보듯이 빌고 경배하는 대상이 분명하지 않습니다. 내 치성에 하늘과 땅의 귀신이라도 감격해서 떡두꺼비 같은 아들 하나 등등이라고 줄줄이 붙는데, 이것이 핵심이지, 그 대상은 분명하지 않습니다.

그러나 기독교는 전혀 다릅니다. 주인이 하나님이시며, 하나님이 천지를 만드시고 우리를 창조하셔서 우리에게 사랑과 믿음의 관계를 요구하십니다. 그래서 하나님은 언제나 우리의 소원과 헌신보다 먼저 일하십니다. 그러니까 기독교는 하나님이 누구신가와 하나님이 우리를 위하여 일하시되, 하나님 되심을 통하여 어떻게 일하시는가로 가득 차 있는 것입니다. 이것이 출애굽 사건입니다.

하나님은 이스라엘을 구하러 내려오십니다. 바로를 꺾으시고 열 가지 재앙으로 이스라엘 백성 앞에 나타나서 약속하시고 축복하십니다. 하나님이 누구인지를 친히 보이시며 역사 속에서 그 일을 구체적으로 이루십니다. 구약은 내내 "나는 너희를 애굽 땅에서 인도하여 낸 여호와니라"라는 말로 모든 명령과 모든 약속과 모든 믿음의 근거와 책임을 밝힙니다. 하나님의 우선하시는 행위와 신실하심과 능력으로 모든 이스라엘에게 신앙이 요구되고 또한 하나님의 약속이 유지됩니다.

쉬운 기독교와 예수의 십자가

신약으로 오면 예수님의 십자가 사건으로 연결됩니다. 빌립보서 2장 5절 이하에서 이 문제를 이렇게 표현하고 있습니다.

> 너희 안에 이 마음을 품으라 곧 그리스도 예수의 마음이니 그는 근 본 하나님의 본체시나 하나님과 동등됨을 취할 것으로 여기지 아니 하시고 오히려 자기를 비워 종의 형체를 가지사 사람들과 같이 되셨 고 사람의 모양으로 나타나사 자기를 낮추시고 죽기까지 복종하셨으 니 곧 십자가에 죽으심이라 (빌 2:5-8)

하나님은 능력의 하나님이고 신실하신 하나님일 뿐 아니라 섬기는 하나님이랍니다. 내어 주는 분, 우리가 늘 쓰는 기독교 용어로 사랑의 하나님입니다. 사랑이란 기꺼이 희생하는 것입니다. 상대방을 위하여 자기의 모든 것을 내어 주는 것을 말합니다. 요구하지 않습니다. 욕심 내지 않습니다.

기독교를 대표하는 단어는 무엇입니까? 사랑입니다. 기독교가 사 랑을 외치는 것은 윤리와 도덕보다 높은 것, 이상과 가치보다 높은 것, 가치 판단의 문제가 아니라 성품과 인격의 본질에 관한 것입니다. 이 스라엘을 구원한 하나님, 세상의 어떤 세력보다 더 큰 창조의 하나님, 구원의 하나님, 약속하신 대로 이루시는 신실하신 하나님은 신약의 예수 그리스도로 인하여 그분의 더 깊은 본질, 선하심과 자비하심과 희생과 헌신과 섬김과 봉사로 당신의 영광을 증명하고 있다고 소개됩니다.

자기를 낮추시고 비우시고 종으로 오셔서 죽음마저도 감수하시는 예수의 십자가 수난은 빌립보서 2장 9절에 이어 나오는 말씀으로 설명됩니다.

> 이러므로 하나님이 그를 지극히 높여 모든 이름 위에 뛰어난 이름을 주사 하늘에 있는 자들과 땅에 있는 자들과 땅 아래에 있는 자들로 모든 무릎을 예수의 이름에 꿇게 하시고 모든 입으로 예수 그리스도를 주라 시인하여 (빌 2:9-11 상)

예수를 주라 시인한다는 것은 그가 으뜸, 즉 하나님이 인정하시는 가치에서 최고라고 시인하는 것입니다. 하나님이 그리하셨다고 시인하게 하여 하나님 아버지께 영광을 돌리게 하셨느니라, 하나님이 그것으로 영광을 받으신다는 말씀입니다.

세상의 가치에서는 높은 자가 대접받습니다. 그러나 하나님 나라에서는 높은 자가 섬긴다고 합니다. 그것은 양보하고 희생하는 것이 윤리나 도덕에서 가치 있다는 우리식 명분 체계에서의 가치가 아니라, 하나님의 속성과 성품으로 그렇다는 것입니다.

그러니까 지금 예수님의 처형에서 그를 조롱하는 자들의 말이 무엇인지 보십시오. 네가 구원자라면 어찌 패배자같이 힘없이 매달려 있을 수 있느냐 하는 것이고, 예수께서는 이것이 하나님의 영광이며 능력이라고 증언하고 계시는 것입니다. 우리가 전자 편에 서서 왜 하나님은 힘이 없으신가요, 라고 묻는다면 기독교를 모르는 것입니다.

그것은 이 처형 현장에 관한 문제가 아니라 언제나 인간 현실에 관한 문제입니다. 문제를 해결해 주셔야 하는 하나님으로 기독교 신앙을 유지하고 소원하고 기대하고 있다면, 하나님이 그것으로 자신의 가장 큰 영광을 나타내시는 분이 아니라는 것을 빨리 납득해야 합니다.

성경적 시각에서 보면 우리의 고난은 예수의 뒤를 좇는 길이며, 다만 감내해야 할 인고의 시간이 아니라, 영광의 시간이라는 겁니다. 물론 저도 조금은 불만입니다. 그러나 십자가 사건이 무엇을 결과했는지를 우리 모두 알고 있습니다. 어느 종교도 힘으로 인간의 영혼을 살 수는 없습니다. 인간이란 독특한 존재이기 때문입니다. 영혼이 있고 인격이 있고, 우리가 기독교 신앙에 대하여 감복하는 것은 하나님이 바로 당신의 형상으로 우리를 만들었다는 사실을 영혼 깊이 알기 때문입니다. 다른 데서 답을 찾을 수 없습니다. 그러니 매일 부딪히는 현실의 좌절, 고통, 불안, 공포에 지지 마십시오.

예수 믿는 사람들이 너무 쉽게 이 구원을, 영생을, 복을, 믿음을, 기도를 설명하는 바람에 어느새 쉬운 것으로 확인되는 기독교 신앙으로 슬슬 변질되고 말았습니다.

예전에 순교 시대를 겪었던 초대 한국 교회는 우리보다 더 굳은 믿음, 더 치열한 의지를 가져서 순교한 것이 아닙니다. 평화기에도 동일하게 있는 시험을 당해서, 하나님이 우리에게 왜 예수를 보내셨고 그가 왜 십자가에 죽으셔야 했는가를 알아본 믿음의 진정한 본질이 우리로 하여금 세상과 타협할 수 없게 만드는 것이고, 최악의 길을 감수하게 하는 것입니다. 모두의 신앙 현실이 만만치 않을 것이라는 것을 잘 알고 있습니다. 우리는 무속 신앙으로 갈 것이냐, 하나님을 믿는 길로 갈 것이냐를 선택할 수밖에 없게 되었습니다. 강요할 수 있는 문제가 아닙니다.

우리가 예수와 십자가로 인하여 이 자리에 앉아 있다는 사실을 잊지 말고, 잠시 사는 인생을 위하여 영혼을 팔아먹을 수 없는 존재라는 것을 기억하십시오. 예수님의 십자가를 기억하십시오. 하나님이 누구신가를 기억하여 우리의 믿음을 현실에 적용해야 합니다. 조롱하는 자와 자신의 길을 걷는 자의 극명한 대조 속에 나타나는 예수님의 십자가 처형 사건을 기억하십시오. 위대하고 놀라운 길이 우리 각자의 생애 속에서 허락되었다는 것을 잊지 않는 인생이기를 바랍니다.

기도

하나님 아버지, 은혜를 감사합니다. 하나님이 누구신가를 알게 하셨고, 예수로 친히 증거를 보이셨습니다. 예수의 고난과 죽음을 하나님의 가장 큰 영광으로 증거하신 이 사건 앞에서, 우리가 직면하는 현실 앞에서, 우리가 누구인가를 하나님 앞에 묻고 하나님께 은혜를 구하고 예수께서 가신 길을 뒤좇는 위대한 인생으로 부름받은 것을 감사하고 감수할 수 있는 믿음과 힘을 주시옵소서. 세상에 지지 말게 하옵소서. 예수를 믿는 가장 큰 힘이 어디서, 왜, 어떻게 나오는지 알고, 믿고, 실천하고, 보이며 주 앞에 나아가는 우리 인생이 되도록 축복하여 주시옵소서. 예수님 이름으로 기도합니다. 아멘.

68

내어 주시다

44 때가 제육시쯤 되어 해가 빛을 잃고 온 땅에 어둠이 임하여 제구시까지 계속하며 45 성소의 휘장이 한가운데가 찢어지더라 46 예수께서 큰 소리로 불러 이르시되 아버지 내 영혼을 아버지 손에 부탁하나이다 하고 이 말씀을 하신 후 숨지시니라 47 백부장이 그 된 일을 보고 하나님께 영광을 돌려 이르되 이 사람은 정녕 의인이었도다 하고 48 이를 구경하러 모인 무리도 그 된 일을 보고 다 가슴을 치며 돌아가고 49 예수를 아는 자들과 갈릴리로부터 따라온 여자들도 다 멀리 서서 이 일을 보니라 50 공회 의원으로 선하고 의로운 요셉이라 하는 사람이 있으니 51 (그들의 결의와 행사에 찬성하지 아니한 자라) 그는 유대인의 동네 아리마대 사람이요 하나님의 나라를 기다리는 자라 52 그가 빌라도에게 가서 예수의 시체를 달라 하여 53 이를 내려 세마포로 싸고 아직 사람을 장사한 일이 없는 바위에 판 무덤에 넣어 두니 54 이 날은 준비일

이요 안식일이 거의 되었더라 55 갈릴리에서 예수와 함께 온 여자들이 뒤를 따라 그 무덤과 그의 시체를 어떻게 두었는지를 보고 56 돌아가 향품과 향유를 준비하더라 (눅 23:44-56)

십자가의 죽음을 감상적으로 보지 말라

본문 말씀은 예수님의 십자가에서의 죽음, 그리고 아리마대 사람 요셉에 의한 장사에 대한 내용입니다. 예수의 수난과 죽음을 감정적으로만 보는 문제를 경계하고자 합니다. 예수님이 십자가에 처형되고, 조롱과 비난 속에 죽어 가셨지만 패배자의 길을 걷지 않았다는 것을 대표적으로 기억하고 있습니다. 본문 말씀도 마찬가지입니다. 예수님은 정말 죽어 버리셨습니다.

누가의 기록은 참으로 놀랍습니다. 그는 여기에 아무런 사설을 달지 않아서 그 내용의 진실성과 사실성을 부각합니다. 바로 이런 사실성입니다. 예수님은 우리를 원망하지도 않고, 우리에게 동정을 구하지도 않고, 물론 우리를 감동시키려 하지도 않습니다. 이것이 예수의 수난에서 제가 특별히 강조하는 세 번째입니다. 쉽게 울어 버리지 마십시오. 예수님은 자기 갈 길을 가고 계시는 겁니다. 로마서 5장을 봅시다.

우리가 아직 연약할 때에 기약대로 그리스도께서 경건하지 않은 자를 위하여 죽으셨도다 의인을 위하여 죽는 자가 쉽지 않고 선인을 위하여 용감히 죽는 자가 혹 있거니와 우리가 아직 죄인 되었을 때에 그리스도께서 우리를 위하여 죽으심으로 하나님께서 우리에 대한 자기의 사랑을 확증하셨느니라 (롬 5:6-8)

예수의 죽음이 하나님의 사랑이라고 기독교 신앙은 누누이 강조합니다. 여기에 그 근거 구절이 있습니다. 이 죽음에 대해 목숨까지 내놓은 사랑, 이렇게 감동으로 가지 말라고 이야기합니다. 6절에 있는 '기약대로'입니다. 약속대로라는 말입니다. 하나님이 모든 이유와 근거가 되어서 우리의 동의나 합의나 자격이나 결과를 요구하지 않고 하나님의 기쁘신 뜻으로 이 일이 이뤄지는 것입니다. 8절에 우리가 가장 좋아하는 말씀이 나옵니다. "우리가 아직 죄인 되었을 때에 그리스도께서 우리를 위하여 죽으심으로 하나님께서 우리에 대한 자기의 사랑을 확증하셨느니라"(롬 5:8).

죄인 되었을 때에 확증해 주셨습니다. '죄인 되었을 때'라는 것은 예수가 누구인지 모를 때, 예수의 필요성을 모를 때, 예수를 요청하지 않았을 때, 그의 죽음이 뭔지 모를 때입니다. 그럴 때 예수는 죽으십니다. 잊지 마십시오. 기독교 신앙이란 우리에게 주어진 것이지만, 우리의 확인과 반응과 자격과 조건에 근거하거나 우리와 합의해서 일어난 것이 아니라 오직 하나님의 거룩하심과 자비하심이 만들어 낸 일입니다. 그래서 이렇게 변명하지 않으며, 원망하지 않으며, 과장하지 않으며, 담담히 자신의 길을 걸어가십니다. 우리에게 가장 놀라운 것은 '네가 그리스도가 아니냐? 너를 구원하라. 네가 메시아가 아니냐? 우리를 구원하고 너 자신을 구원하라'라는 사람들의 빈정댐과 오해와 비난, 원망, 쏟아 내는 분노를 그대로 받으시고 구원을 이루신다는 것입니다. 기독교 신앙의 놀라운 점 중 하나입니다.

언젠가 이야기했듯이 우리는 기독교가 승리주의로 가야 한다고 믿는 분기점 앞에 섭니다. 교회사 내내 그 시험 앞에 섭니다. 교회가 모든 면에서 앞서야 한다고 생각하는데, 이는 모를 일입니다. 권력을 쥐고, 힘을 가지고 있어야 한다는 생각은 기독교에 요구되는 것이 아닌데, 우리가 덧붙인 것 아닌가 싶습니다. 이미 한국 교회는 부흥 시대의 끝자락에 서 있는데 성공 시대의 자랑들이 우리에게 부담이 되기 시작했습니다. 우리가 가졌던 성공이 교회에 아무런 힘으로 남아 있지 않습니다. 성공이 가져온 것이 한국 교회의 교인들에게 신앙의 실체가 되고 신앙의 진보가 됐느냐 하는 것은 매우 애매한 문제가 됐습니다.

아리마대 요셉은 예수를 장사 지내기로 합니다. 그는 의로운 사람이었습니다. 53절에 보는 바와 같이 아직 사람을 장사한 일이 없는 바위에 판 무덤에 예수님의 시신을 넣어 둡니다. 공동묘지에 장사하지 않고 따로 준비한 곳에 묻는 것입니다. 예수의 죽음이 그렇게 대접받아서는 안 된다, 그의 죽음을 명예롭게 대접해야 한다고 아리마대 요셉은 생각했고, 47절에서 백부장도 '그 된 일을 보고 하나님께 영광을 돌려 이르되 이 사람은 정녕 의인이었도다'라고 합니다. 이를 구경하러 모인 무리도 그 된 일을 보고 다 가슴을 치며 돌아갑니다.

이 무리는 바라바를 내주고 예수를 처형하라고 했던 백성들인데 십자가 처형 과정에서 자기들이 한 짓에 마음이 눌렸을 것입니다. 본인들은 예수에 대한 기대가 무너진 것에 분노를 품고 예수를 십자가에 못 박았지만 그것으로 아무런 답이 되지 않는다는 사실로 아마 죄책감에 싸이기도 하고, 낭패한 마음이 들기도 하고, 스스로 겁에 질리기도 했을 겁니다. 이 세 가지 보고는 단순히 예수가 얼마나 옳았는가를 이야기하려는 것이 아니라 예수의 죽음 앞에 체념하고 있었던 것을 말합니다. 체념하고 있었다는 것은 반전이 있을 것이라는 여지를 남겨 놓지 않은 죽음이었다는 것입니다. 이제 다 끝난 것입니다. 그래서 우리는 이 사건이 인간이 생각할 수 있는 세계에서는 돌이킬 수 없는 일임을 확인하게 됩니다.

믿음과 구원, 그리고 부활의 예수

로마서 4장에 가면 이 문제가 부활을 알고 경험하고 믿는 사도 바울에 의해서 이렇게 표현됩니다. 로마서 4장 18절입니다.

아브라함이 바랄 수 없는 중에 바라고 믿었으니 이는 네 후손이 이같으리라 하신 말씀대로 많은 민족의 조상이 되게 하려 하심이라 그가 백 세나 되어 자기 몸이 죽은 것 같고 사라의 태가 죽은 것 같음을 알고도 믿음이 약하여지지 아니하고 믿음이 없어 하나님의 약속을 의심하지 않고 믿음으로 견고하여져서 하나님께 영광을 돌리며 약속하신 그것을 또한 능히 이루실 줄을 확신하였으니 그러므로 그것이 그에게 의로 여겨졌느니라 그에게 의로 여겨졌다 기록된 것은 아브라함만 위한 것이 아니요 의로 여기심을 받을 우리도 위함이니 곧 예수 우리 주를 죽은 자 가운데서 살리신 이를 믿는 자니라 예수는 우리가 범죄한 것 때문에 내줌이 되고 또한 우리를 의롭다 하시기 위하여 살아나셨느니라 (롬 4:18-25)

이 긴 설명으로 아브라함이 믿음의 조상이라는 것은 무엇이며, 그것은 아브라함에게만 해당되는 것이 아니라 예수를 믿는 모든 사람에게 해당되는 약속이었고 그중 아브라함이 대표적인 범례였다, 이렇게 이야기합니다. 예수는 우리가 범죄한 것 때문에 자신을 내어 줍니다. 하나님의 뜻을 우리에게 설득하기 위해서 예수를 내어 주는 것이 아닙니다. 하나님이 우리를 구원하시는 신적 방법의 놀라운 신비 중 하나로서 그리하십니다. 우리를 사랑하시고 구원하시려는 하나님의 뜻을 이루려는 일에 우리는 다만 수혜자이고 은혜를 필요로 하는 자이지만, 귀한 자녀 대접을 받고 있다는 것을 보여 줍니다. 하나님은 우리에게 당신을 맡기십니다.

우리는 진심을 증명하기 위하여 자결할 수는 있습니다. 억울하다든가, 사랑한다든가, 조국을 위한다든가, 더 이상 증명할 수 없을 때, 진심을 다른 무엇으로 꺼내 보이려고 자결할 수 있습니다. 그러나 예수는 자결한 것이 아닙니다. 우리 처분에 자신을 맡긴 것입니다. 우리는 이해가 되지 않습니다. 우리는 예수를 죽여서 얻은 것 없이, 잘해야 그를 좋은 무덤에 장사 지내는 것밖에는 할 수 없는 존재일 뿐입니다.

하나님은 그 아들을 보내셨고 성자 하나님은 하나님으로서, 죄인이며 소경이고 무지한 우리에게 당신을 내어 맡겨 죽음에까지 스스로를 내어 줍니다. 나중에 이 일의 효과가 생깁니다. 그러나 이것이 그 효과를 만들어 내는 근거는 아닙니다. 근거가 아니라는 말에 주의 하십시오. 기독교 신앙을 증명하는 일에서 우리가 울고, 기도한 것들로 누구를 고쳐 놓을 수 있고 구원받게 할 수 있다고 생각하지 말라는 것입니다. 그것은 하나님만이 하시는 일입니다. 아무 일도 하지 말라는 말이 아니라 우리가 만들어 낼 수 있다고 생각하지 말라는 것입니다. 그것은 하나님만이 하실 수 있는 일입니다.

우리는 모든 것을 내어 주는 자리까지 들어가야 하되 우리 삶 속에서 마땅히 전도하며, 마땅히 신앙생활에 힘써야 합니다. 마땅히 헌금하는 것도 중요한 일입니다. 우리가 예수를 믿는다는 말이 무엇인지를 아는 자가 되어서 모든 것을 아버지께 내어 맡기는 일을 우선으로 해야 합니다. 예수님이 그러신 것같이 말입니다. 우리가 만들어 내는 유일한 것, 즉 더 이상 희망이 없는 데서도 하나님은 일하십니다. 그것이 부활입니다.

예수는 십자가에서 죽으시고 살아나실 것입니다. 로마서 4장은 아브라함이 믿음의 조상이라는 이야기를 하면서 설명합니다. 24절입니다. "의로 여기심을 받을 우리도 위함이니 곧 예수 우리 주를 죽은 자 가운데서 살리신 이를 믿는 자니라"(롬 4:24). 아브라함의 믿음은 늘 조심스럽게 다뤄야 합니다. 아브라함이 믿음을 가져서 믿음의 조상이 되었다는 말이 틀린 것은 아니지만 강조점이 어디에 있는지는 대단히 중요한 문제입니다.

제가 잘 쓰는 표현대로 말하자면, '예수를 믿으면 구원을 얻는다'에서 강조점은 '예수'에 있는 것입니다. '믿음'이 아니라 '예수'입니다. 아브라함이 믿음의 조상이 되었다는 것은 하나님이 예수를 통하여 구원을 주겠다는 것의 효시입니다. 아브라함은 부름을 받은 것입니다. 하나님의 선택, 은혜의 부름을 받은 것입니다.

그래서 아브라함과 방불한 동일한 구원을 얻을 것인데, 우리는 예수를 죽은 자 가운데서 살리신 이를 믿는 자입니다. 믿는 자에 강조점이 있지 않고, 예수를 죽은 자 가운데서 살리신 분이 핵심입니다. 우리가 하면 다 망칠 뿐입니다. 절망과 끝장에서 일을 만들어 내신 하나님, 창조와 부활의 하나님이 믿음이라는 방법으로 구원하십니다. 원인과 결과의 법칙만 있는 우리의 능력과 한계를 지나서 하나님의 창조와 부활의 능력으로 하나님의 백성을 생산해 내셨음을 이야기하는 것입니다.

내어 줌의 극치

우리가 누구를 용서하는 것은, 하나님이 그리하신 것같이 맡기는 것과 언제나 붙어 다닙니다. '맡기는 것과 붙어 다닌다'는 말을 잘 이해해야 합니다. 용서하는 것은 내가 더 가졌다든가, 내가 그를 고쳐 놓을 수 있다든가, 그를 감동시킬 수 있다든가, 그를 감수한다든가 하는 의미가 아니라 나를 그에게 내어 주는 것입니다. 무엇을 근거로 그리합니까? 하나님만이 이 일을 하신다는 것을 근거로 합니다. 그래서 어떤 이는 이렇게 합쳐서 표현했습니다. '누구를 용서하는 것은 그를 하나님께 보내는 것이다.'

제가 조금 더 자세하게 설명하는 것은, 하나님에게 보낸다는 것으로 자기 책임을 다한 것같이 생각하지 말라는 겁니다. 상대방에게 나를 내어 주어야 합니다. 그의 의심과 불안과 분노와 조급함에 우리를 내어 주어야 합니다. 그리고 하나님이 거기서 창조와 부활의 역사를 이루시기를 구해야 합니다. 신앙인으로 산다는 것은, 예수를 믿는다는 표현에서 잘 드러나듯이 바로 이런 것들을 본질로 하여 성립하는 것입니다.

너무 쉽게 울어서 상대방을 조작하거나 강요하려고 하지 마십시오. 최선을 다하면 그만이라고 생각해서도 안 됩니다. 그래도 안 되는 일투성이입니다. 그럼에도 불구하고 예수를 내어 주신 것같이 우리는 상대방이 자신을 처리하도록 내어 주어야 합니다. 즉시 그렇게 하라고 이야기하지는 않겠습니다. 시간이 걸릴 겁니다. 그러나 그것이 본질입니다. 다른 길은 없습니다. 죽음은 내어 주는 것의 극치입니다. 그리고 부활은 하나님의 능력의 신비입니다. 하나님의 능력의 신비가 내어 줌을 빼놓고 요구되면 용서와 긍휼이라는 것은 없을 것입니다. 사랑과 믿음이라는 단어가 설 자리가 없어집니다.

그러나 사랑과 믿음이라는 말이 회복과 승리를 담보하고 있지 않다는 것을 알아야 합니다. 사랑이니 믿음이니 하는 기독교의 가장 중요한 표현들은 하나님의 일하심을 근거로 해서만 힘을 발휘할 수가 있는 단어들입니다. 그러니까 우리는 우리의 무능을 인정하면서 자신을 내어 주어야 하고 우리가 아는 기독교적 용어들이 그것 자체가 명분으로, 권력으로 작용하는 것이 아님을 알아야 합니다. 하나님이 빠지고서는 그 단어들에 아무런 의미가 없다는 것을 아는 믿음으로 자신을 묶을 줄 알아야 합니다. 그것이 예수의 죽음입니다. 그리고 그의 부활입니다.

이제 우리는 빌립보서 4장 13절에 나오는 사도 바울의 기가 막힌 고백을 이해할 수 있습니다. "내게 능력 주시는 자 안에서 내가 모든 것을 할 수 있느니라." '능력 주시는 자 안에서'라는 말을 빼면 이 구절은 대단히 왜곡될 수 있습니다. 그런데 "내게 능력 주시는 자 안에서 내가 모든 것을 할 수 있느니라"라는 표현은 고린도후서 12장을 꼭 알고 써야 합니다. 고린도후서 12장 7절부터 보겠습니다.

여러 계시를 받은 것이 지극히 크므로 너무 자만하지 않게 하시려고 내 육체에 가시 곧 사탄의 사자를 주셨으니 이는 나를 쳐서 너무 자만하지 않게 하려 하심이라 이것이 내게서 떠나가게 하기 위하여 내가 세 번 주께 간구하였더니 나에게 이르시기를 내 은혜가 네게 족하도다 이는 내 능력이 약한 데서 온전하여짐이라 하신지라

(고후 12:7-9 상)

모든 신자들의 불만은 기도해도 하나님이 들어주지 않는다는 것입니다. '하나님, 이 문제만 해결해 주시면 제 평생을 주께 헌신하겠습니다. 이 문제만 해결해 주시면 주 앞에 제 평생을 바치겠나이다.' 이런 기도를 하면서 말입니다. 하나님은 '내 은혜가 네게 족하도다 이는 내 능력이 약한 데서 온전하여짐이라'라고 말씀하십니다. 그래서 사도 바울이 대답하는 말이 "내게 능력 수시는 자 안에서 내가 모든 것을 할 수 있느니라"(빌 4:13)입니다.

기도

하나님 아버지, 오늘 주의 죽으심을 확인합니다. 하나님의 내어 맡기심을 확인합니다. 우리가 구해야 할 것은 다른 모든 것이 아니라 믿음이어야 하는 것을 확인합니다. 주의 은혜가 우리에게 족합니다. 이제 우리가 우리에게 능력 주시는 자 안에서 모든 것을 할 수 있음에 감사합니다. 받아 주시옵소서. 예수님 이름으로 기도합니다. 아멘.

69

빈 무덤으로 증언하시다

1 안식 후 첫날 새벽에 이 여자들이 그 준비한 향품을 가지고 무덤에 가서 2 돌이 무덤에서 굴려 옮겨진 것을 보고 3 들어가니 주 예수의 시체가 보이지 아니하더라 4 이로 인하여 근심할 때에 문득 찬란한 옷을 입은 두 사람이 곁에 섰는지라 5 여자들이 두려워 얼굴을 땅에 대니 두 사람이 이르되 어찌하여 살아 있는 자를 죽은 자 가운데서 찾느냐 6 여기 계시지 않고 살아나셨느니라 갈릴리에 계실 때에 너희에게 어떻게 말씀하셨는지를 기억하라 7 이르시기를 인자가 죄인의 손에 넘겨져 십자가에 못 박히고 제삼일에 다시 살아나야 하리라 하셨느니라 한대 8 그들이 예수의 말씀을 기억하고 9 무덤에서 돌아가 이 모든 것을 열한 사도와 다른 모든 이에게 알리니 10 (이 여자들은 막달라 마리아와 요안나와 야고보의 모친 마리아라 또 그들과 함께 한 다른 여자들도 이것을 사도들에게 알리니라) 11 사도들은 그들의 말이 허탄한 듯이 들려 믿지 아니

하나 12 베드로는 일어나 무덤에 달려가서 구부려 들여다 보니 세마포만 보이는지라 그 된 일을 놀랍게 여기며 집으로 돌아가니라 (눅 24:1-12)

반복과 순환의 현실, 그리고 부활 신앙

본문 말씀은 예수님의 부활을 다루고 있는 장면입니다. 주의 깊게 봐야 하는 것은 부활 장면에 축하와 환호 같은 분위기가 없고 오히려 의심과 시기와 혼란, 망설임 같은 것들로 분위기가 형성되어 있다는 점입니다. 여자들이 무덤에 가서 예수의 시체가 보이지 않자 근심합니다. 부활 신앙을 아직 가지기 전이라서 근심할 수밖에 없습니다. 5절을 보면 천사들을 만나는 장면이 나옵니다.

여자들이 두려워 얼굴을 땅에 대니 두 사람이 이르되 어찌하여 살아 있는 자를 죽은 자 가운데서 찾느냐 여기 계시지 않고 살아나셨느니라 갈릴리에 계실 때에 너희에게 어떻게 말씀하셨는지를 기억하라 이르시기를 인자가 죄인의 손에 넘겨져 십자가에 못 박히고 제삼일에 다시 살아나야 하리라 하셨느니라 한대 (눅 24:5-7)

'다시 살아나야 하리라 하셨느니라'라는 것은 예수님의 결정이기보다는 강요된 길을 꼭 가야만 했다는 의미의 표현입니다. 다시 말해서 예수님의 수난과 부활은 하나님의 뜻이었고, 하나님의 요구였다는 증언이 강조되고 있습니다. 본문 말씀에서는 사람들에게 예수님의 부활이 아직 체험되지 않고 빈 무덤만 체험되고 있습니다. 이것이 갖는 의미가 무엇인가를 보이되, 우리 마음을 온통 흔들어 혼란과 도전으로 긴장시킵니다.

우리는 다 예수 믿는 사람들이니까 결과를 알고 있고, 기독교 신앙의 핵심인 부활 신앙을 알고 있으니까 이 부분을 쉽게 넘어가는 경향이 있습니다. 하지만 쉽게 넘어간 그 부분이 얼마나 중요한 것인지를 자꾸 외면하기 때문에 기독교 신앙이 현실 속에서 힘을 발하지 못하는 것 같습니다. 세상에 사는 모든 사람들에게는 이 세상과 역사와 인생이 너무 가볍습니다. 우리 경험 속에서 만나는 세상은 온통 반복과 순환에 불과합니다. 윤회 사상이 나올 만합니다. 태어나고 소멸합니다. 여름이 오고 가을이 오고 겨울이 올 것입니다. 그리고 또 봄이 올 것입니다. 진전 없이 반복되는 순환 체계 속에서 그 반복이란 일과성에 불과하고 의미가 없습니다. 예전에 제가 어렸을 때 부르던 노래, '이 풍진 세상을 만났으니 …'라는 가사의 제목은 〈희망가〉인데, 뒤에 가면 이렇게 되어 있습니다. '이래도 한세상, 저래도 한세상, 돈도 명예도 사랑도 다 싫다.' 이래도 한세상, 저래도 한세상이 무엇입니까? 진전이 없다는 것입니다. 한때 기쁠 수 있고 한때 자랑이 있을 수 있습니다. 하지만 결국 다 묻혀 버리는 겁니다. 동일한 반복만 남아 있는 곳에서 인간이 가질 수 있는 명예는 없습니다. 책임도 없습니다.

그런데 성경은 부활을 논함으로써 죽음이 소멸이 아니라고 합니다. 출생이 있고, 죽음이 있는데, 죽음 후에는 부활하여 영생을 얻든지 영벌을 받든지 해야 한다고 합니다. 역사와 인생은 반복이 아니라 직선이라고 합니다. 그러면 모든 생각의 가장 중요한 근거와 이해가 달라집니다. 에베소서 1장을 봅시다.

> 찬송하리로다 하나님 곧 우리 주 예수 그리스도의 아버지께서 그리
> 스도 안에서 하늘에 속한 모든 신령한 복을 우리에게 주시되 곧 창
> 세 전에 그리스도 안에서 우리를 택하사 우리로 사랑 안에서 그 앞
> 에 거룩하고 흠이 없게 하시려고 그 기쁘신 뜻대로 우리를 예정하사
> 예수 그리스도로 말미암아 자기의 아들들이 되게 하셨으니 이는 그
> 가 사랑하시는 자 안에서 우리에게 거저 주시는 바 그의 은혜의 영
> 광을 찬송하게 하려는 것이라 (엡 1:3-6)

우리는 이 짧은 구절 가운데 기독교 신앙에서 자주 사용되는 단어와 개념을 만납니다. 신령한 복, 사랑, 거룩, 영광, 은혜입니다. 그러나 3절부터 6절 가운데 가장 중요한, 잊어서는 안 되는 것은 '하나님이'라는 주어입니다. 하나님이 세상과 역사와 인간과 인생의 주인이십니다. 작가이십니다. 그러니까 세상은 무의미한 반복에 묶여 있는 것이 아니라 하나님의 뜻 아래에 있는 것입니다. 무의미한 일상과 허망한 반복이 아니라 시작이 있고 끝이 있는 인격자의 계획과 의지와 그걸 이루시는 성실함에 세상이 붙들려 있다고 성경은 말합니다.

우리 인생이 다만 반복에 불과하다면, 우리는 힘써서 일할 이유도 가치도 찾을 수가 없습니다. 기독교 신자의 가장 큰 병이 바로 이겁니다. '예수를 믿어서 반복되는 순환 실존 속에서 형통하고 부끄럽지 않게 살게 해 달라.' 그 외에는 아무것도 없습니다. 거기서 형통하고 부끄럽지 않은 것은 생존의 연장, 부정적인 자존심, 가난한 자존심에 불

과합니다. 하나님은 그렇게 이야기하지 않으십니다. "너희는 내 작품이다. 너희는 내 자녀다. 나는 너희를 사랑하고, 내 아들을 주는 진정과 열정과 능력을 동원하여 너희가 영광에 이르도록 목적하고 있다" 하는 것을 가르치십니다.

이러한 인생, 이러한 존재가 기독교 신앙이 요구하는 하나님의 뜻이라는 것을 알면 살아야 하는 이유, 사는 현실에 막대한 변화가 생길 것입니다. 그러나 신자 대부분은 이 문제를 쉽게 여기고 넘어갑니다.

사랑은 전부 내맡기는 것

마태복음 6장을 봅시다. 마태복음 6장 33절은 다 외울 만큼 대부분이 좋아하는 말씀입니다. 그러나 그 뜻을 제대로 이해하는 것은 쉽지 않습니다. "그런즉 너희는 먼저 그의 나라와 그의 의를 구하라 그리하면 이 모든 것을 너희에게 더하시리라"(마 6:33).

'너희는 먼저 그의 나라와 그의 의를 구하라'를 종교적인 임무와 형태로만 이해해서 하루에 성경 몇 장 보고, 기도 몇 시간하고, 신앙적이라고 생각하는 봉사나 전도 등으로 때웁니다. 이런 일들을 우선으로 삼는다면 나머지는 하나님의 능력으로 보상을 받는다는 등식이 우리 속에 남습니다. 그러나 본문 말씀은 전혀 그런 이야기가 아닙니다. 그 앞의 이야기를 살펴봅시다. 6장 24절을 봅시다.

한 사람이 두 주인을 섬기지 못할 것이니 혹 이를 미워하고 저를 사랑하거나 혹 이를 중히 여기고 저를 경히 여김이라 너희가 하나님과 재물을 겸하여 섬기지 못하느니라 (마 6:24)

하나님과 재물은 동등한 가치로 서 있거나 비교되는 것이 아닙니다. 하나님과 재물이라는 것으로 대표된 바, 하나님이 존재와 운명의 주인인 것을 아느냐고 하는 것과 하나님이 만들고 주신 것, 즉 사물을 궁극적인 권위로 이해하느냐를 비교하는 것입니다. 하나님은 없고 사물만 있게 되면 자연주의로 갈 수밖에 없습니다. 자연주의란 인과율의 법칙에 묶여 있는 현 상태입니다. 그 속에는 그저 주어진 인생을 살아 내는 버거운 현실 외에 아무것도 없습니다. 거기에는 인간의 영혼과 인격의 가치를 약속하거나 그 가치를 기대할 아무런 것도 없습니다. 그래서 우리는 현실적인 사람들을 만나면 대부분이 냉혹한 것을 발견합니다.

예수를 믿는다고 하고 신앙을 말하면서도 하나님이 우리를 관계성으로 부르고, 하나님이 인격으로서 우리의 주인이 되시는 것에서 멀어지면 문제입니다. 하나님이 그의 능력으로 주실 수 있는 것에 집착하게 되면 그것은 하나님이 아니라 재물을 생각하는 것입니다. 그렇게 되면 우리는 내일이 오늘을 결정하는 것이 아니라 오늘이 내일을 결정한다고 믿게 됩니다. 내일을 살 준비를 오직 물건으로 할 수밖에 없게 됩니다. 그러나 내일이 있고, 내일은 하나님이 쥐고 있음을 알게 되면 우리는 물질에 묶이지 않고, 성실하시고 우리를 사랑하시는 인격자에게 우리를 맡기는 오늘을 살 수 있습니다. 그 내일은 부활 이후입니다.

부활 이후라는 것은 우리 삶이 죽음으로 소멸되지 않는 인생이며 역사라는 것을 아는 믿음을 의미합니다. 태어나고 죽는 게 끝인 이 순환 세계에서는 진전과 성취라는 것이 있을 수 없고 다만 발버둥이 있을 뿐입니다. 기독교 신자가 된다는 것은 궁극적인 운명을 하나님이 쥐고 있으며, 그 궁극적 권위자와 능력자가 우리를 사랑하시고 우리의 승리를 위하여 그 아들을 주신다는 약속 속에서 오늘을 보는 것을 의미합니다. 그래서 오늘을 하나님의 계획과 뜻에 순종하는 자로 살아 내는 것입니다. 세상은 우리가 하나님을 붙잡지 않고 세상을 붙잡도록 계속 위협합니다. 하나님은 거기에 대하여 사물로 답하지 않으시고, 인격과 영혼을 건 하나님의 선택으로 우리에게 요구하시는 것입니다. 그래서 신자의 현실은 고단합니다. 로마서 8장을 봅시다.

생각하건대 현재의 고난은 장차 우리에게 나타날 영광과 비교할 수 없도다 피조물이 고대하는 바는 하나님의 아들들이 나타나는 것이니 피조물이 허무한 데 굴복하는 것은 자기 뜻이 아니요 오직 굴복하게 하시는 이로 말미암음이라 그 바라는 것은 피조물도 썩어짐의 종 노릇 한 데서 해방되어 하나님의 자녀들의 영광의 자유에 이르는 것이니라 (롬 8:18-21)

무엇을 비교하고 있는지 보십시오. 무엇이 요구되고 있습니까? 하나님의 자녀들의 영광의 자유, 기꺼운 항복, 우리를 향한 예수 그리스도의 사랑 곧 섬김, 희생, 기다리심으로 대표되는 십자가의 수난이 가지는 그 사랑, 우리를 기꺼이 축복과 사랑으로 대접하시는 이, 나에게 모든 것을 주시는 하나님이 나에게 누구이신가, 나는 누구를 섬길 것인가에 대한 항복, 결국 기독교 신앙의 가장 핵심적인 싸움입니다. 예수님이 당신을 죽음에까지 내어 주셨던 사랑을 우리에게 보이시고 고난 속에서도 하나님만 붙잡겠느냐고 물어보는 시간입니다. 고통을 면하고 내 자존심을 채우기 위하여 하나님과의 깊은 관계와 하나님의 초청을 외면하고 쉬운 답을 택할 것인지를 묻고 있습니다.

군인은 전쟁이 나야 진가가 드러납니다. 인간은 어려움에 처해야 진가가 드러납니다. 진가라는 게 무엇입니까? 인간의 가치란 다만 잘난 데 있지 않습니다. 그가 가진 힘에 있지 않습니다. 능력에 있지 않습니다. 그가 한 인간으로서 값을 실천하느냐에 있습니다. 넓게 말하면 예의이고 더 깊게는 신의가 됩니다.

더 들어가면 사랑까지 가는 것입니다. 하나님이 그걸 요구하십니다. 빈 무덤으로 증언하십니다. 너희 존재는 가난하지 않다, 허무하지 않다, 너희는 내 작품이다, 너희를 내 영광의 형상으로 지었고, 내 자녀로 만들었다, 내가 너희를 이렇게 사랑하고 너희에게 이 사랑에 대한 마땅한 반응을 요구한다, 하십니다. 그게 짐이 됩니까? 손해입니까? 억울합니까? 그렇지 않습니다. 사랑은 질투하는 것이라는 말 아시죠? 전부 다 걸어야 합니다. 사랑을 하는 이와 사랑을 받는 이가 전부 다 내걸어야 합니다. 이것을 성경이 요구합니다.

고통의 문제와 믿음의 실천

기독교 신앙은 나이가 들어야 비로소 힘이 실립니다. 젊어서는 기쁨과 보람과 성취라는 것을 깊이 이해하지 못해서 차별화나 경쟁 속에서의 작은 승리들이 큰 기쁨이 됩니다. 공부 잘한 것, 축구 이긴 것, 이런 작은 것들이 행복이 됩니다. 그러나 인생을 더 살아 보면 그것은 한 인간의 행복으로 자리하기에는 턱없이 작은 것이라는 것을 알게 됩니다. 고난과 억울함을 거쳐 결국 노쇠하여 쓰러져야 하는 인생을 감싸안을 만큼 큰 답을 찾으려는 나이에 오게 됩니다.

운동해도 더 이상 근육이 생기지 않고, 화장해도 더 이상 예뻐지지 않는 나이가 되면 비로소 값싼 것을 던지고 진정한 정신으로 하나님 앞에 서게 됩니다. 하나님, 맞습니다, 다른 것으로 답할 수가 없습니다, 하나님이 아버지가 되시고 나를 자녀로 부르신 것 외에는 다른 답이 없으며 하나님 안에서만 내가 진정한 가치가 있음을 이제 알게 되었습니다, 세상에서 점수를 받지 못하는 것들은 문제될 것이 아닙니다, 하나님이 나의 아버지이신 이상 두려울 것이 없습니다, 이런 얼굴을 하게 되는 것이 나이 드는 모습입니다.

교회는 바로 이런 증언이 있어야 합니다. 젊은이들의 증언은 싱싱하고 활기찹니다. 그러나 아직 아닙니다. 그 과정이 무의미하다는 것이 아니라 그 과정을 거쳐 오게 됩니다. 그때 소원했고 이루었다고 생각했던 일들이 얼마나 작은 것인지를 아는 자리에 와서야 비로소 하나님이 나를 만드셨고 부르셨고 나에게 하신 약속들로 인하여 감사하게 됩니다. 자기 존재의 영광을 인정합니다. 값싼 것에 나를 팔아먹지 않겠다는 고백을 하게 되며, 주일날 떳떳이 교회에 나오게 되는 것입니다. 그래서 백발이 센 겁니다. 로마서 8장 31절 보겠습니다.

> 그런즉 이 일에 대하여 우리가 무슨 말 하리요 만일 하나님이 우리를 위하시면 누가 우리를 대적하리요 자기 아들을 아끼지 아니하시고 우리 모든 사람을 위하여 내주신 이가 어찌 그 아들과 함께 모든 것을 우리에게 주시지 아니하겠느냐 (롬 8:31-32)

이 말의 깊이를 알아야 합니다. 여기에 하나님의 모든 진심과 능력과 성실이 들어 있지 않습니까. 우리가 어떻게 그의 성실함을, 진심을 우리 것으로 가지겠습니까? 도전과 위협과 시험 앞에서 우리 인생과 실존을 바쳐 신자임을 증명해야 합니다. 유능한 것이 성취라고 하는 것이 아니라 나라는 존재와 인생을 하나님에게 붙들어 매는 것입니다.

저는 하나님 편에 서겠습니다, 저는 하나님의 자녀의 자리를 지키겠습니다, 제가 하나님을 위하여 할 수 있는 일이 있다는 것이 아니라 제 자신, 제 인생을 하나님에게 바치겠습니다, 그것이 기독교 신앙의 깊이며 자랑입니다. 빌립보서 3장을 보면 성경에서 왜 이런 표현을 하는지 알게 됩니다. 본문 말씀에 부합하는 말씀입니다.

> 그러나 우리의 시민권은 하늘에 있는지라 거기로부터 구원하는 자 곧 주 예수 그리스도를 기다리노니 그는 만물을 자기에게 복종하게 하실 수 있는 자의 역사로 우리의 낮은 몸을 자기 영광의 몸의 형체와 같이 변하게 하시리라 그러므로 나의 사랑하고 사모하는 형제들,

나의 기쁨이요 면류관인 사랑하는 자들아 이와 같이 주 안에 서라
(빌 3:20-4:1)

우리가 주를 위해서 얼마나 쓸모 있는지를 이야기하지 않는다는 것
을 기억하십시오. 순교란 무엇입니까? 순교란 진심과 각오에 관한 문
제가 아닙니다. 우리는 자꾸 진심, 치열함의 극치, 비장함, 이런 데로
가 버립니다. 비장하고 처절한 것이 아니라, 목숨을 버려도 하나님 편
에 서는 것을 포기할 수 없다는 의미입니다. 이런 이야기는 죽음을 면
함으로써 하나님의 능력을 드러내는 것이 아니라 하나님의 사랑을
받아들임으로써 나도 기꺼이 하나님을 사랑하는 영광된 자리를 지키
는 것입니다.

기독교는 고통을 면하는 문제에 관심이 없고 모든 신자에게 어려
운 현실을 살도록 요구하고 있습니다. 거기서 하나님의 사랑을 누리
며 하나님을 사랑하는 것이 믿음의 실천입니다. 그것은 물론 세상이
도와줄 수 없고, 방해할 수도 없는 것입니다. 그것이 기쁨이 되지 않
는 이유는 믿음이 없는 탓입니다. 현실이 만만치 않기 때문입니다. 믿
음을 갖고 싶으나 현실이 우리에게 도전합니다. 우리는 한 번의 선택,
한 번의 고함, 한 번의 호소, 한 번의 주장이 아니라 울기도 하고, 한숨
도 쉬어야 하고, 기도도 해야 하고 몸부림도 쳐야 하고, 그 긴 과정을
거쳐, 우리 자신을 드디어 온전히 바치는 항복의 자리로 인도됩니다.

우리 인생이 우리에게 주는 것은 다만 위협과 시험과 고통뿐만이
아니라 우리를 자라게 하며 채우며 성숙하게 합니다. 언젠가 그런 표
현을 했더니 누가 와서 물었습니다. "목사님은 해탈하셨습니까?" 아

닙니다. 그때 제가 저를 묶었습니다. 그렇게 자꾸 묶는 것입니다. 한번 묶어서 끊어지면 또 묶고 또 묶고 끊어지면 또 묶고 또 끊어지면 또 묶고 계속 묶어서 더 이상 끊어지지 않는 지점까지 가리라, 그렇게 작정하는 것입니다. 그것이 믿음이며 우리가 할 수 있는 모든 것입니다.

하나님이 예수 그리스도를 보내어 배반과 십자가를 거쳐 부활로 인도하셨듯이, 우리의 시행착오와 못난 것과 아우성과 타협과 비겁함을 고쳐, 우리를 회복시키시고, 우리에게 힘을 주시고, 우리를 깨닫게 하시고, 덧붙이고 덧붙여 우리를 무쌍한 당신의 자녀로 만들 것입니다. 이것이 우리가 오늘을 사는 힘이며 지혜이며 믿음입니다.

기도

하나님 아버지, 은혜를 감사합니다. 하나님의 자녀로 사는 것은 만만치 않은 일입니다. 세상이 계속 도전하기 때문입니다. 그러나 하나님이 놓지 않는 한 우리는 실패할 수 없습니다. 우리는 반복해서 회개하고 후회하고 기도하고 열심을 내서 승리할 것입니다. 죽음을 이기신 예수 그리스도의 부활이 역사적 증명이 됩니다. 하나님이 부르신 그의 자녀들을 승리케 하실 것이고, 우리 마음속에 하나님을 향한 사랑과 믿음이 자랄 것을 압니다. 현실 속 신앙의 싸움에서 우리의 믿음을 지켜 주시옵소서. 우리의 결심과 각오 위에 주께서 은혜를 더하시옵소서. 넘어져도 실패하지 않고 다시 일어나는 부활의 권능과 은혜를 베푸소서. 우리 인생을, 하나님의 자녀라는 이름으로 명예와 자랑을 가지고 살 용기도 주시옵소서. 예수님 이름으로 기도합니다. 아멘.

70

부활 신앙으로 살라

———

13 그 날에 그들 중 둘이 예루살렘에서 이십오 리 되는 엠마오라 하는 마을로 가면서 14 이 모든 된 일을 서로 이야기하더라 15 그들이 서로 이야기하며 문의할 때에 예수께서 가까이 이르러 그들과 동행하시나 16 그들의 눈이 가리어져서 그인 줄 알아보지 못하거늘 17 예수께서 이르시되 너희가 길 가면서 서로 주고받고 하는 이야기가 무엇이냐 하시니 두 사람이 슬픈 빛을 띠고 머물러 서더라 18 그 한 사람인 글로바라 하는 자가 대답하여 이르되 당신이 예루살렘에 체류하면서도 요즘 거기서 된 일을 혼자만 알지 못하느냐 19 이르시되 무슨 일이냐 이르되 나사렛 예수의 일이니 그는 하나님과 모든 백성 앞에서 말과 일에 능하신 선지자이거늘 20 우리 대제사장들과 관리들이 사형 판결에 넘겨 주어 십자가에 못 박았느니라 21 우리는 이 사람이 이스라엘을 속량할 자라고 바랐노라 이뿐 아니라 이 일이 일어난 지가 사흘째요 22 또한 우

리 중에 어떤 여자들이 우리로 놀라게 하였으니 이는 그들이 새벽에 무덤에 갔다가 23 그의 시체는 보지 못하고 와서 그가 살아나셨다 하는 천사들의 나타남을 보았다 함이라 24 또 우리와 함께 한 자 중에 두어 사람이 무덤에 가 과연 여자들이 말한 바와 같음을 보았으나 예수는 보지 못하였느니라 하거늘 25 이르시되 미련하고 선지자들이 말한 모든 것을 마음에 더디 믿는 자들이여 26 그리스도가 이런 고난을 받고 자기의 영광에 들어가야 할 것이 아니냐 하시고 27 이에 모세와 모든 선지자의 글로 시작하여 모든 성경에 쓴 바 자기에 관한 것을 자세히 설명하시니라 28 그들이 가는 마을에 가까이 가매 예수는 더 가려 하는 것 같이 하시니 29 그들이 강권하여 이르되 우리와 함께 유하사이다 때가 저물어가고 날이 이미 기울었나이다 하니 이에 그들과 함께 유하러 들어가시니라 30 그들과 함께 음식 잡수실 때에 떡을 가지사 축사하시고 떼어 그들에게 주시니 31 그들의 눈이 밝아져 그인 줄 알아 보더니 예수는 그들에게 보이지 아니하시는지라 32 그들이 서로 말하되 길에서 우리에게 말씀하시고 우리에게 성경을 풀어 주실 때에 우리 속에서 마음이 뜨겁지 아니하더냐 하고 33 곧 그 때로 일어나 예루살렘에 돌아가보니 열한 제자 및 그들과 함께 한 자들이 모여 있어 34 말하기를 주께서 과연 살아나시고 시몬에게 보이셨다 하는지라 35 두 사람도 길에서 된 일과 예수께서 떡을 떼심으로 자기들에게 알려지신 것을 말하더라

(눅 24:13-35)

신앙이란 무엇인가

예수님은 부활하셨지만, 아직 모두가 그 사실을 알고 있지는 않습니다. 무덤에 찾아갔던 여인들이 무덤이 비어 있음을 보았고, 천사들로부터 예수가 살아나셨다는 이야기는 전해 들었지만 아무도 그것을 쉽게 믿을 수는 없습니다. 그런 일은 일어날 수 없는 일이기 때문입니다.

우리가 아는 열두 제자 말고, 또 다른 제자 둘이 엠마오로 가는 길에 서로 이야기를 나누고 있습니다. 거기에 예수님이 찾아오십니다. 그러나 그들은 예수를 알아보지 못합니다. 부활이라는 사건이 벌어지자 당장 환호와 천지개벽하는 일들이 일어나는 것이 아니었습니다. 부활이 일어나기 전과 동일한 분위기 속에서, 부활이라는 하나님의 일하심이 있음을 보게 됩니다. 앞에서 말한 바와 같이 다른 이들, 관심 없는 이들은 다 돌아가서 원래 살던 삶을 살고 있습니다. 제자들은 낙심하고, 체념하고, 걱정하고, 혼란 속에서 자기 갈 길을 갑니다. 거기에 주님이 찾아오셔서 당신을 나타내십니다.

본문 말씀에 드러나는 내용 몇 가지만 추려 봐도 우리 생각과는 전혀 다른 가르침이 있음을 알게 됩니다. 그 가르침이란 부활이 가지는 사실성, 하나님의 작정, 하나님의 신실하심, 궁극적 목적, 거기에 동원된 하나님의 능력을 말합니다. 그러나 16절에 보듯이, 그들은 눈이 가리어져서 예수님을 알아보지 못합니다. 예수님은 미련하고 더디 믿는 자들이라고 제자들을 꾸짖습니다. 이렇게 그늘에게 성경을 설명해 주시자, 그때서야 그들의 눈이 밝아지고, 마음이 뜨거웠던 것이 무엇인지를 깨닫게 됩니다. 이 이야기들은 전부 다 '사실'이라는 이름 하나로 한 사람을 항복시키려 들지 않는다는 하나님의 일하심의 중요한 본질을 가르칩니다. 사실이니까 항복해라, 이렇게 안 하십니다.

예수님이 아무 데서나 불쑥 나타나서 '나 살아났다. 너 그때 나 십자가에 있을 때 막말했지?' 그렇게 안 하신다는 말입니다. '나 살았다. 뭘 걱정하느냐?'라고도 안 하시고, 제자들이 다 흩어져 가는 그 길과 자리에 차례차례 나타나셔서 친밀하게 관계성을 중시하는 분으로 깨닫게 하십니다. 마치 예수님이 우리가 기다리지 않고 구하지 않았는데도 말구유에 태어나신 것같이, 그렇게 부활하신 주님이 하나하나 찾아와 당신의 부활이 가지는 의미를 가르치십니다. 하나님의 거룩하고 신비한 일하심, 그 궁극적인 하나님의 뜻과 능력을 우리에게 설득하십니다.

고린도후서 4장은 바로 이런 내용인 줄을 알아야 합니다. "어두운 데에 빛이 비치라 말씀하셨던 그 하나님께서 예수 그리스도의 얼굴에 있는 하나님의 영광을 아는 빛을 우리 마음에 비추셨느니라"(고후 4:6). '어두운 데에 빛이 비치라 말씀하셨던'이라는 말은 무슨 뜻입니까? 천지 창조입니다. '빛이 있으라 하시니 빛이 있었고'입니다. 무에서 유를 창조하시는 능력으로 예수 그리스도 얼굴에 있는 하나님의 영광을 아는 빛을 우리 마음에 주신 겁니다. 부활이라는 사실 하나로 한 사람을 바꿔 놓는 그런 존재나 대상이 아니며, 하나님은 그렇게 우리를 부르지 않으십니다. 그것보다 더 큽니다. 더 깊습니다. 이 부활 사건을 우리 것으로 주시기 위하여, 우리에게 책임을 요구하거나 방법을 가르쳐 주거나 조건을 제시하지 않으십니다.

창조가 그러했듯이, 하나님이 만드셔서 사물이 있게 됐듯이, 그렇게 예수의 부활이라는 기적은 창조의 연장선에서 영광된 모습을 드러내 보이셨습니다. 부활은 동일한 능력으로 예수를 죽음과 사망에서 일으키셨듯이, 우리를 죽음과 사망에서 깨우는 것입니다. 우리를 찾아오시는 것입니다. '예수께서 나를 위하여 죽으셨으니 이제 남은 생애는 주를 위하여 살리라'라는 말을 섣불리 해서는 안 됩니다. 그렇게 섣불리 말하면 내가 마치 부활 신앙을 선택하고 분별하고 이해하고 작정한 듯이 착각하게 되기 때문입니다. 그렇게 내 생애를 주를 위하여 바칠 수 있고 자기가 쓸모 있게 될 수 있다고 생각하는 것은 부활 사건에서 말하는 성경의 목적과는 다른 것입니다.

물론 우리의 반응이 무의미하다는 것이 아니며, 선택이 필요 없다는 말도 아닙니다. 헌신이 아무것도 아니라는 말도 아닙니다. 그건 그다음, 다음에 가서야 요구되는 것입니다. 신앙이란 우리가 주를 위하여 무엇을 해야 할 것인가, 라고 말하는 것이 아닙니다. 성경은 뭐라고 말합니까? 우리가 몰랐을 때도 하나님은 우리를 위하여 일하고 계셨다는 것을 깨달으라고 합니다. 그렇게 신앙이란 하나님이 나에게 무얼 하고 계시는가, 어떻게 일하고 계시는가를 보는 것입니다.

복 있는 사람

신앙이 하나님의 일하심이라는 사실을 이해하는 것이 어렵습니까? 시편 105편 16절부터 읽겠습니다.

그가 또 그 땅에 기근이 들게 하사 그들이 의지하고 있는 양식을 다 끊으셨도다 그가 한 사람을 앞서 보내셨음이여 요셉이 종으로 팔렸도다 그의 발은 차꼬를 차고 그의 몸은 쇠사슬에 매였으니 곧 여호와의 말씀이 응할 때까지라 그의 말씀이 그를 단련하였도다 (시 105:16-19)

이것을 섣불리 읽으면 요셉은 모든 고난을 말씀으로 참고 견디어서 결국 그 보상으로 애굽의 총리가 되고 하나님 앞에 영광을 돌리는 삶을 살았다고 쉽게 믿어 버립니다. 그런데 성경은 그렇지 않다고 이야기합니다. 물론 그는 총리가 되고, 전 세계를 덮칠 7년간의 대기근에 대비하여 모두를 살립니다. 형들이 곡식을 구하러 애굽에 왔다가 형들을 알아본 요셉의 부름을 받아 요셉 앞에 서게 됩니다. 형들은 요셉이 자기 동생인 줄 꿈에도 모르고 있습니다. 나중에 요셉이 그 사실을 밝힙니다. 그것을 알고 나서 형들은 기뻐하는 것이 아니라 두려워합니다. 그들이 요셉을 팔아먹었기 때문입니다.

그런데 요셉이 뭐라고 대답합니까? 형님들이 나를 팔았다고 걱정하지 마십시오, 형님들이 판 것이 아니라 하나님이 나를 이리 보냈습니다. 기근이 아직 2년밖에 안 되었는데 앞으로 5년은 더 계속될 것입니다, 하나님이 나와 우리 집을 살리기 위하여 나를 앞서 보내셨습니다, 다시 시편 105편을 봅시다.

'그가 한 사람을 앞서 보내셨음이여'(시 105:17). 앞서 보내셨습니다. 16절을 보면, '그가 또 그 땅에 기근이 들게 하사'(시 105:16)라고 되어 있습니다. 이 모두가 하나님의 일하심이었던 것입니다. 요셉을 보내고 기근이 들게 하셔서 온 땅이 굶주리게 되자, 마침내 형들이 애굽으로 곡식을 사러 옵니다.

요셉은 하나님이 어떤 뜻을 갖고 있는지 깨닫고 준비하여 누구를 살리게 됩니까? 자기 집안만 살립니까? 더 큽니다. 하나님이 아브라함과 하신 약속을 지키는 일을 수행하게 됩니다. 본인은 전혀 몰랐습니다. 억울하게 형들에게 미움을 사서 남의 나라에 종으로 팔려 갔습니다. 그런 처지에서 쉽게 '아멘' 할 수 있겠습니까? 거기서 종살이를 잘했는데 무고를 당해서 감옥에 들어가 쇠사슬에 묶이고 족쇄를 차게 됩니다. 그런 데서 찬송할 수 있겠습니까? 기근이 들어 온 땅이 굶주리고 있는데 모든 것이 감사할 수는 없을 것입니다.

우리는 사실 그런 일들을 만났을 때 그것이 무엇인지 모릅니다. 하나님의 일하심이 너무 크기 때문에 보이지 않습니다. 지나서야 보입니다. 요셉은 총리가 되고 나서야 자신의 과거를 이해합니다. 그것은 하나님의 길이었다, 믿음의 길이었다고 이야기합니다. 그러면 우리 모두에게 신앙이란 무엇입니까? 하나님이 어떻게 신실하시며, 우리를 대접하시며, 그분의 열심과 능력과 지혜로 세상과 우리를 붙들어 그의 은혜와 자비와 긍휼과 선하심의 결과를 만드시는가에 대하여 항복하는 것이 신앙입니다. 그래서 힘든 오늘과 모르는 내일을 맡길 수 있게 되는 것입니다. 그런데 요셉을 예로 들어 우리 모두 잘 참고 살자고 하더라도 항복이 잘 안 될 겁니다. 하나님이 우리에게 과연 일하고 계시는가, 그것이 과연 무엇이고 어떻게 확인되는가를 시편 1편에서 봅시다. '복 있는 사람' 이야기입니다.

복 있는 사람은 악인들의 꾀를 따르지 아니하며 죄인들의 길에 서지 아니하며 오만한 자들의 자리에 앉지 아니하고 오직 여호와의 율법을 즐거워하여 그의 율법을 주야로 묵상하는도다 (시 1:1-2)

이것을 물론 조건이나 책임으로 읽어도 됩니다. 악한 자들의 꼬임이나 시험에 빠지지 말자, 죄짓는 길에 합세하지 말자, 오만한 자들이 모이는 곳에 가서 하나님을 찾지 않고 잘난 척하는 그런 사람이 되지 말자, 얼마든지 그렇게 이야기할 수 있습니다. 그러나 그것보다 더 오묘합니다. 여기서 복 있는 사람이란 이렇게, 이렇게 하는 것이 복이라는 게 아니라, 이렇게 된 사람은 복 있는 사람이라는 뜻입니다.

세상에서 잘되고 예수 믿는 사람은 없습니다. 절대 없습니다. 그래도 예수 믿는 사람 중에 성공한 사람이 있는 것은 여러 경험에 걸쳐서 하나님을 놓지 않을 만큼 됐을 때의 이야기입니다. 교만한 자리, 죄인의 길, 이러한 것들은 다 현실을 살 때 유리한 방법이고, 유일한 해결책에 관한 것입니다. 물론 공부도 잘하고, 돈도 많이 벌고, 건강하고, 성공해야 합니다. 그게 잘못이라는 이야기가 아니라 그것이 우리를 어디로 끌고 가는가를 보라는 이야기입니다. 세상에서 성공해도 하나님이 일하셔서 그런 자리에 왔다면 복 있는 사람입니다. 성공이 문제가 아니라 그것이 우리를 어디로 끌고 가는지가 핵심입니다.

대부분의 사람들에게는 실패와 좌절이 이 자리로 오게 합니다. 좋은 자리, 좋은 방법은 세상 사람이 먼저 선점하기 때문에 우리가 갔을 때 남은 건 패배자, 실패자, 게으른 자, 미련한 자, 운 없는 자의 자리밖에 없습니다. 그러니까 저쪽에서 볼 것 다 보고 차지할 것 다 차지하고 나면 우리는 보이는 게 없어서 주야로 주의 율법을 묵상하는 수밖에 없는 것입니다. 이것이 복 있는 사람이라는 겁니다.

부활의 신비로 자랑하라

이제 돌아볼 수 있지 않습니까? 특히 나이가 들면 더 그렇게 됩니다. 동창들을 보니까 공부를 잘해서 성공한 순서로 먼저 옷을 벗습니다. 갈 곳이 없어 모두 15년쯤 전에 우리 중 가장 어려웠던, 그래서 칼국 숫집을 하는 동창 집에 모이는 겁니다. 은퇴한 검찰 총장부터 시작해서 다 그 집에 모여서 뭐 하겠습니까? 손님들이 들이닥치는데 접시를 날라야죠. "여보세요, 주인장" 그러면 "네!" 하고 그쪽으로 가야 합니다. 그러고 나서 칼국수 한 그릇 얻어먹고, 옛날이야기 하고, 공부 잘했던 시절도 이야기하고 저녁까지는 얻어먹을 수는 없으니까 5시 45분에 일어나 쓸쓸히 퇴근하는 겁니다. 무엇이 복입니까? 시편 119편에서는 이렇게 소개됩니다.

> 주는 선하사 선을 행하시오니 주의 율례들로 나를 가르치소서 교만한 자들이 거짓을 지어 나를 치려 하였사오나 나는 전심으로 주의 법도들을 지키리이다 그들의 마음은 살져서 기름덩이 같으나 나는 주의 법을 즐거워하나이다 (시 119:68-70)

그들의 마음은 살져서 기름덩이 같다는 것은 기름져서 아쉬울 게 없다는 뜻입니다. 그래서 그들은 생각하지 않는다, 도움을 필요로 하지 않는다, 그러나 나는 억울한 자다, 도망갈 데가 주의 법밖에 없다, 하나님밖에 없다, 도망갈 데가 하나님뿐이다, 그래서 최선의 선택으로도 만나지 못했을 하나님을, 실패하는 바람에, 억울하고 쫓기는 바람에, 도망가다가 만나게 되었다는 이야기입니다.

고난 당한 것이 내게 유익이라 이로 말미암아 내가 주의 율례들을 배우게 되었나이다 주의 입의 법이 내게는 천천 금은보다 좋으니이다 주의 손이 나를 만들고 세우셨사오니 내가 깨달아 주의 계명들을 배우게 하소서 주를 경외하는 자들이 나를 보고 기뻐하는 것은 내가 주의 말씀을 바라는 까닭이니이다 여호와여 내가 알거니와 주의 심판은 의로우시고 주께서 나를 괴롭게 하심은 성실하심 때문이니이다 (시 119:71-75)

주의 심판이 의롭다는 게 무엇입니까? 세상 것을 가진 게 성공인 줄, 자랑인 줄 아는 것, 그것이 다인 줄 아는 것이 어리석다는 것입니다. 거기에 쫓겨서 세상의 것으로 답이 되지 않는 처지가 되어서 도망가고 도망가서 세상에서는 아무도 편들어 주지 않고 받아 주지도 않아서 아무나 오라고 하는 주 예수의 품에 안긴 것이 복이라는 것입니다.

그래서 75절에서 다시 보듯이 "여호와여 내가 알거니와 주의 심판은 의로우시고 주께서 나를 괴롭게 하심은 성실하심 때문이니이다"라는 고백이 나오는 것입니다. 이것이 부활의 기적입니다. 예수를 죽음과 사망에서 일으키신 바로 그 능력으로, 하나님이 우리를 하나님의 백성으로 부르시는 기적입니다. 돌아보십시오. 이와 동일한 복을 예수님은 마태복음 5장에서 이렇게 설명하셨습니다. 마태복음 5장 3절입니다.

> 심령이 가난한 자는 복이 있나니 천국이 그들의 것임이요 애통하는 자는 복이 있나니 그들이 위로를 받을 것임이요 온유한 자는 복이 있나니 그들이 땅을 기업으로 받을 것임이요 의에 주리고 목마른 자는 복이 있나니 그들이 배부를 것임이요 긍휼히 여기는 자는 복이 있나니 그들이 긍휼히 여김을 받을 것임이요 마음이 청결한 자는 복이 있나니 그들이 하나님을 볼 것임이요 화평하게 하는 자는 복이 있나니 그들이 하나님의 아들이라 일컬음을 받을 것임이요 의를 위하여 박해를 받은 자는 복이 있나니 천국이 그들의 것임이라 (마 5:3-10)

앞에서 이렇게 말씀드렸습니다. 성경은 이렇게 이렇게 하면 복 받는다고 이야기하지 않고, 이렇게 이렇게 된 자들은 복 받은 자들이라고 이야기한다고 말입니다. 이렇게 하면 복 받는다는 게 아니라 이렇게 되면 그게 복 받은 증거다, 여기서 '이렇게 되면'은 무엇입니까? 악인의 꾀를 따르지 않고, 죄인의 길에 서지 않고, 오만한 자의 자리에 앉을 수 없게 된 것, 그래서 주만 바라볼 수밖에 없는 것, 그것이 복입니다. 힘이 있고 보복하고 소원을 이루는 것이 아니라 억울함을 감수하며 사는 것, 갑갑한 길로 밀려 예수밖에 붙들 수 없는 것, 그것이 복이라고 우리에게 가르치는 것입니다.

세상에 있는 것은 아무리 가져도 영혼을 만족시킬 수 없는데, 만족한다고 계속 우겨야 한다면 불행이며 비극입니다. 세상에 있는 것을 가지고 인격이 변하거나 영혼이 훌륭해지는 사람은 없습니다. 그 사람은 더 갈급합니다. 더 막막합니다. 가졌는데, 이겼는데, 답이 안 나옵니다.

우리야 어디 그런가요? 우리란 여기서 패자들로만 묶인 현(絃)입니다. 제가 같이 끼여 있다는 것을 기억해 주십시오. 우리야 어디를 가든 누가 손가락질을 하겠습니까. 우리야 이미 진 사람들인데, 여기밖에 올 수 없는 사람들인데, 와 보니 그만 장땡인 것 아닙니까? 이것이 복 있는 사람입니다. 하나님이 먼저 일하신다, 성실히 일하신다, 그리고 끝까지 지키신다, 이것이 신앙입니다.

하나님이 인도하셔서 비록 내가 소원한 것을 안 주시더라도 나를 믿는 자로 세우셨습니다. 하나님이 일하여 나를 이 길로 인도하셨습니다. 그러니 이제부터 나는 순종하겠다, 안 싸우겠다, 웃겠다, 감수하겠다, 오해받겠다, 하는 것이 바로 부활 신앙이며 부활의 능력이며 부활의 기적입니다. 인간이 어떻게 그렇게 변할 수 있습니까? 어떤 조건이 사람을 겸손하게 하며, 온유하게 하며, 감수하게 할 수 있습니까? 배운다고 훌륭해지지 않습니다. 가져서 훌륭해지지 않습니다. 힘이 있다고 훌륭해지지 않습니다. 오직 이 길, 예수 안에서만, 그 부활의 능력과 신비 속에서만 인간은 비로소 인간다워집니다.

그것이 신자 된 복이며 기적이며 하나님의 일하심입니다. 그것이 내가 받은 복이라는 것을 확인하지 못하면, 우리는 오늘과 내일을 버틸 수 없습니다. 이 기적이 자신의 것임을 아십시오. 부활 후 예수님은 "나 살았다" 하면서 빌라도에게도 나타나지 않으시고, 로마 황제에게도 물론 안 나타나셨습니다. 누구에게 오셨습니까? 그의 제자들에게,

우리에게 오셨습니다. 그리하여 우리가 하나님의 부활의 권능과 기적과 신비와 은혜와 선하심과 목적에 있음을 확인하게 하십니다. 그것이 우리의 자랑입니다. 그 힘으로 살아야 합니다. 세상에 지지 말고, 하나님을 믿는 자, 복 받은 자의 넉넉함으로 표정 관리하고, 넉넉한 마음을 가지고 웃고 사는 현실, 감사와 기적의 현실이 되기를 바랍니다.

기도

하나님 아버지, 은혜를 감사합니다. 우리는 하나님의 자녀입니다. 하나님의 능력으로 살고 있습니다. 부활의 기적과 소망과 약속 속에 살고 있습니다. 두려울 것이 없습니다. 자랑할 것만 많습니다. 웃고 살겠습니다. 참고 살겠습니다. 용서하고 살겠습니다. 요셉에게 증언하신 대로, 시편에 기록된 대로, 주께서 그리하신 것처럼 이제 우리 인생을 감사와 자랑 가운데서 살겠습니다. 축복하며 살겠습니다. 예수님 이름으로 기도합니다. 아멘.

71
명예로운 길

36 이 말을 할 때에 예수께서 친히 그들 가운데 서서 이르시되 너희에게 평강이 있을지어다 하시니 37 그들이 놀라고 무서워하여 그 보는 것을 영으로 생각하는지라 38 예수께서 이르시되 어찌하여 두려워하며 어찌하여 마음에 의심이 일어나느냐 39 내 손과 발을 보고 나인 줄 알라 또 나를 만져 보라 영은 살과 뼈가 없으되 너희 보는 바와 같이 나는 있느니라 40 이 말씀을 하시고 손과 발을 보이시나 41 그들이 너무 기쁘므로 아직도 믿지 못하고 놀랍게 여길 때에 이르시되 여기 무슨 먹을 것이 있느냐 하시니 42 이에 구운 생선 한 토막을 드리니 43 받으사 그 앞에서 잡수시더라 44 또 이르시되 내가 너희와 함께 있을 때에 너희에게 말한 바 곧 모세의 율법과 선지자의 글과 시편에 나를 가리켜 기록된 모든 것이 이루어져야 하리라 한 말이 이것이라 하시고 45 이에 그들의 마음을 열어 성경을 깨닫게 하시고 46 또 이르시되 이같이 그리스도가 고

난을 받고 제삼일에 죽은 자 가운데서 살아날 것과 47 또 그의 이름으로
죄 사함을 받게 하는 회개가 예루살렘에서 시작하여 모든 족속에게 전
파될 것이 기록되었으니 48 너희는 이 모든 일의 증인이라 49 볼지어다
내가 내 아버지께서 약속하신 것을 너희에게 보내리니 너희는 위로부
터 능력으로 입혀질 때까지 이 성에 머물라 하시니라 (눅 24:36-49)

기독교 신앙의 핵심, 복음

예수님은 제자들이 다 모인 자리에 나타나십니다. 그가 부활하셨다는
사실을 제자들에게 확인시킵니다. 제자들은 예수의 부활을 믿지 못합
니다. 부활은 이 세상을 사는 모든 사람들이 아는 자연법에 어긋나는
것이며, 있을 수 없는 일이기 때문입니다. 그래서 혹시 그가 영(靈)인
가 생각합니다. 그러자 예수님이 자기를 만져 보라고 하십니다. 육체
로 부활했다는 그 사실 하나만을 이야기하기 위한 것이 아니라, 예수
의 부활은 억울한 일에 대한 보복이거나 실패의 반전이거나 희생의
보상이 아니라고 이야기하는 것입니다.

　부활하신 예수는 육체로 오셨던 그분이라는 것입니다. 육체로 오
셨던 예수의 부활이라는 말은, 그의 부활이 육체로 오신 것의 연속 선
상에서 이해되어야 한다는 것입니다. 본문 말씀 44절을 보십시오. "또
이르시되 내가 너희와 함께 있을 때에 너희에게 말한 바 곧 모세의 율
법과 선지자의 글과 시편에 나를 가리켜 기록된 모든 것이 이루어져
야 하리라 한 말이 이것이라 하시고 이에 그들의 마음을 열어 성경을

깨닫게 하시고 또 이르시되 이같이 그리스도가 고난을 받고 제삼일에 죽은 자 가운데서 살아날 것과"(눅 24:44-46)라고 합니다.

그의 부활은 고난과 수고 끝에 받은 영광이 아니라 그것을 통해서만 들어가는 영광이라는 뜻입니다. 우리가 흔히 하는 오해는, 희생하고 헌신해서 영광을 보상으로 받는 것이라는 개념인데, 많은 이들이 기독교 신앙을 그렇게 생각합니다. 그러나 부활 사건으로 예수께서 가르치시는 것은 44절 하반절에 보듯이, '나를 가리켜 기록된 모든 것이 이루어져야 하리라'입니다. 이것이 하나님의 구원 역사의 뜻이고, 방법입니다. 그의 부활은 앞의 것이 부정되거나 앞의 것에 대한 보상이 아니라, 앞의 것의 열매입니다. 그러니까 그 앞이 없으면 뒤의 것은 생겨나지 않는다는 뜻입니다.

기독교 신앙에서 줄곧 우리를 괴롭히는 기복 신앙이 있습니다. 기복 신앙 자체가 잘못은 아닙니다. 우리가 하나님 앞에 복을 구하는 것은 필요하고 정당한 일입니다. 성경이 증명합니다. 시편 1편의 복 있는 사람에 대한 말씀과 또 마태복음 5장의 팔복에서도 이런 사람은 복이 있다고 하며 복을 이야기합니다. 기독교 신앙의 핵심을 복음(福音)이라고 합니다. 그러나 그 복을 무엇으로 이해하고 있느냐에 따라 전혀 다릅니다. 우리는 그 복이 영원한 것이고, 세상의 것이 아니라는 것을 이해한다 할지라도, 복은 이 세상에서 희생과 헌신으로 받는 것이라는 개념에 익숙합니다.

지금 부활이 이야기하려는 바는, 지상에서 하는 것이 아무 쓸모없거나 그저 희생과 헌신으로 마지막 보상을 위하여 쌓는 것 정도가 아니라, 예수님의 성육신이 가지는 수난과 죽음이 부활이라는 영광으로 나타난 것과 같다는 말입니다. 그것이 하나님이 당신의 뜻을 이루시는 방식이라는 것입니다. 수난과 죽음 없는 부활은 없다고 이야기함으로써 우리가 가지는 부활 소망은 이 세상이 만들어 낼 수 없는 것이라는 대조와 함께, 우리는 부활 신앙으로 인하여 죽음이 끝인 세상에서 이미 부활을 약속받은 자로 산다고 이야기하는 것입니다.

부활 소망을 가졌으니까 이 세상의 삶을 소극적이거나 부정적으로 보는 것이 아닙니다. 부활 소망을 가지고 이 세상에서 보이는 것으로 보상을 받자는 것도 아닙니다. 이 세상을 사는 동안은 받을 수 없는 것이기에 다만 기다려야 한다는 것도 아닙니다. 지금의 수난과 죽음마저도 부활 영광의 본질로서 한 형태라고 이야기하는 것입니다.

이 부분에서 기독교 신자들은 많이 빗나갑니다. 가장 많이 빗나가는 것은 이것입니다. 주를 위하여 헌신했는데 왜 보상이 없느냐, 하는 것입니다. 보상이 없다는 걸 영원한 보상으로 이해하게 되면, 이 세상에서의 책임은 다만 영원한 것을 위하여 투자하고 쌓아 놓는 것이라는 개념으로 바뀌어 버립니다. 살아 있는 동안 헌금도 많이 해야 하고, 기도도 많이 해야 하고, 성경도 많이 봐야 하지만, 그렇게 소극적으로밖에는 할 게 없는 인생으로 이해되어서는 안 됩니다. 열심히 살아야 합니다. 예수를 믿는다는 것이 무엇인지 모르는 세상에서 하나님의 통치 아래 있는 사람의 신실함과 거룩함으로 살아야 합니다.

신앙을 모르는 세상 때문에 갖게 된 충돌과 긴장을 감수하면서 그것이 우리를 죽음으로 몰고 가더라도 나아가는 것입니다. 모두 어차피 죽을 것이지만 예수를 믿는다는 이름 때문에 부활 영광을 바라며 살아 나가는 것입니다. 비록 이 세상에서는 아무 쓸모없이 떠밀리는 삶을 사는 것 같고, 자기방어 체계 없이 죽어 가는 것 같아 보여도 그렇게 앞으로 나아가며 이 세상을 사는 것이 부활 영광의 결과를 가지는 싹이며 줄기며 꽃이라는 것을 알아야 한다는 이야기입니다. 이 일이 기쁘기는 어렵습니다. 또 기쁘다고 해서 고통스럽지 않다는 이야기도 아니며 외롭지 않다는 이야기도 아닙니다.

우리는 고통을 당하면 비명을 질러야 하고, 갈등 속에서는 의심하며 불안해합니다. 그런데 그런 것까지도, 우리가 기대하는 팡파르를 터트리고 환호하고 열광하는 부활 승리로 가는 길의 영광이고 명예라고 성경이 가르칩니다. "내 손바닥의 못 자국과 내 옆구리의 창 자국에 네 손가락을 넣어 보라" 그것입니다. 이해하시겠습니까? 신자는 늘 마음이 평안하거나 어떤 문제를 만나도 넉넉하다는 이야기가 아닙니다. 우리는 현실을 살며 보이는 것이 전부인 환경 속에서 당하는 고난과 버거움으로 끙끙거릴 수밖에 없지만, 죽음이 끝이 아니라 우리의 고난이 부활로 이어지는 길로 인도함을 받는 신앙이 있다고 합니다.

신자만이 가지는 것, 예수를 믿는다는 고백의 내용을 이해한 자의 명예와 자랑과 순종과 신앙이 있어야 한다는 뜻입니다. 그런 이해가 없으면, 우리는 아까 이야기한 것같이 이런저런 핑계로 도망 다니게 됩니다. 신자로 살아야 하는 가장 중요한 책임을 무시하게 됩니다. 빌립보서 3장을 봅시다.

내가 그리스도와 그 부활의 권능과 그 고난에 참여함을 알고자 하여 그의 죽으심을 본받아 어떻게 해서든지 죽은 자 가운데서 부활에 이르려 하노니 내가 이미 얻었다 함도 아니요 온전히 이루었다 함도 아니라 오직 내가 그리스도 예수께 잡힌 바 된 그것을 잡으려고 달려가노라 (빌 3:10-12)

만만치 않은 기독교 신앙생활, 기독교인이 된 존재와 실존에 관한 설명입니다. 예수는 이 땅에 오셔서 고난에 찬 인생을 사셨습니다. 고난이 있고, 고난의 끝이 죽음이며, 고난과 죽음 후에 부활이 있었습니다. 예수께서 오셔서 결국 부활 승리를 주셨다는 것 때문에 우리는 그 바탕, 그 성취, 그 능력 위에서 하나님의 백성으로 부름을 받습니다. 예수 부활의 권능이 우리를 하나님의 자녀로 부릅니다. 그러나 우리를 부르신 예수께서 아직 심판을 보류하고 계시며 그가 살았던 인생을 우리에게 요구하고 있습니다.

본문 말씀에서 이야기하는 것같이 땅끝까지 복음이 전파되어야 하는 구원의 시대가 열려 있고 시작되었을 뿐, 아직 그 심판은 보류되고 있습니다. 그동안에 우리는 예수의 부활 권능의 실체를 가지고 있으면서, 예수님이 우리를 구원하기 위하여 수난과 죽음과 부활의 길을 가셨듯이 열매를 맺는 길에 우리 인생을 바쳐야 합니다. 여기서 우리가 삶을 바친다고 결심할 뿐만 아니라 하나님이 우리를 그 길로 부른다는 것을 이해해야 합니다.

우리 현실과 부활

우리가 서 있는 자리, 우리 시대, 우리 이웃은 하나님이 정하신 것입니다. 내가 왜, 이 시대에, 여기 태어났냐고 불평하는 것은 하나님의 통치와 하나님의 일하심에 대한 무지입니다. 예수 그리스도의 죽음은 이 세상이 죽음의 끝이 아니라는 증거와 함께, 그가 스스로 죽은 것이 아니라 그가 구원하러 온 땅의 백성이 그를 죽인 것을 보이는 죽음입니다. 자살이 아니라 인류가 죽인 죽음입니다. 예수님이 혼자 변화산에 계셨으면 그를 죽일 자가 없었을 것입니다. 그러나 그는 그를 죽일 자들이 있는 현장에 보내집니다. 또한 우리가 그렇게 보내집니다. 그래서 우리가 보내진 곳에서 그들은 우리를 죽일 것입니다. 예수를 죽인 것처럼 말입니다. 그 일을 하나님이 하십니다. 그것은 다만 희생이 아니고, 한 번의 임무에 그치지 않습니다.

부활을 알게 된 이상, 이 세상의 끝은 마지막이 아닌 것입니다. 이는 하나님이 예수 안에서 보이신 구원의 목적과 방법과 내용과 결과가 죽음을 통과한 영광이라는 사실을 이해하는 데서만 알 수 있는 삶입니다. 우리를 불러내신 자리는 우리 모두가 서 있는 자리이며 이웃들을 만나는 자리입니다. 우리의 형편은 우리가 기대하는 것보다 나쁩니다. 내가 예수를 믿는다는 것에 대한 힘 있는 증거를 하나님은 허락하지 않습니다. 더 잘난, 더 힘 있는, 더 분명한 방법이나 증거를 주지 않으십니다. 세상이라는 동일한 조건에서, 보이지 않는 거룩하신 하나님의 자녀로 살아야 한다는 짐이 하나 더 붙었을 뿐입니다. 그러니 더 고단할 수 있습니다. 그리하여 우리는 죽어 갈 것입니다. 그게 하나님이 예수 안에서 보이신 하나님의 약속, 우리에게 주신 구원입니다. 바로 그 구원이 신적 영광이며, 그 일을 이루시는 신적 성실하심을 우리가 증거해야 하는 것입니다. 그 길을 살아야 합니다.

그렇게 안 하면, 우리는 죽임을 당하지 않게 됩니다. 우리는 우리끼리, 서로 죽일 필요 없는 사람끼리만 모여서 신앙생활을 하려고 합니다. 그리고 하나님이 예수를 죄악 된 세상에 보냈듯이 우리를 불러 악한 데로 보냈다는 사실을 애써 피하려고 합니다. 교묘하게 도망가려고 합니다. 그래서 우리는 모여서 찬송하고, 성경 읽고, 기도합니다. 물론 그것들이 필요 없다는 이야기가 아닙니다. 그걸 가지고 실제로 살아야 하는데, 하나님이 나에게 요구하신 인생을 그것으로 때웁니다. 양심에 찔려야 합니다. 우리는 괴롭지 않고 힘들지 않고 억울하지 않은 신앙생활을 하려고 자꾸 명분을 만듭니다.

그래서 12절에서 "내가 이미 얻었다 함도 아니요 온전히 이루었다 함도 아니라 오직 내가 그리스도 예수께 잡힌 바 된 그것을 잡으려고 달려가노라"(빌 3:12)라고 합니다. 우리 인생은 처음과 끝이 보이지 않습니다. 예수의 죽으심과 부활이 무엇이었는지 제자들이 이해하지 못했던 것과 같습니다. 그러나 예수님의 증언과 같이 성경의 모든 기록, 모세와 선지자들과 시편의 기록들은 주를 위한 것입니다. 성경 전체가 하나님의 구원의 내용, 그 약속을 예수 안에서 완벽하게 성취합니다. 예를 들면 이런 것입니다. 아브라함은 믿음의 조상입니다. 하나님이 아브라함을 불러 이런 약속을 하십니다.

내가 너로 큰 민족을 이루고 네게 복을 주어 네 이름을 창대하게 하리니 너는 복이 될지라 너를 축복하는 자에게는 내가 복을 내리고 너를 저주하는 자에게는 내가 저주하리니 땅의 모든 족속이 너로 말미암아 복을 얻을 것이라 하신지라 (창 12:2-3)

아브라함은 정치적, 사회적 지위도 없었으며 권력도 없었습니다. 그는 나그네였습니다. 모르는 사람들 속에 보냄을 받았습니다. 본토 친척 아비 집에서 부름을 받아 남의 나라, 알지 못하는 족속들 틈에서 나그네로 거합니다. 사회적 지위가 없습니다. 그가 애굽으로 피난 가서는 바로와 맞설 수가 없어서 아내를 동생으로 속여야 했습니다. 또 아비멜렉 왕에게도 그렇게 합니다. 나중에 이삭도 그렇게 속여야 했던 일들이 족장의 기록 속에 나옵니다. 그의 처지가 사회적으로 얼마나 궁핍했는지를 보여 주고 있습니다.

그러나 하나님은 아브라함을 하나님의 은혜의 백성으로 부르십니다. 나그네 된 인생, 소수자, 약자, 눈치를 보아야 하는 인생길을 통하여 마침내 부활 승리의 영광을 만들어 내신 것입니다. 우리는 아브라함이 이미 가진 명예의 의미를 같이 나누는 존재입니다. 아브라함은 나그네로 살았으나 믿음의 조상이 되었습니다. 하지만 그도, 그를 축복하는 자는 복을 받고 그를 저주하는 자는 저주를 받는, 그런 존재로서 그 시대의 약자로 살아가고 있었던 것입니다. 그게 우리입니다. 그런데 바로 이 지위, 곧 하나님의 방법에 대한 기독교인들의 이해가 대단히 약합니다. 우리는 번듯한 일 하나로 때우려고 합니다. 하나님이 부른 자기 길, 자기 자리를 지키는 일에 대단히 약합니다.

이 말씀은, 우리가 가는 길이 막막해 보일지라도 부활의 승리와 영광이 나타날 때까지는 하나님의 큰 그림 속에서 보아야 할 것을 가르칩니다. 현실에서는 우리가 얼마나 작은지를 확인할 수 없을 정도입니다. 현실에서 우리는 약자이며 억울한 자이며 밀리는 자이며 발언권이 없는 자입니다. 전체 그림이 어떻게 연결되는지도 안 보이니까 막막합니다. 그래서 예수 그리스도의 부활이 가지는 증거가 신자 모두에게 너무나 소중한 것입니다.

부활은 고난과 십자가를 통하지 않고는 갈 수 없는 길이라는 이해가, 곧 예수를 믿는다는 뜻임을 분명히 해야 합니다. 예수가 그러셨던 것처럼 고난과 죽음을 통과하지 않고는 이 길을 갈 수가 없습니다.

부활의 자리에 이르는 유일한 길

예수를 믿지 않고는 하나님에게 갈 수 있는 방법이 없듯이 예수가 걸은 길을 걷지 않고는 부활의 자리에 갈 수는 없습니다. 빌립보서 3장 17절을 봅시다.

형제들아 너희는 함께 나를 본받으라 그리고 너희가 우리를 본받은 것처럼 그와 같이 행하는 자들을 눈여겨 보라 내가 여러 번 너희에게 말하였거니와 이제도 눈물을 흘리며 말하노니 여러 사람들이 그리스도의 십자가의 원수로 행하느니라 (빌 3:17-18)

여기서 십자가의 원수라는 것은 본을 보이라는 것에 대한 구체적인 지적입니다. 본을 보이라는 것은 구체적으로 살라는 것입니다. 말로만 때우지 말라는 것입니다. 이상과 진심, 헌신, 봉사라는 이름으로 때울 수 없습니다. 살아 내야 합니다. 내가 선 자리가 하나님이 나에게 맡긴 자리라는 것을 믿음으로 인정해야 합니다. 이 억울하고, 힘없는 자리가 하나님이 일하시는 능력이라는 것을 수긍해야 합니다.

그래서 기독교인의 존재는 종말론적이며 동시에 선교적입니다. 선교적이라는 것은, 어디를 가야 하고 또 복음을 직선적으로 증거해야 하기에 더 구체적입니다. 존재론적인 것입니다. 내가 하나님의 백성으로서, 세상의 끝인 죽음을 넘어선 승리를 보는 자로서 존재해야 합니다. 세상의 도전과 시험과 무게 앞에 자리를 지킴으로써 나는 누구인가, 나는 무엇을 소망하는가를 선교적으로 증명해야 합니다. 순교의 비장함을 미학으로 삼아 신앙의 헌신을 이야기함으로써 자신의 삶을 대체할 수는 없다는 것입니다.

사업들, 예컨대 봉사, 구제, 교육, 선교로 자신과 인생을 대체할 수는 없습니다. 우리의 자리를 지키고 우리의 인생을 신자로서 고민하며 싸우며 기도하고 살아 냄으로 구체화해야 십자가를 말할 수 있습니다. 십자가란 소원이 아닙니다. 단지 고백만이 아니며 실제로 짊어질 역사입니다. 그리하여 십자가에서 하신 예수님의 그 비명, "나의 하나님, 나의 하나님, 어찌하여 나를 버리시나이까"를 거치지 않고 예수를 믿는다고 말하는 것은 매우 위험할 수 있음을 기억해야 합니다. 이것은 우리에게 무엇이 옳은가, 무엇이 틀린가를 확인하게 하려는 것이 아닙니다. 예수를 믿는다는 고백이 가지는 현실적 영광을 우리에게 알게 하기 위한 설명입니다.

별것 아닌 것, 가장 사소한 일로 늘 속을 끓여야 하는 현실, 그것이 예수의 성육신이며 십자가의 복사판이라는 것입니다. 그것이 하나님이 일하시는 신적 지혜와 능력의 기회임을 기억하지 못하면 우리는 신앙생활을 영위할 수가 없습니다. 늘 싱글벙글할 수 있다는 말이 아닙니다. 정신 나간 사람만 그럴 수 있습니다. 우리는 늘 힘들고, 늘 한계를 느낍니다.

이것이 무슨 뜻인지를 옛날에 순교하신 어른들의 이야기 속에서 찾아볼 수 있습니다. 매 맞는 것은 나중에는 익숙해진답니다. 배고픈 것이 제일 참기 힘들다고 합니다. 그래서 마지막에는 이런 웃지 못할 일도 벌어졌답니다. 굶겨서 견딜 수 없게 한 채로 매일 와서 묻는 겁니다. "너 이래도 예수 믿을 건가? 아직도 계속 우길 건가?" "밥 한 그릇 주면 내가 한번 생각해 보겠다." 그래서 밥상을 차려 주면 다 먹고 "그래도 못하겠다" 그렇게 견뎠다는 것입니다. "죽이려면 죽여라" 이렇게 견딜 수는 없는 겁니다. 뱀이나 그렇게 하는 겁니다. 뱀이나 머리를 쳐들고 "덤비려면 덤벼라" 그러는 것이지, 사람은 그렇게 못합니다. 완벽한 소원과 완벽한 실천과 완벽한 모습을 요구하는 게 아닙니다. 울면서 이 길을 가야 합니다. 늘 못 참을 것같이 가야 합니다. 하루를 견디는 겁니다. 오늘과 싸우는 것입니다. 그래서 실제로 십자가를 지면서 오해와 멸시와 고난을 겪는 것이 부활의 길로 가는 유일한 길인 줄 알아야 합니다. 명예롭게 가는 것입니다.

예수를 믿는다는 게 무엇입니까? 힘들지만 주님이 은혜를 주셔서 오늘 하루를 살았습니다, 내일도 도망가지 않겠습니다, 주께서 힘 주셔서 견딜 은혜를 베풀어 주시옵소서, 그리고는 눈 비비고 일어나 세수하고 밥 먹고 씩씩하게 나가서 죽도록 얻어터지고 들어와 저녁 때 "오늘도 하루를 버텼습니다. 하나님의 크신 지혜와 능력을 믿사옵니다. 제 인생을 하나님의 크신 이름으로 주셨으니 물러서지 않겠습니다" 이렇게 기도하는 것입니다.

이것이 빌립보서 4장 13절입니다. "내게 능력 주시는 자 안에서 내가 모든 것을 할 수 있느니라." 여기서 '모든 것'은 부정적인 것이라고 말했습니다. 이것은 활개를 치는 것이 아닙니다. 무슨 꼴이라도 당할 수 있다는 뜻이라고 했습니다.

언젠가 했던 이야기를 결론으로 삼으려고 합니다. 예수 믿는 것을 두고 징징거리지 마십시오. 어릴 때만 그러십시오. 이것이 명예로운 길인 줄 알고 늠름하게 걸어가십시오. 아슬아슬하고 가물가물한 것을 표현하지 말고, 삼키고, 가슴을 펴십시오. 하늘을 우러러보면서 하나님의 자녀로 사십시오. 하나님이 내 인생과 존재를 통하여 기적을 이루시는 줄 아십시오. 예수님이 그리하셨던 것처럼 "다 이루었도다" 하는 이 고백이 우리의 삶 속에 늘 큰 각오며 힘이며 자랑이 되기를 바랍니다.

기도

하나님 아버지, 은혜를 감사합니다. 우리에게 하나님의 자녀로 사는 영광을 주셨습니다. 죽음이 끝이 아닌 인생을 살게 하셨고, 하나님의 구원과 축복과 명예와 영광 속에 살게 하셨습니다. 그러니 믿음을 갖고 살게 하여 주시옵소서. 우리의 모든 문제가 해결되는 일은 아직 보류되어 있습니다. 고난과 십

자가를 통과해야 합니다. 예수를 믿노라고 고백하게 하셨으니 십자가를 질

힘도 주시옵소서. 예수님 이름으로 기도합니다. 아멘.